U0797549

最新

最新中华人民共和国法律配套解读与实例系列

2

中华人民共和国

# 公司法

## 配套解读与实例

刘文科　编著

法律出版社
LAW PRESS·CHINA
北京

**图书在版编目(CIP)数据**

最新中华人民共和国公司法配套解读与实例 / 刘文科编著. -- 4 版. -- 北京 : 法律出版社, 2024
ISBN 978-7-5197-8908-4

Ⅰ. ①最… Ⅱ. ①刘… Ⅲ. ①公司法－法律解释－中国 Ⅳ. ①D922.291.915

中国国家版本馆 CIP 数据核字(2024)第 051088 号

**最新中华人民共和国公司法配套解读与实例**
**ZUIXIN ZHONGHUA RENMIN GONGHEGUO GONGSIFA PEITAO JIEDU YU SHILI**

刘文科 编著

责任编辑 陶玉霞
装帧设计 李 瞻

**出版发行** 法律出版社
**编辑统筹** 法规出版分社
**责任校对** 张红蕊
**责任印制** 耿润瑜
**经　　销** 新华书店

**开本** 710 毫米×1000 毫米 1/16
**印张** 27 **字数** 500 千
**版本** 2024 年 4 月第 4 版
**印次** 2024 年 4 月第 1 次印刷
**印刷** 固安华明印业有限公司

地址:北京市丰台区莲花池西里 7 号(100073)
网址:www.lawpress.com.cn
投稿邮箱:info@ lawpress.com.cn
举报盗版邮箱:jbwq@ lawpress.com.cn

销售电话:010-83938349
客服电话:010-83938350
咨询电话:010-63939796

版权所有·侵权必究

**书号**:ISBN 978-7-5197-8908-4
**定价**:62.00 元

凡购买本社图书,如有印装错误,我社负责退换。电话:010-83938349

# 出版说明

“最新中华人民共和国法律配套解读与实例系列”丛书由相关领域法律专家编写，收录法律标准文本，解读法律重点条文，并对与法律条文相配套的法律、法规、部门规章、司法解释、审判政策和典型案例予以精要分析。丛书自2014年出版以来，得到了广大读者的关注与厚爱，连续再版。

近年来，随着我国立法的完善与发展，国家出台或者修改了与丛书各个领域联系紧密的法律、法规、部门规章及司法解释，如《刑法修正案（十二）》《公司法》《民事诉讼法》《安全生产法》《道路交通安全法》等。为了进一步适应新的形势需要，编者再次对丛书进行了较为系统的修改和完善。

丛书此次修订，重点吸纳最新的配套规定，精选近年来最高人民法院公报案例、最高人民法院和最高人民检察院指导案例及典型案例，旨在提高案例的典型性和代表性，增强案例的针对性。

丛书编写以实用、易用为原则，编写体例如下：

**1.法律适用提要**。分册皆由该领域法律专家撰写适用提要，帮助读者对立法背景、主要内容、注意事项有更全面深入的理解。

**2.重点法条注释**。对重点法条进行条文解读，且给每个条文都提炼条文主旨，帮助读者准确理解法条内容。

**3.配套法规解读**。对与主体法重点条文配套的其他法律、法规、部门规章、司法解释、审判政策进行解读，使观点更为鲜明、准确，语言更为通俗、精练，主体法更便于读者理解和适用。

**4.关联法规索引**。详细列出与主体法条文相关联的法规的名目，方便读者查询使用。

**5.典型案例精选**。重点条文下精选典型案例，以案说法、以案析法。

**6.附录法规实用。**书末收录与本领域紧密相关的法律、法规和司法解释，增强法律法规的实效性。

需要说明的是，本丛书的“适用提要”“条文主旨”“条文解读”“法规解读”等内容皆是编者为方便读者阅读、理解而编写，非国家正式颁布的法律文本，不具有法律效力。

总之，我们所有的付出都旨在提高本书的实用性，以满足广大读者的需求。书中不足之处还望读者在使用过程中不吝赐教，提出宝贵意见，以便本书继续修订完善。

**法律出版社法规中心**

**2024 年 4 月**

# 司法解释简称表

| 简　称 | 全　称 |
| --- | --- |
| 《民法典总则编司法解释》 | 《最高人民法院关于适用〈中华人民共和国民法典〉总则编若干问题的解释》 |
| 《民法典合同编通则司法解释》 | 《最高人民法院关于适用〈中华人民共和国民法典〉合同编通则若干问题的解释》 |
| 《民法典担保制度司法解释》 | 《最高人民法院关于适用〈中华人民共和国民法典〉有关担保制度的解释》 |
| 《九民纪要》 | 《全国法院民商事审判工作会议纪要》 |
| 《公司法司法解释(一)》 | 《最高人民法院关于适用〈中华人民共和国公司法〉若干问题的规定(一)》 |
| 《公司法司法解释(二)》 | 《最高人民法院关于适用〈中华人民共和国公司法〉若干问题的规定(二)》 |
| 《公司法司法解释(三)》 | 《最高人民法院关于适用〈中华人民共和国公司法〉若干问题的规定(三)》 |
| 《公司法司法解释(四)》 | 《最高人民法院关于适用〈中华人民共和国公司法〉若干问题的规定(四)》 |
| 《公司法司法解释(五)》 | 《最高人民法院关于适用〈中华人民共和国公司法〉若干问题的规定(五)》 |

# 目　　录



## 中华人民共和国公司法

## 附　　录

# 适用提要

1993 年我国颁布了改革开放之后的第一部《公司法》[1],30 年来,《公司法》经历了几次大的修改,在国际化与本土化的双重背景下不断完善与发展。2023 年 12 月 29 日,十四届全国人大常委会第七次会议审议通过了修订后的《公司法》,恰逢《公司法》颁布 30 周年。本次修订,是 1993 年《公司法》施行以来的第二次修订。

2023 年《公司法》的修订,涉及许多重要的方面,修订前的《公司法》有 218 个条文,修订后的条文增加到 266 条,而且调整了法律条文的序号。在具体制度层面,新《公司法》对原《公司法》的多项法律制度做出调整并新增若干法律制度和具体规定。在新《公司法》的 266 个条文中,只有 31 个条文是从原《公司法》平移过来,其他 235 个条文中,有 47 个是新增条文,其他 188 个条文有不同程度的修改和整合,新增和修改的条文约占新法条文总数的 88%。修订后的《公司法》,我们完全可以称为新《公司法》。总体来说,新《公司法》可以从"宽"与"严"两个角度来理解。

从"宽"的方面来看,2023 年《公司法》修改,大幅简化了公司法定组织机构的配置,使公司治理更加灵活。有限责任公司以及股份有限公司可以选择在董事会中设置审计委员会来替代监事会,而有限责任公司甚至可以不设置监事会。新《公司法》还在股份有限公司中引入授权资本制,简化公司增资的流程。对于股份有限公司,新《公司法》降低了设立门槛,使其和有限公司一样可以为小公司所采用。新设置简易注销程序和简易减资程序。

从"严"的方面来看,2023 年《公司法》修改,强化了公司股东的出资责任,对认缴出资进一步规制,新增横向法人人格否认制度和加速到期制度。强化了公司董事、监事、高级管理人员的义务与责任,强化了公司控股股东、实际控制人的义务与责任,增加了董事、监事、高级管理人员对第三人的直接责任,引入股东双重代表诉讼,加重了对公司违法责任的行政处罚力度。

除此之外,新修订的《公司法》在多处强调对公司债权人的保护,体现了《公司法》

---

〔1〕 为方便阅读,本书中的法律法规名称均使用简称。

在保护公司利益、股东利益和债权人利益方面的平衡。同时，新修订的《公司法》加强了对职工的保护，突出了职工对公司的民主管理。

由于新修订的《公司法》缩小了有限责任公司和股份有限公司之间的差别，从立法技术上来看，新《公司法》将原《公司法》中许多分别规定于有限责任公司和股份有限公司中的制度，统一规定在第一章“总则”中。关于董事会设置与职权、监事会设置与职权、股东瑕疵出资、股东查阅权等相关规定，新修订的《公司法》则在很大程度上作出了一致性的规定。

# 中华人民共和国公司法

（1993年12月29日第八届全国人民代表大会常务委员会第五次会议通过　根据1999年12月25日第九届全国人民代表大会常务委员会第十三次会议《关于修改〈中华人民共和国公司法〉的决定》第一次修正　根据2004年8月28日第十届全国人民代表大会常务委员会第十一次会议《关于修改〈中华人民共和国公司法〉的决定》第二次修正　2005年10月27日第十届全国人民代表大会常务委员会第十八次会议第一次修订　根据2013年12月28日第十二届全国人民代表大会常务委员会第六次会议《关于修改〈中华人民共和国海洋环境保护法〉等七部法律的决定》第三次修正　根据2018年10月26日第十三届全国人民代表大会常务委员会第六次会议《关于修改〈中华人民共和国公司法〉的决定》第四次修正　2023年12月29日第十四届全国人民代表大会常务委员会第七次会议第二次修订）

## 目　　录

# 第一章　总　　则

**第一条　【立法目的】为了规范公司的组织和行为，保护公司、股东、职工和债权人的合法权益，完善中国特色现代企业制度，弘扬企业家精神，维护社会经济秩序，促进社会主义市场经济的发展，根据宪法，制定本法。**

## 条文解读

本条是关于《公司法》立法目的的规定。《公司法》是我国社会主义法律体系中商法的重要法律。其立法目的包括以下几个重要方面：第一，规范公司的组织和行为。《公司法》是关于公司的组织法和行为法。就组织法而言，《公司法》规定了公司作为组织体的法定组织结构；就行为法而言，《公司法》规定了公司对外的交往行为和内部的运营行为的准则。因此，《公司法》是公司组织法和公司行为法的有机结合。第二，保护公司、股东、职工和债权人的合法权益。公司作为独立的法人，拥有独立的法律人格并独立拥有财产，公司的合法权益受到《公司法》的保护。公司股东是公司的出资人，公司职工是公司的建设者，公司债权人是公司资产的提供者，公司股东、职工和公司债权人的合法权益都受到《公司法》的保护。第三，维护社会经济秩序。公司是我国经济生活中的重要组成部分，公司制是现代企业的组织形式。规范公司的组织与行为，保护公司、股东和债权人的合法权益，对维护社会经济秩序具有重要的意义。第四，促进社会主义市场经济的发展。公司是现代市场经济中的主体，是市场经济中最活跃的参与者，《公司法》的规定对促进社会主义市场经济的发展有重要的积极意义。

相较于2018年《公司法》，2023年《公司法》在立法目的条款中增加了"完善中国特色现代企业制度，弘扬企业家精神"这两项。党的二十大报告指出，高质量发展是全面建设社会主义现代化国家的首要任务。发展是党执政兴国的第一要务。没有坚实的物质技术基础，就不可能全面建成社会主义现代化强国。国家富强在于经济，经济繁荣在于企业。完善中国特色现代企业制度，弘扬企业家精神，加快建设世界一流企业至关重要。完善中国特色现代企业制度，关键是要抓住党的领导与公司治理相结合这个关键，通过强化制度建设，使党的领导与公司治理高度统一、有机融合。自党的十八大以来，习近平总书记高度重视企业家群体在国家发展中的重要作用，多次强调要弘扬企业家精神。习近平总书记2020年7月21日在企业家座谈会上的讲话中强调：企业家要带领企业战胜当前的困难，走向更辉煌的未来，就要在爱国、创新、诚信、社会责任和国际视野等方面不断提升自己，努力成为新时代构建新发展格局、建设现代化经济体系、推动高质量发展的生力军。一方面，新《公司法》为企业家搭建了展示的舞台，公司制度更加科学化；另一方面，新《公司法》在保护企业家方面也有许多制度创新，为维护企业家合法权益保驾护航。

《宪法》是国家的根本法。《宪法》中有多个条款与公司企业有关。例如，《宪法》第14条第1款规定："国家通过提高劳动者的积极性和技术水平，推广先进的科学技术，完善经济管理体制和企业经营管理制度，实行各种形式的社会主义责任制，改进劳动组织，以不断提高劳动生产率和经济效益，发展社会生产力。"第16条规定："国有企业在法律规定的范围内有权自主经营。国有企业依照法律规定，通过职工代表大会和其他形式，实行民主管理。"

**第二条　【公司形式】本法所称公司，是指依照本法在中华人民共和国境内设立的有限责任公司和股份有限公司。**

## 条文解读

本条是关于公司法定形式的规定。《公司法》是关于公司组织形式和行为规范的法律。公司作为企业法人的一种,必须严格按照法定形式组织。

在我国,公司的组织形式有两种:有限责任公司和股份有限公司。

在我国设立登记的公司,必须遵守我国《公司法》的规定,即遵照我国《公司法》规定的组织形式,并在我国境内设立登记。按照境外法律在境外设立登记的公司属于外国公司。

**公司的法律特征**

(一)公司作为商事组织的法律特征

1.商事性

商事组织的商事性,是商事组织区别于其他民事组织的重要特点。从宏观上说,商事组织是社会的经济生产单位,是从事生产经营的细胞,是社会生产经营的连接点。从微观上说,商事组织是投资者为了获得回报而投资设立的工具。

2.组织性

组织性,即商事组织均采用一定的企业组织形式。尽管商事组织的结构、复杂程度不一,且表现为不同的法律关系,但其都存在团体能力,并以组织体的形式实现,这是商事组织的一个特点。组织性的特点可以概括为两点:一是由人的联合所组成的生产单位,包括所有者、管理者、生产者;二是由章程规定这个组织的基本运作。也就是说,通过组织这一微观结构,将一部分人按照一定的规则组织起来。

3.独立性

独立性,是指商事组织本身相对于投资人是独立的。就公司而言,其相对于股东是独立的。商事组织有自己的商号或企业名称,有自己相对独立的财产,可以以自己的名义作为权利、义务的承担者,并成为合格的诉讼参加人。

(二)公司作为营利性社团法人的法律特征

1.独立的法律人格

按照我国《民法典》的规定,自然人之外的民事主体包括法人和非法人组织。公司作为法人,区别于非法人组织的地方就在于它独立的法人人格。公司独立的法人人格表现为:公司具有自己的名称,公司具有独立的财产,公司具有自己的组织机构,公司能够独立地从事交易和独立地承担民事责任。此外,公司还必须依法成立。

需要说明的是,与自然人人格不同,公司的法人人格具有虚拟性,是法律拟制的产物。所以,公司人格具有可否认性。这一点与自然人完全不同,自然人的人格不具有否认性。在何种情况下可以否认公司的人格,将涉及"揭开公司面纱规则"的适用问题。

2.团体性

公司是一种社团性质的法人,因而,其成立须由若干成员发起,这就是公司的团体性特征。公司的这种团体性特征决定了公司的成员由多数股东构成。但是,针对不同性质的公司,法律对股东成员人数的要求是不同的。一般而言,有限责任公司的股东人数要少一些,股份有限公司的股东人数则多一些。但这是相对的,并不是所有的有限责任公司的股东人数都少于股份有限公司。

3.营利性

公司是一种营利性社团法人,也就是说,设立公司的目的在于营利。按照我国《民法典》的规定,法人分为营利法人和非营利法人以及特别法人。其中,营利法人是指以取得利润并分配给股东等出资人为目的成立的法人。公司从事营业活动只是一种手段,其终极目的在于追求利润。

(三)公司作为一种规范的组织体本身的特征

1.资合性

资合性是与人合性相对应的概念。传统上,人合公司是指无限公司和两合公司,而资合公司则是指有限责任公司和股份有限公司。我国公司法意义上的公司,专指资合公司,即公司是由投资者资本的结合而构成的,因此具有资合的性质。

2.董事会管理

现代企业的发展使公司从所有者控制转变为经营者控制,公司的所有权与控制权发生了分离。与此相对应的是以个人独资企业或者合伙企业为代表的亲自执行组织事务或是亲自管理的模式。虽然在这两种企业中,所有者也可以聘任经理进行管理,但是,出资人亲自管理仍然是一种普遍的方式。

3.股东的有限责任

所谓股东的有限责任,是指股东作为投资者只在其投资限度内对公司承担责任,公司以其全部资产对公司债权人承担责任。有限责任制度的核心是在公司与其股东之间划下一条明显的界限,股东只是单纯的投资者,他无须对公司的债务承担除了其投资之外的进一步责任。

4.股权的自由转让

公司经营权与所有权的分离促进了股东权益的可转让性。公司的股权可以自由转让,特别是上市公司,存在一个股份转让的公开市场,在这个公开市场中,股东可以自由买进或者卖出其所持股份。

## 配套法规及解读

**《民法典》(2020年5月28日)**

**第五十八条** 法人应当依法成立。

法人应当有自己的名称、组织机构、住所、财产或者经费。法人成立的具体条件和程序,依照法律、行政法规的规定。

设立法人,法律、行政法规规定须经有关机关批准的,依照其规定。

**※法规解读:**

按照《民法典》的规定,依法成立的法人应当具备以下要件:(1)名称;(2)组织机构;(3)住所;(4)财产或经费。

公司作为法人的一种,其人格要素包含以下几个方面:第一,依法成立,即公司是依照《公司法》在中国境内设立的有限责任公司或者股份有限公司。按照其他法律设立的企业组织形式不属于公司。第二,有注册资本,即拥有"必要的财产"。财产是承担责任的基础,也是法人存在的人格基础。必要的财产,是指进行生产经营活动所必需的财产。第三,有自己的名称。公司名称,不仅是公司区别于其他公司的标志,也是公司承担某些责任的前提。按照商法的一般原理,公司要对因名称而产生的外观承担责任。第四,有自己的章程。章程是公司自治的宪章,也是公司对外承担责任的内部依据。公司不仅要遵守法律、行政法规的规定,也要遵守章程的规定。第五,有自己的组织机构。公司实际上是一种特殊的组织体。除实际生产部门之外,公司最为重要的组织机构包括股东会或者董事会、监事会。股东会是公司的权力机构,其职权主要是"决定";董事会是公司的执行机构,其职权主要是"制定";监事会是公司的监督机构,其职权主要是"监督"。除此之外,还有公司的经理,其主要职权是"日常经营"。还有些公司可能需要有一些特别的组织机构,这些都要按照法律的特别规定而设立,如规模较大公司中设立的"职工代表大会"、上市公司的"董事会秘书"。第六,有自己的场所。第七,公司应独立承担责任。这一点主要是就公司独立承担责任的能力而言,即公司可以独立参与民事活动,并承担相应的责任,如合同责任、侵权责任。

**第三条 【公司法律地位及权益保护】 公司是企业法人,有独立的法人财产,享有法人财产权。公司以其全部财产对公司的债务承担责任。**

**公司的合法权益受法律保护,不受侵犯。**

**条文解读**

本条第1款是关于公司法人地位的规定。公司属于企业法人,是法人的一种。《民法典》第57条规定,法人是具有民事权利能力和民事行为能力,依法独立享有民事权利和承担民事义务的组织。法人包括营利法人、非营利法人和特别法人。《民法典》第76条第1款规定,以取得利润并分配给股东等出资人为目的成立的法人,为营利法人。公司作为法人,具有自己的法律人格,区别于公司的投资人、其他公司、自然人,公司是独立的法律主体,拥有自己的财产并享有法人财产权。股东对公司投资,要履行相应的财产权利转移手续,此后,原属于股东的财产便归属于公司,股东丧失财产权利,而只对公司享有股权,财产权利的主体是公司。这里的财产,不仅包括有形的财产,如原材料、设备等,而且包括无形的财产,如知识产权等。公司对外承担责任的基础是它的全部财产,从这个意义上说,公司对外承担的是无限责任,即不以公司的注册资本为限,而是以全部财产为限。

本条第2款是关于公司合法权益受到法律保护的规定。公司是独立享有法定权利的法人,法律对其合法权益应当予以保护,防止其受到侵犯。特别是按照《公司法》的规定,股东、董事、高级管理人员等侵犯公司合法权益的,将受到法律追究。

**第四条 【股东责任形式和股东权利】 有限责任公司的股东以其认缴的出资额为限对公司承担责任;股份有限公司的股东以其认购的股份为限对公司承担责任。**

**公司股东对公司依法享有资产收益、参与重大决策和选择管理者等权利。**

**条文解读**

本条第1款是关于有限责任公司和股份有限公司股东承担责任的规定。此处应注意以下几个方面:第一,有限责任公司的股东以其认缴的出资额为限对公司承担责任;股份有限公司的股东以其认购的股份为限对公司承担责任。两种公司的股东都要以其对公司认缴或认购的出资额或股份承担责任,而非仅是实际缴纳的资本承担责任。第二,公司股东只对公司承担责任,而不对公司的债权人直接承担责任。也就是说,公司债权人只能向公司主张权利,而不能直接向公司股东主张权利。

无论是股份有限公司还是有限责任公司,在其名称中都有"有限"二字,乍看起来,似乎公司对外承担有限责任,实则不然。按照《公司法》第3条规定的"公司以其全部财产对公司的债务承担责任"来看,公司对外应当承担无限责任。

当股东投资成立公司后,股东的投入就构成了公司的资本,即"本钱"。公司在经营过程中,往往还会对外举债,从银行贷款。股东投入的资本和银行及其他债权人的资金加在一起,构成公司的所有资产。由此可见,资产的概念大于资本的概念。公司对外承担责任的基础,正是它所拥有的全部资产,而不限于股东投入的资本。而且,公司有多少资产,就要承担多大的责任。如果公司的资产不够承担责任,则其将面临破产,并被消灭法律人格。从这个意义上说,公司对外承担的是无限责任。这个责任在法律上没有限度,即有多少财产就要承担多少责任;但是,这个责任在事实上有限度,即以公司实际拥有的所有财产为限。

相较于公司的无限责任,股东则只承担有限责任。这个有限责任表现在两个方面:第一,股东承担的所有责任,以他认缴的出资为限,公司即便破产,他也最多丧失最初投入的资本,而不会有更大的损失。第二,除非特殊情况,股东不直接对公司债权人承担责任。这一点也正说明股东有限责任的基础在于他与公司是两个分开的、独立承担的法律主体。

本条第2款是关于股东权利的概括性规定。公司股东和公司是平等的法律主体,股东履行完出资义务之后,便丧失对所投入财产的权利。但是,公司股东对公司享有股权。在这里,公司股东是权利主体,公司是义务主体。公司股东的权利包括资产收益、参与重大决策和选择管理者等。在学理上,资产收益权称为自益权,即为自己的利益而行使的权利。参与重大决策和选择管理者的权利属于共益权,即为了共同的利益而享有的权利。

由于公司股东不是公司财产的所有者,因而,公司股东的权利并不是无限的,而是严格限定在《公司法》和公司章程规定的范围之内。公司股东不能直接以"股东"的名义管理公司,但是可以通过担任董事、经理或者监事间接管理、监督公司。股东也不能直接支配公司财产,更不能将公司财产据为己有或抽逃出资。

股东行使权利有各种渠道。对于资产收益,股东可以要求公司按照公司章程的规定支付股利。对于参与重大决策和选择管理者,则主要通过股东会行使。

## 配套法规及解读

《民法典》(2020年5月28日)

**第五十九条** 法人的民事权利能力和民事行为能力,从法人成立时产生,到法人终止时消灭。

**※法规解读:**

本条规定了法人的民事能力的一般问题。公司法人作为法人的一种,也应当符合该规定。公司法人,由于其具有独立的民事权利能力,所以是独立的权利享有者和义务承担者,而由于其具有独立的民事行为能力,所以是独立的市场主体,可以以自己的行为独立实施民事法律行为。法人不同于自然人,没有自然的生老病死,其权利能力和行为能力自成立时产生,至终止时消灭。

《最高人民法院关于确定民事侵权精神损害赔偿责任若干问题的解释》(2020年12月23日修正)

**第四条** 法人或者非法人组织以名誉权、荣誉权、名称权遭受侵害为由,向人民法院起诉请求精神损害赔偿的,人民法院不予支持。

**※法规解读:**

一般来说,公司的权利能力要受到限制。在自身性质方面,凡是基于自然人的生命、身体、亲属、继承等产生的权利义务,公司不得享有或承担。本条规定,公司的名誉权、荣誉权、名称权受到侵害的救济手段只有停止侵害、消除影响、恢复名誉、赔礼道歉,而不包括精神损害赔偿。

**第五条 【公司章程】设立公司应当依法制定公司章程。公司章程对公司、股东、董事、监事、高级管理人员具有约束力。**

## 法律术语

公司章程:公司股东制定的对公司、股东、董事、监事、高级管理人员具有约束力的法律文件。

**条文解读**

本条是关于公司章程的一般性规定：第一，公司应当制定公司章程。公司章程由公司股东制定，并由多数股东同意通过。而且，按照《公司法》的规定，公司应当在设立登记前制定公司章程，因为公司章程是公司设立登记的必备法律文件。第二，公司章程的效力。从一定意义上讲，公司章程是公司的自治规范，被称为公司内部的"宪章"，其不仅对公司本身有约束力，而且对公司的股东、董事、监事和高级管理人员都有约束力，违反公司章程的行为、决议等，会被提起撤销之诉。公司章程不同于股东协议，它是一个在组织法层面的法律文件。公司章程的效力超越了当事人之间的契约效力，《公司法》不仅直接在本条对其效力予以规定，而且在许多条文中都规定"公司章程另有规定的除外"或者"根据公司章程的规定"，这是《公司法》对其效力的间接规定。

与 2018 年《公司法》对照，本条只是将"必须"表述修改为"应当"，统一了《公司法》与其他法律的用语。

在公司章程中设定股东会对违反公司章程的股东罚款的职权是否有效？在"南京安盛财务顾问有限公司诉祝鹃股东会决议罚款纠纷案"中，法院认为，公司章程关于股东会对股东处以罚款的规定，系公司全体股东所预设的对违反公司章程股东的一种制裁措施，符合公司的整体利益，体现了有限公司的人合性特征，不违反公司法的禁止性规定，应合法有效。但公司章程在赋予股东会对股东处以罚款职权时，应明确规定罚款的标准、幅度，股东会在没有明确标准、幅度的情况下处罚股东，属法定依据不足，相应决议无效。

**第六条 【公司名称权】公司应当有自己的名称。公司名称应当符合国家有关规定。**

**公司的名称权受法律保护。**

**条文解读**

本条明确规定了"公司的名称权"的法律概念。对于公司名称，我国《民法典》作出了相关规定，提供了公司名称权的民法基础。《民法典》第 58 条第 2 款中规定，法人应当有自己的名称、组织机构、住所、财产或者经费。第 110 条第 2 款规定，法人、非法人组织享有名称权、名誉权和荣誉权。

除此之外,《民法典》第993条规定,民事主体可以将自己的姓名、名称、肖像等许可他人使用,但是依照法律规定或者根据其性质不得许可的除外。第1013条规定,法人、非法人组织享有名称权,有权依法决定、使用、变更、转让或者许可他人使用自己的名称。第1014条规定,任何组织或者个人不得以干涉、盗用、假冒等方式侵害他人的姓名权或者名称权。

按照《市场主体登记管理条例》第10条规定,市场主体只能登记一个名称,经登记的市场主体名称受法律保护。市场主体名称由申请人依法自主申报。

关于公司名称的构成,2020年修订的《企业名称登记管理规定》第5条规定,企业名称应当使用规范汉字。民族自治地方的企业名称可以同时使用本民族自治地方通用的民族文字。第6条规定,企业名称由行政区划名称、字号、行业或者经营特点、组织形式组成。跨省、自治区、直辖市经营的企业,其名称可以不含行政区划名称;跨行业综合经营的企业,其名称可以不含行业或者经营特点。第7条规定,企业名称中的行政区划名称应当是企业所在地的县级以上地方行政区划名称。市辖区名称在企业名称中使用时应当同时冠以其所属的设区的市的行政区划名称。开发区、垦区等区域名称在企业名称中使用时应当与行政区划名称连用,不得单独使用。第8条规定,企业名称中的字号应当由两个以上汉字组成。县级以上地方行政区划名称、行业或者经营特点不得作为字号,另有含义的除外。第9条规定,企业名称中的行业或者经营特点应当根据企业的主营业务和国民经济行业分类标准标明。国民经济行业分类标准中没有规定的,可以参照行业习惯或者专业文献等表述。第10条规定,企业应当根据其组织结构或者责任形式,依法在企业名称中标明组织形式。第11条规定,企业名称不得有下列情形:(1)损害国家尊严或者利益;(2)损害社会公共利益或者妨碍社会公共秩序;(3)使用或者变相使用政党、党政军机关、群团组织名称及其简称、特定称谓和部队番号;(4)使用外国国家(地区)、国际组织名称及其通用简称、特定称谓;(5)含有淫秽、色情、赌博、迷信、恐怖、暴力的内容;(6)含有民族、种族、宗教、性别歧视的内容;(7)违背公序良俗或者可能有其他不良影响;(8)可能使公众受骗或者产生误解;(9)法律、行政法规以及国家规定禁止的其他情形。第12条规定,企业名称冠以"中国"、"中华"、"中央"、"全国"、"国家"等字词,应当按照有关规定从严审核,并报国务院批准。国务院市场监督管理部门负责制定具体管理办法。企业名称中间含有"中国"、"中华"、"全国"、"国家"等字词的,该字词应当是行业限定语。使用外国投资者字号的外商独资或者控股的外商投资企业,企业名称中可以含有"(中国)"字样。第13条规定,企业分支机构名称应当冠以其所从属企业的名称,并缀以"分公司"、"分厂”、“分店”等字词。境外企业分支机构还应当在名称中标明该企业的国籍及责任形式。第 14 条规定，企业集团名称应当与控股企业名称的行政区划名称、字号、行业或者经营特点一致。控股企业可以在其名称的组织形式之前使用“集团”或者“(集团)”字样。第 15 条规定，有投资关系或者经过授权的企业，其名称中可以含有另一个企业的名称或者其他法人、非法人组织的名称。

关于公司名称的申请程序，《企业名称登记管理规定》第 16 条规定，企业名称由申请人自主申报。申请人可以通过企业名称申报系统或者在企业登记机关服务窗口提交有关信息和材料，对拟定的企业名称进行查询、比对和筛选，选取符合该规定要求的企业名称。申请人提交的信息和材料应当真实、准确、完整，并承诺因其企业名称与他人企业名称近似侵犯他人合法权益的，依法承担法律责任。第 18 条规定，企业登记机关对通过企业名称申报系统提交完成的企业名称予以保留，保留期为 2 个月。设立企业依法应当报经批准或者企业经营范围中有在登记前须经批准的项目的，保留期为 1 年。申请人应当在保留期届满前办理企业登记。

关于公司名称的转让和授权适用，《企业名称登记管理规定》第 19 条规定，企业名称转让或者授权他人使用的，相关企业应当依法通过国家企业信用信息公示系统向社会公示。

## 典型案例

### 成都同德福合川桃片有限公司诉重庆市合川区同德福桃片有限公司、余晓华侵害商标权及不正当竞争纠纷案〔1〕

(最高人民法院审判委员会讨论通过　2016 年 5 月 20 日发布)

※**基本案情**：原告(反诉被告)成都同德福合川桃片食品有限公司(以下简称成都同德福公司)诉称，成都同德福公司为“同德福 TONGDEFU 及图”商标权人，余晓华先后成立的个体工商户和重庆市合川区同德福桃片有限公司(以下简称重庆同德福公司)，在其字号及生产的桃片外包装上突出使用了“同德福”，侵害了原告享有的“同德福 TONGDEFU 及图”注册商标专用权并构成不正当竞争。请求法院判令重庆同德福

〔1〕 最高人民法院指导案例 58 号，载中华人民共和国最高人民法院网 2016 年 6 月 6 日，https://www.court.gov.cn/shenpan/xiangqing/27511.html。

公司、余晓华停止使用并注销含有“同德福”字号的企业名称；停止侵犯原告商标专用权的行为，登报赔礼道歉、消除影响，赔偿原告经济、商誉损失50万元及合理开支5066.4元。

被告（反诉原告）重庆同德福公司、余晓华共同答辩并反诉称，重庆同德福公司的前身为始创于1898年的同德福斋铺，虽然同德福斋铺因公私合营而停止生产，但未中断独特技艺的代代相传。“同德福”第四代传人余晓华继承祖业先后注册了个体工商户和公司，规范使用其企业名称及字号，重庆同德福公司、余晓华的注册行为是善意的，不构成侵权。成都同德福公司与老字号“同德福”并没有直接的历史渊源，但其将“同德福”商标与老字号“同德福”进行关联的宣传，属于虚假宣传。而且，成都同德福公司擅自使用“同德福”知名商品名称，构成不正当竞争。请求法院判令成都同德福公司停止虚假宣传，在全国性报纸上登报消除影响；停止对“同德福”知名商品特有名称的侵权行为。

法院经审理查明：开业于1898年的同德福斋铺，在1916年至1956年，先后由余鸿春、余复光、余永祚三代人经营。在20世纪20年代至50年代，“同德福”商号享有较高知名度。1956年，由于公私合营，同德福斋铺停止经营。1998年，合川市桃片厂温江分厂获准注册了第1215206号“同德福TONGDEFU及图”商标，核定使用范围为第30类，即糕点、桃片（糕点）、可可产品、人造咖啡。2000年11月7日，前述商标的注册人名义经核准变更为成都同德福公司。成都同德福公司的多种产品外包装使用了“老字号”“百年老牌”“‘同德福牌’桃片简介：‘同德福牌’桃片创制于清乾隆年间（或1840年），有着悠久的历史文化”等字样。成都同德福公司网站中“公司简介”页面将《合川文史资料选辑（第二辑）》中关于同德福斋铺的历史用于其“同德福”牌合川桃片的宣传。

2002年1月4日，余永祚之子余晓华注册个体工商户，字号名称为合川市老字号同德福桃片厂，经营范围为桃片、小食品自产自销。2007年，其字号名称变更为重庆市合川区同德福桃片厂，后注销。2011年5月6日，重庆同德福公司成立，法定代表人为余晓华，经营范围为糕点（烘烤类糕点、熟粉类糕点）生产，该公司是第6626473号“余复光1898”图文商标、第7587928号“余晓华”图文商标的注册商标专用权人。重庆同德福公司的多种产品外包装使用了“老字号【同德福】商号，始创于清光绪23年（1898年）历史悠久”等介绍同德福斋铺历史及获奖情况的内容，部分产品在该段文字后注明“以上文字内容摘自《合川县志》”；“【同德福】颂：同德福，在合川，驰名远，开百年，做桃片，四代传，品质高，价亦廉，讲诚信，无欺言，买卖公，热情谈”；“合川桃片”“重庆市合川区同德福桃片有限公司”等字样。

**※裁判结果**:重庆市第一中级人民法院于2013年7月3日作出(2013)渝一中法民初字第00273号民事判决:一、成都同德福公司立即停止涉案的虚假宣传行为。二、成都同德福公司就其虚假宣传行为于本判决生效之日起连续五日在其网站刊登声明消除影响。三、驳回成都同德福公司的全部诉讼请求。四、驳回重庆同德福公司、余晓华的其他反诉请求。一审宣判后,成都同德福公司不服,提起上诉。重庆市高级人民法院于2013年12月17日作出(2013)渝高法民终字00292号民事判决:驳回上诉,维持原判。

**※裁判理由**:法院生效裁判认为:个体工商户余晓华及重庆同德福公司与成都同德福公司经营范围相似,存在竞争关系;其字号中包含“同德福”三个字与成都同德福公司的“同德福TONGDEFU及图”注册商标的文字部分相同,与该商标构成近似。其登记字号的行为是否构成不正当竞争关键在于该行为是否违反诚实信用原则。成都同德福公司的证据不足以证明“同德福TONGDEFU及图”商标已经具有相当知名度,即便他人将“同德福”登记为字号并规范使用,不会引起相关公众误认,因而不能说明余晓华将个体工商户字号注册为“同德福”具有“搭便车”的恶意。而且,在20世纪20年代至50年代,“同德福”商号享有较高商誉。同德福斋铺先后由余鸿春、余复光、余永祚三代人经营,尤其是在余复光经营期间,同德福斋铺生产的桃片获得了较多荣誉。余晓华系余复光之孙、余永祚之子,基于同德福斋铺的商号曾经获得的知名度及其与同德福斋铺经营者之间的直系亲属关系,将个体工商户字号登记为“同德福”具有合理性。余晓华登记个体工商户字号的行为是善意的,并未违反诚实信用原则,不构成不正当竞争。基于经营的延续性,其变更个体工商户字号的行为以及重庆同德福公司登记公司名称的行为亦不构成不正当竞争。

从重庆同德福公司产品的外包装来看,重庆同德福公司使用的是企业全称,标注于外包装正面底部,“同德福”三字位于企业全称之中,与整体保持一致,没有以简称等形式单独突出使用,也没有为突出显示而采取任何变化,且整体文字大小、字形、颜色与其他部分相比并不突出。因此,重庆同德福公司在产品外包装上标注企业名称的行为系规范使用,不构成突出使用字号,也不构成侵犯商标权。就重庆同德福公司标注“同德福颂”的行为而言,“同德福颂”四字相对于其具体内容(三十六字打油诗)字体略大,但视觉上形成一个整体。其具体内容系根据史料记载的同德福斋铺曾经在商品外包装上使用过的一段类似文字改编,意在表明“同德福”商号的历史和经营理念,并非为突出“同德福”三个字。且重庆同德福公司的产品外包装使用了多项商业标识,其中“合川桃片”集体商标特别突出，其自有商标也比较明显，并同时标注了“合川桃片”地理标志及重庆市非物质文化遗产，相对于这些标识，“同德福颂”及其具体内容仅属于普通描述性文字，明显不具有商业标识的形式，也不够突出醒目，客观上不容易使消费者对商品来源产生误认，亦不具备替代商标的功能。因此，重庆同德福公司标注“同德福颂”的行为不属于侵犯商标权意义上的“突出使用”，不构成侵犯商标权。

成都同德福公司的网站上登载的部分“同德福牌”桃片的历史及荣誉，与史料记载的同德福斋铺的历史及荣誉一致，且在其网站上标注了史料来源，但并未举证证明其与同德福斋铺存在何种联系。此外，成都同德福公司还在其产品外包装标明其为“百年老牌”“老字号”“始创于清朝乾隆年间”等字样，而其“同德福 TONGDEFU 及图”商标核准注册的时间是 1998 年，就其采取前述标注行为的依据，成都同德福公司亦未举证证明。成都同德福公司的前述行为与事实不符，容易使消费者对于其品牌的起源、历史及其与同德福斋铺的关系产生误解，进而取得竞争上的优势，构成虚假宣传，应承担相应的停止侵权、消除影响的民事责任。

**第七条 【公司名称的规范要求】依照本法设立的有限责任公司，应当在公司名称中标明有限责任公司或者有限公司字样。**

**依照本法设立的股份有限公司，应当在公司名称中标明股份有限公司或者股份公司字样。**

### 条文解读

本条是关于有限责任公司和股份有限公司名称规范要求的规定。公司的名称包括四个部分：行政区划、字号、行业和组织形式。本条规定公司必须在自己的名称中标明其组织形式，以有利于与公司交易的相对人辨识其企业性质，了解其有限责任的性质，从而对交易进行决策。

按照本条规定，有限责任公司可以在名称中简称为“有限公司”；股份有限公司可以在名称中简称“股份公司”。

**第八条 【公司住所】公司以其主要办事机构所在地为住所。**

**法律术语**

住所:对民事主体确定管辖和其他重要法律事实的地点。

**条文解读**

本条是关于公司住所的规定。本条规定,公司以其主要办事机构所在地为住所。经公司登记机关登记的公司住所只能有一个。公司住所应当在其公司登记机关辖区内。公司的住所具有重要的法律意义:首先,公司住所用以确定民事诉讼管辖;其次,公司住所用以确定法律文书的送达地;最后,公司住所也是公司债务履行地的重要确定因素。

设立公司所需要的住所,既可以是股东拥有产权的建筑、房屋,也可以是通过租赁取得使用权的建筑、房屋。但是,所选择的房屋必须已经办理了所有权证,而且其所有权证上所载明的用途必须与公司的经营活动一致,即"权属明确、用途一致"。

《市场主体登记管理条例》第 11 条第 2 款规定,电子商务平台内的自然人经营者可以根据国家有关规定,将电子商务平台提供的网络经营场所作为经营场所。

**第九条 【公司经营范围】公司的经营范围由公司章程规定。公司可以修改公司章程,变更经营范围。**

**公司的经营范围中属于法律、行政法规规定须经批准的项目,应当依法经过批准。**

**条文解读**

本条第 1 款是关于公司经营范围的规定。依照法律规定,公司经营范围应当记载于公司章程中,改变经营范围的,应当修改公司章程。公司不能超越经营范围进行经营活动。按照《公司法》第 32 条第 1 款第 4 项规定,公司经营范围属于公司登记事项。

本条第 2 款是关于公司经营范围批准事项的规定。在取得相关批准后,公司才能从事相关项目的经营活动。

**第十条 【公司法定代表人的确定与辞任】公司的法定代表人按照公司章程的规定，由代表公司执行公司事务的董事或者经理担任。**

**担任法定代表人的董事或者经理辞任的，视为同时辞去法定代表人。**

**法定代表人辞任的，公司应当在法定代表人辞任之日起三十日内确定新的法定代表人。**

## 法律术语

公司法定代表人：依照公司章程规定，代表公司从事民事活动的负责人。

## 条文解读

本条是关于公司法定代表人的确定与辞任的规定。根据法定代表人的一般原理并结合本条的规定，以下几个问题值得关注：

第一，《民法典》第 61 条第 1 款规定："依照法律或者法人章程的规定，代表法人从事民事活动的负责人，为法人的法定代表人。"本条第 1 款也明确规定了法定代表人"代表公司执行公司事务"。法定代表人是公司法人的代表，拥有法定的公司代表权，对外代表公司签署合同、参加诉讼活动等。一旦公司的法定代表人在合同上签字、盖章，即便公司认为公章系被擅自加盖，亦构成代表行为。[1]

第二，法定代表人应当是自然人，而不能是法人或其他组织。同时，我国法律并未禁止一个自然人同时担任两个或两个以上企业的法定代表人，亦未限制法定代表人为同一人的企业之间实施民事法律行为。[2]

第三，法定代表人的产生按照公司章程规定，可以由代表公司执行公司事务的董事或经理担任。2018 年《公司法》规定，法定代表人由董事长、执行董事或者经理担任。这三者以外的人员不能担任法定代表人。2023 年《公司法》修改，放宽了法定代表人的选任范围，即不要求一定由作为董事长的董事担任。当然，由于董事长、执行公司事务的董事本身也是董事，所以由董事担任涵盖了董事长或者执行公司事务的董事。本条

---

〔1〕 参见"陈某与浙江省东阳第三建筑工程有限公司等欠款纠纷案"，最高人民法院（2006）民二终字第 100 号民事判决书。

〔2〕 参见"香港新建业有限公司等诉上海新建业有限公司等欠款担保纠纷案"，最高人民法院（2001）民四终字第 13 号民事判决书。

的规定也突破了《民法典》第81条第3款中规定的“执行机构为董事会或者执行董事的,董事长、执行董事或者经理按照法人章程的规定担任法定代表人”,在此应当按照特别法优先于一般法的原则,优先适用特别法。

第四,需要注意的是,2023年《公司法》中已经取消了“执行董事”的提法。按照修订后的《公司法》,不设董事会的情形下,执行公司事务、替代董事会职权的是“董事”。2023年《公司法》中的“代表公司执行公司事务的董事”完全不同于原《公司法》中的“执行董事”。执行公司事务的董事,仅仅是指非独立董事或非外部董事,而在公司中担任职务的董事。

第五,《市场主体登记管理条例》第12条规定,有下列情形之一的,不得担任公司、非公司企业法人的法定代表人:(1)无民事行为能力或者限制民事行为能力;(2)因贪污、贿赂、侵占财产、挪用财产或者破坏社会主义市场经济秩序被判处刑罚,执行期满未逾5年,或者因犯罪被剥夺政治权利,执行期满未逾5年;(3)担任破产清算的公司、非公司企业法人的法定代表人、董事或者厂长、经理,对破产负有个人责任的,自破产清算完结之日起未逾3年;(4)担任因违法被吊销营业执照、责令关闭的公司、非公司企业法人的法定代表人,并负有个人责任的,自被吊销营业执照之日起未逾3年;(5)个人所负数额较大的债务到期未清偿;(6)法律、行政法规规定的其他情形。

第六,本条第2款规定,担任法定代表人的董事或者经理辞任的,视为同时辞去法定代表人。“视为”表示法律上的拟制,即无论辞任董事或者经理是否真的希望同时辞任法定代表人,法律都规定其同时辞任。

第七,本条第2款规定,担任法定代表人的董事或者经理辞任的,视为同时辞去法定代表人。但是,法定代表人作为公司登记的必备要素之一,如果新的法定代表人没有产生,那么辞任的法定代表人在公司登记中就不能顺利剔除。为了保障公司对外交往的稳定性,本条第3款规定,法定代表人辞任的,公司应当在法定代表人辞任之日起30日内确定新的法定代表人。

**第十一条 【法定代表人行为效力】法定代表人以公司名义从事的民事活动,其法律后果由公司承受。**

**公司章程或者股东会对法定代表人职权的限制,不得对抗善意相对人。**

**法定代表人因执行职务造成他人损害的,由公司承担民事责任。公司承担民事责任后,依照法律或者公司章程的规定,可以向有过错的法定代表人追偿。**

## 条文解读

本条是关于法定代表人行为效力的规定。按照《民法典》的规定以及民法原理,法定代表人是代表法人从事民事活动的负责人。通常来说,法定代表人既拥有对内的管理权,也拥有对外的代表权。因此,自然人以法定代表人的身份以公司的名义从事的民事活动,是一种代表行为,被代表人是公司,其法律后果直接由公司承受。这种代表行为既包括发出与受领意思表示、订立合同等法律行为的实施,也包括催告等准法律行为的实施。

本条为2023年《公司法》新增加的内容。本条第1款规定源自《民法典》第61条第2款的规定,即法定代表人以法人名义从事的民事活动,其法律后果由法人承受。

本条第2款规定源自《民法典》第61条第3款的规定,即法人章程或者法人权力机构对法定代表人代表权的限制,不得对抗善意相对人。对于超越权限订立的合同,《民法典》第504条规定,法人的法定代表人或者非法人组织的负责人超越权限订立的合同,除相对人知道或者应当知道其超越权限外,该代表行为有效,订立的合同对法人或者非法人组织发生效力。《民法典》合同编的规定与总则编的规定大体重合,但是其范围除了内部限制之外,还包括超越法定权限的范围。[1]

本条第3款规定源自《民法典》第62条的规定,即法定代表人因执行职务造成他人损害的,由法人承担民事责任。法人承担民事责任后,依照法律或者法人章程的规定,可以向有过错的法定代表人追偿。也就是说,作为公司的代表人,法定代表人因执行职务造成他人损害的,构成法人侵权,应当由被代表的公司承担民事责任。首先,这里的"因执行职务"并非限于在职权范围内,越权的执行职务也属于该条款的涵盖范围。其次,这里所说的"他人",是指除了公司本身之外的自然人、法人,包括公司股东。法定代表人如果对公司造成损害,则按照《公司法》其他规定承担责任。同理,公司在承担了法定代表人因执行职务行为的民事责任后,同时也就是法定代表人给公司造成了损害,依据《公司法》相关规定由法定代表人向公司承担责任。再次,如果法定代表人不是因为执行职务行为给他人造成损害,则其行为并不是代表行为,由其个人承担民事责任。最后,公司的追偿权,应当限于有过错的法定代表人。如果法定代表人无过错,即便公司承担了赔偿责任,也不得向法定代表人追偿。

---

〔1〕 参见杨代雄:《公司为他人担保的效力》,载《吉林大学社会科学学报》2018年第1期。

## 配套法规及解读

**《最高人民法院关于适用〈中华人民共和国民法典〉合同编通则若干问题的解释》(2023年5月23日)**

**第二十条** 法律、行政法规为限制法人的法定代表人或者非法人组织的负责人的代表权,规定合同所涉事项应当由法人、非法人组织的权力机构或者决策机构决议,或者应当由法人、非法人组织的执行机构决定,法定代表人、负责人未取得授权而以法人、非法人组织的名义订立合同,未尽到合理审查义务的相对人主张该合同对法人、非法人组织发生效力并由其承担违约责任的,人民法院不予支持,但是法人、非法人组织有过错的,可以参照民法典第一百五十七条的规定判决其承担相应的赔偿责任。相对人已尽到合理审查义务,构成表见代表的,人民法院应当依据民法典第五百零四条的规定处理。

合同所涉事项未超越法律、行政法规规定的法定代表人或者负责人的代表权限,但是超越法人、非法人组织的章程或者权力机构等对代表权的限制,相对人主张该合同对法人、非法人组织发生效力并由其承担违约责任的,人民法院依法予以支持。但是,法人、非法人组织举证证明相对人知道或者应当知道该限制的除外。

法人、非法人组织承担民事责任后,向有过错的法定代表人、负责人追偿因越权代表行为造成的损失的,人民法院依法予以支持。法律、司法解释对法定代表人、负责人的民事责任另有规定的,依照其规定。

**※法规解读:**

2023年颁布的《民法典合同编通则司法解释》第20条分两种情况作出具体规定,结合《民法典》和《民法典担保制度司法解释》,分别说明如下:

第一,法定代表人超越法定权限的情况。《民法典合同编通则司法解释》规定,法律、行政法规为限制法人的法定代表人的代表权,规定合同所涉事项应当由法人的权力机构或者决策机构决议,或者应当由法人的执行机构决定,法定代表人未取得授权而以法人的名义订立合同,此时,再分为两种情况:一是未尽到合理审查义务的相对人主张该合同对法人发生效力并由其承担违约责任的,人民法院不予支持,但是法人有过错的,可以参照《民法典》第157条的规定判决其承担相应的赔偿责任。二是相对人已尽到合理审查义务,构成表见代表的,人民法院应当依据《民法典》第504条的规定处理。

第二,法定代表人超越内部限制的情况。为保护交易安全,公司章程或者股东会对法定代表人职权的限制,不得对抗善意相对人。《民法典合同编通则司法解释》规定,合同所涉事项未超越法律、行政法规规定的法定代表人的代表权限,但是超越法人的章程或者权力机构等对代表权的限制,相对人主张该合同对法人发生效力并由其承担违约责任的,人民法院依法予以支持。但是,法人举证证明相对人知道或者应当知道该限制的除外。对照《民法典担保制度司法解释》第7条第3款的规定,"……善意,是指相对人在订立担保合同时不知道且不应当知道法定代表人超越权限。相对人有证据证明已对公司决议进行了合理审查,人民法院应当认定其构成善意,但是公司有证据证明相对人知道或者应当知道决议系伪造、变造的除外"。相对人善意的,担保合同对公司发生效力;相对人非善意的,担保合同对公司不发生效力。

法定代表人因超越代表权而给公司造成的损失,根据《民法典合同编通则司法解释》第20条第3款的规定,法人承担民事责任后,向有过错的法定代表人追偿因越权代表行为造成的损失的,人民法院依法予以支持。法律、司法解释对法定代表人的民事责任另有规定的,依照其规定。

**第十二条 【公司形式变更及其债权债务承继】 有限责任公司变更为股份有限公司,应当符合本法规定的股份有限公司的条件。股份有限公司变更为有限责任公司,应当符合本法规定的有限责任公司的条件。**

**有限责任公司变更为股份有限公司的,或者股份有限公司变更为有限责任公司的,公司变更前的债权、债务由变更后的公司承继。**

## 条文解读

本条是关于公司形式变更的一般规定。在我国,公司的法定形式分为有限责任公司与股份有限公司。公司形式可以依法进行变更。

本条第1款规定了公司组织形式变更的法定条件。公司组织形式变更,是指有限责任公司变更为股份有限公司,或者股份有限公司变更为有限责任公司。因为有限责任公司和股份有限公司有着不同的条件,所以,公司组织形式变更,必须符合变更后的组织形式的法定条件。

本条第2款是关于公司组织形式变更后债权债务承继的问题。公司组织形式变更后,原有公司与新公司不丧失主体的同一性,变更前的债权债务一律由变更后的公司承继。

**第十三条 【子公司、分公司】公司可以设立子公司。子公司具有法人资格,依法独立承担民事责任。**

**公司可以设立分公司。分公司不具有法人资格,其民事责任由公司承担。**

## 条文解读

本条第1款是关于子公司的法律地位的规定。子公司与母公司之间是股权关系,即它的全部或者部分出资(股份)由母公司持有,除此之外,子公司同其他公司在法律地位上没有什么区别,仍然是根据《公司法》设立的独立的公司法人,独立承担民事责任。设立子公司也要经过与设立普通公司一样的程序。

本条第2款是关于分公司的法律地位的规定。分公司是分支机构的一种具体形式,是总公司的下属机构,不具有法人资格,不能以自己的名义独立对外参与民事活动,因此它的民事责任由公司承担。但是,分公司又具有一定的独立性,在一定程度上拥有自己的经费。因而,《民法典》第74条第2款规定,分支机构以自己的名义从事民事活动,产生的民事责任由法人承担;也可以先以该分支机构管理的财产承担,不足以承担的,由法人承担。需要注意的是,《公司法》第38条规定,公司设立分公司,应当向公司登记机关申请登记,领取营业执照。

分公司区别于公司的其他内部机构,如科室等。法人内设部门因不具备法人资格,没有独立的法人财产,其设立不以是否有财产投入为前提。法人内设部门成立后采取何种性质的经营方式以及他人是否对其投入资产等均不能改变其法人内设部门的法律属性。[1]

**第十四条 【公司转投资及其限制】公司可以向其他企业投资。**

**法律规定公司不得成为对所投资企业的债务承担连带责任的出资人的,从其规定。**

〔1〕 参见"李某志诉长春建工集团界定产权、返还财产纠纷案",最高人民法院(2004)民二终字第190号民事判决书,载《最高人民法院公报》2005年第10期。

**条文解读**

本条是关于公司转投资及其限制的规定。这里有两个制度问题需要注意：

第一，公司既可以向其他公司投资，也可以向其他非公司企业转投资。转投资的方式包括设立子公司，参与设立新公司，收购其他公司股份等。

第二，按照2018年《公司法》第15条的规定："除法律另有规定外，不得成为对所投资企业的债务承担连带责任的出资人"。也就是说，只有在法律有规定的时候，公司才能成为对债务承担连带责任的出资人。2023年《公司法》的表述有所区别，即"法律规定公司不得成为对所投资企业的债务承担连带责任的出资人的，从其规定"，也就是说，只要法律没有相反的规定，公司就可以成为所投资企业的债务承担连带责任的出资人。《公司法》的修订改变了表述方式，但是与《合伙企业法》的衔接更加紧密，我国《合伙企业法》第2条第1款规定："本法所称合伙企业，是指自然人、法人和其他组织依照本法在中国境内设立的普通合伙企业和有限合伙企业。"其中，"法人"便包括公司法人。在我国，合伙企业分为普通合伙企业和有限合伙企业，合伙人分为普通合伙人和有限合伙人。普通合伙人是对合伙企业的债务承担连带责任的合伙人。那么，《合伙企业法》的意思是规定自然人等是普通合伙人，而公司是有限合伙人？这样解释并不妥当。《合伙企业法》第3条规定："国有独资公司、国有企业、上市公司以及公益性的事业单位、社会团体不得成为普通合伙人。"由此可见，法律明确排除了上述三类公司成为普通合伙人。这属于"法律规定公司不得成为对所投资企业的债务承担连带责任的出资人的"情况，而一般的公司，由于法律没有作出这样的规定，就可以成为普通合伙人。

**第十五条 【公司转投资及对外担保】公司向其他企业投资或者为他人提供担保，按照公司章程的规定，由董事会或者股东会决议；公司章程对投资或者担保的总额及单项投资或者担保的数额有限额规定的，不得超过规定的限额。**

**公司为公司股东或者实际控制人提供担保的，应当经股东会决议。**

**前款规定的股东或者受前款规定的实际控制人支配的股东，不得参加前款规定事项的表决。该项表决由出席会议的其他股东所持表决权的过半数通过。**

**条文解读**

本条是关于公司对外转投资及提供担保的相关规定。对外转投资或者提供担保，对于公司来说,事关重大。在公司的内部格局中,往往存在能够对公司进行直接或间接控制的股东、董事或者其他高级管理人员,这可能存在这些控制者以牺牲公司利益的方式对外转投资或者提供担保的现象。《公司法》针对这一问题,进行了相关的规定,主要包括公司章程的事前控制、对股东和实际控制人担保的特别规定等。

本条第1款作出了公司向其他企业投资或者为他人提供担保的程序性规定。首先,公司转投资或者为他人提供担保的决定程序由公司章程规定,公司章程可以选择以董事会、股东会决议的方式之一。其次,公司章程可以预先确定投资或担保的总额及单项投资或担保的数额,公司的转投资和担保不得超过规定的限额。

本条第2款是对第1款的限制性规定,即公司为股东或者实际控制人提供担保的,不得由公司章程选择决议的方式,而必须经股东会决议。

本条第3款是对前款规定的决议方式中利害关系人回避的规定,即前款规定的股东或者受前款规定的实际控制人支配的股东,不得参加前款规定事项的表决。并且,该项表决由出席会议的其他股东所持表决权的过半数通过。本款和第2款的规定主要是为了避免因关联交易而造成公司利益的损害。

《公司法》关于公司对外担保的条款,历来是理论界与实务界争议较大的领域。总体来说,公司作为一个组织体,其对外行为需要由自然人来代表,故而存在越权代表的风险,这是公司对外担保的核心问题。一方面要注重对第三人交易安全的保护,另一方面也要注重对公司自身财产权益的保护,平衡两者之间的利益,是该条款的核心。相较于2018年《公司法》,本条规定未作实质性的改变,只是做了文字上的调整。

关于本条的理解,司法实务界经历了一个演变的过程。北京市高级人民法院(2009)高民终字第1730号民事判决书中,将2005年《公司法》第16条理解为非效力性强制性规定,对此后的司法实践产生了重大影响。最高人民法院(2012)民提字第156号民事判决书中,也认为不宜将这个规定理解为效力性强制性规定,因而违反该规范的原则上不宜认定合同无效,并明确指出原《公司法》第16条规定的是公司内部决策程序,因此不属于效力性强制性规定,而是管理性强制性规定;就公司对外担保而言,对外要优先保护债权人的交易安全,只有在公司对外承担了担保责任或者赔偿责任之后,才能通过内部关系去解决不同主体之间的纠纷。从上述两个判决中我们可以看出,当时的整体思路是认可无决议对外担保的效力,并倾向于保护债权人的交易安全。此后,最高人民法院于2018年发布的《关于执行担保若干问题的规定》第5条规定:"公司为被执行人提供执行担保的,应当提交符合公司法第十六条规定的公司章程、董事会或者股东会、股东大会决议。"此时,司法的态度发生了转变,即要求担保权人对担保行为的程序性问题进行审查。

2019 年的《九民纪要》对公司对外担保进行了更进一步的阐述。《九民纪要》第 17 条规定："为防止法定代表人随意代表公司为他人提供担保给公司造成损失，损害中小股东利益，《公司法》第 16 条对法定代表人的代表权进行了限制。根据该条规定，担保行为不是法定代表人所能单独决定的事项，而必须以公司股东（大）会、董事会等公司机关的决议作为授权的基础和来源。法定代表人未经授权擅自为他人提供担保的，构成越权代表，人民法院应当根据《合同法》第 50 条关于法定代表人越权代表的规定，区分订立合同时债权人是否善意分别认定合同效力：债权人善意的，合同有效；反之，合同无效。"这是对公司对外担保裁判思路的整体定位。《九民纪要》在第 18 条同时指出："前条所称的善意，是指债权人不知道或者不应当知道法定代表人超越权限订立担保合同。《公司法》第 16 条对关联担保和非关联担保的决议机关作出了区别规定，相应地，在善意的判断标准上也应当有所区别。一种情形是，为公司股东或者实际控制人提供关联担保，《公司法》第 16 条明确规定必须由股东（大）会决议，未经股东（大）会决议，构成越权代表。在此情况下，债权人主张担保合同有效，应当提供证据证明其在订立合同时对股东（大）会决议进行了审查，决议的表决程序符合《公司法》第 16 条的规定，即在排除被担保股东表决权的情况下，该项表决由出席会议的其他股东所持表决权的过半数通过，签字人员也符合公司章程的规定。另一种情形是，公司为公司股东或者实际控制人以外的人提供非关联担保，根据《公司法》第 16 条的规定，此时由公司章程规定是由董事会决议还是股东（大）会决议。无论章程是否对决议机关作出规定，也无论章程规定决议机关为董事会还是股东（大）会，根据《民法总则》第 61 条第 3 款关于'法人章程或者法人权力机构对法定代表人代表权的限制，不得对抗善意相对人'的规定，只要债权人能够证明其在订立担保合同时对董事会决议或者股东（大）会决议进行了审查，同意决议的人数及签字人员符合公司章程的规定，就应当认定其构成善意，但公司能够证明债权人明知公司章程对决议机关有明确规定的除外。债权人对公司机关决议内容的审查一般限于形式审查，只要求尽到必要的注意义务即可，标准不宜太过严苛。公司以机关决议系法定代表人伪造或者变造、决议程序违法、签章（名）不实、担保金额超过法定限额等事由抗辩债权人非善意的，人民法院一般不予支持。但是，公司有证据证明债权人明知决议系伪造或者变造的除外。"《九民纪要》第 19 条还明确了无须公司决议的情形，即存在下列情形的，即便债权人知道或者应当知道没有公司机关决议，也应当认定担保合同符合公司的真实意思表示，合同有效：（1）公司是以为他人提供担保为主营业务的担保公司，或者是开展保函业务的银行或者非银行金融机构;(2)公司为其直接或者间接控制的公司开展经营活动向债权人提供担保;(3)公司与主债务人之间存在相互担保等商业合作关系;(4)担保合同系由单独或者共同持有公司2/3以上有表决权的股东签字同意。

关于越权担保的民事责任,《九民纪要》第20条指出:"依据前述3条规定,担保合同有效,债权人请求公司承担担保责任的,人民法院依法予以支持;担保合同无效,债权人请求公司承担担保责任的,人民法院不予支持,但可以按照担保法及有关司法解释关于担保无效的规定处理。公司举证证明债权人明知法定代表人超越权限或者机关决议系伪造或者变造,债权人请求公司承担合同无效后的民事责任的,人民法院不予支持。"对于公司的权利救济,《九民纪要》第21条指出:"法定代表人的越权担保行为给公司造成损失,公司请求法定代表人承担赔偿责任的,人民法院依法予以支持。公司没有提起诉讼,股东依据《公司法》第151条的规定请求法定代表人承担赔偿责任的,人民法院依法予以支持。"

2020年《民法典》颁布后,最高人民法院制定并颁布了《民法典担保制度司法解释》。该解释第7条规定,公司的法定代表人违反公司法关于公司对外担保决议程序的规定,超越权限代表公司与相对人订立担保合同,人民法院应当依照《民法典》第61条和第504条等规定处理:(1)相对人善意的,担保合同对公司发生效力;相对人请求公司承担担保责任的,人民法院应予支持。(2)相对人非善意的,担保合同对公司不发生效力;相对人请求公司承担赔偿责任的,参照适用该解释第17条的有关规定。该解释第1款所称善意,是指相对人在订立担保合同时不知道且不应当知道法定代表人超越权限。相对人有证据证明已对公司决议进行了合理审查,人民法院应当认定其构成善意,但是公司有证据证明相对人知道或者应当知道决议系伪造、变造的除外。

《民法典担保制度司法解释》在继承了《九民纪要》的相关规定基础上,与其相比,将"合同有效"与"合同无效"的表述改为"担保合同对公司发生效力"以及"担保合同对公司不发生效力"。之所以有此变化,是因为该司法解释的用语与《民法典》的规定保持一致,并强调了合同效力的相对性。在善意的认定上,《九民纪要》只要求进行"形式审查",而《民法典担保制度司法解释》则要求做到"合理审查",相对于《九民纪要》,新的规定更加严格一些。

对于越权代表使担保合同对公司不发生效力的,不同于代理行为无效由代理人(行为人)承担责任或者由相对人和行为人承担责任,公司虽然在此时不承担担保责任,但是要承担赔偿责任。相对人请求公司承担赔偿责任的,《民法典担保制度司法解释》规定参照其第17条的有关规定，即主合同有效而第三人提供的担保合同无效，人民法院应当区分不同情形确定担保人的赔偿责任：(1)债权人与担保人均有过错的，担保人承担的赔偿责任不应超过债务人不能清偿部分的1/2；(2)担保人有过错而债权人无过错的，担保人对债务人不能清偿的部分承担赔偿责任；(3)债权人有过错而担保人无过错的，担保人不承担赔偿责任。

对于法定代表人越权代表后对公司的赔偿责任，《民法典担保制度司法解释》第7条第2款规定，法定代表人超越权限提供担保造成公司损失，公司请求法定代表人承担赔偿责任的，人民法院应予支持。需要注意的是，无论是公司因越权代表承担了担保责任还是赔偿责任，公司此时对法定代表人都是"追偿"，即公司因为承担责任后而受到的损失。因而，如果公司没有承担责任，则不能进行追偿。

《民法典担保制度司法解释》第8条还从反面规定了公司对外担保的效力，即有下列情形之一，公司以其未依照公司法关于公司对外担保的规定作出决议为由主张不承担担保责任的，人民法院不予支持：(1)金融机构开立保函或者担保公司提供担保；(2)公司为其全资子公司开展经营活动提供担保；(3)担保合同系由单独或者共同持有公司2/3以上对担保事项有表决权的股东签字同意。但是上市公司对外提供担保，不适用该条第1款第2项、第3项的规定。

**第十六条　【职工权益保护与职业教育】公司应当保护职工的合法权益，依法与职工签订劳动合同，参加社会保险，加强劳动保护，实现安全生产。**

**公司应当采用多种形式，加强公司职工的职业教育和岗位培训，提高职工素质。**

## 条文解读

本条第1款是关于公司对职工权益保护义务的规定，包括以下几个方面：(1)公司必须保护职工的合法权益；(2)公司必须依照《劳动合同法》与职工签订劳动合同；(3)公司必须按照相关法律、行政法规为职工参加社会保险；(4)公司在日常经营活动中，必须加强劳动保护，实现安全生产。

本条第2款是关于公司对职工职业教育、岗位培训等方面的一般性规定。

## 关联法规索引

《劳动法》第2~4条;《劳动合同法》第10条;《社会保险法》第4条

**第十七条 【公司工会与民主管理】** 公司职工依照《中华人民共和国工会法》组织工会,开展工会活动,维护职工合法权益。公司应当为本公司工会提供必要的活动条件。公司工会代表职工就职工的劳动报酬、工作时间、休息休假、劳动安全卫生和保险福利等事项依法与公司签订集体合同。

公司依照宪法和有关法律的规定,建立健全以职工代表大会为基本形式的民主管理制度,通过职工代表大会或者其他形式,实行民主管理。

公司研究决定改制、解散、申请破产以及经营方面的重大问题、制定重要的规章制度时,应当听取公司工会的意见,并通过职工代表大会或者其他形式听取职工的意见和建议。

## 条文解读

本条第1款是关于公司应当依法组织工会并开展工会活动的规定。我国《工会法》规定,用人单位有会员25人以上的,应当建立基层工会委员会;不足25人的,可以单独建立基层工会委员会,也可以由两个以上单位的会员联合建立基层工会委员会,还可以选举组织员1人,组织会员开展活动。女职工人数较多的,可以建立工会女职工委员会,在同级工会领导下开展工作;女职工人数较少的,可以在工会委员会中设女职工委员。此外,本条第1款还规定,公司工会代表职工就职工的劳动报酬、工作时间、休息休假、劳动安全卫生和保险福利等事项依法与公司签订集体合同。《劳动合同法》第4条第2款规定,用人单位在制定、修改或者决定有关劳动报酬、工作时间、休息休假、劳动安全卫生、保险福利、职工培训、劳动纪律以及劳动定额管理等直接涉及劳动者切身利益的规章制度或者重大事项时,应当经职工代表大会或者全体职工讨论,提出方案和意见,与工会或者职工代表平等协商确定。

本条第2款规定了公司建立健全以职工代表大会为基本形式的民主管理制度。《工会法》第36条规定,国有企业职工代表大会是企业实行民主管理的基本形式,是职工行使民主管理权力的机构,依照法律规定行使职权。国有企业的工会委员会是职工代表大会的工作机构,负责职工代表大会的日常工作,检查、督促职工代表大会决议的执行。

本条第3款规定了公司研究决定改制、解散、申请破产以及经营方面的重大问题、制定重要的规章制度时，应当听取公司工会的意见，并通过职工代表大会或者其他形式听取职工的意见和建议。以上听取意见和建议的规定应当理解为公司改制、解散、申请破产以及经营方面的重大问题、制定重要的规章制度时的法定程序。

## 典型案例

### 罗某1诉某环卫公司侵权责任纠纷案〔1〕

**基本案情**

罗某2就职于某环卫公司，从事环卫工作。2015年6月29日，罗某2因突发脑溢血入住荆州某医院治疗。2015年10月13日，某环卫公司以病情较为稳定为由，为罗某2办理了出院手续，出院诊断为：脑出血、左侧肌体偏瘫。2015年10月13日至15日，荆州市某救助管理站护送罗某2返乡，接收单位为四川省某救助站。该站接收罗某2后即安排罗某2入住岳池某医院治疗，入院诊断为：(1)脑梗塞后遗症期；(2)急性支气管炎。2016年10月1日，罗某2因脑出血、中枢性呼吸衰竭死亡。某司法鉴定中心出具了鉴定意见，认为罗某2再次突发脑出血是导致其死亡的主要因素，尚未治疗痊愈，长途遣送回乡的做法与导致其治疗延误、病情加重也有一定的因果关系。罗某2之子罗某1起诉称，其父在工作时受伤入院治疗，某环卫公司在尚未治疗痊愈时就将其遣送回乡的行为构成侵权，应当承担赔偿责任。

**裁判结果**

湖北省荆州市沙市区人民法院认为，被告某环卫公司在罗某2的病情尚未治愈、未查清罗某2亲属的情况下，将行动不便的罗某2护送返乡的行为是对劳动者健康权不尊重的行为。该行为虽未直接导致损害结果的发生，但导致了治疗延误、病情加重，应当按其过错承担相应的侵权赔偿责任。遂判决被告某环卫公司承担相应侵权赔偿责任。湖北省荆州市中级人民法院二审维持原判。

---

〔1〕《人民法院抓实公正与效率践行社会主义核心价值观典型案例》之3，载中华人民共和国最高人民法院网2023年8月2日，https://www.court.gov.cn/zixun/xiangqing/408162.html。

**典型意义**

劳动关系和谐是社会和谐的重要基础，事关广大职工和企业的切身利益以及经济社会发展。劳动者应当在用人单位的管理下认真工作、辛勤劳动，用人单位应当依法保障劳动者的权益，尤其是对于劳动者的生命权、健康权等人格权利，用人单位应当给予充分的尊重和保护。本案中，用人单位无视劳动者的身体健康状况，将其从重症监护室接出，并以不符合实际的理由申请救助，将劳动者长途遣返，是对劳动者健康权的不尊重。本案的审理兼顾了法理与人情，向被用人单位"甩包袱"的患病劳动者传递出最真诚的司法温暖。案件引导用人单位需充分尊重患病劳动者的健康权，为患病劳动者办理出院时，应当遵医嘱并及时通知住院劳动者的家属。本案裁判结果蕴含着社会主义核心价值观"以人为本"的理念，对构建劳动者爱岗敬业、用人单位诚信守法的和谐劳动关系具有积极的示范作用。

## 关联法规索引

《劳动法》第33~35条；《劳动合同法》第4条

**第十八条 【公司设立党组织】在公司中，根据中国共产党章程的规定，设立中国共产党的组织，开展党的活动。公司应当为党组织的活动提供必要条件。**

## 条文解读

本条是关于在公司中设立党组织的规定。理解本条，需要参照《中国共产党章程》的相关规定。

《中国共产党章程》第30条第1款规定，企业、农村、机关、学校、医院、科研院所、街道社区、社会组织、人民解放军连队和其他基层单位，凡是有正式党员3人以上的，都应当成立党的基层组织。

《中国共产党章程》第33条第2、3款规定，国有企业党委（党组）发挥领导作用，把方向、管大局、保落实，依照规定讨论和决定企业重大事项。国有企业和集体企业中党的基层组织，围绕企业生产经营开展工作。保证监督党和国家的方针、政策在本企业的贯彻执行；支持股东会、董事会、监事会和经理（厂长）依法行使职权；全心全意依靠职工群众，支持职工代表大会开展工作；参与企业重大问题的决策；加强党组织的自身建设，领导思想政治工作、精神文明建设、统一战线工作和工会、共青团、妇女组织等群团组织。非公有制经济组织中党的基层组织，贯彻党的方针政策，引导和监督企业遵守国家的法律法规，领导工会、共青团等群团组织，团结凝聚职工群众，维护各方的合法权益，促进企业健康发展。

**第十九条 【公司经营活动应履行的义务】公司从事经营活动，应当遵守法律法规，遵守社会公德、商业道德，诚实守信，接受政府和社会公众的监督。**

## 条文解读

本条是关于公司在经营活动中应当履行的道德合规义务的规定。其主要包括：(1)遵守法律法规；(2)遵守社会公德、商业道德；(3)诚实守信；(4)接受政府和社会公众的监督。

## 典型案例

### 河南某补胎服务有限公司诉谭某某商业诋毁纠纷案[1]

**基本案情**

被告谭某某经营一家汽车维修公司，2017年2月至2020年3月，谭某某在网络平台发布关于河南某补胎服务有限公司（以下简称河南某补胎公司）的贬低性言论共计65条。某机动车维修业服务中心出具调查报告证明未发现河南某补胎公司有违反《机动车维修管理规定》的行为，谭某某针对河南某补胎公司在网上发表的均为不实言论。河南某补胎公司诉至法院，请求法院判令谭某某停止编造、传播虚假信息或者误导性信息，消除影响；就不正当竞争行为登报声明，公开赔礼道歉等。

**裁判结果**

河南省郑州市中级人民法院认为，河南某补胎公司与谭某某所经营的河南某汽车维修服务公司，经营范围基本相同，属于同业竞争者。谭某某长时间持续在多个网络平台发布贬低河南某补胎公司的言论，且在有关部门经调查核实，证明其举报问题不

[1] 《人民法院抓实公正与效率践行社会主义核心价值观典型案例》之10，载中华人民共和国最高人民法院网2023年8月2日，https://www.court.gov.cn/zixun/xiangqing/408162.html。

存在的情况下,谭某某仍然通过网络平台发布相关言论,可以认定谭某某实施了编造、传播竞争对手的虚假信息或者误导性信息的行为。因此,谭某某持续对河南某补胎公司进行大量否定性评价,且使用大量侮辱、贬低性语言,客观上对该公司的商业信誉和商品声誉造成了减损。这种行为有悖于诚实守信的商业道德,不利于形成良好的竞争秩序,构成商业诋毁的不正当竞争行为。判令谭某某立即停止编造、传播河南某补胎公司的虚假信息或者误导性信息;谭某某在相关网络平台发布声明,以消除对河南某补胎公司商业信誉和商品声誉造成的不良影响;赔偿河南某补胎公司经济损失及维权费用共计 16 万元。河南省高级人民法院二审维持原判。

**典型意义**

随着我国市场竞争的日趋加剧,在利益驱使下,同业经营者公开散布传播虚构事实,恶意贬低竞争对手,损害他人商誉的行为屡禁不止,严重影响了公平竞争的社会秩序,阻碍了我国市场经济的高质量发展。当前,以互联网为媒介,商业诋毁行为层出不穷且形式多样,行为人通过微信、微博等网络平台,简单编辑发布一则虚假信息或误导性信息,便可以吸引庞大消费群体关注,甚至引起社会舆论,给受害者带来严重损害。因此,经营者在发布有关竞争对手的言论时,欲达到的目的必须正当,所依据的事实必须客观,其陈述的内容必须真实,尽到合理审慎的注意义务。本案明确产生误导、损害商誉的虚假事实的认定标准,对于落实党中央关于加强知识产权司法保护的精神,规制不正当竞争行为,鼓励诚信经营,维护社会秩序,优化营商环境具有指引意义。

## 姜某某诉海口市市场监督管理局、海口市人民政府食品广告行政处罚及行政复议案〔1〕

**基本案情**

2018 年 6 月至 12 月,姜某某通过微信朋友圈发布产品广告,宣称该产品可以治疗多种疾病。该产品实为普通食品,不具有任何治疗疾病功能。2018 年 12 月 17 日,海口市市场监督管理局对姜某某进行立案调查并作出行政处罚决定,对姜某某罚款 10 万元。姜某某不服,向海口市人民政府申请行政复议。2019 年 11 月 12 日,海口市人民政府作出维持复议决定。姜某某仍不服诉至法院,请求撤销处罚决定和复议决定。

〔1〕《人民法院抓实公正与效率践行社会主义核心价值观典型案例》之 12,载中华人民共和国最高人民法院网 2023 年 8 月 2 日,https://www.court.gov.cn/zixun/xiangqing/408162.html。

**裁判结果**

海南省海口市中级人民法院认为,姜某某长期在微信朋友圈中发布虚假广告信息,将属于普通食品而非药品的富迪小分子肽,虚假宣传能够治疗疾病,混淆药品和普通食品的区别,误导不明真相的消费者或患者,尤其是辨别能力不强的老年人,很可能耽误最佳治疗时机,给消费者或患者带来无法挽回的人身损害,依法应当予以处罚。故判决驳回姜某某的诉讼请求。

**典型意义**

虚假药品广告欺骗、误导消费者,严重危害人民群众生命健康。行为人通过朋友圈大肆虚假宣传普通食品能治疗各种疾病甚至"包治百病",误导不明真相的消费者或患者。分辨能力较差的老年患者,甚至重症患者信以为真,购买大量产品,耽误最佳治疗时机,最后落个"人财两空"。姜某某等人长期在微信朋友圈中发布虚假广告信息,误导不明真相的消费者或患者,不仅违背了诚信原则,还具有严重的社会危害性。微信朋友圈等网络平台不是法外之地,在朋友圈进行虚假宣传必将受到法律严惩,本判决既打击了虚假广告行为,又维护了人民群众生命健康安全,弘扬了社会主义核心价值观,取得了良好的社会效果。

**第二十条 【公司社会责任】公司从事经营活动,应当充分考虑公司职工、消费者等利益相关者的利益以及生态环境保护等社会公共利益,承担社会责任。**

**国家鼓励公司参与社会公益活动,公布社会责任报告。**

## 条文解读

2018年《公司法》第5条第1款规定了公司应当承担社会责任。2023年修订的《公司法》在此基础上对这个条款进行了扩充。

传统观点认为,公司的目的是为股东获得利益。因此,公司的经营活动都以实现股东利益最大化为核心。随着时代的发展,人们逐渐摒弃这一观点,认为公司的经营活动,不仅应当实现股东利益,还应当考虑到其他利益相关者,包括公司职工、消费者,乃至公司所在的社区的利益。同时,公司的经营活动还必须考虑到生态环境保护。因而,公司除了为股东利益持续经营外,还需要充分考虑到社会公共利益,即承担社会责任。

这里要特别提到,目前,世界主要市场都已关注到"环境、社会和公司治理"(Environmental, Social and Governance, ESG)问题。2004 年,“ESG”一词在具有里程碑意义的报告《有心者胜》(*Who Cares Wins*)中正式提出,该报告认为在资本市场中嵌入环境、社会和治理因素具有良好的商业意义,可带来更可持续的市场和更好的社会成果。此后,联合国支持成立了负责任投资原则组织(Principles for Responsible Investment, PRI),推动将 ESG 纳入投资决策。目前,已有超过 60 个国家及国际组织关注到公司经营活动对环境与社会的重要影响,包括经济合作与发展组织、二十国集团、国际证券事务监察委员会组织、国际标准化组织等,都将如何借助非财务报告来对企业环境和社会风险的评估、促进全球可持续发展作为重要议题。

国家鼓励公司参与社会公益活动。社会公益活动范围广泛,包括积极参与社区建设,鼓励职工志愿服务社会。参与慈善、捐助等社会公益事业,关心支持教育、文化、卫生等公共福利事业。在发生重大自然灾害和突发事件的情况下,积极提供财力、物力和人力等方面的支持和援助,等等。

国家鼓励公司公布社会责任报告。目前,证券交易所都对上市公司编制社会责任报告发布了指引。国务院国资委对中央企业履行社会责任发布了指导意见。

**第二十一条 【股东不得滥用权利】公司股东应当遵守法律、行政法规和公司章程,依法行使股东权利,不得滥用股东权利损害公司或者其他股东的利益。**

**公司股东滥用股东权利给公司或者其他股东造成损失的,应当承担赔偿责任。**

## 条文解读

本条是关于股东不得滥用权利的规定,需要注意以下几个问题:

第一,《民法典》第 83 条第 1 款规定:“营利法人的出资人不得滥用出资人权利损害法人或者其他出资人的利益;滥用出资人权利造成法人或者其他出资人损失的,应当依法承担民事责任。”公司股东应当遵守法律、行政法规和公司章程的规定,依法行使股东权利。这是股东权利的界限,即股东行使股东权利必须依法。

第二,股东滥用股东权利的前提是股东在行使股东权利。换句话说,股东应当首先有这项权利,否则就属于无权行事。例如,股东依法享有表决权,但是他在处理公司事务时滥用了这项权利。当股东因未缴纳出资而失权时,就无法行使表决权,从而也谈不上滥用。

第三，公司股东滥用股东权利可以表现为两种情况：一是损害公司利益，二是损害其他股东权利。表现为股东借助控股优势或是联合其他股东操纵公司事务、滥用表决权、滥用股东诉权，从而损害公司利益，进而损害公司其他股东的利益。按照《民法典总则编司法解释》第3条第3款的规定，构成滥用民事权利的，人民法院应当认定该滥用行为不发生相应的法律效力。因此，股东滥用股东权利首先是不发生效力。

第四，公司股东滥用股东权利给公司或者其他股东造成损失的，公司或者其他股东可以对其提起诉讼，要求其赔偿公司损失。

**第二十二条 【不得利用关联关系损害公司利益】公司的控股股东、实际控制人、董事、监事、高级管理人员不得利用关联关系损害公司利益。**

**违反前款规定，给公司造成损失的，应当承担赔偿责任。**

## 法律术语

关联关系：是指公司控股股东、实际控制人、董事、监事、高级管理人员与其直接或者间接控制的企业之间的关系，以及可能导致公司利益转移的其他关系。

## 条文解读

本条是关于不得利用关联关系损害公司利益的规定。《民法典》第84条规定："营利法人的控股出资人、实际控制人、董事、监事、高级管理人员不得利用其关联关系损害法人的利益；利用关联关系造成法人损失的，应当承担赔偿责任。"

公司的控股股东、实际控制人、董事、监事、高级管理人员除了自然人身份外，还是公司的控制者或者实际经营管理人员，与公司的利益密切相关，法律上将其称为关联人员。一旦他们以自己的名义与公司进行交易，他们一方面就是代表自己，另一方面又牵涉公司利益，因而难免牺牲公司利益而使自己获利，法律必须加以限制。

值得注意的是，我国公司对关联交易并非一律禁止。关联交易在实践中是难以避免的，有时也是对公司有利的。不损害公司利益的关联交易，在一定程度上也是被公司允许的。《公司法》第182条第1款规定，董事、监事、高级管理人员，直接或者间接与本公司订立合同或者进行交易，应当就与订立合同或者进行交易有关的事项向董事会或者股东会报告，并按照公司章程的规定经董事会或者股东会决议通过。

公司的控股股东、实际控制人、董事、监事、高级管理人员违反了法律的规定进行关联交易给公司造成损失的，应当承担损害赔偿的责任。

## 配套法规及解读

**《最高人民法院关于适用〈中华人民共和国公司法〉若干问题的规定（五）》（2020年12月23日修正）**

**第一条** 关联交易损害公司利益，原告公司依据民法典第八十四条、公司法第二十一条规定请求控股股东、实际控制人、董事、监事、高级管理人员赔偿所造成的损失，被告仅以该交易已经履行了信息披露、经股东会或者股东大会同意等法律、行政法规或者公司章程规定的程序为由抗辩的，人民法院不予支持。

公司没有提起诉讼的，符合公司法第一百五十一条第一款规定条件的股东，可以依据公司法第一百五十一条第二款、第三款规定向人民法院提起诉讼。

**第二条** 关联交易合同存在无效、可撤销或者对公司不发生效力的情形，公司没有起诉合同相对方的，符合公司法第一百五十一条第一款规定条件的股东，可以依据公司法第一百五十一条第二款、第三款规定向人民法院提起诉讼。

**※法规解读：**

《公司法司法解释（五）》对公司关联交易问题作出了更加详细的规定。对于关联交易分两个层次规范：第一个层次是规定了关联交易的内部赔偿责任；第二个层次是否认关联交易相关合同的效力。

在现实中，公司不可避免地会存在关联交易的情况，《公司法》对关联交易的基本态度是，关联交易不得损害公司的利益。在法律上，公司与公司的股东、管理者是独立的法律主体，他们在法律上的利益是分开的。公司的控股股东、实际控制人、董事、监事、高级管理人员等，不得通过关联交易损害公司的利益，这是《公司法》的严格规定。因此，即便是损害公司关联交易的行为履行了信息披露，或者经过股东会的同意等程序，也不能豁免上述人员因关联交易对公司所造成的损害。

按照《公司法》第188条规定，董事、监事、高级管理人员执行职务违反法律、行政法规或者公司章程的规定，给公司造成损失的，应当承担赔偿责任。对此，《公司法》第189条赋予了股东在公司不提起诉讼时自行提起代表性诉讼的权利。此外，《公司法》第189条还赋予股东对董事、高级管理人员以外的其他侵犯公司合法权益的人提起代表诉讼的权利。《公司法司法解释（五）》第1条第2款细化了股东提起与关联交易有关的代表诉讼的规定。

《公司法司法解释(五)》第2条规定的情况是,如果公司与关联方签订的关联交易合同存在无效与可撤销的情形,作为合同当事方的公司本应提起诉讼。但是,由于关联关系的存在,公司很有可能不提起诉讼。在公司没有提起诉讼、股东在符合法律规定的条件下,可以提起代表诉讼。该条的规定实际上是扩大了股东提起代表诉讼的范围。

**第二十三条 【公司法人人格否认】公司股东滥用公司法人独立地位和股东有限责任,逃避债务,严重损害公司债权人利益的,应当对公司债务承担连带责任。**

**股东利用其控制的两个以上公司实施前款规定行为的,各公司应当对任一公司的债务承担连带责任。**

**只有一个股东的公司,股东不能证明公司财产独立于股东自己的财产的,应当对公司债务承担连带责任。**

## 条文解读

公司股东人格本来独立于公司人格。但是当公司股东滥用公司法人独立地位和股东有限责任,逃避债务,严重损害公司债权人利益的时候,公司的独立人格就要被否定掉,并进而要求公司股东与公司承担连带责任。《民法典》第83条第2款规定:"营利法人的出资人不得滥用法人独立地位和出资人有限责任损害法人债权人的利益;滥用法人独立地位和出资人有限责任,逃避债务,严重损害法人债权人的利益的,应当对法人债务承担连带责任。"

2019年《九民纪要》第9条曾指出,公司人格独立和股东有限责任是公司法的基本原则。否认公司独立人格,由滥用公司法人独立地位和股东有限责任的股东对公司债务承担连带责任,是股东有限责任的例外情形,旨在矫正有限责任制度在特定法律事实发生时对债权人保护的失衡现象。在审判实践中,要准确把握《公司法》规定的精神。一是只有在股东实施了滥用公司法人独立地位及股东有限责任的行为,且该行为严重损害了公司债权人利益的情况下,才能适用。损害债权人利益,主要是指股东滥用权利使公司财产不足以清偿公司债权人的债权。二是只有实施了滥用法人独立地位和股东有限责任行为的股东才对公司债务承担连带清偿责任,而其他股东不应承担此责任。三是公司人格否认不是全面、彻底、永久地否定公司的法人资格,而只是在具体案件中依据特定的法律事实、法律关系,突破股东对公司债务不承担责任的一般规则,例外地判令其承担连带责任。人民法院在个案中否认公司人格的判决的既判力仅仅约束该诉讼的各方当事人,不当然适用于涉及该公司的其他诉讼,不影响公司独立法人资格的存续。如果其他债权人提起公司人格否认诉讼,已生效判决认定的事实可以作为证据使用。四是《公司法》规定的滥用行为,实践中常见的情形有人格混同、过度支配与控制、资本显著不足等。公司法人人格否认的成立需要同时具备以下几点:

(一)主体要件

公司法人人格的滥用者必须是对该公司握有实际控制能力的股东,即支配股东。这些股东实际参与公司经营管理,并且能对公司的主要决策活动施加影响。在有些场合下,还应分清名义股东和实际支配股东,以便使真正滥用公司法人人格的股东承担责任。需要注意的是,利用公司法人人格为不法行为者不一定局限于公司股东,公司的董事、经理或其他高级职员也有可能利用职务之便滥用公司法人人格,以谋取私利,但此时不能适用公司法人人格否认法理,而只能通过《公司法》的其他规定,追究董事、经理等的责任。[1]

公司法人人格否认的主张者是公司的债权人,包括自愿的债权人和非自愿的债权人(侵权损害赔偿之债),并且他们必须通过诉讼的方式提出。公司自己或者公司的股东不得提起公司法人人格否认。

债权人对债务人公司享有的债权已经由生效裁判确认,其另行提起公司人格否认诉讼,请求股东对公司债务承担连带责任的,列股东为被告,公司为第三人;债权人对债务人公司享有的债权提起诉讼的同时,一并提起公司人格否认诉讼,请求股东对公司债务承担连带责任的,列公司和股东为共同被告;债权人对债务人公司享有的债权尚未经生效裁判确认,直接提起公司人格否认诉讼,请求公司股东对公司债务承担连带责任的,人民法院应当向债权人释明,告知其追加公司为共同被告。债权人拒绝追加的,人民法院应当裁定驳回起诉。

(二)行为要件

第一,人格混同。认定公司人格与股东人格是否存在混同,最根本的判断标准是公司是否具有独立意思和独立财产,最主要的表现是公司的财产与股东的财产是否混同且无法区分。在认定是否构成人格混同时,应当综合考虑以下因素:(1)股东无偿使用公司资金或者财产,不作财务记载的;(2)股东用公司的资金偿还股东的债务,或者

---

〔1〕 朱慈蕴:《公司法原论》,清华大学出版社 2011 年版,第 51~53 页。

将公司的资金供关联公司无偿使用,不作财务记载的;(3)公司账簿与股东账簿不分,致使公司财产与股东财产无法区分的;(4)股东自身收益与公司盈利不加区分,致使双方利益不清的;(5)公司的财产记载于股东名下,由股东占有、使用的;(6)人格混同的其他情形。在出现人格混同的情况下,往往同时出现以下混同:公司业务和股东业务混同;公司员工与股东员工混同,特别是财务人员混同;公司住所与股东住所混同。人民法院在审理案件时,关键要审查是否构成人格混同,而不要求同时具备其他方面的混同。

第二,过度支配与控制。公司控制股东对公司过度支配与控制,操纵公司的决策过程,使公司完全丧失独立性,沦为控制股东的工具或躯壳,严重损害公司债权人利益,应当否认公司人格,由滥用控制权的股东对公司债务承担连带责任。实践中常见的情形包括:(1)母子公司之间或者子公司之间进行利益输送的;(2)母子公司或者子公司之间进行交易,收益归一方,损失却由另一方承担的;(3)先从原公司抽走资金,然后再成立经营目的相同或者类似的公司,逃避原公司债务的;(4)先解散公司,再以原公司场所、设备、人员及相同或者相似的经营目的另设公司,逃避原公司债务的;(5)过度支配与控制的其他情形。

第三,资本显著不足。资本显著不足是指公司设立后在经营过程中,股东实际投入公司的资本数额与公司经营所隐含的风险相比明显不匹配。股东利用较少资本从事力所不及的经营,表明其没有从事公司经营的诚意,实质是恶意利用公司独立人格和股东有限责任把投资风险转嫁给债权人。由于资本显著不足的判断标准有很大的模糊性,特别是要与公司采取“以小博大”的正常经营方式相区分,因此在适用时要十分谨慎,应当与其他因素结合起来综合判断。

(三)结果要件

第一,必须存在对债权人的损害。换句话说,因为股东滥用公司法人人格,使债权人无法正常实现债权。

第二,滥用公司法人人格的行为与造成的损失之间必须存在直接的因果关系。

(四)举证责任

公司股东滥用公司独立法人地位,应当由提出该主张的债权人举证证明。债权人应当证明自己的债权到期得不到清偿,以及证明股东有出资不足或虚假出资,公司资本严重不足,财产、业务以及人事混同,股东与公司之间存在大量的交易行为即可。

对于一人有限公司,按照本条第 3 款的规定:“只有一个股东的公司,股东不能证明公司财产独立于股东自己的财产的,应当对公司债务承担连带责任。”即公司股东需举证证明其独立性。值得注意的是,在原《公司法》中,这个“举证责任倒置”条款只适用于一人有限责任公司。新修订后的《公司法》将其规定在总则中，本款规定的适用条件是“只有一个股东的公司”，这意味着只有一个股东的有限责任公司、股份有限公司和国有独资公司，都将适用这个条款。

这里需要特别说明的是，原《公司法》对一人有限责任公司列出了专门的规定，在2023年修订的《公司法》中，这些特别规定基本上都已经删除，只保留了这一个条款。

（五）两种主要情形

公司法人人格否认可以有两种表现形式。第一种是本条第1款规定的“公司股东滥用公司法人独立地位和股东有限责任，逃避债务，严重损害公司债权人利益的，应当对公司债务承担连带责任”。即母子公司纵向揭开公司面纱的情况。第二种是本条第2款规定的“股东利用其控制的两个以上公司实施前款规定行为的，各公司应当对任一公司的债务承担连带责任”。即所谓兄弟公司之间的横向揭开公司面纱。《九民纪要》第11条第2款指出，控制股东或实际控制人控制多个子公司或者关联公司，滥用控制权使多个子公司或者关联公司财产边界不清、财务混同，利益相互输送，丧失人格独立性，沦为控制股东逃避债务、非法经营，甚至违法犯罪工具的，可以综合案件事实，否认子公司或者关联公司法人人格，判令承担连带责任。

## 典型案例

### 徐工集团工程机械股份有限公司诉成都川交工贸有限责任公司等买卖合同纠纷案[1]

（最高人民法院审判委员会讨论通过　2013年1月31日发布）

**※裁判要点：**（1）关联公司的人员、业务、财务等方面交叉或混同，导致各自财产无法区分，丧失独立人格的，构成人格混同。（2）关联公司人格混同，严重损害债权人利益的，关联公司相互之间对外部债务承担连带责任。

**※基本案情：**原告徐工集团工程机械股份有限公司（以下简称徐工机械公司）诉称：成都川交工贸有限责任公司（以下简称川交工贸公司）拖欠其货款未付，而成都川交工程机械有限责任公司（以下简称川交机械公司）、四川瑞路建设工程有限公司（以

〔1〕　最高人民法院指导案例15号，载中华人民共和国最高人民法院网2013年2月7日，https://www.court.gov.cn/shenpan/xiangqing/13321.html。

下简称瑞路公司)与川交工贸公司人格混同,三个公司实际控制人王永礼以及川交工贸公司股东等人的个人资产与公司资产混同,均应承担连带清偿责任。请求判令:川交工贸公司支付所欠货款10916405.71元及利息;川交机械公司、瑞路公司及王永礼等个人对上述债务承担连带清偿责任。

被告川交工贸公司、川交机械公司、瑞路公司辩称:三个公司虽有关联,但并不混同,川交机械公司、瑞路公司不应对川交工贸公司的债务承担清偿责任。

王永礼等人辩称:王永礼等人的个人财产与川交工贸公司的财产并不混同,不应为川交工贸公司的债务承担清偿责任。

法院经审理查明:川交机械公司成立于1999年,股东为四川省公路桥梁工程总公司二公司、王永礼、倪刚、杨洪刚等。2001年,股东变更为王永礼、李智、倪刚。2008年,股东再次变更为王永礼、倪刚。瑞路公司成立于2004年,股东为王永礼、李智、倪刚。2007年,股东变更为王永礼、倪刚。川交工贸公司成立于2005年,股东为吴帆、张家蓉、凌欣、过胜利、汤维明、武竞、郭印,何万庆2007年入股。2008年,股东变更为张家蓉(占90%股份)、吴帆(占10%股份),其中张家蓉系王永礼之妻。在公司人员方面,三个公司经理均为王永礼,财务负责人均为凌欣,出纳会计均为卢鑫,工商手续经办人均为张梦;三个公司的管理人员存在交叉任职的情形,如过胜利兼任川交工贸公司副总经理和川交机械公司销售部经理的职务,且免去过胜利川交工贸公司副总经理职务的决定系由川交机械公司作出;吴帆既是川交工贸公司的法定代表人,又是川交机械公司的综合部行政经理。在公司业务方面,三个公司在工商行政管理部门登记的经营范围均涉及工程机械且部分重合,其中川交工贸公司的经营范围被川交机械公司的经营范围完全覆盖;川交机械公司系徐工机械公司在四川地区(攀枝花除外)的唯一经销商,但三个公司均从事相关业务,且相互之间存在共用统一格式的《销售部业务手册》、《二级经销协议》、结算账户的情形;三个公司在对外宣传中区分不明,2008年12月4日重庆市公证处出具的《公证书》记载:通过因特网查询,川交工贸公司、瑞路公司在相关网站上共同招聘员工,所留电话号码、传真号码等联系方式相同;川交工贸公司、瑞路公司的招聘信息,包括大量关于川交机械公司的发展历程、主营业务、企业精神的宣传内容;部分川交工贸公司的招聘信息中,公司简介全部为对瑞路公司的介绍。在公司财务方面,三个公司共用结算账户,凌欣、卢鑫、汤维明、过胜利的银行卡中曾发生高达亿元的往来,资金的来源包括三个公司的款项,对外支付的依据仅为王永礼的签字;在川交工贸公司向其客户开具的收据中,有的加盖其财务专用章,有的则加盖瑞路公司财务专用章;在与徐工机械公司均签订合同、均有业务往来的情况下,三个公司于

2005年8月共同向徐工机械公司出具《说明》,称因川交机械公司业务扩张而注册了另两个公司,要求所有债权债务、销售量均计算在川交工贸公司名下,并表示今后尽量以川交工贸公司名义进行业务往来;2006年12月,川交工贸公司、瑞路公司共同向徐工机械公司出具《申请》,以统一核算为由要求将2006年度的业绩、账务均计算至川交工贸公司名下。

另查明,2009年5月26日,卢鑫在徐州市公安局经侦支队对其进行询问时陈述:川交工贸公司目前已经垮了,但未注销。又查明徐工机械公司未得到清偿的货款实为10511710.71元。

**※裁判结果**:江苏省徐州市中级人民法院于2011年4月10日作出(2009)徐民二初字第0065号民事判决:一、川交工贸公司于判决生效后10日内向徐工机械公司支付货款10511710.71元及逾期付款利息;二、川交机械公司、瑞路公司对川交工贸公司的上述债务承担连带清偿责任;三、驳回徐工机械公司对王永礼、吴帆、张家蓉、凌欣、过胜利、汤维明、郭印、何万庆、卢鑫的诉讼请求。宣判后,川交机械公司、瑞路公司提起上诉,认为一审判决认定三个公司人格混同,属认定事实不清;认定川交机械公司、瑞路公司对川交工贸公司的债务承担连带责任,缺乏法律依据。徐工机械公司答辩请求维持一审判决。江苏省高级人民法院于2011年10月19日作出(2011)苏商终字第0107号民事判决:驳回上诉,维持原判。

**※裁判理由**:法院生效裁判认为:针对上诉范围,二审争议焦点为川交机械公司、瑞路公司与川交工贸公司是否人格混同,应否对川交工贸公司的债务承担连带清偿责任。

川交工贸公司与川交机械公司、瑞路公司人格混同。一是三个公司人员混同。三个公司的经理、财务负责人、出纳会计、工商手续经办人均相同,其他管理人员亦存在交叉任职的情形,川交工贸公司的人事任免存在由川交机械公司决定的情形。二是三个公司业务混同。三个公司实际经营中均涉及工程机械相关业务,经销过程中存在共用销售手册、经销协议的情形;对外进行宣传时信息混同。三是三个公司财务混同。三个公司使用共同账户,以王永礼的签字作为具体用款依据,对其中的资金及支配无法证明已作区分;三个公司与徐工机械公司之间的债权债务、业绩、账务及返利均计算在川交工贸公司名下。因此,三个公司之间表征人格的因素(人员、业务、财务等)高度混同,导致各自财产无法区分,已丧失独立人格,构成人格混同。

川交机械公司、瑞路公司应当对川交工贸公司的债务承担连带清偿责任。公司人格独立是其作为法人独立承担责任的前提。《公司法》第3条第1款规定:"公司是企业法人,有独立的法人财产,享有法人财产权。公司以其全部财产对公司的债务承担责任。”公司的独立财产是公司独立承担责任的物质保证,公司的独立人格也突出地表现在财产的独立上。当关联公司的财产无法区分,丧失独立人格时,就丧失了独立承担责任的基础。《公司法》第20条第3款[1]规定:“公司股东滥用公司法人独立地位和股东有限责任,逃避债务,严重损害公司债权人利益的,应当对公司债务承担连带责任。”本案中,三个公司虽在工商登记部门登记为彼此独立的企业法人,但实际上相互之间界线模糊、人格混同,其中川交工贸公司承担所有关联公司的债务却无力清偿,又使其他关联公司逃避巨额债务,严重损害了债权人的利益。上述行为违背了法人制度设立的宗旨,违背了诚实信用原则,其行为本质和危害结果与《公司法》第20条第3款规定的情形相当,故参照《公司法》第20条第3款的规定,川交机械公司、瑞路公司对川交工贸公司的债务应当承担连带清偿责任。

**第二十四条 【采用电子通信方式召开会议和表决】公司股东会、董事会、监事会召开会议和表决可以采用电子通信方式,公司章程另有规定的除外。**

## 条文解读

本条推定了以电子通信方式召开的公司股东会、董事会、监事会,以及用电子通信方式对前述会议进行表决。相对于采用线下的会议方式,前述方式可以理解为线上会议。线上会议相对于线下会议,只是物理空间的不同,但是仍然需要按照《公司法》的相关规定召集、召开以及表决。公司章程可以规定公司召开电子通信方式的具体情况,包括哪些会议可以或者不可以采用电子通信方式。

值得注意的是,并不是说公司章程作出允许的规定才可以采用电子通信方式;本条的规定应当理解为除非公司章程另有规定,否则公司股东会、董事会、监事会召开会议和表决可以采用电子通信方式。

**第二十五条 【无效决议】公司股东会、董事会的决议内容违反法律、行政法规的无效。**

---

〔1〕 对应2023年《公司法》第23条第1款。

## 条文解读

本条是关于公司股东会、董事会决议无效的规定，本条款不适用于监事会决议。上述决议无效的法定要件是其内容违反法律、行政法规。也就是说，如果上述决议内容违反法律、行政法规，当然无效。《公司法》对提起决议无效之诉的原告资格和起诉时间没有特别限制。因此，任何有诉权的人在任何时间均可以提起无效之诉，法院也可以依职权主动宣告。

**第二十六条　【公司股东会、董事会决议撤销及裁量驳回】公司股东会、董事会的会议召集程序、表决方式违反法律、行政法规或者公司章程，或者决议内容违反公司章程的，股东自决议作出之日起六十日内，可以请求人民法院撤销。但是，股东会、董事会的会议召集程序或者表决方式仅有轻微瑕疵，对决议未产生实质影响的除外。**

**未被通知参加股东会会议的股东自知道或者应当知道股东会决议作出之日起六十日内，可以请求人民法院撤销；自决议作出之日起一年内没有行使撤销权的，撤销权消灭。**

## 条文解读

本条是关于公司股东会和董事会决议可撤销的要件和撤销程序的规定。可撤销的决议是指会议召集程序、表决方式违反法律、行政法规、公司章程的规定，或者内容违反公司章程的规定的决议。上述情形的决议虽然已经生效，但是股东可以向法院请求撤销。撤销决议之诉必须自决议作出之日起 60 日内提起，即股东自决议作出之日起 60 日内，未被通知参加股东会、董事会会议的股东自知道或者应当知道股东会、董事会决议作出之日起 60 日内。

由于公司决议撤销对公司事务的推进必然有影响，在平衡稳定性与程序正义的基础上，法律规定股东会、董事会会议的召集程序或者表决方式仅有轻微瑕疵，对决议未产生实质影响的除外。并且，股东自决议作出之日起 1 年内没有行使撤销权的，撤销权消灭。当然，这里规定的 1 年，针对的是未被通知参加股东会会议的股东，而不是针对参加股东会的股东。因为参加会议的，按照前款规定，必须在决议作出之日起 60 日内起诉。

2023年修订的《公司法》删除了原《公司法》中关于起诉决议撤销的股东提供担保的规定，简化了股东起诉的程序。但删除此项规定也使原来设置的防止恶意诉讼的屏障缺失。对此，按照《公司法》第21条规定，公司股东应当遵守法律、行政法规和公司章程，依法行使股东权利，不得滥用股东权利损害公司或者其他股东的利益。公司股东滥用股东权利给公司或者其他股东造成损失的，应当承担赔偿责任。对于恶意诉讼，阻碍公司决议的股东，可以依据滥用股东权利追究责任。

**第二十七条　【公司股东会、董事会决议不成立的情形】**有下列情形之一的，公司股东会、董事会的决议不成立：

（一）未召开股东会、董事会会议作出决议；

（二）股东会、董事会会议未对决议事项进行表决；

（三）出席会议的人数或者所持表决权数未达到本法或者公司章程规定的人数或者所持表决权数；

（四）同意决议事项的人数或者所持表决权数未达到本法或者公司章程规定的人数或者所持表决权数。

## 条文解读

现实中存在公司决议不成立的情况。在2023年《公司法》修订前，《公司法司法解释（四）》第1条规定，公司股东、董事、监事等请求确认股东会或者股东大会、董事会决议无效或者不成立的，人民法院应当依法予以受理。第5条规定，股东会或者股东大会、董事会决议存在下列情形之一，当事人主张决议不成立的，人民法院应当予以支持：（1）公司未召开会议的，但依据《公司法》第37条第2款或者公司章程规定可以不召开股东会或者股东大会而直接作出决定，并由全体股东在决定文件上签名、盖章的除外；（2）会议未对决议事项进行表决的；（3）出席会议的人数或者股东所持表决权不符合公司法或者公司章程规定的；（4）会议的表决结果未达到公司法或者公司章程规定的通过比例的；（5）导致决议不成立的其他情形。

2023年修订的《公司法》将决议瑕疵和决议不成立予以区别，分别规定在不同的条文中。在规定决议不成立的第27条，保留了《公司法司法解释（四）》第5条的前4项，取消了第5项兜底条款，这意味着其他情形应当归入决议瑕疵处理。此外，值得注意的是，决议不成立的情况下，并没有规定60日以及1年的起诉期间。

按照本条第3项和第4项的规定,“出席会议的人数或者所持表决权数未达到本法或者公司章程规定的人数或者所持表决权数”以及“同意决议事项的人数或者所持表决权数未达到本法或者公司章程规定的人数或者所持表决权数”这两项决议不成立的情况,2023年修订的《公司法》对公司股东会和董事会的会议出席与表决作出了较为详细的规定。其中,有限责任公司股东会作出决议,应当经代表过半数表决权的股东通过。股东会作出修改公司章程、增加或者减少注册资本的决议,以及公司合并、分立、解散或者变更公司形式的决议,应当经代表2/3以上表决权的股东通过。董事会会议应当有过半数的董事出席方可举行。董事会作出决议,应当经全体董事的过半数通过。股份有限公司成立大会应当有持有表决权过半数的认股人出席,方可举行。成立大会对法定事项作出决议,应当经出席会议的认股人所持表决权过半数通过。股东会作出决议,应当经出席会议的股东所持表决权过半数通过。股东会作出修改公司章程、增加或者减少注册资本的决议,以及公司合并、分立、解散或者变更公司形式的决议,应当经出席会议的股东所持表决权的2/3以上通过。董事会会议应当有过半数的董事出席方可举行。董事会作出决议,应当经全体董事的过半数通过。公司章程或者股东会授权董事会决定发行新股的,董事会决议应当经全体董事2/3以上通过。公司因将股份用于员工持股计划或者股权激励、将股份用于转换公司发行的可转换为股票的公司债券、上市公司为维护公司价值及股东权益所必需收购本公司股份的,可以按照公司章程或者股东会的授权,经2/3以上董事出席的董事会会议决议。上市公司在1年内购买、出售重大资产或者向他人提供担保的金额超过公司资产总额30%的,应当由股东会作出决议,并经出席会议的股东所持表决权的2/3以上通过。上市公司董事与董事会会议决议事项所涉及的企业或者个人有关联关系的,该董事应当及时向董事会书面报告。有关联关系的董事不得对该项决议行使表决权,也不得代理其他董事行使表决权。该董事会会议由过半数的无关联关系董事出席即可举行,董事会会议所作决议须经无关联关系董事过半数通过。出席董事会会议的无关联关系董事人数不足3人的,应当将该事项提交上市公司股东会审议。

**第二十八条　【公司股东会、董事会决议无效、撤销或者不成立的后果】** 公司股东会、董事会决议被人民法院宣告无效、撤销或者确认不成立的,公司应当向公司登记机关申请撤销根据该决议已办理的登记。

股东会、董事会决议被人民法院宣告无效、撤销或者确认不成立的,公司根据该决议与善意相对人形成的民事法律关系不受影响。

## 条文解读

本条是关于股东会、董事会决议被宣告无效、被撤销或不成立的后果的规定。

按照第1款规定，对于因决议而办理的变更登记，由于决议被宣告无效或是被撤销，公司必须向公司登记机关申请撤销变更登记。

公司决议是公司作为法人形成意思表示的内部环节。法人对外实施法律行为要通过法定代表人进行。《民法典》第85条规定，营利法人的权力机构、执行机构作出决议的会议召集程序、表决方式违反法律、行政法规、法人章程，或者决议内容违反法人章程的，营利法人的出资人可以请求人民法院撤销该决议。但是，营利法人依据该决议与善意相对人形成的民事法律关系不受影响。与《民法典》的规定相一致，为了保护善意相对人，维护交易秩序，本条第2款规定，股东会、董事会决议被人民法院宣告无效、撤销或者确认不成立的，公司根据该决议与善意相对人形成的民事法律关系不受影响。

# 第二章　公 司 登 记

**第二十九条　【公司设立登记】** 设立公司，应当依法向公司登记机关申请设立登记。

法律、行政法规规定设立公司必须报经批准的，应当在公司登记前依法办理批准手续。

## 条文解读

2023 年修订的《公司法》将有关公司登记的相关内容统一规定在第二章。

本条第 1 款是关于公司设立准则的一般规定。第一，公司设立应当经过登记机关登记，否则不能成立公司。第二，目前我国公司设立主要采取准则主义，即只要符合《公司法》规定的法定条件，经申请人申请，登记机关就予以登记，公司就能够成立，不需要批准。

本条第 2 款是关于特殊公司设立登记的特别规定，这些特殊的公司主要是指一些由于其经营涉及公共利益和国家安全，国家实行许可主义，即法律法规规定必须经过批准才能设立的公司。特殊的公司要在登记之前经过批准，在进行公司登记时，必须提供相应的批准文件。不仅如此，经批准的公司设立，还应当在批准的有效期内进行。根据《优化营商环境条例》第 19 条的规定，国家推进"证照分离"改革，除法律、行政法规规定的特定领域外，涉企经营许可事项不得作为企业登记的前置条件。同时，本条规定的"法律、行政法规规定设立公司必须报经批准的，应当在公司登记前依法办理批准手续"，是指特定领域的特定情况。

## 关联法规索引

《市场主体登记管理条例》第 21 条；《优化营商环境条例》第 19 条

**第三十条 【公司设立登记申请】** 申请设立公司，应当提交设立登记申请书、公司章程等文件，提交的相关材料应当真实、合法和有效。

申请材料不齐全或者不符合法定形式的，公司登记机关应当一次性告知需要补正的材料。

## 条文解读

结合《市场主体登记管理条例》第16条的规定，申请办理市场主体登记，应当提交下列材料：(1)申请书；(2)申请人资格文件、自然人身份证明；(3)住所或者主要经营场所相关文件；(4)公司、非公司企业法人、农民专业合作社(联合社)章程或者合伙企业合伙协议；(5)法律、行政法规和国务院市场监督管理部门规定提交的其他材料。国务院市场监督管理部门应当根据市场主体类型分别制定登记材料清单和文书格式样本，通过政府网站、登记机关服务窗口等向社会公开。登记机关能够通过政务信息共享平台获取的市场主体登记相关信息，不得要求申请人重复提供。

本条在2018年《公司法》的基础上，在第1款新增“提交的相关材料应当真实、合法和有效”的规定，修订后的《公司法》对于公司行为的诚信要求进一步提高。为了保证法律实施的有效性，修订后的《公司法》第250条对相关行政责任加大了处罚的力度。

## 关联法规索引

《市场主体登记管理条例》第16~19条

**第三十一条 【公司设立的准则主义】** 申请设立公司，符合本法规定的设立条件的，由公司登记机关分别登记为有限责任公司或者股份有限公司；不符合本法规定的设立条件的，不得登记为有限责任公司或者股份有限公司。

## 条文解读

我国《公司法》对有限责任公司的设立采取准则主义，即除了按照法律、行政法规的规定必须进行审批的之外，只要公司符合法律规定的设立条件，就应当予以注册登记。2018 年《公司法》对有限责任公司和股份有限公司的设立条件分别集中规定在第 23 条和第 76 条,2023 年修订的《公司法》并没有集中规定,有关公司设立登记所要求的股东法定人数、股东出资、公司章程、公司名称、组织机构和公司住所等具体条件,由《公司法》的各条款规定。

此外,《市场主体登记管理条例》第 20 条规定,登记申请不符合法律、行政法规规定,或者可能危害国家安全、社会公共利益的,登记机关不予登记并说明理由。

**第三十二条 【公司登记事项及公示】公司登记事项包括:**

**(一)名称;**

**(二)住所;**

**(三)注册资本;**

**(四)经营范围;**

**(五)法定代表人的姓名;**

**(六)有限责任公司股东、股份有限公司发起人的姓名或者名称。**

**公司登记机关应当将前款规定的公司登记事项通过国家企业信用信息公示系统向社会公示。**

## 条文解读

本条是关于公司登记事项及公示的规定。公司登记事项包括:名称;住所;注册资本;经营范围;法定代表人的姓名;有限责任公司股东、股份有限公司发起人的姓名或者名称。

公司经登记后设立。公司登记机关对公司登记事项统一登记后通过国家企业信用信息公示系统向社会公示,公司登记具有公示效力。也就是说,凡是涉及公司名称、住所、注册资本、经营范围、法定代表人的姓名、有限责任公司股东和股份有限公司发起人的姓名或者名称等公司登记事项,经过公司登记的,对第三人具有对抗效力。《公司法》第 34 条第 2 款从反面规定,公司登记事项未经登记或者未经变更登记,不得对抗善意相对人。

除了公司登记事项外,还有公司在登记机关备案事项。《市场主体登记管理条例实施细则》第 7 条中规定,公司应当依法备案下列事项:章程、经营期限、有限责任公司股东或者股份有限公司发起人认缴的出资数额、董事、监事、高级管理人员、登记联络员、外商投资公司法律文件送达接受人。

**第三十三条　【公司营业执照】依法设立的公司，由公司登记机关发给公司营业执照。公司营业执照签发日期为公司成立日期。**

**公司营业执照应当载明公司的名称、住所、注册资本、经营范围、法定代表人姓名等事项。**

**公司登记机关可以发给电子营业执照。电子营业执照与纸质营业执照具有同等法律效力。**

## 法律术语

公司营业执照：公司登记机关颁发给公司的法律证书，以此证明公司是企业法人，有资格从事经营活动。

公司成立：公司符合法律规定的条件，取得法人资格，并以公司名义对外营业的法律事实。

## 条文解读

本条第1款是关于公司成立的规定。第一，公司成立的时间点，也就是公司可以以公司法人名义开始营业的起始点，是公司营业执照的签发日期。第二，在公司成立之前是公司的设立阶段，公司还没有正式成立，还不具有企业法人资格，也就不能以公司名义参与民事活动。

本条第2款是关于公司营业执照记载事项的规定。公司营业执照是公司对外公示自身重要信息的主要途径，营业执照上所记载的相应事项，是作为企业法人必须具备的条件，在营业执照上予以明确能够使与其交易的市场主体了解它的信息，对该公司做出切实的评价。按照本款的规定，公司营业执照上应当记载的事项包括公司的名称、住所、注册资本、经营范围、法定代表人姓名等。营业执照分为正本和副本，正本和副本具有同等法律效力。营业执照正本应当置于公司住所或者分公司营业场所的醒目位置。公司可以根据业务需要向公司登记机关申请核发营业执照若干副本。

2018年国家市场监督管理总局发布《电子营业执照管理办法(试行)》。该办法规定，电子营业执照，是指由市场监管部门依据国家有关法律法规、按照统一标准规范核发的载有市场主体登记信息的法律电子证件。电子营业执照与纸质营业执照具有同等法律效力，是市场主体取得主体资格的合法凭证。法定代表人领取电子营业执照后，可自行或授权其他证照管理人员保管、持有、使用电子营业执照。市场主体对其电子营业执照的管理和授权使用行为的合法性、真实性、合理性等负责。

电子营业执照适用于需要提供市场主体身份凭证的场合，包括但不限于下列情形：(1)出示营业执照以表明市场主体身份，或使用营业执照进行市场主体身份认证和证明的；(2)办理市场主体登记注册业务的；(3)以市场主体身份登录网上系统或平台，办理各项业务、开展经营活动的；(4)登录国家企业信用信息公示系统报送年度报告、自主公示信息的；(5)以市场主体身份对电子文件、表单或数据等进行电子签名的；(6)在互联网上公开营业执照信息和链接标识的；(7)授权相关个人或单位共享、传输或获取其市场主体数据信息的；(8)按照法律、法规和相关规定需要使用和提供营业执照的。

**第三十四条 【公司登记事项变更及效力】公司登记事项发生变更的，应当依法办理变更登记。**

**公司登记事项未经登记或者未经变更登记，不得对抗善意相对人。**

## 条文解读

公司登记事项具有公示的效力，因此本条第 1 款规定，公司登记事项发生变更的，公司应当依法办理变更登记。此外，《市场主体登记管理条例》第 26 条规定，市场主体变更经营范围，属于依法须经批准的项目的，应当自批准之日起 30 日内申请变更登记。许可证或者批准文件被吊销、撤销或者有效期届满的，应当自许可证或者批准文件被吊销、撤销或者有效期届满之日起 30 日内向登记机关申请变更登记或者办理注销登记。

本条第 2 款涉及公司登记的效力问题。2018 年《公司法》第 32 条第 3 款规定："公司应当将股东的姓名或者名称向公司登记机关登记；登记事项发生变更的，应当办理变更登记。未经登记或者变更登记的，不得对抗第三人。"修订后的本条第 2 款将该规则扩展适用于所有的公司登记事项。公司登记具有公信力，通过公司登记，法律保护与公司交往的相对人的信赖利益，并进而保护交易安全。在这一点上，公司登记的原理与物权登记的原理是一样的。本条第 2 款规定的公司登记事项未经登记或者未经变更登记,不得对抗善意相对人。这意味着,首先,公司对于非善意相对人依据公司登记事项具有对抗效力;其次,善意相对人对公司登记事项的信赖也应当得到法律的保护。

**第三十五条 【变更登记所需材料】公司申请变更登记,应当向公司登记机关提交公司法定代表人签署的变更登记申请书、依法作出的变更决议或者决定等文件。**

**公司变更登记事项涉及修改公司章程的,应当提交修改后的公司章程。**

**公司变更法定代表人的,变更登记申请书由变更后的法定代表人签署。**

## 条文解读

本条第1款规定了公司申请变更登记的程序。公司申请变更登记,应当向公司登记机关提交公司法定代表人签署的变更登记申请书、依法作出的变更决议或者决定等文件。《市场主体登记管理条例》第24条规定,市场主体变更登记事项,应当自作出变更决议、决定或者法定变更事项发生之日起30日内向登记机关申请变更登记。市场主体变更登记事项属于依法须经批准的,申请人应当在批准文件有效期内向登记机关申请变更登记。

由于公司章程不属于公司登记事项,但属于公司登记时的备案事项,所以本条第2款规定,公司变更登记事项涉及修改公司章程的,应当提交修改后的公司章程。

由法定代表人签署的变更登记申请书,对于法定代表人变更的,本条第3款规定,变更登记申请书由变更后的法定代表人签署。这也意味着,公司变更法定代表人的,公司登记不是生效要件。同时,如果原法定代表人迟迟不签署或者不配合签署,公司就无法完成变更登记,法定代表人的更换也就无法形成公示效力。故而本条第3款还解决了实践中的这个难题。

本法第260条第2款规定:“公司登记事项发生变更时,未依照本法规定办理有关变更登记的,由公司登记机关责令限期登记;逾期不登记的,处以一万元以上十万元以下的罚款。”

## 关联法规索引

《市场主体登记管理条例》第29条;《市场主体登记管理条例实施细则》第32条

**第三十六条 【公司营业执照记载事项变更】公司营业执照记载的事项发生变更的，公司办理变更登记后，由公司登记机关换发营业执照。**

## 条文解读

按照《公司法》第 33 条第 2 款规定，公司营业执照应当载明公司的名称、住所、注册资本、经营范围、法定代表人姓名等事项。由于上述事项都属于公司登记事项，故而上述事项在办理变更登记后，营业执照须与之保持一致。公司登记机关应当依法换发营业执照。

## 关联法规索引

《市场主体登记管理条例》第 28 条

**第三十七条 【因解散、被宣告破产等注销登记】公司因解散、被宣告破产或者其他法定事由需要终止的，应当依法向公司登记机关申请注销登记，由公司登记机关公告公司终止。**

## 条文解读

本条是关于公司因解散、被宣告破产等注销登记的规定。按照本条规定，公司因解散、被宣告破产或者其他法定事由需要终止的，应当依法向公司登记机关申请注销登记。《民法典》第 72 条第 3 款中规定，“清算结束并完成法人注销登记时，法人终止”。只有在注销登记后，公司才终止。市场主体注销依法须经批准的，应当经批准后向登记机关申请注销登记。

对于公司清算的情形，市场主体注销登记前依法应当清算的，清算组应当自成立之日起 10 日内将清算组成员、清算组负责人名单通过国家企业信用信息公示系统公告。清算组可以通过国家企业信用信息公示系统发布债权人公告。清算组应当自清算结束之日起 30 日内向登记机关申请注销登记。市场主体申请注销登记前，应当依法办理分支机构注销登记。市场主体未发生债权债务或者已将债权债务清偿完结，未发生或者已结清清偿费用、职工工资、社会保险费用、法定补偿金、应缴纳税款（滞纳金、罚款),并由全体投资人书面承诺对上述情况的真实性承担法律责任的,可以按照简易程序办理注销登记。市场主体应当将承诺书及注销登记申请通过国家企业信用信息公示系统公示,公示期为20日。在公示期内无相关部门、债权人及其他利害关系人提出异议的,市场主体可以于公示期届满之日起20日内向登记机关申请注销登记。

对于公司破产宣告的情形,人民法院裁定强制清算或者裁定宣告破产的,有关清算组、破产管理人可以持人民法院终结强制清算程序的裁定或者终结破产程序的裁定,直接向登记机关申请办理注销登记。

除了注销登记,还存在歇业登记。歇业登记,是指自然灾害、事故灾难、公共卫生事件、社会安全事件等原因造成经营困难的,市场主体可以自主决定在一定时期内登记歇业。法律、行政法规另有规定的除外。市场主体应当在歇业前与职工依法协商劳动关系处理等有关事项,并向登记机关办理备案。登记机关通过国家企业信用信息公示系统向社会公示歇业期限、法律文书送达地址等信息。市场主体歇业的期限最长不得超过3年。市场主体在歇业期间开展经营活动的,视为恢复营业,市场主体应当通过国家企业信用信息公示系统向社会公示。市场主体歇业期间,可以以法律文书送达地址代替住所或者主要经营场所。

公司终止,需要由公司登记机关公告。只有经过公告,公司才终止。

## 关联法规索引

《市场主体登记管理条例》第31~34条

**第三十八条 【设立分公司】公司设立分公司,应当向公司登记机关申请登记,领取营业执照。**

## 条文解读

分公司不具有独立的法人地位,但是分公司属于一种独立经营的市场主体,因此依法需要进行登记,并取得营业执照。《市场主体登记管理条例实施细则》第6条规定,分支机构应当登记名称、类型、经营范围、经营场所、负责人姓名。

公司子公司是独立的公司,它只是和母公司存在股权关系。因而,子公司与一般公司应当履行同样的登记程序。

**第三十九条 【撤销登记】虚报注册资本、提交虚假材料或者采取其他欺诈手段隐瞒重要事实取得公司设立登记的，公司登记机关应当依照法律、行政法规的规定予以撤销。**

## 条文解读

无论是公司设立登记，还是变更登记、注销登记，都需要提供真实的材料。因此本条规定，虚报注册资本、提交虚假材料或者采取其他欺诈手段隐瞒重要事实取得公司设立登记的，公司登记机关应当依照法律、行政法规的规定予以撤销。提交虚假材料或者采取其他欺诈手段隐瞒重要事实取得市场主体登记的，受虚假市场主体登记影响的自然人、法人和其他组织可以向登记机关提出撤销市场主体登记的申请。登记机关受理申请后，应当及时开展调查。经调查认定存在虚假市场主体登记情形的，登记机关应当撤销市场主体登记。相关市场主体和人员无法联系或者拒不配合的，登记机关可以将相关市场主体的登记时间、登记事项等通过国家企业信用信息公示系统向社会公示，公示期为 45 日。相关市场主体及其利害关系人在公示期内没有提出异议的，登记机关可以撤销市场主体登记。

因虚假市场主体登记被撤销的市场主体，其直接责任人自市场主体登记被撤销之日起 3 年内不得再次申请市场主体登记。登记机关应当通过国家企业信用信息公示系统予以公示。

为强化公司登记责任，《公司法》第 250 条规定："违反本法规定，虚报注册资本、提交虚假材料或者采取其他欺诈手段隐瞒重要事实取得公司登记的，由公司登记机关责令改正，对虚报注册资本的公司，处以虚报注册资本金额百分之五以上百分之十五以下的罚款；对提交虚假材料或者采取其他欺诈手段隐瞒重要事实的公司，处以五万元以上二百万元以下的罚款；情节严重的，吊销营业执照；对直接负责的主管人员和其他直接责任人员处以三万元以上三十万元以下的罚款。"

## 关联法规索引

《市场主体登记管理条例》第 40 条

**第四十条 【公司信息公示】** 公司应当按照规定通过国家企业信用信息公示系统公示下列事项：

（一）有限责任公司股东认缴和实缴的出资额、出资方式和出资日期，股份有限公司发起人认购的股份数；

（二）有限责任公司股东、股份有限公司发起人的股权、股份变更信息；

（三）行政许可取得、变更、注销等信息；

（四）法律、行政法规规定的其他信息。

公司应当确保前款公示信息真实、准确、完整。

## 条文解读

本条是关于公司信息公示的规定。

2014年，国务院颁布《企业信息公示暂行条例》。该条例第2条[1]规定："本条例所称企业信息，是指在工商行政管理部门登记的企业从事生产经营活动过程中形成的信息，以及政府部门在履行职责过程中产生的能够反映企业状况的信息。"该条例第3条规定："企业信息公示应当真实、及时。公示的企业信息涉及国家秘密、国家安全或者社会公共利益的，应当报请主管的保密行政管理部门或者国家安全机关批准。县级以上地方人民政府有关部门公示的企业信息涉及企业商业秘密或者个人隐私的，应当报请上级主管部门批准。"

公司应当确保公示信息真实、准确、完整。除《公司法》第32条规定的应当公示的公司登记信息之外，本条还规定了其他应当公示的信息，包括：(1)有限责任公司股东认缴和实缴的出资额、出资方式和出资日期，股份有限公司发起人认购的股份数；(2)有限责任公司股东、股份有限公司发起人的股权、股份变更信息；(3)行政许可取得、变更、注销等信息；(4)法律、行政法规规定的其他信息。

结合《企业信息公示暂行条例》，所公示的企业信息有四个来源途径。

一是市场监管部门应当通过企业信用信息公示系统，公示其在履行职责过程中产生的下列企业信息。包括：(1)注册登记、备案信息；(2)动产抵押登记信息；(3)股权出质登记信息；(4)行政处罚信息；(5)其他依法应当公示的信息。上述规定的企业信

〔1〕 2024年3月，《国务院关于修改和废止部分行政法规的决定》将该条中的"工商行政管理部门"修改为"市场监督管理部门"。

息应当自产生之日起 20 个工作日内予以公示。

二是市场监管部门以外的其他政府部门应当公示其在履行职责过程中产生的下列企业信息,包括:(1)行政许可准予、变更、延续信息;(2)行政处罚信息;(3)其他依法应当公示的信息。

三是企业应当于每年 1 月 1 日至 6 月 30 日,通过企业信用信息公示系统向市场监管部门报送上一年度年度报告,包括:(1)企业通信地址、邮政编码、联系电话、电子邮箱等信息;(2)企业开业、歇业、清算等存续状态信息;(3)企业投资设立企业、购买股权信息;(4)企业为有限责任公司或者股份有限公司的,其股东或者发起人认缴和实缴的出资额、出资时间、出资方式等信息;(5)有限责任公司股东股权转让等股权变更信息;(6)企业网站以及从事网络经营的网店的名称、网址等信息;(7)企业从业人数、资产总额、负债总额、对外提供保证担保、所有者权益合计、营业总收入、主营业务收入、利润总额、净利润、纳税总额信息。其中第 7 项为可选择公示。

四是企业应当自下列信息形成之日起 20 个工作日内通过企业信用信息公示系统向社会公示:(1)有限责任公司股东或者股份有限公司发起人认缴和实缴的出资额、出资时间、出资方式等信息;(2)有限责任公司股东股权转让等股权变更信息;(3)行政许可取得、变更、延续信息;(4)知识产权出质登记信息;(5)受到行政处罚的信息;(6)其他依法应当公示的信息。

**第四十一条 【优化公司登记服务】公司登记机关应当优化公司登记办理流程,提高公司登记效率,加强信息化建设,推行网上办理等便捷方式,提升公司登记便利化水平。**

**国务院市场监督管理部门根据本法和有关法律、行政法规的规定,制定公司登记注册的具体办法。**

## 条文解读

2021 年年底,国家市场监督管理总局开发建设了“全国市场主体登记注册服务网”(dj.samr.gov.cn)并上线。“全国市场主体登记注册服务网”汇集了全国各省、自治区、直辖市市场监管部门的全程电子化登记系统入口,集合了各地的办事程序指引,集中发布各地市场监管部门登记政策和动态,为各类市场主体提供了统一的设立、变更、注销等一体化和一站式登记服务。

# 第三章　有限责任公司的设立和组织机构

## 第一节　设　　立

**第四十二条　【有限责任公司股东人数】有限责任公司由一个以上五十个以下股东出资设立。**

### 条文解读

本条是关于有限责任公司股东人数的规定。按照我国《公司法》的规定，股东的人数没有下限，一个自然人股东或者一个法人股东也可以注册成立一人有限责任公司。而股东的人数有上限，即公司设立时，公司股东不得超过50人。但是，公司在存续期间，完全有可能导致股东人数多于50人，因此，股东为50人的限制只是公司设立时的限制。

**第四十三条　【有限责任公司设立协议】有限责任公司设立时的股东可以签订设立协议，明确各自在公司设立过程中的权利和义务。**

### 条文解读

本条是关于有限责任公司设立协议的规定，为2023年《公司法》新增条款。实践中，有限责任公司在设立过程中，股东通常会签订设立协议，明确各自的权利和义务，包括出资比例与出资额，出资期限，瑕疵出资的违约责任。当公司设立过程中出现相关问题时，设立协议可以作为处理纠纷的依据。股东协议体现了私法自治的精神。

值得注意的是，设立协议规定的内容只涉及公司设立过程中，而公司成立后，股东之间的权利义务、股东与公司之间的权利义务，都应当由公司章程作出规定。公司章程属于公司登记中的备案事项，具有一定的公开性；股东协议属于只约束股东之间的契约,具有私人性。设立协议不能架空公司章程,更不能成为股东对公司责任的逃避手段。

股东之间签署的设立协议也不同于股东协议。设立协议涉及公司设立过程中股东各自的权利义务,而股东协议所涉及的内容更加广泛,甚至包括股权如何转让,如何分配利润等内容。《公司法》没有对股东协议直接作出规定,现实中也存在股东通过股东协议架空公司章程的情况。

**第四十四条 【有限责任公司设立行为的法律后果】** **有限责任公司设立时的股东为设立公司从事的民事活动,其法律后果由公司承受。**

**公司未成立的,其法律后果由公司设立时的股东承受;设立时的股东为二人以上的,享有连带债权,承担连带债务。**

**设立时的股东为设立公司以自己的名义从事民事活动产生的民事责任,第三人有权选择请求公司或者公司设立时的股东承担。**

**设立时的股东因履行公司设立职责造成他人损害的,公司或者无过错的股东承担赔偿责任后,可以向有过错的股东追偿。**

## 条文解读

本条是关于有限责任公司设立行为的法律后果的规定,为 2023 年《公司法》新增条款,但是其直接来源是《公司法司法解释(三)》中的相关规定。

本条第 1 款规定的是公司设立中的法律后果承受问题。有限责任公司设立时的股东,除了签署公司章程、认购出资之外,如果履行设立公司的职责,或从事有关活动,即为有限责任公司的发起人。发起人为设立公司从事的活动,应当由所设立的公司承受法律后果。这是设立中公司的基本规则。为设立公司从事的活动,包括为筹建公司招聘工作人员、采购必要的设备或者办公用品,以设立中公司的名义签订的各种合同,等等。

本条第 2 款规定的是公司未成立时的情形。公司未成立的,其法律后果由公司设立时的股东,即发起人承受。如果公司设立时的股东只有一人,则该股东承受全部后果;如果公司设立时的股东为 2 人以上,则享有连带债权,承担连带债务。

本条第 3 款规定的是公司设立时的股东以自己名义从事活动而产生的责任。公司设立时的股东为设立公司,既可以以设立中公司的名义从事活动,也可以以自己的名义从事活动。当公司设立时的股东以设立中公司名义从事活动的,按照本条第 1 款规定,其法律后果由成立后的公司承受。当发起人以自己的名义从事活动的,第三人享有选择权,既可以向成立后的公司请求承担,也可以向该股东请求承担。但是,第三人的选择权并不意味着公司或者该股东承担连带责任,第三人只是选定一方承担。

本条第 4 款规定的是因公司设立时的股东行为所承担责任的问题。如果公司已经成立,则公司承担的责任依照《民法典》有关法人责任的相关规则处理。但公司在设立过程中,作为法人的公司还不存在,无法由法人承担责任。由于公司设立时的股东因履行公司设立职责造成他人损害,首先应当由该股东承担责任。公司成立后,可以由公司承担责任。除此之外,其他公司设立时的股东也可能代该股东承担了责任。在这种情况下,本条第 4 款规定,公司或者无过错的股东承担赔偿责任后,可以向有过错的股东追偿。如果公司设立时的股东因履行公司设立职责造成他人损害并无过错,则按照法人责任的原理,由公司承担责任,且不能向无过错的股东追偿;如果公司设立时的股东都有过错,则应当承担连带责任。

**第四十五条 【有限责任公司章程制定】设立有限责任公司,应当由股东共同制定公司章程。**

## 条文解读

本条在 2018 年《公司法》中被规定在有限责任公司设立的条件这一条中。在 2023 年《公司法》中被单独规定。公司章程是公司设立的必要条件,也是公司作为一个组织体所必备的条件。公司章程最初的制定主体是公司设立时的全体股东。当公司成立后,则有股东会按照法定职权与程序进行修改。

**第四十六条 【有限责任公司章程法定记载事项】有限责任公司章程应当载明下列事项:**

**(一)公司名称和住所;**

**(二)公司经营范围;**

**(三)公司注册资本;**

**(四)股东的姓名或者名称;**

（五）股东的出资额、出资方式和出资日期；

（六）公司的机构及其产生办法、职权、议事规则；

（七）公司法定代表人的产生、变更办法；

（八）股东会认为需要规定的其他事项。

股东应当在公司章程上签名或者盖章。

## 条文解读

本条是关于有限责任公司章程法定记载事项的规定。本条规定的事项是公司章程所必备的。本条所规定的各类事项中，公司名称和住所、公司经营范围、公司注册资本、股东的姓名或者名称属于公司登记事项。股东的出资额、出资方式和出资日期属于企业信息公示事项。公司的机构及其产生办法、职权、议事规则以及法定代表人的产生、变更办法，则属于公司治理范畴，也属于公司章程的必备条款。

公司章程属于公司自治的重要法律文件，股东应当在公司章程上签名或者盖章。

原《公司法》规定，公司章程应当载明公司法定代表人的姓名，而2023年修订的《公司法》本条规定只需载明“公司法定代表人的产生、变更办法”。因此，公司变更法定代表人，不需要修改公司章程。但是按照《公司法》第32条规定，公司法定代表人属于公司登记事项，公司变更法定代表人，需要申请变更登记。

**有限责任公司章程中的记载事项**

（一）绝对必要记载事项

绝对必要记载事项，是指公司章程必须按照事实记载的事项，无记载则构成公司章程无效而不予登记。按照《公司法》第46条的规定，有限责任公司章程的绝对必要记载事项有以下几项：

（1）公司名称和住所；

（2）公司经营范围；

（3）公司注册资本；

（4）股东的姓名或者名称；

（5）股东的出资额、出资方式和出资日期；

（6）公司的机构及其产生办法、职权、议事规则；

（7）公司法定代表人的产生、变更办法；

（8）股东会认为需要规定的其他事项。

（二）相对必要记载事项

公司章程中的相对必要记载事项散见于《公司法》的各个条款中。相对必要记载事项是公司章程中必须记载的事项，其具体的内容由公司章程决定。相对必要记载事项共有以下几项：

（1）股东会定期会议应当按照公司章程的规定按时召开。（第62条）

（2）董事长、副董事长的产生办法由公司章程规定。（第68条）

（3）董事任期由公司章程规定。（第70条）

（4）经理的职权由公司章程规定。（第74条）

（5）监事会中职工代表监事的具体比例由公司章程规定。（第76条）

（6）财务会计报告送交各股东的期限。（第209条）

（7）公司章程规定公司聘用、解聘承办公司审计业务的会计师事务所由股东会、董事会或者监事会决定。（第215条）

（三）任意记载事项

《公司法》对公司章程中任意记载事项的规定，也是散见于各个条款之中。任意记载事项，是指公司章程中记载的不同于《公司法》规定的事项。如果公司章程中没有记载，按照《公司法》的规定；如果公司章程中有记载，则按照公司章程的规定。任意记载事项也包括不同的类型。一是公司章程对《公司法》的规定作出补充，其表述为"公司章程规定的其他……"；二是公司章程在不违背《公司法》规定的前提下作出的补充，其表述为"除本法有规定的外，由公司章程规定"；三是公司章程对《公司法》作出的排除性规定，其表述为"但是，公司章程另有规定的除外"，在这种情况下，公司章程的效力优先于《公司法》。

具体来说，共有以下几项：

（1）公司向其他企业投资或者为他人提供担保，按照公司章程的规定，由董事会或者股东会决议；公司章程对投资或者担保的总额及单项投资或者担保的数额有限额规定的，不得超过规定的限额。（第15条）

（2）有限责任公司的注册资本为在公司登记机关登记的全体股东认缴的出资额。全体股东认缴的出资额由股东按照公司章程的规定自公司成立之日起五年内缴足。（第47条）

（3）公司股东会、董事会、监事会召开会议和表决可以采用电子通信方式，公司章程另有规定的除外。（第24条）

（4）公司章程可以对股东会法定职权以外的职权作出规定。（第59条）

(5)召开股东会会议,应当于会议召开15日前通知全体股东;但是,公司章程另有规定或者全体股东另有约定的除外。(第64条)

(6)股东会会议由股东按照出资比例行使表决权;但是,公司章程另有规定的除外。(第65条)

(7)股东会的议事方式和表决程序,除《公司法》有规定的外,由公司章程规定。(第66条)

(8)公司章程对董事会法定职权范围之外的职权的规定。(第67条)

(9)有限责任公司可以按照公司章程的规定在董事会中设置由董事组成的审计委员会。(第69条)

(10)董事会的议事方式和表决程序,除《公司法》有规定的外,由公司章程规定。(第73条)

(11)公司章程对监事会法定职权范围之外的职权的规定。(第78条)

(12)监事会的议事方式和表决程序,除《公司法》有规定的外,由公司章程规定。(第81条)

(13)公司章程对股权转让另有规定的,从其规定。(第84条)

(14)自然人股东死亡后,其合法继承人可以继承股东资格;但是,公司章程另有规定的除外。(第90条)

(15)按照公司章程的规定,经董事会或者股东会决议通过董事、监事、高级管理人员是否可以直接或者间接与本公司订立合同或者进行交易。(第182条)

(16)按照公司章程的规定,经董事会或者股东会决议通过公司董事、监事、高级管理人员是否可以利用职务便利为自己或他人谋取属于公司的商业机会。(第183条)

(17)按照公司章程的规定,经董事会或者股东会决议通过董事、监事、高级管理人员是否可以自营或者为他人经营与其任职公司同类的业务。(第184条)

(18)公司合并支付的价款不超过本公司净资产10%的,可以不经股东会决议;但是,公司章程另有规定的除外。(第219条)

(19)公司章程对公司解散事由的规定。(第229条)

(20)清算组由董事组成,但是公司章程另有规定或者股东会决议另选他人的除外。(第232条)

(21)公司章程对公司中高级管理人员范围的规定。(第265条)

**第四十七条　【有限责任公司注册资本】** 有限责任公司的注册资本为在公司登记机关登记的全体股东认缴的出资额。全体股东认缴的出资额由股东按照公司章程的规定自公司成立之日起五年内缴足。

法律、行政法规以及国务院决定对有限责任公司注册资本实缴、注册资本最低限额、股东出资期限另有规定的，从其规定。

## 法律术语

注册资本：在公司登记机关登记的全体股东认缴的出资额。

实缴资本：公司股东实际缴纳给公司的全部资本。

## 条文解读

本条第 1 款是关于我国公司资本制的规定。第一，我国《公司法》目前规定是由公司章程规定公司的注册资本。公司股东需要按照公司章程的规定，认缴出资。取消法定最低注册资本，并不意味着公司可以没有注册资本，即便是只有 1 元，也是有的，仍然是要记载于公司章程并登记的。第二，公司股东在公司设立时，可以不实际出资，而是按照公司章程规定多个出资方式、出资时间和出资额履行出资义务。第三，公司的注册资本，是公司章程所记载的股东认缴的全部资本，而非股东实际缴纳的资本。例如，公司章程记载的注册资本是 10 万元，股东甲和股东乙分别认缴 5 万元，但都只缴纳了 2 万元。此时，公司的注册资本仍然为 10 万元，而非 4 万元。

原《公司法》在取消了法定最低注册资本的同时，将注册资本改为认缴制，即公司的实际资本为公司股东实际缴纳给公司的全部资本。由于原《公司法》没有规定认缴的期限，现实中就产生了许多虚报公司注册资本，夸大公司实力，侵害债权人利益的情况出现。因此 2023 年修订的《公司法》对股东认缴出资作出了时间限制，即全体股东认缴的出资额由股东按照公司章程的规定自公司成立之日起 5 年内缴足。公司章程可以作出少于 5 年的规定，法律规定最长不得超过 5 年。

本条第 2 款是关于有限责任公司最低注册资本的规定。法律、行政法规、国务院决定对有限责任公司注册资本实缴、注册资本最低限额、股东出资期限另有规定的，从其规定。例如，根据《注册资本登记制度改革方案》的规定，对证券公司、期货公司、基金管理公司、保险公司等行业，目前暂不实行注册资本认缴登记制。

**第四十八条 【股东出资方式】** 股东可以用货币出资，也可以用实物、知识产权、土地使用权、股权、债权等可以用货币估价并可以依法转让的非货币财产作价出资；但是，法律、行政法规规定不得作为出资的财产除外。

对作为出资的非货币财产应当评估作价，核实财产，不得高估或者低估作价。法律、行政法规对评估作价有规定的，从其规定。

## 条文解读

本条第1款是关于股东出资方式的规定。理解该规定应注意以下几点：第一，按照我国《公司法》的规定，股东可以采取多种方式出资，包括货币出资和非货币出资。非货币出资包括有形资产出资和无形资产出资。有形资产包括机器设备、厂房等；无形资产包括知识产权、土地使用权等。第二，依法可以转让的非货币财产也可以作价出资，包括土地承包权、采矿权、探矿权、企业承包经营权、企业租赁权以及股权、债权等无形财产。这里的"非货币资产"必须具有合法性、可转让性和可评估性。合法性是指依法可以成为财产；可转让性是指可以进行交易、转让；可评估性是指可以评估确定价值并以此作价。第三，法律、行政法规规定不得作为出资的财产除外，如股东不得以劳务、信用、自然人姓名、商誉、特许经营权或者设定担保的财产等作价出资。

本条第2款是关于非货币出资财产评估的规定。法律要求，对作为出资的非货币财产应当评估作价，核实财产，不得高估或者低估作价。法律、行政法规对评估作价有规定的，从其规定。

**非货币出资**

（一）无权处分的财产出资

出资人以不享有处分权的财产出资，当事人之间对于出资行为效力产生争议的，可以参照《民法典》有关善意取得制度的规定来进行认定。具体来说，无权处分人（股东）将不动产或者动产转让给受让人（公司）的，所有权人有权追回。但是除非法律另有规定，符合下列情形的，受让人取得该不动产或者动产的所有权：（1）受让人受让该不动产或者动产时是善意的；（2）以合理的价格转让；（3）转让的不动产或者动产依照法律规定应当登记的已经登记，不需要登记的已经交付给受让人。受让人善意取得其他物权的，参照以上规定。

但是，以贪污、受贿、侵占、挪用等违法犯罪所得的货币出资后取得股权的，对违法犯罪行为予以追究、处罚时，应当采取拍卖或者变卖的方式处置其股权。

（二）土地使用权出资

出资人以划拨土地使用权出资，或者以设定权利负担的土地使用权出资，公司、其他股东或者公司债权人主张认定出资人未履行出资义务的，当事人应当在指定的合理期间内办理土地变更手续或者解除权利负担；逾期未办理或者未解除的，应当认定出资人未依法全面履行出资义务。

土地使用权不同于土地所有权，其具有一定存续期间即年限，发起人将土地使用权出资，实际上是将土地使用权部分年限作价用于出资。发起人将土地使用权剩余年限作价作为出资投入公司，在其他发起人同意且公司章程无相反规定时，应认定有效。在该部分年限届满后，土地使用权在该部分年限内价值已为公司享有和使用，且该部分价值亦已凝结为公司财产。年限届满后，不应认定为抽逃出资。〔1〕

（三）非货币财产出资的评估

出资人以非货币财产出资，未依法评估作价，公司、其他股东或者公司债权人请求认定出资人未履行出资义务的，人民法院应当委托具有合法资格的评估机构对该财产评估作价。评估确定的价额显著低于公司章程所定价额的，应当认定出资人未依法全面履行出资义务。

（四）需登记转让的财产出资

出资人以房屋、土地使用权或者需要办理权属登记的知识产权等财产出资，已经交付公司使用但未办理权属变更手续，公司、其他股东或者公司债权人主张认定出资人未履行出资义务的，可以请求人民法院责令当事人在指定的合理期间内办理权属变更手续；在前述期间内办理了权属变更手续的，应当认定其已经履行了出资义务；对于出资人享有股东权利的起始时间，可以认定为出资人自其实际交付财产给公司使用时享有相应股东权利。

但是，出资人以上述规定的财产出资，已经办理权属变更手续但未交付给公司使用，公司或者其他股东可以主张其向公司交付，并在实际交付之前不享有相应股东权利。

（五）股权出资

出资人以其他公司股权出资，符合下列条件的，应当认定出资人已履行出资义务：（1）出资的股权由出资人合法持有并依法可以转让；（2）出资的股权无权利瑕疵或者权

---

〔1〕 参见《最高人民法院民二庭关于"股东以土地使用权的部分年限对应作价出资，期满后收回土地是否构成抽逃出资"的答复》（〔2009〕民二他字第5号函）。

利负担；（3）出资人已履行关于股权转让的法定手续；（4）出资的股权已依法进行了价值评估。

如果出资人不是合法持有并可以依法转让出资的股权，出资的股权有权利瑕疵或者权利负担或者出资人没有履行关于股权转让的法定手续，公司、其他股东或者公司债权人请求认定出资人未履行出资义务的，人民法院应当责令该出资人在指定的合理期间内采取补正措施，以符合上述条件；逾期未补正的，人民法院应当认定其未依法全面履行出资义务。

如果股权出资没有依法进行价值评估，公司、其他股东或者公司债权人请求认定出资人未履行出资义务的，人民法院应当委托具有合法资格的评估机构对该财产评估作价。

## 关联法规索引

《市场主体登记管理条例实施细则》第 13 条

**第四十九条 【股东的出资义务及赔偿责任】 股东应当按期足额缴纳公司章程规定的各自所认缴的出资额。**

**股东以货币出资的，应当将货币出资足额存入有限责任公司在银行开设的账户；以非货币财产出资的，应当依法办理其财产权的转移手续。**

**股东未按期足额缴纳出资的，除应当向公司足额缴纳外，还应当对给公司造成的损失承担赔偿责任。**

## 条文解读

本条是关于股东出资义务履行的一般规定，其中以下几个问题值得注意：第一，按期足额缴纳所认缴的出资额是股东首要的法定义务，也是公司设立的前提条件，更是公司成立后资本充实的保障，股东应该依法履行。第二，股东以货币出资的，应当将货币出资足额存入准备成立的公司在银行开设的账户中。第三，股东以非货币财产出资的，应当依法办理财产权的转移手续：以动产出资的，移交实物；以不动产所有权出资的，办理所有权转让的登记手续；以知识产权出资的，向公司提交该项知识产权的技术文件资料和权属文件，需要办理登记手续的依法办理登记手续；以土地使用权出资的，办理土地使用权转让登记手续。

对于不需登记转让的非货币出资，应以交付的方式进行转让。根据《民法典》的规定，动产物权的设立和转让，自交付时发生效力。动产所有权的转移以实际交付为准。股东未能实际履行实物出资承诺，相关出资没有实际到位。[1]

那么，股东出资究竟是以交付时起算，还是从办理转让手续后起算呢？按照相关司法解释的精神，出资人以房屋、土地使用权或者需要办理权属登记的知识产权等财产出资，已经交付公司使用但未办理权属变更手续，公司、其他股东或者公司债权人主张认定出资人未履行出资义务的，人民法院应当责令当事人在指定的合理期间内办理权属变更手续。在前述期间内办理了权属变更手续的，人民法院应当认定其已经履行了出资义务。出资人主张自其实际交付财产给公司使用时享有相应股东权利的，人民法院应予支持。出资人以上述规定的财产出资，已经办理权属变更手续但未交付给公司使用，公司或者其他股东主张其向公司交付，并在实际交付之前不享有相应股东权利的，人民法院应予支持。

本条第 3 款是关于股东不履行出资义务的法律后果的规定。首先，股东未履行出资义务可能是完全不履行，也可能是部分不履行，但是两者都是股东没有按照公司章程的规定转移财产所有权的行为，包括货币出资和非货币出资。其次，股东未按照公司章程的规定缴纳出资的，既可以发生在公司设立的过程中，也可以发生在公司成立后。无论何时发生，都应当首先履行足额缴纳出资的义务。除此之外，发生在设立过程中的，可能因未按期足额缴纳出资而导致公司无法设立、瑕疵设立从而给公司造成损失；公司成立后，则可能因为未按期足额缴纳而致使公司资本不充实、缺少必要的经营资本而导致公司遭受损失。此时，该股东应当向受到损失的公司承担赔偿责任。

我们也应当注意到，无论是设立有限责任公司还是设立股份有限公司，发起人出资不足的情形下，原《公司法》中有关发起人之间相互承担违约责任的规定，都在 2023 年《公司法》中取消了。修订后的《公司法》将出资不足情况定位为发起人对公司的责任，并且要求其他发起人在出资不足的范围内承担连带责任，强化了全体发起人对公司资本充足的责任。但是，并不是说发起人之间就无须再相互间承担违约责任。有限责任公司的设立协议以及股份有限公司的发起人协议中，都会明确规定发起人在公司设立时的权利义务，以及违约责任。只是这种违约责任由《民法典》而非《公司法》调整而已。

---

〔1〕 参见“中国长城资产管理公司乌鲁木齐办事处诉新疆华电工贸有限责任公司等借款合同纠纷案”，最高人民法院(2008)民二终字第 79 号民事判决书，载《最高人民法院公报》2009 年第 2 期。

**第五十条　【股东出资不足或出资不实的责任】有限责任公司设立时,股东未按照公司章程规定实际缴纳出资,或者实际出资的非货币财产的实际价额显著低于所认缴的出资额的,设立时的其他股东与该股东在出资不足的范围内承担连带责任。**

## 条文解读

本条规定限定于有限责任公司设立时瑕疵出资的责任。在公司设立时,股东与公司之间是一种转移财产的债权债务关系。股东向公司转移财产是其所应当履行的一种债务。按照债法的一般原理,股东应当按照约定履行其债务。2018 年《公司法》只规定了非货币瑕疵出资(掺水股)的责任,2023 年修订的《公司法》本条所规定设立时瑕疵出资,既包括未足额缴纳出资,也包括作为出资的非货币财产的实际价额显著低于所认缴的出资额,这两种均属于债的不完全履行,公司有权要求其继续履行,即补足其差额。同时,公司设立是全体股东的共同行为,全体股东与公司之间形成一种共同的债权债务关系。当任何一个股东出现瑕疵出资的情况时,公司均有权要求其他股东承担连带责任。因此本条规定,设立时的其他股东与该股东在出资不足的范围内承担连带责任。

本条规定的"设立时的其他股东与该股东在出资不足的范围内承担连带责任",是指设立时股东"未按照公司章程规定实际缴纳出资"或者"实际出资的非货币财产的实际价额显著低于所认缴的出资额"两种情况,不包括设立时认缴而成立后未实缴的情况。股东未按期足额缴纳出资的,按照《公司法》第 49 条规定,由该股东向公司足额缴纳,以及对给公司造成的损失承担赔偿责任。而不是由设立时的其他股东承担连带责任,否则公司股东的有限责任原则将被突破。

**第五十一条　【董事会的出资核查义务及责任】有限责任公司成立后,董事会应当对股东的出资情况进行核查,发现股东未按期足额缴纳公司章程规定的出资的,应当由公司向该股东发出书面催缴书,催缴出资。**

**未及时履行前款规定的义务,给公司造成损失的,负有责任的董事应当承担赔偿责任。**

**条文解读**

2023年修订的《公司法》关于瑕疵出资的规定区分了有限责任公司“设立时”和“成立后”。公司的成立日期为营业执照的签发日期。有限责任公司设立时,公司与股东之间为债权债务关系,公司有权要求股东履行出资义务。有限责任公司成立后,公司与股东之间的关系就不再属于债权债务关系,而是股权关系。公司股东是否按期足额缴纳公司章程规定的出资,不仅决定了他是否已经向公司履行了债务,还决定了他是否享有完整的股权。因此,本条第1款规定,公司成立后,董事会应当对股东的出资情况进行核查,发现股东未按期足额缴纳公司章程规定的出资的,应当向该股东发出书面催缴书,催缴出资。

董事会有权对股东的出资情况进行核查,同时董事也有对公司的勤勉义务,其中就包括保证公司资本充实的义务。因此本条第2款规定,董事会未履行前款规定的义务,给公司造成损失的,负有责任的董事应当承担赔偿责任。董事承担这种责任的法律依据,是董事的勤勉义务。

**第五十二条 【股东失权制度】** **股东未按照公司章程规定的出资日期缴纳出资,公司依照前条第一款规定发出书面催缴书催缴出资的,可以载明缴纳出资的宽限期;宽限期自公司发出催缴书之日起,不得少于六十日。宽限期届满,股东仍未履行出资义务的,公司经董事会决议可以向该股东发出失权通知,通知应当以书面形式发出。自通知发出之日起,该股东丧失其未缴纳出资的股权。**

**依照前款规定丧失的股权应当依法转让,或者相应减少注册资本并注销该股权;六个月内未转让或者注销的,由公司其他股东按照其出资比例足额缴纳相应出资。**

**股东对失权有异议的,应当自接到失权通知之日起三十日内,向人民法院提起诉讼。**

**条文解读**

本条为2023年《公司法》新增加的条款。按照本条第1款规定,有限责任公司成立后,董事会应当对股东的出资情况进行核查,发现股东未按期足额缴纳公司章程规定的出资的,应当向该股东发出书面催缴书,催缴出资。董事会以公司的名义向股东发出催缴书,催缴书应当采用书面形式。催缴书可以载明缴纳出资的宽限期;宽限期自公司发出催缴书之日起,不得少于 60 日。催缴书是对股东应当向公司履行的出资义务的宽限与催促行为,在性质上属于事实行为。按照法律规定,催缴书自发出之日起生效。

公司向股东发出催缴书,意味着对已到期债务给予了宽限期。宽限期届满,股东仍未履行出资义务的,公司可以向该股东发出失权通知。失权通知生效后,该股东丧失未缴纳出资的股权。失权通知应当以书面形式发出。值得注意的是,失权通知无须经过股东会决议,董事会决议即可。

股东失权制度的意义在于,股东失去未缴纳出资的股权,丧失的股权应当依法转让,或者相应减少注册资本并注销该股权。也就是说,未缴纳出资的股东最终将丧失该股权,或者被依法转让给其他人,或者通过减资程序而被核销。总之,未缴纳出资的股东,该部分股权不得被继续持有。失权并不是股东暂时地停止行使这部分股权,而是永久地失去。

按照本条第 2 款规定,6 个月内丧失的股权仍未被转让或者注销的,公司其他股东须按照出资比例足额缴纳相应出资。丧失的股权如果被其他股东受让,则受让人应当缴纳该出资。如果没有人受让该部分股权,则通过减资程序注销。《公司法》留给公司 6 个月的时间来处理失权股份,如果既没有转让,也没有注销,由公司其他股东按照其出资比例足额缴纳相应出资。《公司法》的这种制度安排,是为了更加有效地维护公司资本充实。

将本条规定与前面几条规定结合起来,我们可以看出,新修订的《公司法》在公司资本制度前端的一些改革。

第一,2023 年《公司法》仍然继续取消公司最低注册资本,而实行认缴制。与修订前的《公司法》相比,新《公司法》要求公司章程明确规定不多于 5 年的认缴期限。也就是说,公司股东必须在公司设立 5 年之内缴足全部认缴的出资。第二,股东应当按照公司章程的规定按期足额缴纳出资。股东认缴出资,包括公司设立时缴纳以及公司成立后的缴纳。《公司法》区分了公司设立时与公司成立后。公司设立时,股东未按照公司章程规定足额缴纳出资,或者作为出资的非货币财产的实际价额显著低于所认缴的出资额的,应当由该股东补足其差额,设立时的其他股东于该股东在出资不足的范围内承担连带责任。有限责任公司成立后,董事会应当对股东的出资情况进行核查,发现股东未按期足额缴纳公司章程规定的出资的,应当向该股东发出书面催缴书,催缴出资。第三,股东应当按期足额缴纳公司章程规定的各自所认缴的出资额。这是股东应当向公司履行的首要义务。股东未按期足额缴纳出资给公司造成损失的,应当承担赔偿责任。有限责任公司成立后,董事会未履行核查、催缴义务,给公司造成损失的,负有责任的董事应当承担赔偿责任。第四,董事会对未按期足额缴纳出资的股东发出催缴书,确定宽限期。宽限期到期后,该股东仍未缴纳出资的,该部分股权应当转让或者注销,否则由其他股东承担连带责任。第五,股东失权制度的发起人是公司董事会,是在董事会追缴出资的大框架下进行的。当股东未按时足额缴纳出资时,董事会并不必然要做出失权通知。股东失权制度是董事会用来维护公司利益的武器。本条规定以及第51条规定的核心问题是董事会应当尽到追缴义务。如果董事会没有尽到这个义务,有责任的董事就要承担损害赔偿责任。第六,按照《公司法》第49条第3款规定,股东未按期足额缴纳出资的,除应当向公司足额缴纳外,还应当对给公司造成的损失承担赔偿责任。股东失权后,并不意味着所应承担的赔偿责任被免除。

为了给失权股东提供救济的余地,本条第3款规定,股东对失权有异议的,应当自接到失权通知之日起30日内,向人民法院提起诉讼。

**第五十三条　【禁止股东抽逃出资】公司成立后,股东不得抽逃出资。**

**违反前款规定的,股东应当返还抽逃的出资;给公司造成损失的,负有责任的董事、监事、高级管理人员应当与该股东承担连带赔偿责任。**

## 条文解读

公司需要维持其资本充实。如果我们将公司的资本看作一个水池,股东的出资就是资金流入这个水池,相反方向的就是公司的资金流向股东。公司资本制度是一个体系化的制度网,既包括对资本流入端的规制,也包括对资本流出端的规制。不得抽逃出资,就是对违法的资本流出的规制。从广义上讲,违法的资本流出,包括一般的抽逃出资,还包括违法减资、违法分配、违法回购。2023年修订的《公司法》对这些违法的资本流出都作出了相对严格的规定。资本的流出,应当符合《公司法》以及公司章程的规定,应当经过法定的程序,否则,将会构成违法的资本流出。我们可以将违法减资、违法分配、违法回购看作违法的资本流出的特殊情况,而将抽逃出资看作一般情况。违法减资、违法分配、违法回购、抽逃出资共同构成违法的资本流出的制度网络。

公司成立后,股东所缴纳的出资,就已经成为公司的财产,而非股东的财产。股东抽逃出资,实际上是侵害公司的财产权益。公司股东在公司成立后抽逃出资也会造成公司实际资本减少，损害债权人的利益；还会使公司经营发生困难，并进而损害其他股东的利益。因此，《公司法》规定，抽逃出资的股东应当返还抽逃的出资。

《公司法司法解释(三)》第12条规定，公司成立后，公司、股东或者公司债权人以相关股东的行为符合下列情形之一且损害公司权益为由，请求认定该股东抽逃出资的，人民法院应予支持：(1)制作虚假财务会计报表虚增利润进行分配；(2)通过虚构债权债务关系将其出资转出；(3)利用关联交易将出资转出；(4)其他未经法定程序将出资抽回的行为。

在时效方面，公司股东未履行或者未全面履行出资义务或者抽逃出资，公司或者其他股东请求其向公司全面履行出资义务或者返还出资的，被告股东不得以诉讼时效为由进行抗辩。对于公司债权人来说，只要其债权未过诉讼时效期间，当请求未履行或者未全面履行出资义务或者抽逃出资的股东承担赔偿责任时，被告股东即不得以出资义务或者返还出资义务超过诉讼时效期间为由进行抗辩。

为了强化公司管理人员的责任，本条第2款规定，对于股东抽逃出资给公司造成损失的，负有责任的董事、监事、高级管理人员应当与该股东承担连带赔偿责任。负有责任的董事、监事、高级管理人员的连带责任并不是针对所抽逃出资的返还责任，而是因抽逃出资给公司造成损失的赔偿责任。

**第五十四条 【出资加速到期】公司不能清偿到期债务的，公司或者已到期债权的债权人有权要求已认缴出资但未届出资期限的股东提前缴纳出资。**

## 条文解读

本条是关于出资加速到期的规定。

第一，加速到期的适用场景是公司不能清偿到期债务。不能清偿到期债务，是指债权债务关系存在，并且已届清偿期。由于公司是独立的法人，其债务应当由自有资产来清偿。认缴出资的股东与公司之间也是关于履行出资的债权债务关系，认缴期限是其债务履行的期限。对此，认缴出资的股东拥有期限利益，通常情况下不得要求股东提前履行出资义务。然而，当公司不能清偿到期债务时，权衡公司债权人的利益与公司股东的期限利益，2023年修订的《公司法》明确了公司债权人利益优先。

第二，对于已到出资期限但未实际出资的股东，公司可以通过本法第51条的规定催缴。但此时债权人是否也可以提出要求？本条规定的是债权人有权要求已认缴出资但未届出资期限的股东提前缴纳出资,对已届出资期限的股东没有规定。

第三,有权要求提前缴纳出资的主体是公司或者已到期债权的债权人。因此,未到期债权的债权人不能提出此项要求。能够代表公司作出缩短缴纳出资期限的,应当是公司的董事会。

第四,加速到期的结果就是未届出资期限的股东提前缴纳出资,公司因此资本获得充实,可以用来清偿到期债务。值得注意的是,股东提前缴纳出资,是向公司进行给付,而非直接清偿债权人。股东不是该债权人的相对人,因此并无义务清偿。股东提前缴纳出资后,公司仍不能清偿到期债务的,则应按照其他法律的规定处理。这也是股东有限责任的具体体现。

第五,已认缴出资但未届出资期限的股东提前缴纳出资的数额,法律并没有明确规定。如果将本条仅仅看作对债权人利益的维护,那么欠缴出资的股东只要按照债权数额提前缴纳就可以解决一时的问题。但是,本条规定的核心思想是当公司遇到不能清偿到期债务时,对股东缴纳出资的期限利益的否定,如果这样看待的话,则将所有未到期出资一并缴齐更符合本条的立法目的。

**第五十五条 【出资证明书】** 有限责任公司成立后,应当向股东签发出资证明书,记载下列事项:

(一)公司名称;

(二)公司成立日期;

(三)公司注册资本;

(四)股东的姓名或者名称、认缴和实缴的出资额、出资方式和出资日期;

(五)出资证明书的编号和核发日期。

出资证明书由法定代表人签名,并由公司盖章。

## 法律术语

股东出资证明书:有限责任公司签发给股东的证明其履行出资义务,并享有股东权利的法律文书。

## 条文解读

本条第 1 款规定了股东出资证明书的签发时间，即有限责任公司成立后，应当向股东签发出资证明书。向股东签发股东出资证明书是公司的法定义务。

本条第 1 款还规定了股东出资证明书的必要记载事项：(1)公司名称；(2)公司成立日期；(3)公司注册资本；(4)股东的姓名或者名称、认缴和实缴的出资额、出资方式和出资日期；(5)出资证明书的编号和核发日期。

本条第 2 款规定了出资证明书的形式要求，即由法定代表人签名，并由公司盖章。

**第五十六条　【股东名册】有限责任公司应当置备股东名册，记载下列事项：**

**(一)股东的姓名或者名称及住所；**

**(二)股东认缴和实缴的出资额、出资方式和出资日期；**

**(三)出资证明书编号；**

**(四)取得和丧失股东资格的日期。**

**记载于股东名册的股东，可以依股东名册主张行使股东权利。**

## 法律术语

股东名册：公司置备的记载股东及其出资情况的法律文书。

## 条文解读

本条第 1 款是关于公司股东名册记载事项的规定。置备股东名册是公司的法定义务。股东名册主要记载股东及其出资情况，包括股东姓名或者名称、住所、出资额、出资方式和出资日期、出资证明书编号、取得和丧失股东资格的日期等。股东名册陈列于公司，供相关人员查询。

本条第 2 款规定了股东名册的法律效力。股东名册具有三个方面的法律效力：第一，在股东名册上记载为股东的，推定为公司股东；第二，凡是未在股东名册上记载的人，均不能视为公司股东；第三，公司只将股东名册上记载的股东视为股东，股东依据股东名册主张自己的股东权利。所以股东名册可以作为股东向公司主张股东权利的一个凭证。

对于本条的规定,还涉及股权转让效力的问题。按照本条第2款规定的“记载于股东名册的股东,可以依股东名册主张行使股东权利”,以及第1款第4项规定的“取得和丧失股东资格的日期”,结合起来看股东取得和丧失股东资格的时间,应当早于该事项记载于股东名册的时间,即先取得或者丧失股东资格,然后再记载于股东名册。股东名册并不创设股东资格,而是将其作为股东行使权利的依据,也就是股东对抗公司的依据。股东资格的取得和丧失,其效力应当是自股权协议签订之日起。《公司法》第34条第2款规定的“公司登记事项未经登记或者未经变更登记,不得对抗善意相对人”,是指在公司股东变动的情况下,如果未变更登记,则不得对抗善意相对人,这是针对善意相对人的对抗效力。因而,变更登记也不是股东变动的生效要件。

**名义股东与实际出资人**

(一)名义股东与实际出资人之间的争议

按照《公司法司法解释(三)》的规定,有限责任公司的实际出资人与名义出资人订立合同,约定由实际出资人出资并享有投资权益,以名义出资人为名义股东,实际出资人与名义股东对该合同效力发生争议的,如无法律规定的无效情形,应当认定该合同有效。

实际出资人与名义股东因投资权益的归属发生争议,实际出资人可以以其实际履行了出资义务为由向名义股东主张权利。名义股东不得以公司股东名册记载、公司登记机关登记为由否认实际出资人权利。但是,实际出资人虽然可以享有股东权利,其未经公司其他股东半数以上同意,不得请求公司变更股东、签发出资证明书、记载于股东名册、记载于公司章程并办理公司登记。如果按照持股协议,在代持股份期限届满后,应按照《公司法》规定的股东向第三人转让股权的程序办理。

(二)名义股东处分股权的效力

名义股东将登记于其名下的股权转让、质押或者以其他方式处分,实际出资人以其对于股权享有实际权利为由,请求认定处分股权行为无效的,可以参照有关善意取得的规定处理。按照《公司法》第34条第2款规定的精神,公司登记事项不得对抗善意第三人。也就是说,当第三人善意取得名义股东处分的股权的,名义股东的处分行为有效。名义股东处分股权造成实际出资人损失的,实际出资人可以向名义股东请求承担赔偿责任。

上述规定是商法上的外观主义的体现。具体而言,首先,外观主义是保护交易相对方的利益、维护交易安全的法律原则,因而,当第三人善意取得名义股东处分的股权的,处分行为有效。其次,第三人非善意的情况下,则不能依据外观主义适用善意取得。再次,外观主义只针对外部关系,而名义股东与实际出资人之间则不适用。最后,冒用他人名义出资并将该他人作为股东在公司登记机关登记的,不适用外观主义。

(三)名义股东的出资义务

虽然说名义股东并没有实际出资,但是由于其已经被登记于公司登记机关,所以,公司债权人以登记于公司登记机关的股东未履行出资义务为由,按照《公司法》第 54 条要求已认缴出资但未届出资期限的股东提前缴纳出资的,股东不得以其仅为名义股东而非实际出资人为由进行抗辩。名义股东根据前述规定承担赔偿责任后,可以向实际出资人追偿。

(四)冒名登记的股东

冒名股东是指被冒名人在完全不知情的情况下被登记。按照《公司法司法解释(三)》的规定,冒用他人名义出资并将该他人作为股东在公司登记机关登记的,冒名登记行为人应当承担相应责任,如无权代理的责任;由于被冒名者对冒名登记行为不存在责任,故而,公司、其他股东或者公司债权人不得以未履行出资义务为由,请求被冒名登记为股东的承担补足出资责任或者对公司债务不能清偿部分的承担赔偿责任。

**第五十七条 【有限责任公司股东知情权】** 股东有权查阅、复制公司章程、股东名册、股东会会议记录、董事会会议决议、监事会会议决议和财务会计报告。

股东可以要求查阅公司会计账簿、会计凭证。股东要求查阅公司会计账簿、会计凭证的,应当向公司提出书面请求,说明目的。公司有合理根据认为股东查阅会计账簿、会计凭证有不正当目的,可能损害公司合法利益的,可以拒绝提供查阅,并应当自股东提出书面请求之日起十五日内书面答复股东并说明理由。公司拒绝提供查阅的,股东可以向人民法院提起诉讼。

股东查阅前款规定的材料,可以委托会计师事务所、律师事务所等中介机构进行。

股东及其委托的会计师事务所、律师事务所等中介机构查阅、复制有关材料,应当遵守有关保护国家秘密、商业秘密、个人隐私、个人信息等法律、行政法规的规定。

股东要求查阅、复制公司全资子公司相关材料的,适用前四款的规定。

## 条文解读

本条是关于股东知情权的规定。由于本条第5款规定股东要求查阅、复制公司全资子公司相关材料的，适用前四款的规定，因而本条规定的股东知情权的对象既包括公司，也包括该公司的全资子公司。

本条第1款规定了股东可以查阅的范围，即有限责任公司及其全资子公司的公司章程、股东名册、股东会会议记录、董事会会议决议、监事会会议决议和财务会计报告。值得注意的是，股东不仅有权要求查阅上述文件，而且有权复制上述文件。相较于原《公司法》，2023年修订的《公司法》为了更有力地保护股东知情权，增加了查阅、复制股东名册的规定。

本条第2款规定了股东对会计账簿与会计凭证的查阅权。会计账簿简称账簿，是由具有一定格式、相互联系的账页所组成，用来序时、分类地全面记录一个企业、单位经济业务事项的会计簿籍。会计凭证是指记录经济业务发生或者完成情况的书面证明，是登记账簿的依据。会计凭证的查阅权，是2023年《公司法》新增的内容。

股东对会计账簿的查阅权是有限制的。首先，股东必须向公司提供书面请求，并说明目的。其次，公司有权利拒绝股东查阅，只要公司有合理根据认为股东查阅会计账簿有不正当目的，可能损害公司利益的，即可以拒绝提供查阅，但是应当在股东提出书面请求之日起15日内书面答复股东，并说明理由。再次，公司拒绝提供查阅的，股东可以请求人民法院要求公司提供查阅。但是，股东必须在公司拒绝提供查阅之后才可以向法院提起诉讼，不得直接起诉要求查阅。最后，股东对公司会计账簿只有查阅权没有复制权。

本条第3款和第4款是关于股东委托中介机构查阅的规定。股东可以委托中介机构查阅，也是2023年修订《公司法》新增的内容。在以往的实践中，往往存在公司允许股东查阅，但是不允许委托中介机构查阅。这样一来，限于专业知识，股东查阅往往起不到作用。股东及其委托的会计师事务所、律师事务所等中介机构查阅、复制有关材料，应当遵守有关保护国家秘密、商业秘密、个人隐私、个人信息等法律、行政法规的规定。尤其是涉及股东会会议记录、董事会会议记录、监事会会议记录以及财务会计报告、会计账簿、会计凭证等情况。

**股东知情权**

结合《公司法》、《公司法司法解释(四)》和相关司法案例，对有限责任公司股东知情权做一简单的梳理。

(一)知情权主体

查阅权的主体应当是公司的现任股东,这是股东行使知情权的原则。根据《公司法》的规定,认定股东资格的标准有两个,即在实质上履行出资义务,在形式上记录在股东名册并经过登记。[1] 一方面,虽然实际参与出资,但未被记载于股东名册,也未进行过登记的隐名股东,不得行使股东知情权;[2]另一方面,根据股权转让协议、股东会决议、公司章程修正案等可以认定股东资格的,即便未支付股权转让款,也可以基于股东资格行使知情权。[3] 合法继承人需在正式成为股东后,才可以行使股东知情权。[4]

但是,原股东在持股期间可能因知情权被侵犯,而要求对公司相关文件进行查阅,故而原股东在特定情况下也有权请求行使知情权。原告有初步证据证明在持股期间其合法权益受到损害,可以请求依法查阅或者复制其持股期间的公司特定文件材料。

股东知情权是股东的固有权利,依法应获得尊重与保障。公司章程、股东之间的协议等实质性剥夺股东依据《公司法》的规定查阅或者复制公司文件材料的权利,公司不得以此为由拒绝股东查阅或者复制。

(二)不正当目的

公司有合理根据认为股东查阅会计账簿有不正当目的,可能损害公司合法利益的,可以拒绝提供查阅。不正当目的包括:(1)股东自营或者为他人经营与公司主营业务有实质性竞争关系业务的,但公司章程另有规定或者全体股东另有约定的除外;(2)股东为了向他人通报有关信息查阅公司会计账簿,可能损害公司合法利益的;(3)股东在向公司提出查阅请求之日前的3年内,曾通过查阅公司会计账簿,向他人通报有关信息损害公司合法利益的;(4)股东有不正当目的的其他情形。

公司认为股东行使知情权有不正当目的的,应当承担举证责任。[5]

(三)股东滥用知情权

股东行使知情权后泄露公司商业秘密导致公司合法利益受到损害,公司可以请求

---

〔1〕 参见"陈某宁与临沂市新力无损检测有限公司股东知情权纠纷案",山东省高级人民法院(2016)鲁民再71号民事判决书。

〔2〕 参见"李某庆、孙某华与盘固水泥集团有限公司股东资格确认纠纷、股东知情权纠纷案",江苏省高级人民法院(2016)苏民申3455号民事裁定书。

〔3〕 参见"夏某与贵州安顺今旦房地产开发有限公司股东知情权纠纷案",贵州省高级人民法院(2015)黔高民商终字第123号民事判决书。

〔4〕 参见"陈某英与南宁铁西达房地产有限责任公司股东知情权纠纷案",广西壮族自治区高级人民法院(2016)桂民申335号民事裁定书。

〔5〕 参见"赵某善与南京悦昌五金制品有限公司股东知情权纠纷案",江苏省高级人民法院(2016)苏民申4763号民事裁定书。

该股东赔偿相关损失。辅助股东查阅公司文件材料的会计师、律师等泄露公司商业秘密导致公司合法利益受到损害，公司可以请求其赔偿相关损失。

（四）公司董事、高级管理人员的责任

公司董事、高级管理人员等未依法履行职责，导致公司未依法制作或者保存《公司法》规定的公司文件材料，给股东造成损失，股东可以依法请求负有相应责任的公司董事、高级管理人员承担民事赔偿责任。

## 第二节　组 织 机 构

**第五十八条　【有限责任公司股东会的组成及地位】** 有限责任公司股东会由全体股东组成。股东会是公司的权力机构，依照本法行使职权。

**条文解读**

本条是关于有限责任公司股东会的组成及地位的规定。首先，股东会由全体股东组成。也就是说，参加股东会是股东的法定权利，公司不得剥夺股东的该项权利。其次，股东会是公司的权力机构，这里的"权力机构"是指决定公司重大问题的机构。股东会的主要职权是"决定"，而非"制订"和"执行"。最后，股东会的职权是法定的，不应被无限地扩大，否则将难以保证现代公司所有权与经营权的分离，不利于公司的长远发展。

**第五十九条　【有限责任公司股东会职权】** 股东会行使下列职权：

（一）选举和更换董事、监事，决定有关董事、监事的报酬事项；

（二）审议批准董事会的报告；

（三）审议批准监事会的报告；

（四）审议批准公司的利润分配方案和弥补亏损方案；

（五）对公司增加或者减少注册资本作出决议；

（六）对发行公司债券作出决议；

（七）对公司合并、分立、解散、清算或者变更公司形式作出决议；

（八）修改公司章程；

（九）公司章程规定的其他职权。

股东会可以授权董事会对发行公司债券作出决议。

对本条第一款所列事项股东以书面形式一致表示同意的，可以不召开股东会会议，直接作出决定，并由全体股东在决定文件上签名或者盖章。

## 条文解读

本条是关于有限责任公司股东会职权的规定。股东会的职权归纳起来有以下几个方面：

（1）人事权。股东会有权选任和决定本公司的非由职工代表担任的董事、监事。对于不合格的董事、监事可以予以更换。对董事、监事的报酬事项，包括报酬数额、支付方式、支付时间等，都由股东会决定。

（2）审批权。一是审批工作报告权，即股东会有权对公司的董事会、监事会向股东会提出的工作报告进行审议、批准。二是审批相关经营管理方面的方案权，即公司的股东会有权对公司的董事会或执行董事向股东会提出的利润分配方案和弥补亏损方案进行审议。

（3）决议权。即股东会有权对公司增加或者减少注册资本，发行公司债券，公司合并、分立、变更公司形式、解散和清算等事项进行决议。对于发行公司债权进行决议也属于股东会职权，但是可以授权董事会作出决议。

（4）修改公司章程权。公司章程是由公司股东会在设立公司时制定的，所以应由公司股东会来修改，并需要由代表2/3以上表决权的股东赞成通过方为有效。

（5）公司章程规定的其他职权。

2018年《公司法》在规定股东会职权时，曾规定了“决定公司的经营方针和投资计划”以及“审议批准公司的年度财务预算方案、决算方案”。2023年修订的《公司法》取消了这两项职权。但是，“决定公司的经营计划和投资方案”规定在董事会的法定职权中。《公司法》的修改，保留了董事会对公司经营大政方针的决定权，同时对于公司经营方针和投资计划这种实践中并不常见的股东会职权予以取消。

本条第3款规定了股东会决议作出的简易方式。股东对本条第1款所列事项书面一致同意的，可以不召开股东会会议，直接作出决定。值得注意的是，必须全体股东都对所列事项以书面的方式一致表示同意，除此之外，必须召开股东会进行表决。

**第六十条　【一人有限责任公司股东行使职权的要求】** 只有一个股东的有限责任公司不设股东会。股东作出前条第一款所列事项的决定时，应当采用书面形式，并由股东签名或者盖章后置备于公司。

**条文解读**

本条是关于一人有限责任公司股东行使职权的要求的规定。2023 年修订的《公司法》将原《公司法》中“一人有限责任公司”的表述改为“只有一个股东的有限责任公司”。由于此类公司只有一个股东，法律规定其不设股东会，因而也就无法以股东会会议的形式行使股东职权。但是，只有一个股东的有限责任公司股东必须采取一定的形式和程序行使股东会职权。法律规定，只有一个股东的有限责任公司股东行使股东会职权时，应当采用书面形式，并由该股东签名后置备于公司。

**第六十一条　【首次股东会会议的召集和主持】** 首次股东会会议由出资最多的股东召集和主持，依照本法规定行使职权。

**条文解读**

本条是关于首次股东会的召集和主持的规定，即首次股东会会议由出资最多的股东召集和主持，依照本法规定行使职权。除了首次股东会之外，日后的股东会都应当按照公司规定的其他程序召集和主持。

**第六十二条　【股东会的会议制度】** 股东会会议分为定期会议和临时会议。

定期会议应当按照公司章程的规定按时召开。代表十分之一以上表决权的股东、三分之一以上的董事或者监事会提议召开临时会议的，应当召开临时会议。

**条文解读**

本条是关于有限责任公司股东会的会议制度的规定。

本条第 1 款规定了股东会会议的形式。股东会会议分为定期会议和临时会议两种。定期会议是公司定期召开的股东会会议,而临时会议是应相关人员的提议而召开。

值得注意的是,2023 年修订的《公司法》,在法律术语的使用上更加严谨。股东会是公司的机构,而这个机构采用会议的方式行使职权,即定期会议和临时会议。相应地,作出决议的是股东会,而非股东会会议。

本条第 2 款规定了两种股东会会议的启动程序。首先,《公司法》没有对有限责任公司定期会议的举行作出强制性的规定,而是交由公司章程来解决。因此,有限责任公司的定期会议不一定只能每年举行一次,公司章程也可以规定每个季度举行一次。其次,有权提议召开股东会临时会议的人员是代表 1/10 以上表决权的股东,1/3 以上的董事或者监事会。除此之外,其他人员无权提议召开。

**第六十三条 【股东会会议的召集和主持】股东会会议由董事会召集,董事长主持;董事长不能履行职务或者不履行职务的,由副董事长主持;副董事长不能履行职务或者不履行职务的,由过半数的董事共同推举一名董事主持。**

**董事会不能履行或者不履行召集股东会会议职责的,由监事会召集和主持;监事会不召集和主持的,代表十分之一以上表决权的股东可以自行召集和主持。**

## 条文解读

本条第 1 款是关于董事会或者执行董事召集与主持股东会的情况的规定。首先,股东会会议由董事会召集,董事长主持。其次,董事长不能履行职务或者不履行职务的,由副董事长主持;副董事长不能履行职务或者不履行职务的,由过半数的董事共同推举一名董事主持。

本条第 2 款是关于董事会不能履行召集与主持股东会职责的情况的规定。董事会不能履行或者不履行召集股东会会议职责的,由监事会召集和主持;监事会不召集和主持的,代表 1/10 以上表决权的股东可以自行召集和主持。

值得注意的是,召集和主持股东会会议的主体有一定的顺序,这个顺序是:董事长—副董事长—共同推举的董事—监事会—代表 1/10 以上表决权的股东。只有前一顺序的主体不履行或是不能履行该职责时,下一顺序的主体才可以召集和主持。

举例来说,如果代表 1/10 以上表决权的股东想要召开临时股东会,则必须先向董事会提议,由董事会召集。如果董事会拒绝召集,则可以向监事会提议,由监事会召集。如果监事会拒绝,代表 1/10 以上表决权的股东才可以自行召集。否则,临时股东会将有可能因违反《公司法》的程序性规定而导致所作出的决议被撤销。

**第六十四条　【召开股东会会议通知期限和会议记录】召开股东会会议,应当于会议召开十五日前通知全体股东;但是,公司章程另有规定或者全体股东另有约定的除外。**

**股东会应当对所议事项的决定作成会议记录,出席会议的股东应当在会议记录上签名或者盖章。**

**条文解读**

本条是关于召开股东会会议通知期限和会议记录的规定。由于公司股东会讨论的问题一般均涉及公司的重大事项,因而必须让股东在开会之前有所准备。按照法律规定,应当在会议召开 15 日前通知全体股东,通知主体应当是召集股东会的主体。但是,公司章程或者全体股东也可以另行约定不采取这种方式通知。

按照本条第 2 款的规定,股东会所议事项的决定应当以会议记录的形式作出,并且由出席会议的股东在会议记录上签名或者盖章。签名或者盖章后,股东会会议记录便产生法律效力。

**第六十五条　【股东表决权】股东会会议由股东按照出资比例行使表决权;但是,公司章程另有规定的除外。**

**条文解读**

本条是关于股东表决权的规定。关于股东会的表决基础,《公司法》原则上以认缴的出资比例为基数,但是公司章程可以作出其他方式的规定,如按照人头表决,按照实缴出资比例,或者创始人拥有更多表决权等。

**第六十六条　【股东会议事方式和表决程序】股东会的议事方式和表决程序,除本法有规定的外,由公司章程规定。**

**股东会作出决议，应当经代表过半数表决权的股东通过。**

**股东会作出修改公司章程、增加或者减少注册资本的决议，以及公司合并、分立、解散或者变更公司形式的决议，应当经代表三分之二以上表决权的股东通过。**

## 条文解读

本条是关于股东会议事方式和表决程序的规定。按照本条第1款的规定，股东会普通事项的议事方式和表决程序，由公司章程规定。但是，2023年修订的《公司法》在本条第2款规定了一个限制性规定，即股东会会议作出决议应当经代表过半数表决权的股东通过。《公司法》第65条规定，股东会会议由股东按照出资比例行使表决权；但是，公司章程另有规定的除外。也就是说，除非公司章程另有规定，股东会决议必须依据资本多数决的原则进行。假设某公司有10个股东，其中9个股东代表了公司10%的表决权，另一个股东代表了90%的表决权，只要这个股东没有同意，其他9个股东也不能作出有效决议。

本条第3款是关于公司特别事项决议的规定。这些特别事项包括：(1)修改公司章程；(2)增加或者减少注册资本；(3)公司合并、分立、解散；(4)变更公司形式。对于上述事项，公司不得在公司章程中规定其他的议事方式和表决程序，而只能由代表2/3以上表决权的股东通过。本款规定如果反过来思考，则一个股东如果控制了一个公司1/3以上的表决权，那么他对“修改公司章程、增加或者减少注册资本的决议，以及公司合并、分立、解散或者变更公司形式的决议”就有一票否决权。

如果违反本条第2、3款规定的表决权数，按照《公司法》第27条第4项“同意决议事项的人数或者所持表决权数未达到本法或者公司章程规定的人数或者所持表决权数”的规定，股东会决议不成立。

**第六十七条　【董事会的设置及职权】有限责任公司设董事会，本法第七十五条另有规定的除外。**

**董事会行使下列职权：**

**(一)召集股东会会议，并向股东会报告工作；**

**(二)执行股东会的决议；**

**(三)决定公司的经营计划和投资方案；**

（四）制订公司的利润分配方案和弥补亏损方案；

（五）制订公司增加或者减少注册资本以及发行公司债券的方案；

（六）制订公司合并、分立、解散或者变更公司形式的方案；

（七）决定公司内部管理机构的设置；

（八）决定聘任或者解聘公司经理及其报酬事项，并根据经理的提名决定聘任或者解聘公司副经理、财务负责人及其报酬事项；

（九）制定公司的基本管理制度；

（十）公司章程规定或者股东会授予的其他职权。

公司章程对董事会职权的限制不得对抗善意相对人。

## 条文解读

本条是关于有限责任公司董事会的设置及职权的规定。按照本条第 1 款规定，有限责任公司应当设立董事会。但是规模较小或者股东人数较少的有限责任公司，可以不设董事会，设一名董事。原《公司法》称之为“执行董事”，其职权由公司章程规定，2023 年修订的《公司法》则称为“董事”，其职权与董事会相同。

本条第 2 款规定了董事会的职权。区别于股东会的“决定”职权，董事会的主要职权是“制订”，当然也不仅限于此。与原《公司法》相比，董事会的职权并不限于以往理解的“执行机构”，因为在设置审计委员会的公司，董事会的职权就涵盖了监事会的职权。在获得股东会授权决定公司发行债券的情况下，它又获得了股东会的部分职权。总体来说，董事会的职权包括以下几个方面：

（1）召集股东会会议，向股东会汇报工作，执行股东会的决议。

（2）制订公司的利润分配方案和弥补亏损方案，制订公司增加或者减少注册资本以及发行公司债券的方案，制订公司合并、分立、解散或者变更公司形式的方案。

（3）决定公司的经营计划和投资方案，决定公司内部管理机构的设置，决定聘任或者解聘公司经理及其报酬事项，并根据经理的提名决定聘任或者解聘公司副经理、财务负责人及其报酬事项。

（4）制定公司的基本管理制度。

（5）不设置监事会，而设置董事会审计委员会的公司，董事会行使监事会的职权。

（6）公司章程规定或者股东会授予的其他职权。例如，股东会可以授权董事会对发行公司债券作出决议。

本条第3款规定,公司章程对董事会职权的限制不得对抗善意相对人。一方面,董事会依据《公司法》的规定行使法定职权,也就是说,《公司法》赋予董事会的职权,公司章程是不能剥夺的。因此,本条第2款规定的董事会职权不能受到公司章程的限制。另一方面,有的情况下公司章程可以授权董事会行使股东会的职权,但是又对该职权进行了一定的限制,在此种情况下,则属于本条第3款规定的"公司章程对董事会职权的限制不得对抗善意相对人"。

**第六十八条 【有限责任公司董事会及其人员的构成】 有限责任公司董事会成员为三人以上,其成员中可以有公司职工代表。职工人数三百人以上的有限责任公司,除依法设监事会并有公司职工代表的外,其董事会成员中应当有公司职工代表。董事会中的职工代表由公司职工通过职工代表大会、职工大会或者其他形式民主选举产生。**

**董事会设董事长一人,可以设副董事长。董事长、副董事长的产生办法由公司章程规定。**

## 条文解读

本条是关于董事会及其人员构成的规定。

有限责任公司董事会成员人数为3人以上。2018年《公司法》将其人数上限设定为13人,2023年修订的《公司法》取消了这一限制。董事必须是自然人而不能是法人。

根据2018年《公司法》规定,两个以上的国有企业或者两个以上的其他国有投资主体投资设立的有限责任公司,其董事会成员中应当有公司职工代表。2023年修订的《公司法》不再以公司股东性质为依据,而是以职工人数为依据,要求职工人数300人以上为分界线。职工人数为300人以上的有限责任公司,如果依法设置了监事会,并且监事会中有职工代表,则可以不产生职工代表董事。否则,该公司董事会成员中应当有公司职工代表。公司董事会成员中的职工代表可以成为审计委员会成员。董事会中的职工代表由公司职工通过职工代表大会、职工大会或者其他形式民主选举产生。无论是国有公司还是民营公司、外资公司,如果职工人数达到一定规模,都必须在监事会或董事会中有职工代表的席位。2023年修订的《公司法》在制度设计上增强了企业的民主管理。

本条第 2 款规定了董事长和副董事长的具体产生办法。本款规定,董事会设董事长 1 人,可以设副董事长。董事长、副董事长的产生办法由公司章程规定。

**第六十九条　【有限责任公司审计委员会】** 有限责任公司可以按照公司章程的规定在董事会中设置由董事组成的审计委员会,行使本法规定的监事会的职权,不设监事会或者监事。公司董事会成员中的职工代表可以成为审计委员会成员。

## 条文解读

本条规定是 2023 年修订的《公司法》对公司治理结构的一项重要改革。其基本的思路是有限责任公司可以通过设置审计委员会代替监事会。《公司法(修订草案)》中规定,在董事会中设置由董事组成的审计委员会,负责对公司财务、会计进行监督,并行使公司章程规定的其他职权。在董事会中设审计委员会的有限责任公司,可以不设监事会或者监事。由此可见,修订草案的规定还比较保守,审计委员会只是负责部分监事会的职权,并且设置审计委员会的公司只是可以不设置监事会。

按照本条规定,有限责任公司设置审计委员会,应当由公司章程作出规定。审计委员会的成员,必须是董事,也就是公司董事会中的董事组成审计委员会。审计委员会的职权是《公司法》规定的有限责任公司监事会的职权。已经设置了审计委员会的有限责任公司,不再设置监事会或者监事。

与《公司法(修订草案)》相比,本条还增加规定了公司董事会成员中的职工代表可以成为审计委员会成员。该规定更有利于明确职工董事的定位,有利于加强公司的民主管理。

**第七十条　【董事的任期与辞任】** 董事任期由公司章程规定,但每届任期不得超过三年。董事任期届满,连选可以连任。

**董事任期届满未及时改选,或者董事在任期内辞任导致董事会成员低于法定人数的,在改选出的董事就任前,原董事仍应当依照法律、行政法规和公司章程的规定,履行董事职务。**

**董事辞任的,应当以书面形式通知公司,公司收到通知之日辞任生效,但存在前款规定情形的,董事应当继续履行职务。**

## 条文解读

本条是关于董事的任期与辞任的规定。董事的任期由公司章程规定,但是每届任期不得超过3年。董事任期届满,可以连选连任。这样的规定保证了每位董事每3年必须接受一次股东会的选举,进而实现了对董事的监督。

本条第2款规定,董事任期届满未及时改选,或者董事在任期内辞任导致董事会成员低于法定人数的,在改选出的董事就任前,原董事仍应当依照法律、行政法规和公司章程的规定,履行董事职务。这样的规定保证了董事会不会因为人事空缺而陷入瘫痪。董事任期可以采取所谓的交叉制。如果公司采取交叉任期制,董事的改选可以交叉进行。举例来说,董事任期为3年,每年重新选举其中的1/3;或者董事任期为2年,每年改选其中的一半。采用交叉制的表面理由是可以维持董事会管理经验的持续性,但真正的原因有二:一是阻止累积投票,二是防止敌意收购。如果公司拟对董事任期采用交叉制,则需要由公司章程明文规定。

本条第3款规定,董事辞任的,应当以书面形式通知公司,公司收到通知之日辞任生效,但存在任期届满未及时改选,或者董事在任期内辞任导致董事会成员低于法定人数情形的,董事应当继续履行职务。担任法定代表人的董事辞任的,视为同时辞去法定代表人。

关于对董事的解任问题。我国《公司法》并没有清晰界定公司与董事之间的法律关系。按照目前我国学界和司法实务中的通说,公司与董事之间应当为委托的法律关系。按照《民法典》第933条的规定,委托人或者受托人可以随时解除委托合同。鉴于此,在董事任期届满前,股东会可以通过有效决议解除董事职务,即解除委托合同。同时,如果董事辞任给公司造成损失的,公司可以依据《民法典》第933条请求赔偿。

公司董事、监事、经理等高级管理人员,作为公司机关的成员,其行为受到《公司法》调整。这里主要是指高级管理人员所应尽的义务和承担的责任。同时,高级管理人员也可能同时与公司之间存在劳动关系。高级管理人员辞任或解任,并不影响其与公司之间的劳动关系。

**第七十一条 【董事无因解任】** 股东会可以决议解任董事,决议作出之日解任生效。

无正当理由,在任期届满前解任董事的,该董事可以要求公司予以赔偿。

**条文解读**

2018年《公司法》对解任董事并无规定。《公司法司法解释(五)》第3条第2款规定,董事职务被解除后,因补偿与公司发生纠纷提起诉讼的,人民法院应当依据法律、行政法规、公司章程的规定或者合同的约定,综合考虑解除的原因、剩余任期、董事薪酬等因素,确定是否补偿以及补偿的合理数额。2023年修订的《公司法》首先肯定了股东会解任董事的无因性,即股东会在不需要理由的前提下可以通过股东会随时解任董事,决议作出之日解任生效。

股东会解除董事职务不需要理由,这是解任无因性的表现。但是,为了避免公司的控股股东滥用权利,本条第2款还规定无正当理由在任期届满前解任董事的,该董事可以要求公司予以赔偿。相较于前述司法解释,公司对被无理由解任的董事,由"补偿"变为"赔偿"。补偿具有不确定性,而赔偿则是按照损害赔偿的原则进行的,即填补董事因被解任而遭受的损害。

**第七十二条　【董事会会议的召集和主持】董事会会议由董事长召集和主持;董事长不能履行职务或者不履行职务的,由副董事长召集和主持;副董事长不能履行职务或者不履行职务的,由过半数的董事共同推举一名董事召集和主持。**

**条文解读**

本条是关于董事会会议的召集和主持的规定。首先,董事会会议由董事长召集和主持。其次,董事长不能履行职务或者不履行职务的,由副董事长召集和主持。最后,副董事长不能履行职务或者不履行职务的,由过半数的董事共同推举一名董事召集和主持。

**第七十三条　【董事会议事方式和表决程序】董事会的议事方式和表决程序,除本法有规定的外,由公司章程规定。**

**董事会会议应当有过半数的董事出席方可举行。董事会作出决议,应当经全体董事的过半数通过。**

**董事会决议的表决，应当一人一票。**

**董事会应当对所议事项的决定作成会议记录，出席会议的董事应当在会议记录上签名。**

## 条文解读

本条是关于有限责任公司董事会议事方式和表决程序的规定。与股东会一样，董事会的议事方式和表决程序也是除本法规定以外都由公司章程规定。但是本条第2款对此作出了一项限制性规定，即董事会会议应当有过半数的董事出席方可举行。董事会作出决议，应当经全体董事的过半数通过。如果违反本条第2款规定，按照《公司法》第27条第3项“出席会议的人数或者所持表决权数未达到本法或者公司章程规定的人数或者所持表决权数”、第4项“同意决议事项的人数或者所持表决权数未达到本法或者公司章程规定的人数或者所持表决权数”的规定，董事会决议不成立。

本条第3款是关于董事会会议的表决权基础的规定。董事会表决权不是按照出资比例而是按照人数，一人一票，即所谓的“人头主义”，这是区别于股东会的地方。

本条第4款特别要求董事会要对所议事项的决定制定会议记录，所有出席会议的董事都要在上面签字以表示自己对于决议的同意。这是为了强化股东会对董事会的监督。董事会作为经营决策机构，其直接向股东会负责，就是通过出席董事会的董事对所作决议承担责任来具体实现的。《公司法》第125条第2款规定，股份有限公司董事应当对董事会的决议承担责任。董事会的决议违反法律、行政法规或者公司章程、股东会决议，给公司造成严重损失的，参与决议的董事对公司负赔偿责任；经证明在表决时曾表明异议并记载于会议记录的，该董事可以免除责任。但是关于有限责任公司，《公司法》没有明确的规定。可以类推适用股份有限公司的该条规定于有限责任公司的情形，即如果决议内容违反法律、法规或者公司章程，给公司带来损害，签字表示支持的董事就要对此承担赔偿责任。当然，出席会议对决议表示异议并记载于会议记录的董事，可免除赔偿责任。

**第七十四条　【有限责任公司经理的设置和职权】有限责任公司可以设经理，由董事会决定聘任或者解聘。**

**经理对董事会负责，根据公司章程的规定或者董事会的授权行使职权。经理列席董事会会议。**

## 条文解读

本条是关于有限责任公司经理的设置和职权的规定。公司经理不是公司的必设机构，有限责任公司可以设经理，也可以不设经理。公司经理由董事决定聘任或者解聘，并且经理对董事会负责。从司法案例来看，公司董事会作出决议解聘总经理职务，并不因其是否尽职，亦不因其解聘理由是否属实而否定解聘决议的效力。[1]

2023年修订的《公司法》中没有具体列举公司经理的职权，而是规定经理对董事会负责，根据公司章程的规定或者董事会的授权行使职权。实际上，公司经理的主要职权包括以下几个方面：第一，主持公司的生产经营管理工作，组织实施董事会决议；组织实施公司年度经营计划和投资方案。第二，拟订公司内部管理机构设置方案；拟定公司的基本管理制度；提请聘任或者解聘公司副经理、财务负责人。第三，制定公司的具体规章；决定聘任或者解聘除应由董事会决定聘任或者解聘以外的负责管理人员。第四，经理的其他职权来自两个方面：一是董事会授予的其他职权；二是公司章程授予的其他职权。

本条第2款规定了公司经理必须列席董事会会议。2018年《公司法》将其规定在第3款，2023年修订的《公司法》将其合并规定在第2款，可以看出经理列席董事会既是经理的权利，也是经理的义务。

值得注意的是，公司经理是否有对外代表公司的权利？首先，如果公司经理同时担任公司的法定代表人，则公司经理拥有对外代表公司的权利。其次，如果经理不是法定代表人的情况下，《民法典》第170条第1款规定："执行法人或者非法人组织工作任务的人员，就其职权范围内的事项，以法人或者非法人组织的名义实施的民事法律行为，对法人或者非法人组织发生效力。"按照该条规定，经理可以拥有职务代理权，可以按照其职权作为公司的代理人。

**第七十五条 【董事会设置例外】 规模较小或者股东人数较少的有限责任公司，可以不设董事会，设一名董事，行使本法规定的董事会的职权。该董事可以兼任公司经理。**

---

〔1〕 参见"李某军诉上海中南环保科技有限公司董事会决议效力确认案"，上海市第一中级人民法院(2010)沪一民四(商)终字第852号民事判决书。

## 条文解读

2018年《公司法》第50条第1款规定："股东人数较少或者规模较小的有限责任公司，可以设一名执行董事，不设董事会。执行董事可以兼任公司经理。"从变化中我们可以看出，2023年修订的《公司法》不再将其称为"执行董事"，而是称为"董事"。这是因为，"执行董事"具有多重含义，我们通常理解为除了参加董事会，还执行公司事务职权的董事也会被称为"执行董事"。为了避免误解，2023年《公司法》的规定有了变化。值得注意的是，不设置董事会的有限责任公司，只能设一名董事。当然，规模较小或者股东人数较少的有限责任公司，也可以选择设置董事会。

不设置董事会的有限责任公司，其董事的职权，2018年《公司法》第50条第2款规定"由公司章程规定"。2023年修订的《公司法》规定该董事行使董事会的职权。将此类董事的职权法定化，有益于强化董事对公司的管理与尽责。同时，本条还规定，该董事可以兼任公司经理。由于《公司法》第10条第1款规定，"公司的法定代表人按照公司章程的规定，由代表公司执行公司事务的董事或者经理担任"，在规模较小或者股东人数较少且不设置董事会的有限责任公司，如果所设立的董事同时兼任公司经理，那么这名董事一定也同时是法定代表人。

**第七十六条 【有限责任公司监事会的设立与组成】有限责任公司设监事会，本法第六十九条、第八十三条另有规定的除外。**

**监事会成员为三人以上。监事会成员应当包括股东代表和适当比例的公司职工代表，其中职工代表的比例不得低于三分之一，具体比例由公司章程规定。监事会中的职工代表由公司职工通过职工代表大会、职工大会或者其他形式民主选举产生。**

**监事会设主席一人，由全体监事过半数选举产生。监事会主席召集和主持监事会会议；监事会主席不能履行职务或者不履行职务的，由过半数的监事共同推举一名监事召集和主持监事会会议。**

**董事、高级管理人员不得兼任监事。**

## 条文解读

本条是关于有限责任公司监事会的设立与组成的规定。

本条第 1 款规定,有限责任公司应当设监事会,但有三种例外情况:一是在董事会中设置审计委员会的有限责任公司,不再另设监事会;二是规模较小或者股东人数较少的有限责任公司,可以不设监事会,设一名监事,行使监事会的职权;三是经全体股东一致同意,也可以不设监事。

本条第 2 款规定了监事会的组成。有限责任公司如果设立监事会,则必须在 3 人以上。监事必须是自然人而不能是法人。监事会成员分为三类:股东代表、职工代表以及其他人员。公司监事会中必须包含股东代表和职工代表。其中,职工代表的比例不得低于 1/3,以体现公司的民主性,维护广大职工的利益。举例来说,如果监事会有监事 3 人,则最少有 1 名职工代表监事。如果监事会有 5 名监事,则最少有 2 名职工代表监事。公司章程可在这个基础上具体规定职工代表监事的比例。监事会中的职工代表由公司职工通过职工代表大会、职工大会或者其他形式民主选举产生。根据《公司法》第 68 条的规定,职工人数 300 人以上的有限责任公司,除依法设监事会并有公司职工代表的外,其董事会成员中应当有公司职工代表。也就是说,如果公司设置监事会并且监事会成员中有职工代表,董事会中可以没有职工代表。但是,即便该类公司董事会中已经有了职工代表,但只要设置了监事会,监事会中就应当有职工代表。

本条第 3 款规定了监事会会议的召集和主持。首先,监事会设主席 1 人,由全体监事过半数选举产生,而董事长的产生由公司章程规定。其次,监事会主席的职责是召集和主持监事会会议。最后,监事会主席不能履行职务或者不履行职务的,由过半数的监事共同推举一名监事召集和主持监事会会议。

本条第 4 款规定了监事的消极资格。监事会作为公司的专门监督机构,公司的董事以及经理等高级管理人员就是他的监督对象,如果他们有机会成为监事,那么很可能会为私利而使监督空有其名,不利于公司利益。所以法律特别强调董事、高级管理人员不得兼任监事,如果出现兼职的情况,则监事职责和监督行为无效。

**第七十七条 【监事的任期】监事的任期每届为三年。监事任期届满,连选可以连任。**

**监事任期届满未及时改选,或者监事在任期内辞任导致监事会成员低于法定人数的,在改选出的监事就任前,原监事仍应当依照法律、行政法规和公司章程的规定,履行监事职务。**

## 条文解读

本条是关于监事的任职期限的规定。监事的任期每届为3年。监事任期届满,连选可以连任。由此可见,监事任期为法定3年,而董事任期由公司章程规定,每届任期不得超过3年。

本条第2款规定了监事的延期履职义务。法律规定,监事任期届满未及时改选,或者监事在任期内辞任导致监事会成员低于法定人数的,在改选出的监事就任前,原监事仍应当依照法律、行政法规和公司章程的规定,履行监事职务。

**第七十八条 【监事会职权】监事会行使下列职权:**

**(一)检查公司财务;**

**(二)对董事、高级管理人员执行职务的行为进行监督,对违反法律、行政法规、公司章程或者股东会决议的董事、高级管理人员提出解任的建议;**

**(三)当董事、高级管理人员的行为损害公司的利益时,要求董事、高级管理人员予以纠正;**

**(四)提议召开临时股东会会议,在董事会不履行本法规定的召集和主持股东会会议职责时召集和主持股东会会议;**

**(五)向股东会会议提出提案;**

**(六)依照本法第一百八十九条的规定,对董事、高级管理人员提起诉讼;**

**(七)公司章程规定的其他职权。**

## 条文解读

本条是关于监事会职权的规定。由于不设监事会的监事行使的职权与监事会一致,所以本条规定也适用于不设监事会的有限责任公司监事的职权。根据《公司法》第69条的规定,有限责任公司可以按照公司章程的规定在董事会中设置由董事组成的审计委员会,行使《公司法》规定的监事会的职权,不设监事会或者监事。根据《公司法》第131条规定,有限责任公司监事会职权的规定适用于股份有限公司监事会。因此,本条规定的适用范围包括有限责任公司的监事会、不设监事会公司的监事、董事会审计委员会,以及股份有限公司的监事会、不设监事会的监事、董事会审计委员会。

对于设立监事会的公司,监事会整体行使职权。监事会或不设监事会的公司的监事作为公司三大机构中的监督机构,负责监督公司业务执行状况和财务状况,监督对象是董事、高级管理人员。所以法律赋予其检查财务,防范、纠正董事、高级管理人员的不当行为,就其监督事宜向股东会会议提出提案的权利。如果董事会不履行召集、主持股东会会议的职责,则监事会、不设监事会的公司的监事可以代行其权,召集主持股东会会议,以实现有效监督。在特定情况下,监事会、不设监事会的公司的监事还有权对董事、高级管理人员提出解任建议甚至是诉讼,从而有效约束董事、高级管理人员的职权行为,维护股东们和公司的整体利益。

**监事会与监事的职权**

(一)实体性职权

实体性职权包括财务监察和业务监察。《公司法》第78条第1项即是对财务监察的规定,即"检查公司财务"。业务监察是指监事会有权对公司业务进行实时监督,对董事、高级管理人员执行公司职务的行为进行实时监督等。《公司法》第78条第2项和第3项就是此规定,即"(二)对董事、高级管理人员执行职务的行为进行监督,对违反法律、行政法规、公司章程或者股东会决议的董事、高级管理人员提出解任的建议;(三)当董事、高级管理人员的行为损害公司的利益时,要求董事、高级管理人员予以纠正"。

(二)程序性职权

1.提议召开股东会会议权

《公司法》第78条第4项规定:"提议召开临时股东会会议,在董事会不履行本法规定的召集和主持股东会会议职责时召集和主持股东会会议。"

2.股东会提案权

《公司法》第78条第5项规定:"向股东会会议提出提案。"

3.公司经营情况调查权

《公司法》第79条第2款规定:"监事会发现公司经营情况异常,可以进行调查;必要时,可以聘请会计师事务所等协助其工作,费用由公司承担。"第80条第2款规定:"董事、高级管理人员应当如实向监事会提供有关情况和资料,不得妨碍监事会或者监事行使职权。"

4.诉讼提起权

《公司法》第78条第6项规定,依照《公司法》第189条的规定,对董事、高级管理人员提起诉讼。《公司法》第189条第1款规定:"董事、高级管理人员有前条规定的情形的,有限责任公司的股东、股份有限公司连续一百八十日以上单独或者合计持有公司百分之一以上股份的股东,可以书面请求监事会向人民法院提起诉讼……”

(三)监事的职权

《公司法》第 79 条第 1 款规定:“监事可以列席董事会会议,并对董事会决议事项提出质询或者建议。”

**第七十九条 【监事的质询建议权与调查权】监事可以列席董事会会议,并对董事会决议事项提出质询或者建议。**

**监事会发现公司经营情况异常,可以进行调查;必要时,可以聘请会计师事务所等协助其工作,费用由公司承担。**

## 条文解读

本条是关于监事的质询建议权与调查权的规定。

本条第 1 款规定了监事单独可以行使的职权,即列席董事会会议,并对董事会决议事项提出质询或者建议。

本条第 2 款规定了监事会的调查权。调查权是独立的,不需要事先经过同意。监事会还有权聘请会计师事务所协助其工作,并要求公司承担费用。

本条规定也适用于股份有限公司监事会。

**第八十条 【董事、高级管理人员协助监事会工作】监事会可以要求董事、高级管理人员提交执行职务的报告。**

**董事、高级管理人员应当如实向监事会提供有关情况和资料,不得妨碍监事会或者监事行使职权。**

## 条文解读

2018 年《公司法》第 150 条第 2 款规定,董事、高级管理人员应当如实向监事会或者不设监事会的有限责任公司的监事提供有关情况和资料,不得妨碍监事会或者监事行使职权。2023 年修订的《公司法》在基本保留这一规定之外,删除了该款中“或者不设监事会的有限责任公司的监事”,并增加了本条第 1 款,即监事会可以要求董事、高级管理人员提交执行职务的报告。新增的规定赋予监事会主动履职的权力,扩大了监事会的职权,有利于监事会行使监督权,完善公司治理结构。同时,按照本条第 2 款规定,如果监事会对董事、高级管理人员进行调查,董事、高级管理人员应当如实向他们提供有关情况和资料,不得妨碍监事会或者监事行使职权。本条规定强化了公司监事会的职权,有利于优化公司治理结构。

本条规定也适用于股份有限公司监事会。

**第八十一条　【监事会的议事方式和表决程序】监事会每年度至少召开一次会议,监事可以提议召开临时监事会会议。**

**监事会的议事方式和表决程序,除本法有规定的外,由公司章程规定。**

**监事会决议应当经全体监事的过半数通过。**

**监事会决议的表决,应当一人一票。**

**监事会应当对所议事项的决定作成会议记录,出席会议的监事应当在会议记录上签名。**

## 条文解读

本条第 1 款是关于监事会会议的召开的规定。监事会会议必须每年度至少召开一次,以防止监事会形同虚设。遇到临时重要情况时,监事可以提议召开临时监事会会议。

本条第 2 款和第 3 款规定了监事会的议事方式和表决程序,应当注意以下两点:第一,监事会的议事方式和表决程序由公司章程规定。第二,法律规定的情况是,监事会决议应当经半数以上监事通过。值得注意的是,此处不是出席会议的监事的半数,而是所有监事的半数通过。本条第 4 款规定,监事会决议的表决,应当一人一票。

本条第 5 款规定了监事会决议的形式,即监事会决议以监事会会议记录的方式作出,出席会议的监事应当在会议记录上签名。这里的“签名”将成为将来承担法律责任的证据,因而十分重要。

**第八十二条　【监督费用承担】监事会行使职权所必需的费用,由公司承担。**

## 条文解读

本条是关于监事行使职权费用承担的规定。监事会行使职权所必需的费用，由公司承担。这些费用包括检查、调查的费用，召开监事会会议的费用，列席各种会议的费用，提起诉讼的费用等。除此之外，为了保障监事履职，其报酬和日常费用也由公司承担。当然，如果所花费的费用与监事行使职权无关，公司也有权拒绝承担。

**第八十三条　【监事会设置例外】规模较小或者股东人数较少的有限责任公司，可以不设监事会，设一名监事，行使本法规定的监事会的职权；经全体股东一致同意，也可以不设监事。**

## 条文解读

本条是关于监事会设置例外的规定。

对于有限责任公司的监督机构，2023 年修订的《公司法》给予了更多的选择。第一，公司可以选择董事会、监事会并行的结构。第二，公司可以选择不设监事会，在公司董事会中设置审计委员会。第三，规模较小或者股东人数较少的有限责任公司，可以不设监事会，设一名监事。以上三种情况下，公司机构中都还有行使监事会职权的机构。第四，规模较小或者股东人数较少的有限责任公司，经全体股东一致同意，也可以不设监事。在这种情况下，有限责任公司中行使公司监督职权的机构就不存在了。

# 第四章　有限责任公司的股权转让

**第八十四条　【股权转让的基本程序】** 有限责任公司的股东之间可以相互转让其全部或者部分股权。

股东向股东以外的人转让股权的，应当将股权转让的数量、价格、支付方式和期限等事项书面通知其他股东，其他股东在同等条件下有优先购买权。股东自接到书面通知之日起三十日内未答复的，视为放弃优先购买权。两个以上股东行使优先购买权的，协商确定各自的购买比例；协商不成的，按照转让时各自的出资比例行使优先购买权。

公司章程对股权转让另有规定的，从其规定。

## 条文解读

本条是关于有限责任公司股权转让基本程序的规定。首先，有限责任公司的股东之间可以相互转让其全部或者部分股权。如果公司章程没有不同的规定，则适用《公司法》的相关规定，但是公司章程可以自行规定排除本条的适用。其次，股权转让包括两种，股东之间转让和股东向公司外的人转让。

本条第 2 款规定了股东向本公司股东以外的人转让股权的程序：第一，股东向本公司股东以外的人转让股权，首先将股权转让的数量、价格、支付方式和期限等事项书面通知其他股东，其他股东在同等条件下有优先购买权。2023 年修订的《公司法》取消了 2018 年《公司法》“应当经其他股东过半数同意”的规定，只保留了其他股东的优先购买权。第二，股东自接到书面通知之日起 30 日内未答复的，视为放弃优先购买权。“视为”即法律对股东沉默的拟制，也就是不可推翻地认定其他股东已经作出放弃优先购买权的意思表示。第三，如果是两个以上股东主张行使优先购买权，则协商确定比例，协商不成的，按照转让时对公司的出资比例行使优先购买权。总体而言，2023 年修订的《公司法》将股东对外转让股权由 2018 年《公司法》的征得其他股东同意与优先购买权两个步骤简化为优先购买权一个步骤。有限责任公司股东对外转让股权的限制被压缩，有限责任公司的人合性被弱化，有限责任公司与股份有限公司进一步趋同。

股东行使优先购买权的前提是转让股权的股东通过交易转让给公司股东以外的人,一方面,公司股东之间相互转让股权的,无须经过股东会决议程序,不涉及其他股东的优先购买权问题;[1]另一方面,因继承方式取得股权的,不能行使优先购买权。因此,有限责任公司的自然人股东因继承发生变化时,其他股东不得行使优先购买权,但公司章程另有规定或者全体股东另有约定的除外。此外,行使优先购买权的另一个前提是,拟出让股东与股东以外的人已经就股权转让达成合意,该合意不仅包括对外转让的意思表示,还应包括价款数额、付款时间、付款方式等在内的完整对价。[2]

在判断是否符合“同等条件”时,应当考虑转让股权的数量、价格、支付方式及期限等因素。具体来说,出让股权的条件应由出让股权的股东确定,如果出让股权的股东认为股权整体出让能实现利益最大化,那么股权整体受让也是整体条件之一。主张优先购买权的股权应以出让人确定的同等条件受让股权,如有异议应视为放弃优先购买权。[3] 此外,如果出让股东与受让人约定的投资、业务合作、债务承担等条件,也应认定为主要条件。[4]

按照《九民纪要》第9条的规定,为保护股东以外的股权受让人的合法权益,股权转让合同如无其他影响合同效力的事由,应当认定有效。其他股东行使优先购买权的,虽然股东以外的股权受让人关于继续履行股权转让合同的请求不能得到支持,但不影响其依约请求转让股东承担相应的违约责任。

股权转让属于股东对自身权利的处分,应当尊重股东的意思自治,因此,本条第3款规定,公司章程对公司股权转让另有规定的,从其规定。

本条规定了股东转让股权的法律条件和程序。实践中还存在股东质押股权的情况。股权质押是指股东将股权出质,当债务人不能偿还到期债务时,质权人(债权人)有权就股权优先受偿。股权出质登记的申请人为出质人和质权人。到登记机关办理股权出质登记和领取有关通知书的可以是出质人和质权人,也可以是其指定的具有相关权限的代表人或者代理人。这里的登记仅指有限责任公司、非上市股份有限公司的股东的股权出质。上市公司股权质押适用中国证监会的其他规定。

---

〔1〕 参见“林某灼与林某儒、福建鑫海冶金有限公司等股权转让纠纷案”,最高人民法院(2015)民二终字第176号民事判决书。

〔2〕 参见“丁某明等与瞿斐建优先认购权纠纷案”,最高人民法院(2012)民抗字第31号民事判决书。

〔3〕 参见“蔡某山与钟某国股权转让纠纷案”,江苏省南京市中级人民法院(2014)宁商终字第610号民事判决书。

〔4〕 参见“杨A、梁A与上海气门厂有限公司等股权转让纠纷案”,上海市第二中级人民法院(2012)沪二中民四(商)终字第16号民事判决书。

**第八十五条　【强制执行程序下的股权转让】** 人民法院依照法律规定的强制执行程序转让股东的股权时，应当通知公司及全体股东，其他股东在同等条件下有优先购买权。其他股东自人民法院通知之日起满二十日不行使优先购买权的，视为放弃优先购买权。

### 条文解读

本条是关于强制执行程序下股权转让的规定。本条规定，人民法院依照法律规定的强制执行程序转让股东的股权时，应当通知公司及全体股东。强制执行股权时，其他股东没有不同意的权利，但是此时其他股东仍然有同等条件下的优先购买权。其他股东必须自人民法院通知之日起20日内行使优先购买权，否则视为放弃优先购买权。也就是说，在强制执行程序转让股权时，留给股东考虑的时间要少于股东协议转让股权时的30日时间。

**第八十六条　【股权转让变更登记及救济】** 股东转让股权的，应当书面通知公司，请求变更股东名册；需要办理变更登记的，并请求公司向公司登记机关办理变更登记。公司拒绝或者在合理期限内不予答复的，转让人、受让人可以依法向人民法院提起诉讼。

股权转让的，受让人自记载于股东名册时起可以向公司主张行使股东权利。

### 条文解读

本条是关于股东转让变更登记及救济的规定。《公司法》第56条第2款规定，记载于股东名册的股东，可以依股东名册主张行使股东权利。股东名册是股东主张行使股东权利的依据。因此，原公司股东转让股权后，应当书面通知公司，请求变更股东名册。而受让人自记载于股东名册时起向公司主张行使股东权利。

《公司法》第32条第1款第6项规定，有限责任公司股东姓名或者名称属于公司登记事项。第34条规定，公司登记事项发生变更的，应当依法办理变更登记。公司登记事项未经登记或者未经变更登记，不得对抗善意相对人。由此可见，股东向公司原股东以外的其他人转让股权时，公司股东的姓名或者名称发生了变化，需要办理变更登记。尽管受让人可以依据股东名册向公司主张行使股东权利，但是未经登记或者未经变更登记,不得对抗善意相对人。

依据本条第1款规定,转让股权的公司股东有义务书面通知公司,请求变更股东名册,需要办理变更登记的,并请求公司向公司登记机关办理变更登记。如果公司拒绝或者在合理期限内不予答复的,转让人、受让人都有权依法向人民法院提起诉讼。

根据本条第2款的规定,股权转让的,受让人自记载于股东名册时起可以向公司主张行使股东权利。这里指的是股权变更后,受让人与公司之间的关系,也就是说,受让人自记载于股东名册时起,公司应当承认他是股东。但是,这并不是股权转让本身生效的时间点。公司股权的转让人和受让人之间,自股权转让协议生效时起,股权转让就应当已经生效。例如,转让人与受让人之间的股权协议已经生效,但公司股东名册还未变更。此时公司向转让人(原股东)派发红利,受让人(新股东)可以依不当得利请求转让返还所派发红利。自受让人记载于股东名册时起,受让人获得对公司的对抗效力;自变更登记时起,受让人以及转让人获得对善意相对人的对抗效力。

**第八十七条 【转让股权后应当履行的手续】依照本法转让股权后,公司应当及时注销原股东的出资证明书,向新股东签发出资证明书,并相应修改公司章程和股东名册中有关股东及其出资额的记载。对公司章程的该项修改不需再由股东会表决。**

## 条文解读

本条是关于有限责任公司股权转让后应当履行的手续的规定。协议转让或是强制执行程序转让股权后,股权转让人就丧失了该部分股权,受让人同时获得相应的股权,所以公司要注销原股东的股权凭证——出资证明书,发给新股东出资证明书,并在公司章程、股东名册中作出相应修改。但是由于对外转让股权已经不要求其他股东同意,而修改公司章程是转让的必然结果,没有必要再经过表决程序。

**第八十八条 【股权转让后转让人和受让人的责任】股东转让已认缴出资但未届出资期限的股权的,由受让人承担缴纳该出资的义务;受让人未按期足额缴纳出资的,转让人对受让人未按期缴纳的出资承担补充责任。**

未按照公司章程规定的出资日期缴纳出资或者作为出资的非货币财产的实际价额显著低于所认缴的出资额的股东转让股权的，转让人与受让人在出资不足的范围内承担连带责任；受让人不知道且不应当知道存在上述情形的，由转让人承担责任。

**条文解读**

本条规定为2023年《公司法》新增加的条款。按照本条第1款规定，股东转让已认缴出资但未届出资期限的股权的，应当由受让人承担缴纳该出资的义务。这是因为，股东出资额及出资期限属于公司章程中规定的事项，受让人应当知道转让人已认缴出资但未届出资期限。同时，《公司法》在某种程度上将转让人作为受让人对履行出资义务的保证人，要求受让人未按期足额缴纳出资的，转让人对受让人未按期缴纳的出资承担补充责任。

本条第1款规定的是已认缴但未届期的股权转让责任，而第2款规定的是有关瑕疵股权转让的责任，即已届期但是未按期足额缴纳出资或者作为出资的非货币财产的实际价额显著低于所认缴的出资额。与未届期认缴出资的股权转让不同，受让人未必对原股东未按期足额缴纳出资或者作为出资的非货币财产的实际价额显著低于所认缴的出资额知情。该款的规定来源是《公司法司法解释（三）》第18条第1款中规定："有限责任公司的股东未履行或者未全面履行出资义务即转让股权，受让人对此知道或者应当知道，公司请求该股东履行出资义务、受让人对此承担连带责任的，人民法院应予支持"。但如果受让人知道或者应当知道存在上述情形的，恶意受让人（知道或者应当知道）就应当在出资不足的范围内与该股东承担连带责任。受让人为善意的（不知道且不应当知道），由转让人承担责任。受让人承担连带责任，当然不意味着原股东就摆脱了责任。

**第八十九条　【有限责任公司异议股东股权回购请求权】**有下列情形之一的，对股东会该项决议投反对票的股东可以请求公司按照合理的价格收购其股权：

（一）公司连续五年不向股东分配利润，而公司该五年连续盈利，并且符合本法规定的分配利润条件；

（二）公司合并、分立、转让主要财产；

（三）公司章程规定的营业期限届满或者章程规定的其他解散事由出现，股东会通过决议修改章程使公司存续。

自股东会决议作出之日起六十日内，股东与公司不能达成股权收购协议的，股东可以自股东会决议作出之日起九十日内向人民法院提起诉讼。

公司的控股股东滥用股东权利，严重损害公司或者其他股东利益的，其他股东有权请求公司按照合理的价格收购其股权。

公司因本条第一款、第三款规定的情形收购的本公司股权，应当在六个月内依法转让或者注销。

## 条文解读

本条是关于有限责任公司异议股东股权回购请求权的规定，有以下几个方面值得关注：

第一，按照《公司法》的规定，股东在出现了法定情形下，产生回购请求权。回购请求权是特定股东享有的民事权利，此特定股东即“对股东会该项决议投反对票的股东”。

第二，异议股东必须对下列决议投反对票：（1）公司连续5年不向股东分配利润，而公司该5年连续盈利，并且符合《公司法》规定的分配利润条件的；（2）公司合并、分立、转让主要财产的；（3）公司章程规定的营业期限届满或者章程规定的其他解散事由出现，股东会通过决议修改章程使公司存续的。此外，值得注意的是，在现实案例中，公司股利分配并不取决于公司是否有可资分配的利润，更为关键的是股利分配方案是否能够得到股东会批准通过。[1]《公司法司法解释（四）》第14条规定：“股东提交载明具体分配方案的股东会或者股东大会的有效决议，请求公司分配利润，公司拒绝分配利润且其关于无法执行决议的抗辩理由不成立的，人民法院应当判决公司按照决议载明的具体分配方案向股东分配利润。”公司股东会享有决定是否分配利润的自主权。[2] 公司长期不分配股利，股东可以按照本条规定要求退出公司。

---

〔1〕 参见“白某章与李某通、福建省兴泰建筑工程有限公司股东权纠纷案”，福建省泉州市中级人民法院（2011）泉民终字第1987号民事判决书。

〔2〕 参见“某投资公司与某物业公司利润分配纠纷案”，广东省高级人民法院（2008）粤高法民二终字第110号民事判决书。

第三,虽然异议股东在符合法律规定的条件下可以行使回购请求权,但是,异议股东行使该项权利必须要和公司达成相关的回购协议,协议的内容包括回购时间、回购方式、回购价格等方面。正如《公司法》规定的"请求公司按照合理的价格收购其股权",合理的价格是需要协商的。

第四,对于协商不成,股东与公司不能达成股权收购协议的,股东可以提起诉讼。按照本条第 2 款的规定,自股东会决议作出之日起 60 日内,股东与公司不能达成股权收购协议的,股东可以自股东会决议作出之日起 90 日内向人民法院提起诉讼。其中,股东与公司不能达成协议的时间被限定在 60 日内。从第 60 日起,股东还有 30 日的时间准备起诉。

第五,2023 年修订的《公司法》增加了本条第 3 款的内容,即学理上所说的"股东压榨之诉"。具体来说,是指公司的控股股东滥用股东权利,严重损害公司或者其他股东利益的,其他股东也有权请求公司按照合理的价格收购其股权。本款就是赋予被控股股东压榨的其他股东退出的权利。但此种情形限定于"公司的控股股东滥用股东权利"。拟退出的股东应当举证证明公司的控股股东滥用股东权利。实际上,对于股东滥用股东权利与欺压的规制,2023 年修订的《公司法》中总体来讲有三个规制手段,一是第 21 条规定:"公司股东应当遵守法律、行政法规和公司章程,依法行使股东权利,不得滥用股东权利损害公司或者其他股东的利益。公司股东滥用股东权利给公司或者其他股东造成损失的,应当承担赔偿责任。"这里涉及的是损害赔偿责任。二是本条规定的被欺压股东的退出权。三是第 231 条规定:"公司经营管理发生严重困难,继续存续会使股东利益受到重大损失,通过其他途径不能解决的,持有公司百分之十以上表决权的股东,可以请求人民法院解散公司。"这三种救济措施是有层次的。控股股东滥用股东权利,侵害公司和其他股东利益的,首先可以要求其赔偿损失。如果这样无法充分救济,其他股东可以请求退出直至请求公司解散。当然,如果其他股东直接请求解散公司,依据本条规定可以使该股东首先获得退出的权利,避免了公司被司法解散。

第六,依据本条第 1 款和第 3 款的规定,异议股东的股权由公司以合理的价格收购。因此,公司成了自己股权的持有人。按照本条第 4 款规定,存在这种情况的,公司应当在 6 个月内将该部分股权依法转让他人或者注销。

**第九十条 【有限责任公司自然人股东的股东资格继承】** 自然人股东死亡后,其合法继承人可以继承股东资格;但是,公司章程另有规定的除外。

## 条文解读

本条是关于股东资格的继承问题的规定。自然人股东死亡后，其合法继承人可以继承股东资格，这种继承是一种当然的继承，在发生股权继承的情况下，继承人只需证明其是被继承人的合法继承人，而被继承人是公司股东即可。这种继承无须公司过半数以上股东的同意。[1]《公司法司法解释（四）》第16条规定，有限责任公司的自然人股东因继承发生变化时，其他股东主张依据《公司法》规定行使优先购买权的，人民法院不予支持，但公司章程另有规定或者全体股东另有约定的除外。

按照本条但书的规定，公司章程可以对股东权利的继承予以排除，在此种情况下，继承人只能获得股权的财产对价。

〔1〕 参见"金某等诉上海维克德钢材有限公司股权确认纠纷案"，上海市第一中级人民法院（2009）沪一中民五（商）终字第7号民事判决书。

# 第五章　股份有限公司的设立和组织机构

## 第一节　设　　立

**第九十一条　【股份有限公司的设立方式】** **设立股份有限公司，可以采取发起设立或者募集设立的方式。**

**发起设立，是指由发起人认购设立公司时应发行的全部股份而设立公司。**

**募集设立，是指由发起人认购设立公司时应发行股份的一部分，其余股份向特定对象募集或者向社会公开募集而设立公司。**

### 条文解读

本条是关于股份有限公司设立方式的规定。

根据股份认购人的范围不同，可以将股份有限公司设立的方式分为发起设立和募集设立：第一，发起设立的，公司发行的全部股份都由发起人认购，不向发起人之外的任何人募集股份。第二，募集设立的，发起人认购以外的公司股份向社会公开募集或者向特定对象募集，这种方式能够从社会上聚集到大量资金。

股份有限公司的这两种设立方式，有不同的设立条件和设立程序。因而《公司法》后面的条款对这两种设立方式的规定也是有所区别的。

募集设立是由发起人首先认购一部分股份（依法不得低于全部注册资本的35%），其余部分由特定对象或社会公众认购的公司设立方式。在这个意义上，募集设立涉及公开发行股票的问题。依据我国《证券法》的规定，公开发行股票必须经中国证监会注册，募集设立中的公开发行股票属于公司首次公开发行股票，适用中国证监会发布的《首次公开发行股票注册管理办法》。按照该办法第10条的规定："发行人是依法设立且持续经营三年以上的股份有限公司，具备健全且运行良好的组织机构，相关机构和人员能够依法履行职责。有限责任公司按原账面净资产值折股整体变更为股份有限公司的，持续经营时间可以从有限责任公司成立之日起计算。"显然，在募集设立过程中,由于公司还没有成立,发行股票的主体不符合上述规定。但是,经国务院批准,有限责任公司在依法变更为股份有限公司时,可以采取募集设立方式公开发行股票。

由此可见,由于我国目前还没有建立募集设立的政策体制,募集设立在实践中几乎不存在。

**第九十二条 【发起人的人数及条件】设立股份有限公司,应当有一人以上二百人以下为发起人,其中应当有半数以上的发起人在中华人民共和国境内有住所。**

## 条文解读

本条是关于设立股份有限公司发起人的人数及条件的规定。无论是发起设立还是募集设立,发起人都应该符合本条的要求:第一,在人数上,发起人必须在1~200人。2023年修订的《公司法》允许一人股份有限公司设立,所以取消了原《公司法》中股份有限公司发起人须在2人以上的规定;另外,《证券法》第9条第2款第2项规定,“向特定对象发行证券累计超过二百人的”为公开发行,因此,发起设立时,发起人在200人以上在《证券法》上构成公开发行,因而也就不能再称为发起设立。第二,在条件上,发起人中须有半数以上在中国境内有住所,中国境内指大陆地区,不含港、澳、台地区。

**第九十三条 【发起人承担公司筹办事务和签订发起人协议】股份有限公司发起人承担公司筹办事务。**

**发起人应当签订发起人协议,明确各自在公司设立过程中的权利和义务。**

## 条文解读

本条是关于发起人承担公司筹办事务和签订发起人协议的规定。

本条第1款规定了股份有限公司发起人的法定职权,即股份有限公司发起人承担公司筹办事务,这既是发起人的权利,也是发起人的义务。就内部关系而言,发起人之间可以认为是一种合伙关系,为设立公司,发起人之间需要订立发起人协议,该种协议属于合伙合同的性质。就发起人行为后果而言,如果公司成立,由发起人取得的权利和利益或者所发生的一切债务或义务可能由公司承继。但是,如果公司不能成立或者公司成立后不予认可，任何由发起人取得的权利和利益或者所发生的一切债务或义务均应由共同发起人共同享有或者承担。

与有限责任公司“可以签订设立协议”不同，股份有限公司发起人“应当签订发起人协议”。发起人协议在发起人之间具有约束力，在公司设立过程中，各个发起人可能承担不同的义务，享有不同的权利，因而必须通过发起人协议明确规定，这既是发起人在设立公司过程中的职责依据，也是日后纠纷解决的基础。

**第九十四条 【股份有限公司章程制订】** 设立股份有限公司，应当由发起人共同制订公司章程。

**条文解读**

设立股份有限公司，需要有公司章程。按照本条的规定，股份有限公司在设立时，应当由发起人共同制订公司章程。章程的制订包括起草、讨论、协商、签署等多个环节。

**第九十五条 【股份有限公司章程法定记载事项】** 股份有限公司章程应当载明下列事项：

（一）公司名称和住所；

（二）公司经营范围；

（三）公司设立方式；

（四）公司注册资本、已发行的股份数和设立时发行的股份数，面额股的每股金额；

（五）发行类别股的，每一类别股的股份数及其权利和义务；

（六）发起人的姓名或者名称、认购的股份数、出资方式；

（七）董事会的组成、职权和议事规则；

（八）公司法定代表人的产生、变更办法；

（九）监事会的组成、职权和议事规则；

（十）公司利润分配办法；

（十一）公司的解散事由与清算办法；

（十二）公司的通知和公告办法；

（十三）股东会认为需要规定的其他事项。

## 条文解读

本条是关于股份有限公司章程法定记载事项的规定。股份有限公司相较于有限责任公司复杂，再加上股份有限公司股份可以自由转让，因而公司章程也应当更加细致规范。除了与有限责任公司相同的部分外，还应该特别注意以下几个方面：第一，公司的设立方式，即公司是发起设立的，还是募集设立的。第二，公司注册资本、已发行的股份数和设立时发行的股份数。与原《公司法》不同的是，2023年《公司法》区分了已发行股份和设立时发行的股份数。由于股份有限公司不仅可以发行面额股，而且可以发行无面额股。发行面额股的，公司章程应当记载每股的金额。第三，2023年《公司法》中规定公司章程中应当记载“发起人的姓名或者名称、认购的股份数、出资方式”，同时取消了原《公司法》中的“出资时间”，这意味着设立股份有限公司出资必须实缴。第四，2023年《公司法》增加了类别股制度。故而，发行类别股的，公司章程应当规定发行类别股的，每一类别股的股份数及其权利和义务。第五，与有限责任公司一样，股份有限公司应当在公司章程中记载法定代表人的产生、变更办法。因此公司变更法定代表人，无须更改公司章程。第六，股份有限公司按照股东所持有的股份比例分配利润，公司章程另有规定的除外。股份有限公司应当在章程中记载公司利润分配办法。第七，公司的解散事由和清算办法。公司的解散事由和清算办法为必要记载事项，以此避免日后的不确定性发生。第八，公司的通知和公告办法。股份有限公司的股东较多，而且相对分散，因此公司的通知和公告办法必须在公司章程中确定。

**第九十六条　【股份有限公司注册资本】** 股份有限公司的注册资本为在公司登记机关登记的已发行股份的股本总额。在发起人认购的股份缴足前，不得向他人募集股份。

法律、行政法规以及国务院决定对股份有限公司注册资本最低限额另有规定的，从其规定。

**条文解读**

本条是关于股份有限责任公司的注册资本的规定。

股份有限公司的资本缴纳制度与有限责任公司的一样,取消了最低注册资本制度。股份有限公司的注册资本为在公司登记机关登记的已发行股份的股本总额。与此不同,有限责任公司的注册资本为在公司登记机关登记的全体股东认缴的出资额。《公司法》第 97 条第 1 款规定,以发起设立方式设立股份有限公司的,发起人应当认足公司章程规定的公司设立时应发行的股份。第 98 条第 1 款规定,发起人应当在公司成立前按照其认购的股份足额缴纳股款。因此,股份有限公司不存在认缴制度,所有已发行的股份都是实缴的。发起人必须在缴足所认购的股份之后,才能向他人募集股份。

本条第 2 款是关于股份有限公司的最低注册资本的特别规定。法律、行政法规以及国务院决定对股份有限公司注册资本最低限额另有规定的,从其规定。例如,按照《证券法》第 121 条的规定,证券公司经营证券经纪业务、证券投资咨询业务以及与证券交易或证券投资活动有关的财务顾问业务的,注册资本最低限额为人民币 5000 万元。经营证券承销与保荐、证券融资融券、证券做市交易、证券自营以及其他证券业务之一的,注册资本最低限额为人民币 1 亿元;经营以上业务中两项以上的,注册资本最低限额为人民币 5 亿元。国务院证券监督管理机构根据审慎监管原则和各项业务的风险程度,可以调整注册资本最低限额,但不得低于前述数额。

**第九十七条 【发起人认购股份】以发起设立方式设立股份有限公司的,发起人应当认足公司章程规定的公司设立时应发行的股份。**

**以募集设立方式设立股份有限公司的,发起人认购的股份不得少于公司章程规定的公司设立时应发行股份总数的百分之三十五;但是,法律、行政法规另有规定的,从其规定。**

**条文解读**

本条第 1 款规定了发起设立的情况下,发起人对股份的认购义务。该款的规定应当结合 2023 年修订的《公司法》有关股份有限公司授权资本制的改革来看。在授权资本制下,按照《公司法》第 152 条第 1 款规定,公司章程或者股东会可以授权董事会在 3

年内决定发行不超过已发行股份50%的股份。但以非货币财产作价出资的应当经股东会决议。董事会可以按照公司的需要在特定时间内、按照特定数量比例发行新股。因此,在股份有限公司不存在分期缴纳的问题,而是由公司章程规定公司设立时发起人应当认足的股份。按照《公司法》第96条第1款中的规定,股份有限公司的注册资本为在公司登记机关登记的已发行股份的股本总额。发起人在公司设立时认购并实际缴纳出资的资本就是公司设立时的注册资本,实际上为实收资本。

本条第2款是关于以募集方式设立股份有限公司的发起人认购股份比例的限制规定。募集设立的股份有限公司的注册资本由两部分组成:一是发起人认购的股份;二是向特定主体或者公众募集的股份。其中,发起人认购的股份不得少于公司设立时应发行股份总数的35%;否则,募集设立的股份有限公司不得成立。《公司法》第96条第1款中同时规定,在发起人认购的股份缴足前,不得向他人募集股份。设定发起人出资比例的底线,是为了提高募集设立的门槛,防止发起人以过低的出资比例套取大量的公众投资。但是,法律、行政法规另有规定的,从其规定。

**第九十八条 【发起人的出资义务】发起人应当在公司成立前按照其认购的股份全额缴纳股款。**

**发起人的出资,适用本法第四十八条、第四十九条第二款关于有限责任公司股东出资的规定。**

## 条文解读

本条第1款是关于发起人货币出资的规定,即发起人应当按照其认购的股份足额缴纳股款。《公司法》第49条第1款规定的有限责任公司"股东应当按期足额缴纳公司章程规定的各自所认缴的出资额",而股份有限公司发起人则是"应当按照其认购的股份全额缴纳股款"。相比之下,股份有限公司股东少了"按期"。因为发起人应当认足公司章程规定的公司设立时应发行的股份,并且应当按照其认购的股份足额缴纳股款,即实缴,不存在分期缴纳以及认缴期限的问题。

本条第2款规定,发起人的出资,适用本法第48条、第49条第2款关于有限责任公司股东出资的规定。即《公司法》第48条规定,股东可以用货币出资,也可以用实物、知识产权、土地使用权、股权、债权等可以用货币估价并可以依法转让的非货币财产作价出资;但是,法律、行政法规规定不得作为出资的财产除外。对作为出资的非货币财产应当评估作价，核实财产，不得高估或者低估作价。法律、行政法规对评估作价有规定的，从其规定。第49条第2款规定，股东以货币出资的，应当将货币出资足额存入有限责任公司在银行开设的账户；以非货币财产出资的，应当依法办理其财产权的转移手续。

**第九十九条　【发起人的连带责任】** 发起人不按照其认购的股份缴纳股款，或者作为出资的非货币财产的实际价额显著低于所认购的股份的，其他发起人与该发起人在出资不足的范围内承担连带责任。

**条文解读**

依法缴纳公司章程中规定其认购的股款是发起人的主要义务之一。这些义务是发起人针对公司的义务。发起人不按照其认购的股份缴纳股款或者作为出资的非货币财产的实际价额显著低于所认购的股份，就是对此义务的违反，应当继续履行缴纳股款以及不足差额的义务，其他发起人与该发起人在出资不足的范围内承担连带责任。

**第一百条　【公开募集股份的招股说明书及认股书】** 发起人向社会公开募集股份，应当公告招股说明书，并制作认股书。认股书应当载明本法第一百五十四条第二款、第三款所列事项，由认股人填写认购的股份数、金额、住所，并签名或者盖章。认股人应当按照所认购股份足额缴纳股款。

**法律术语**

招股说明书：发起人以公告的形式向社会发出的募集股份的要约邀请。

认股书：认股人表示愿意购买股份有限公司股份的要约。

**条文解读**

本条是关于公开募集股份的招股说明书及认股书的规定。招股说明书是要约邀请，是向不特定主体发出的，必须公告。认股书是公众向公司发出的认购股份的要约，认股书包含招股说明书的主要内容。招股说明书和认股书必须符合法律规定的要求。认股书主要包括三个方面的内容：一是《公司法》第154条第2款规定的招股说明书中的记载事项：(1)发行的股份总数；(2)面额股的票面金额和发行价格或者无面额股的发行价格；(3)募集资金的用途；(4)认股人的权利和义务；(5)股份种类及其权利和义务；(6)本次募股的起止日期及逾期未募足时认股人可以撤回所认股份的说明。二是《公司法》第154条第3款规定的，公司设立时发行股份的，还应当载明发起人认购的股份数。三是由认股人填写认购的股份数、金额、住所。认股书应当由认股人签名或者盖章。

认股人不得分期缴纳所认购的股款，应当按照所认购股份足额缴纳股款。

**第一百零一条 【股款缴足后的验资及证明】向社会公开募集股份的股款缴足后，应当经依法设立的验资机构验资并出具证明。**

## 条文解读

本条是关于股款缴足后的验资及证明的规定。

本条规定，向社会公开募集股份的股款缴足后，应当经依法设立的验资机构验资并出具证明。这是因为，股份有限公司募集设立时，所募集的股款加上发起人缴纳的股款共同构成公司的实收资本。为保证公司资本充实，验资成为一项重要的程序。

**第一百零二条 【股东名册】股份有限公司应当制作股东名册并置备于公司。股东名册应当记载下列事项：**

**(一)股东的姓名或者名称及住所；**

**(二)各股东所认购的股份种类及股份数；**

**(三)发行纸面形式的股票的，股票的编号；**

**(四)各股东取得股份的日期。**

## 条文解读

本条是关于股东名册的规定。

与有限责任公司一样，股份有限公司也应当制作股东名册，作为股东行使股东权的依据。股东名册要置备于公司。按照本条规定，股份有限公司股东名册应当记载下列事项：(1)股东的姓名或者名称及住所。(2)各股东所认购的股份种类及股份数。前者所谓的股份种类，是指普通股或优先股或者其他种类股；后者则是所认购的股份数额。(3)发行纸面形式的股票的，股票的编号。股份有限公司的股票可分为纸面股票与无纸化股票，发行纸面形式的股票的，需要在股东名册中记载股票的编号。(4)各股东取得股份的日期。这也是股东行使股东权利的时间依据。

**第一百零三条　【公司成立大会的举行、决议程序】募集设立股份有限公司的发起人应当自公司设立时应发行股份的股款缴足之日起三十日内召开公司成立大会。发起人应当在成立大会召开十五日前将会议日期通知各认股人或者予以公告。成立大会应当有持有表决权过半数的认股人出席，方可举行。**

**以发起设立方式设立股份有限公司成立大会的召开和表决程序由公司章程或者发起人协议规定。**

## 条文解读

本条是关于股份有限公司成立大会的举行、决议程序的规定。在这里，我们可以将成立大会理解为该股份有限公司的首次股东会，尽管此时公司还没有成立。原《公司法》中，“成立大会”被称为“创立大会”，只适用于募集设立的股份有限公司。而2023年修订的《公司法》中，无论是发起设立还是募集设立，都可以召开成立大会，只是二者的召开和表决程序不同。

按照本条第1款的规定，募集设立股份有限公司的发起人应当自公司设立时应发行股份的股款缴足之日起30日内召开公司成立大会，并且发起人应当在成立大会召开15日前将会议日期通知各股东或者予以公告。因此，发起人必须在股款缴足之日起15日内发出通知或是公告。成立大会应当有持有表决权过半数的认股人出席，方可举行。成立大会是公司设立中的决议机关，其职责之一是确认发起人行为的正当性，一旦该行为被认可则其所产生的权利、义务由成立后的公司承担。这涉及所有认股人的利益，必须有相当比例的认股人出席才有代表性，所以本款规定“应当有持有表决权过半数的认股人出席”，也就是以所有出资作为过半数的基数，而不是以股东人数。

以发起设立方式设立的股份有限公司不同于以募集方式设立的股份有限公司，本条第2款规定，以发起设立方式设立股份有限公司成立大会的召开和表决程序由公司章程或者发起人协议规定。

**第一百零四条 【公司成立大会的职权及其决议程序】** 公司成立大会行使下列职权：

（一）审议发起人关于公司筹办情况的报告；

（二）通过公司章程；

（三）选举董事、监事；

（四）对公司的设立费用进行审核；

（五）对发起人非货币财产出资的作价进行审核；

（六）发生不可抗力或者经营条件发生重大变化直接影响公司设立的，可以作出不设立公司的决议。

成立大会对前款所列事项作出决议，应当经出席会议的认股人所持表决权过半数通过。

## 条文解读

本条是关于公司成立大会的职权及决议程序的规定。公司成立大会的相关规定，并不限于以募集方式设立的股份有限公司，也适用于以发起方式设立的股份有限公司。按照本条规定，成立大会的职权除了审议发起人关于公司筹办情况的报告、通过公司章程、审核公司的设立费用、审核发起人非货币财产出资的作价外，还要选举公司董事、监事，在具备法定事由时还有权终结未完成的设立活动，作出不设立公司的决议。由于成立大会所决议的事项相当重大，法律要求应当经出席会议的认股人所持表决权过半数通过。

**第一百零五条 【返还股款及抽回股本的情形】** 公司设立时应发行的股份未募足，或者发行股份的股款缴足后，发起人在三十日内未召开成立大会的，认股人可以按照所缴股款并加算银行同期存款利息，要求发起人返还。

发起人、认股人缴纳股款或者交付非货币财产出资后，除未按期募足股份、发起人未按期召开成立大会或者成立大会决议不设立公司的情形外，不得抽回其股本。

**条文解读**

本条第 1 款是关于股款返还的规定。发生股款返有两种情况：一是公司设立时应发行的股份未募足；二是发行股份的股款缴足后，发起人在 30 日内未召开创立大会。此时，认股人可以按照所缴股款并加算银行同期存款利息，要求发起人返还。但是，认股人也可以不要求返还。

本条第 2 款严格规定了不得抽回股本的问题。按照本条规定，发起人和认股人缴纳的股款和出资不得抽回，只有以下情况例外：(1)未按期募足股份；(2)发起人未按期召开成立大会；(3)成立大会决议不设立公司。

**第一百零六条 【申请设立登记】董事会应当授权代表，于公司成立大会结束后三十日内向公司登记机关申请设立登记。**

**条文解读**

募集设立股份有限公司的发起人应当自公司设立时应发行股份的股款缴足之日起 30 日内召开公司成立大会；以发起设立方式设立股份有限公司按照公司章程或者发起人协议规定召开成立大会。股份有限公司成立大会确认发起人的行为，选举公司董事、监事。除成立大会决议不设立公司外，在成立大会之后，股份有限公司还应当经过公司登记。按照本条规定，股份有限公司登记的行为主体是董事会授权的代表。公司登记的时间点是公司成立大会结束后的 30 日内。

**第一百零七条 【股份有限公司资本制度的参照适用】本法第四十四条、第四十九条第三款、第五十一条、第五十二条、第五十三条的规定，适用于股份有限公司。**

**条文解读**

本条是关于股份有限公司资本制度的参照适用的规定。这些适用条款分别涉及第 44 条设立行为的法律后果、第 49 条第 3 款瑕疵出资股东的赔偿责任、第 51 条出资核查义务、第 52 条股东失权制度、第 53 条不得抽逃出资制度。2023 年修订的《公司法》不仅严格规定了股东出资的条款,强化了股东的出资责任,并且将这些条款统一适用于有限责任公司和股份有限公司,实现了公司制度的统合化。

**第一百零八条 【有限责任公司变更为股份有限公司的要求】有限责任公司变更为股份有限公司时,折合的实收股本总额不得高于公司净资产额。有限责任公司变更为股份有限公司,为增加注册资本公开发行股份时,应当依法办理。**

## 条文解读

本条是关于有限责任公司变更为股份有限公司的要求的规定。有限责任公司变更为股份有限公司不属于公司设立行为,因此原有限责任公司的全部资产作为新成立的股份有限公司的资产。在计算股本的问题上,法律规定,折合的实收股本不得高于公司净资产额,净资产=总资产-负债,实际在会计上就是等于股东权益。法律的这项规定就是要求有限责任公司整体变更时,不是将原有的有限责任公司注册资本作为变更后的股份有限公司的股本,而是以净资产额作为注册资本。

有限责任公司可以在整体变更的同时,以公开发行股份的方式增加资本,具体应当依照《证券法》和《首次公开发行股票注册管理办法》规定的条件和程序办理。

**第一百零九条 【股份有限公司重要资料的置备义务】股份有限公司应当将公司章程、股东名册、股东会会议记录、董事会会议记录、监事会会议记录、财务会计报告、债券持有人名册置备于本公司。**

## 条文解读

本条是关于股份有限公司重要资料置备的义务的规定。股份有限公司在一定程度上具有公开性,有义务公开其部分重要资料,供股东查询。这些资料包括公司章程、股东名册、股东会会议记录、董事会会议记录、监事会会议记录、财务会计报告以及债券持有人名册。

**第一百一十条　【股份有限公司股东的查阅权与质询权】** 股东有权查阅、复制公司章程、股东名册、股东会会议记录、董事会会议决议、监事会会议决议、财务会计报告，对公司的经营提出建议或者质询。

连续一百八十日以上单独或者合计持有公司百分之三以上股份的股东要求查阅公司的会计账簿、会计凭证的，适用本法第五十七条第二款、第三款、第四款的规定。公司章程对持股比例有较低规定的，从其规定。

股东要求查阅、复制公司全资子公司相关材料的，适用前两款的规定。

上市公司股东查阅、复制相关材料的，应当遵守《中华人民共和国证券法》等法律、行政法规的规定。

## 条文解读

本条是关于股份有限公司股东对公司以及该公司的全资子公司的查阅权与质询权的规定。股份有限公司的股东有权查阅并有权复制公司以及该公司的全资子公司的公司章程、股东名册、股东会会议记录、董事会会议决议、监事会会议决议、财务会计报告。这里只有财务会计报告，而没有会计账簿。此外，本条第1款还规定了股东有权对公司的经营提出建议或者质询。值得注意的是，既然是有权质询，公司就有义务给予答复。

本条第2款规定了股东对公司的会计账簿、会计凭证的查阅权。该款限定了查询主体为连续180日以上单独或者合计持有3%以上股份的股东。公司章程对持股比例有较低规定的，从其规定。按照《公司法》第57条第2款规定，股东可以要求查阅公司会计账簿、会计凭证。股东要求查阅公司会计账簿、会计凭证的，应当向公司提出书面请求，说明目的。公司有合理根据认为股东查阅会计账簿、会计凭证有不正当目的，可能损害公司合法利益的，可以拒绝提供查阅，并应当自股东提出书面请求之日起15日内书面答复股东并说明理由。公司拒绝提供查阅的，股东可以向人民法院提起诉讼。第57条第3款规定，股东查阅前款规定的材料，可以委托会计师事务所、律师事务所等中介机构进行。第57条第4款规定，股东及其委托的会计师事务所、律师事务所等中介机构查阅、复制有关材料，应当遵守有关保护国家秘密、商业秘密、个人隐私、个人信息等法律、行政法规的规定。由此可见，股东对会计账簿的查阅权是有限制的。首先，股东必须向公司提供书面请求，并说明目的。其次，公司有权利拒绝股东查阅，只要公司有合理根据认为股东查阅会计账簿有不正当目的，可能损害公司利益的，即可以拒绝提供查阅,但是应当在股东提出书面请求之日起 15 日内书面答复股东,并说明理由。再次,公司拒绝提供查阅的,股东可以请求人民法院要求公司提供查阅。但是,股东必须在公司拒绝提供查阅之后才可以向法院提起诉讼,不得直接起诉要求查阅。最后,股东及其委托的会计师事务所、律师事务所等中介机构查阅、复制有关材料,应当遵守有关保护国家秘密、商业秘密、个人隐私、个人信息等法律、行政法规的规定。尤其是涉及股东会会议记录、董事会会议记录、监事会会议记录以及财务会计报告、会计账簿、会计凭证等情况。

结合本条第 1 款和第 2 款的规定,股东查阅权的范围以及行使方式,对于有限责任公司和股份有限公司是基本一致的。因而,如果有限责任公司的全资子公司是股份有限公司,或者股份有限公司的全资子公司是有限责任公司,股东的查阅权行使也就不存在制度性的障碍。

本条第 4 款规定,上市公司股东查阅、复制相关材料的,应当遵守《证券法》等法律、行政法规的规定。《证券法》第 23 条规定,证券发行申请经注册后,发行人应当依照法律、行政法规的规定,在证券公开发行前公告公开发行募集文件,并将该文件置备于指定场所供公众查阅。发行证券的信息依法公开前,任何知情人不得公开或者泄露该信息。发行人不得在公告公开发行募集文件前发行证券。第 86 条规定,依法披露的信息,应当在证券交易场所的网站和符合国务院证券监督管理机构规定条件的媒体发布,同时将其置备于公司住所、证券交易场所,供社会公众查阅。

## 第二节　股　东　会

**第一百一十一条　【股份有限公司股东会的组成与地位】股份有限公司股东会由全体股东组成。股东会是公司的权力机构,依照本法行使职权。**

### 条文解读

本条是关于股份有限公司股东会的组成与地位的规定。股份有限公司的股东会由全体股东组成,也就是说,所有股东都有权参加股东会。股东会是公司的权力机构,行使法定职权。值得注意的是,原《公司法》将股份有限公司的权力机构称为“股东大会”,2023 年修订的《公司法》将其称为“股东会”,与有限责任公司的权力机构一致。

**第一百一十二条　【股份有限公司股东会职权】** 本法第五十九条第一款、第二款关于有限责任公司股东会职权的规定，适用于股份有限公司股东会。

本法第六十条关于只有一个股东的有限责任公司不设股东会的规定，适用于只有一个股东的股份有限公司。

**条文解读**

本条是关于股份有限公司股东会职权的规定。

股份有限公司和有限责任公司的股东会的法定职权是一样的。股东会的职权仍然是以“决定”为主，而非“制定”或是“执行”。

《公司法》第59条第1款规定，股东会行使下列职权：(1)选举和更换董事、监事，决定有关董事、监事的报酬事项；(2)审议批准董事会的报告；(3)审议批准监事会的报告；(4)审议批准公司的利润分配方案和弥补亏损方案；(5)对公司增加或者减少注册资本作出决议；(6)对发行公司债券作出决议；(7)对公司合并、分立、解散、清算或者变更公司形式作出决议；(8)修改公司章程；(9)公司章程规定的其他职权。第59条第2款规定，股东会可以授权董事会对发行公司债券作出决议。以上两款关于有限责任公司股东会职权的规定也适用于股份有限公司。这里排除了《公司法》第59条第3款的适用。

本条第2款规定，“本法第六十条关于只有一个股东的有限责任公司不设股东会的规定，适用于只有一个股东的股份有限公司”。《公司法》第60条规定，只有一个股东的有限责任公司不设股东会。股东作出第59条第1款所列事项的决定时，应当采用书面形式，并由股东签名或者盖章后置备于公司。

**第一百一十三条　【股份有限公司股东会年会与临时股东会】** 股东会应当每年召开一次年会。有下列情形之一的，应当在两个月内召开临时股东会会议：

（一）董事人数不足本法规定人数或者公司章程所定人数的三分之二时；

（二）公司未弥补的亏损达股本总额三分之一时；

（三）单独或者合计持有公司百分之十以上股份的股东请求时；

（四）董事会认为必要时；

（五）监事会提议召开时；

（六）公司章程规定的其他情形。

## 条文解读

本条是关于股份有限公司股东会年会和临时股东会的规定。

股东会是公司的权力机构,它通过召开会议的形式来行使自己的权力。股东会会议依其召开时间的不同,分为股东会年会和临时股东会。年会的主要内容是决定公司一年中的重大事项。

在两次年会期间,公司可能出现一些特殊情况,需要由股东会审议决定某些重大事项,此时就要召开临时股东会。临时股东会必须在法定事件发生之日起的 2 个月内召开。召开临时股东会的情形可以分为三类:(1)公司人事、实有资产有重大变化,包括董事人数不足、亏损过重达到股本总额的 1/3 等。(2)特定人、机构认为有必要提议召开,上述人和机构包括持有一定比例股份的股东、董事会、监事会。(3)公司章程规定的其他情形。

一般来说,年会主要审议的事项,即《公司法》第 59 条第 1 款规定的股东会行使的下列职权:(1)选举和更换董事、监事,决定有关董事、监事的报酬事项;(2)审议批准董事会的报告;(3)审议批准监事会的报告;(4)审议批准公司的利润分配方案和弥补亏损方案;(5)对公司增加或者减少注册资本作出决议;(6)对发行公司债券作出决议;(7)对公司合并、分立、解散、清算或者变更公司形式作出决议;(8)修改公司章程;(9)公司章程规定的其他职权。除了第 59 条第 1 款列举的股东会职权之外,还有如下需经股东会表决的事项。《公司法》第 15 条第 2 款规定,公司为公司股东或者实际控制人提供担保的,应当经股东会决议。《公司法》第 135 条规定,上市公司在 1 年内购买、出售重大资产或者向他人提供担保的金额超过公司资产总额 30%的,应当由股东会作出决议,并经出席会议的股东所持表决权的 2/3 以上通过。《公司法》第 183~185 条规定,董事、高级管理人员如欲与本公司订立合同、进行交易、利用公司的商业机会、自营或者为他人经营与所任职公司同类业务的,按照公司章程规定由股东会同意。

临时会议除了因董事会人数不足、公司亏损、大股东提议、监事会提议等法定事项而召开之外,其他一般是为了对董事会制订的各种方案进行表决而召开,上市公司更是如此。

**第一百一十四条 【股东会会议的召集和主持】股东会会议由董事会召集,董事长主持;董事长不能履行职务或者不履行职务的,由副董事长主持;副董事长不能履行职务或者不履行职务的,由过半数的董事共同推举一名董事主持。**

董事会不能履行或者不履行召集股东会会议职责的，监事会应当及时召集和主持；监事会不召集和主持的，连续九十日以上单独或者合计持有公司百分之十以上股份的股东可以自行召集和主持。

单独或者合计持有公司百分之十以上股份的股东请求召开临时股东会会议的，董事会、监事会应当在收到请求之日起十日内作出是否召开临时股东会会议的决定，并书面答复股东。

## 条文解读

本条是关于股东会会议的召集和主持的规定。

股东会由董事会召集。董事会不能履行或者不履行召集股东会会议职责的，监事会应当及时召集；监事会不召集的，连续 90 日以上单独或者合计持有公司 10%以上股份的股东可以自行召集。最后一项对股东的要求不仅包含持股的比例，也包含持股的时间。这里所指的应当是召集股东会的年会。单独或者合计持有公司 10%以上股份的股东请求召开临时股东会会议的，董事会、监事会应当在收到请求之日起 10 日内作出是否召开临时股东会会议的决定，并书面答复股东。

股东会由董事长主持。董事长不能履行职务或者不履行职务的，由副董事长主持；副董事长不能履行职务或者不履行职务的，由过半数的董事共同推举一名董事主持。监事会召集的股东会，由监事会主持；连续 90 日以上单独或者合计持有公司 10%以上股份的股东召集的股东会，可以由股东自行主持。

**第一百一十五条　【召开股东会的通知、公告以及临时提案】**召开股东会会议，应当将会议召开的时间、地点和审议的事项于会议召开二十日前通知各股东；临时股东会会议应当于会议召开十五日前通知各股东。

单独或者合计持有公司百分之一以上股份的股东，可以在股东会会议召开十日前提出临时提案并书面提交董事会。临时提案应当有明确议题和具体决议事项。董事会应当在收到提案后二日内通知其他股东，并将该临时提案提交股东会审议；但临时提案违反法律、行政法规或者公司章程的规定，或者不属于股东会职权范围的除外。公司不得提高提出临时提案股东的持股比例。

公开发行股份的公司，应当以公告方式作出前两款规定的通知。

股东会不得对通知中未列明的事项作出决议。

**条文解读**

本条是关于股份有限公司股东会的通知、公告以及临时提案的规定。会议召开前，需要将时间、地点和审议事项通知股东，让他们做好准备，同时也确定股东会召开时的审议事项范围。因为按照本条第4款规定，股东会只能审议通知中列明的事项，未列明的，不得决议。通知分为以下三种情况：(1)召开年会或者章程规定的定期会议，要在召开20日前通知。(2)召开临时股东会，在会议召开15日前通知即可。(3)按照本条第3款规定，公开发行股份的公司，应当以公告方式作出前述规定的通知。

本条第2款是关于股东临时提案权的规定。通常，股份有限公司股东会的议程是由董事会制定的，但遇到重要事项，也应当赋予股东提案权。2023年修订的《公司法》降低了原《公司法》3%的持股比例，即依本款的规定，单独或者合计持有公司1%以上股份的股东有此项权利，并且，公司不得提高提出临时提案股东的持股比例。对于符合条件和程序的提案，董事会应当在收到后2日内通知其他股东，并提交股东会会议审议。董事会在收到临时提案后，只进行形式审查，即临时提案不得违反法律、行政法规或者公司章程的规定，并且应当属于股东会职权范围。

**第一百一十六条　【股份有限公司股东表决权行使规则】** 股东出席股东会会议，所持每一股份有一表决权，类别股股东除外。公司持有的本公司股份没有表决权。

股东会作出决议，应当经出席会议的股东所持表决权过半数通过。

股东会作出修改公司章程、增加或者减少注册资本的决议，以及公司合并、分立、解散或者变更公司形式的决议，应当经出席会议的股东所持表决权的三分之二以上通过。

**条文解读**

本条是关于股份有限公司股东表决权行使规则的规定。

股份有限公司由股东的投入划分为等额股份的资本构成，并以股东所持股份数来计算表决权,因此股东投资多,所持股份多,享有的权利也就多。除特殊情况,如公司章程对优先股表决权有限制外,也就是类别股之外,股份有限公司同股同权,股东所持每一股份有一表决权。

公司在特定情况下可以依法取得自己的股份,但是由于其为独立法人,其股东应为独立的第三人,否则公司与其股东之间人格难以区分。故公司虽可依法持有自己的股份,但不能依所持股份享有表决权。

股份有限公司股东会的决议方式基本与有限责任公司股东会的一致,即对一般事项的决议简单多数(过半数)通过即可。对于修改公司章程、增减资本等重大事项的决议,应当有2/3以上通过。但要注意二者的基准不同,这里是“出席会议的股东”所持表决权的过半数、2/3以上,而有限责任公司则是“所有股东”所持表决权的过半数、2/3以上。

**第一百一十七条　【股份有限公司累积投票制】** **股东会选举董事、监事,可以按照公司章程的规定或者股东会的决议,实行累积投票制。**

**本法所称累积投票制,是指股东会选举董事或者监事时,每一股份拥有与应选董事或者监事人数相同的表决权,股东拥有的表决权可以集中使用。**

## 条文解读

本条是关于股份有限公司累积投票制的规定。

股份有限公司股东的表决权以“每一股份有一表决权”为原则,在选举董事、监事时也是如此。但为防止处于控制地位的股东凭其优势把持董事、监事的选举,致使持股分散的中小股东提名的董事、监事丧失当选机会,累积投票制下,选举董事或者监事时,每一股份拥有与应选董事或者监事人数相同的表决权,即应选几个董事或者监事,每一股就有多少表决权,股东可以集中表决权向其中一名候选人投票,增加其当选机会,也可以分配给数名候选人,以得票多者当选。这样中小股东提名的人选有可能进入董事会、监事会,参与公司的经营决策和监督,反映中小股东的意见。

例如,一股东甲拥有100股表决股份,而其他股东总计拥有270票。在选举中,需要选出3名董事,他可以向每位候选人投出100票。但是,根据累积投票方式,他也可以将全部300票投给某一位候选人或者分别投给若干候选人。这样一来,累积投票使少数股东能够在特定情况下选出一名或者数名董事。例如,股东甲将全部300票投给他自己,除非另外3名候选人每人获得了301票或者超过了301票才能当选。换个角度来看,如果其他股东拥有股份总计270股,他们不能阻止他当选。因为其他股东总计只可以投出810票(3×270),但这不足以使3名候选人中的每一位候选人获得301票。他们可以分别投给两位候选人各301票,但只有208票剩余票数投给第三位候选人,所以其他股东不能阻止股东甲作为第三名董事当选。

累积投票制并非当然适用。《上市公司独立董事管理办法》第12条第1款规定,上市公司股东大会选举两名以上独立董事的,应当实行累积投票制。鼓励上市公司实行差额选举,具体实施细则由公司章程规定。

**第一百一十八条 【股东表决权的代理行使】股东委托代理人出席股东会会议的,应当明确代理人代理的事项、权限和期限;代理人应当向公司提交股东授权委托书,并在授权范围内行使表决权。**

## 条文解读

本条是关于股东表决权的代理行使的规定。法律规定,股东可以委托代理人出席股东会会议。代理人包括但不限于其他股东。股东委托代理人出席股东会会议的,应当明确代理人代理的事项、权限和期限。

表决代理权征集,是指代理人主动征集表决代理权的行为,即代理人请求股东授予其表决代理权。实践中,表决权代理的方式是将具有一定格式的征集书发送给股东,明确代理人代理的事项、权限和期限,经股东签章后,由征集代理权的代理人行使表决权。代理人应当向公司提交股东授权委托书,并在授权范围内行使表决权。这种方式可以集中分散的股东对某一问题采取一致的行动通过或者反对某项决议。征集人可以是任何具有民事行为能力的人,但在公司实践中,通常是由公司管理层、独立董事或者公司的控股股东担任征集人。

**第一百一十九条 【股东会会议记录要求】股东会应当对所议事项的决定作成会议记录,主持人、出席会议的董事应当在会议记录上签名。会议记录应当与出席股东的签名册及代理出席的委托书一并保存。**

**条文解读**

本条是关于股东会会议记录要求的规定。股东会决议应当以会议记录的形式作出。主持人和出席会议的董事应当在会议记录上签名。根据前面相关条款规定，股东会如果不是由董事长主持，则由相应的主持人在会议记录上签名。股东会的会议记录应当与股东签名册和代理出席的委托书一并保存。

## 第三节　董事会、经理

**第一百二十条　【股份有限公司董事会设置、职权以及董事任职】股份有限公司设董事会，本法第一百二十八条另有规定的除外。**

**本法第六十七条、第六十八条第一款、第七十条、第七十一条的规定，适用于股份有限公司。**

**条文解读**

本条是关于股份有限公司董事会设置、职权以及董事任职的规定。

按照通常的理解，股份有限公司属于较大型的公司。故而，原《公司法》规定，“股份有限公司设董事会，其成员为五人至十九人”。2023年修订的《公司法》取消了这个限制，既取消了5人的下限，也取消了19人的上限。董事会的成员人数，完全由公司自己决定。并且，按照本条第1款规定，规模较小或者股东人数较少的股份有限公司，可以不设董事会，设1名董事，行使本法规定的董事会的职权。该董事可以兼任公司经理。

本条第2款规定，本法第67条、第68条第1款、第70条、第71条的规定，适用于股份有限公司。

《公司法》第67条规定了董事会的职权。按照该条规定，董事会行使下列职权：(1)召集股东会会议，并向股东会报告工作；(2)执行股东会的决议；(3)决定公司的经营计划和投资方案；(4)制订公司的利润分配方案和弥补亏损方案；(5)制订公司增加或者减少注册资本以及发行公司债券的方案；(6)制订公司合并、分立、解散或者变更公司形式的方案；(7)决定公司内部管理机构的设置；(8)决定聘任或者解聘公司经理及其报酬事项，并根据经理的提名决定聘任或者解聘公司副经理、财务负责人及其报酬事项;(9)制定公司的基本管理制度;(10)公司章程规定或者股东会授予的其他职权。公司章程对董事会职权的限制不得对抗善意相对人。

按照《公司法》第 68 条第 1 款的规定,公司董事会成员为 3 人以上,其成员中可以有公司职工代表。职工人数 300 人以上的公司,除依法设监事会并有公司职工代表的外,其董事会成员中应当有公司职工代表。董事会中的职工代表由公司职工通过职工代表大会、职工大会或者其他形式民主选举产生。

《公司法》第 70 条规定了董事的任期等。按照该条第 1 款规定,董事任期由公司章程规定,但每届任期不得超过 3 年。董事任期届满,连选可以连任。该条第 2 款规定,董事任期届满未及时改选,或者董事在任期内辞任导致董事会成员低于法定人数的,在改选出的董事就任前,原董事仍应当依照法律、行政法规和公司章程的规定,履行董事职务。该条第 3 款规定,董事辞任的,应当以书面形式通知公司,公司收到通知之日辞任生效,但存在前述规定情形的,董事应当继续履行职务。

《公司法》第 71 条规定了股东会对董事的解任。按照该条规定,股东会可以决议解任董事,决议作出之日解任生效。无正当理由,在任期届满前解任董事的,该董事可以要求公司予以赔偿。

**第一百二十一条　【股份有限公司审计委员会】** **股份有限公司可以按照公司章程的规定在董事会中设置由董事组成的审计委员会,行使本法规定的监事会的职权,不设监事会或者监事。**

**审计委员会成员为三名以上,过半数成员不得在公司担任除董事以外的其他职务,且不得与公司存在任何可能影响其独立客观判断的关系。公司董事会成员中的职工代表可以成为审计委员会成员。**

**审计委员会作出决议,应当经审计委员会成员的过半数通过。**

**审计委员会决议的表决,应当一人一票。**

**审计委员会的议事方式和表决程序,除本法有规定的外,由公司章程规定。**

**公司可以按照公司章程的规定在董事会中设置其他委员会。**

## 条文解读

本条是关于股份有限公司董事会审计委员会的规定。这一设置与有限责任公司的规定是一致的。按照本条第 1 款的规定,股份有限公司可以按照公司章程的规定在董事会中设置由董事组成的审计委员会。审计委员会在董事会之中,但是行使监事会的职权。设置审计委员会的股份有限公司,不再设置监事会或者监事。《上市公司独立董事管理办法》第 5 条第 2 款规定,上市公司应当在董事会中设置审计委员会。审计委员会成员应当为不在上市公司担任高级管理人员的董事,其中独立董事应当过半数,并由独立董事中会计专业人士担任召集人。

按照本条第 2 款规定,审计委员会成员为 3 名以上,过半数成员不得在公司担任除董事以外的其他职务,且不得与公司存在任何可能影响其独立客观判断的关系。本款的规定意在强调审计委员会中的董事应当具有独立性。"与公司存在任何可能影响其独立客观判断的关系",如在关联公司任职,在股东公司任职等。公司董事会成员中的职工代表可以成为审计委员会成员。

本条第 3 款和第 4 款规定了审计委员会决议问题。审计委员会作出决议,应当经审计委员会成员的过半数通过。审计委员会决议的表决,应当一人一票。

本条第6款规定了公司可以按照公司章程的规定在董事会中设置其他委员会。董事会作为公司的专门管理机构管理公司,体现了所有权与经营权的分离。但是,在很多情况下,董事也没有达到非常专业的地步。实际上,越来越庞大的公司所产生的越来越烦琐的事务,需要有更多、更专业的人士对公司的经营管理提供意见,因此董事会专门委员会应运而生。这一点尤其针对上市公司而言,《上市公司独立董事管理办法》第 5 条第 3 款规定,上市公司可以根据需要在董事会中设置提名、薪酬与考核、战略等专门委员会。提名委员会、薪酬与考核委员会中独立董事应当过半数并担任召集人。

**第一百二十二条　【董事会的组成及董事会会议的召集和主持】董事会设董事长一人,可以设副董事长。董事长和副董事长由董事会以全体董事的过半数选举产生。**

**董事长召集和主持董事会会议,检查董事会决议的实施情况。副董事长协助董事长工作,董事长不能履行职务或者不履行职务的,由副董事长履行职务;副董事长不能履行职务或者不履行职务的,由过半数的董事共同推举一名董事履行职务。**

## 条文解读

本条第 1 款是关于董事会的组成的规定。董事长是股份有限公司董事会的必设职务,副董事长可以设置,也可以不设置。董事长和副董事长由董事会选举产生,具体是由全体董事的过半数选举通过。

本条第 2 款是关于董事会会议的召集和主持的规定。董事长负责董事会会议的召集和主持,这是董事长的主要职责之一。董事长还要负责检查董事会决议的实施情况。副董事长的主要职责是协助董事长工作,董事长不能履行职务或者不履行职务的,由副董事长履行职务。如果副董事长也不能履行职务或者不履行职务的,由半数以上董事共同推举一名董事履行职务。

**第一百二十三条 【董事会会议的召开】董事会每年度至少召开两次会议,每次会议应当于会议召开十日前通知全体董事和监事。**

**代表十分之一以上表决权的股东、三分之一以上董事或者监事会,可以提议召开临时董事会会议。董事长应当自接到提议后十日内,召集和主持董事会会议。**

**董事会召开临时会议,可以另定召集董事会的通知方式和通知时限。**

## 条文解读

本条是关于董事会会议召开的规定。董事会是公司的机构,这个机构行使权利的方式就是召开会议。2018 年《公司法》将本条中的"临时董事会会议"称为"董事会临时会议"。此次修改使用语更加严谨,意在表明临时董事会会议也是董事会召开的一种法定形式,也应当遵循法律关于董事会会议的一般规定。

董事会每年至少召开 2 次。每次会议应当于会议召开前 10 日通知全体董事,并通知全体监事。

董事会还可以采取临时会议的形式召开临时董事会会议。召开临时会议的提议可以由代表 1/10 以上表决权的股东、1/3 以上的董事或者监事会作出。召开临时董事会会议的提议应当向董事长提出。董事长应当自接到提议后 10 日内,召集和主持董事会会议。

董事会召开临时会议,可以另定召集董事会的通知方式和通知时限。

**第一百二十四条　【董事会会议的议事规则】**董事会会议应当有过半数的董事出席方可举行。董事会作出决议，应当经全体董事的过半数通过。

董事会决议的表决，应当一人一票。

董事会应当对所议事项的决定作成会议记录，出席会议的董事应当在会议记录上签名。

**条文解读**

本条是关于董事会会议的议事规则的规定。

董事会会议召开的前提条件是应当有过半数的董事出席，否则，董事会会议作出的决议在程序上不合法，是可撤销的。值得注意的是，董事会出席是否要持续到整个董事会会议的全过程；如果个别董事中途退场，从而导致不到半数董事开会，是否还属于"过半数的董事出席"。对于这些问题，《公司法》没有具体的规定，公司应当在其章程中予以详细规定。当然，如果董事中途退场，则无法达到法定的表决条件。如果违反本条第2款规定，按照《公司法》第27条第3项"出席会议的人数或者所持表决权数未达到本法或者公司章程规定的人数或者所持表决权数"或第4项"同意决议事项的人数或者所持表决权数未达到本法或者公司章程规定的人数或者所持表决权数"，则董事会决议不成立。

通常情况下，董事会作出决议，应当经全体董事的过半数通过，而不是出席董事会的过半数通过。特殊情况下，董事会作出决议要由经全体董事2/3以上通过。例如，《公司法》第153条规定，公司章程或者股东会授权董事会决定发行新股的，董事会决议应当经全体董事2/3以上通过。

董事会决议的表决，实行一人一票，即所谓的"人头主义"。

本条第3款是关于董事会决议的规定。董事会决议应当以董事会会议记录的形式作出，出席会议的所有董事都应当在会议记录上签名。

**第一百二十五条　【董事的出席和责任承担】**董事会会议，应当由董事本人出席；董事因故不能出席，可以书面委托其他董事代为出席，委托书应当载明授权范围。

**董事应当对董事会的决议承担责任。董事会的决议违反法律、行政法规或者公司章程、股东会决议,给公司造成严重损失的,参与决议的董事对公司负赔偿责任;经证明在表决时曾表明异议并记载于会议记录的,该董事可以免除责任。**

## 条文解读

本条第 1 款是关于董事参加董事会的规定。本款规定,董事必须亲自出席董事会。董事因故不能出席的,只能委托其他董事代为出席。其他董事代为出席的,要有该董事的委托书,委托书中要有明确的授权范围。

本条第 2 款规定了董事对董事会决议的责任承担问题。董事会是公司的领导机构,因此,董事会决议通常就是公司意志的体现,董事应当对董事会的决议承担责任。董事会的决议违反法律、行政法规或者公司章程、股东会决议,给公司造成严重损失的,参与决议的董事应当对公司遭受的损失承担赔偿责任。在这个决议形成的过程中,可能有的董事赞成,有的董事反对,因此表示反对的董事必须在会议记录中表明自己的立场。经证明在表决时曾表明异议并记载于会议记录的,该董事可以免除责任。

**第一百二十六条 【股份有限公司经理的产生及其职权】股份有限公司设经理,由董事会决定聘任或者解聘。**

**经理对董事会负责,根据公司章程的规定或者董事会的授权行使职权。经理列席董事会会议。**

## 条文解读

本条是关于股份有限公司经理的产生及其职权的规定。股份有限公司必须设经理,经理由董事会决定聘任或者解聘。

股份有限公司经理的职权与有限责任公司经理的职权相同。经理的职权来自两个方面:一是董事会授予的职权;二是公司章程授予的职权。通常来讲,股份有限公司经理主持公司的生产经营管理工作,组织实施董事会决议;组织实施公司年度经营计划和投资方案;拟订公司内部管理机构设置方案;拟订公司的基本管理制度;提请聘任或者解聘公司副经理、财务负责人;制定公司的具体规章;决定聘任或者解聘除应由董事会决定聘任或者解聘以外的负责管理人员。

**第一百二十七条 【董事会成员兼任经理】公司董事会可以决定由董事会成员兼任经理。**

### 条文解读

本条规定股份有限公司董事会可以决定由董事会成员兼任经理,即董事可以兼任经理。如果股份有限公司不设董事会,只设一名董事,该董事也可以兼任经理。《公司法》第10条第1款规定,"公司的法定代表人按照公司章程的规定,由代表公司执行公司事务的董事或者经理担任"。在规模较小或者股东人数较少且不设置董事会的有限责任公司,如果所设立的董事同时兼任公司经理,那么这名董事一定也同时是法定代表人。

**第一百二十八条 【股份有限公司董事会设置例外】规模较小或者股东人数较少的股份有限公司,可以不设董事会,设一名董事,行使本法规定的董事会的职权。该董事可以兼任公司经理。**

### 条文解读

在2018年《公司法》中,规模再小的股份有限公司,也必须设置董事会,而且董事会成员必须有5~19人。这是基于人们在过去对股份有限公司都是大型公司的设想。2023年修订的《公司法》,将股份有限公司和有限责任公司的区别仅仅划分在股份的形式上,而规模大小不再作为一种差别。因此,2023年《公司法》不仅承认了小规模的股份有限公司,而且允许设置一人股份有限公司。

与规模较小或者股东人数较少的有限责任公司一样,规模较小或者股东人数较少的股份有限公司,可以不设董事会,设1名董事,行使本法规定的董事会的职权。因而,只设1名董事的股份有限公司,该董事的职权应按照《公司法》第120条的规定执行。《公司法》第127条规定,公司董事会可以决定由董事会成员兼任经理。那么此时由于不存在董事会,该董事应当可以行使董事会的职权,聘任自己为经理。

**第一百二十九条 【高级职员的报酬披露制度】**公司应当定期向股东披露董事、监事、高级管理人员从公司获得报酬的情况。

**条文解读**

本条是关于高级职员的报酬披露制度的规定。高级职员包括董事、监事、高级管理人员。公司应当定期向股东披露他们从公司获得报酬的情况。这种披露既可以是直接的报告,也可以是公告。上市公司则必须公告。

## 第四节 监 事 会

**第一百三十条 【股份有限公司监事会设置、组成以及监事任期】**股份有限公司设监事会,本法第一百二十一条第一款、第一百三十三条另有规定的除外。

监事会成员为三人以上。监事会成员应当包括股东代表和适当比例的公司职工代表,其中职工代表的比例不得低于三分之一,具体比例由公司章程规定。监事会中的职工代表由公司职工通过职工代表大会、职工大会或者其他形式民主选举产生。

监事会设主席一人,可以设副主席。监事会主席和副主席由全体监事过半数选举产生。监事会主席召集和主持监事会会议;监事会主席不能履行职务或者不履行职务的,由监事会副主席召集和主持监事会会议;监事会副主席不能履行职务或者不履行职务的,由过半数的监事共同推举一名监事召集和主持监事会会议。

董事、高级管理人员不得兼任监事。

本法第七十七条关于有限责任公司监事任期的规定,适用于股份有限公司监事。

**条文解读**

本条是关于监事会的设置、成员组成以及监事任期的规定。

本条第1款规定了监事会的设置。原《公司法》规定了股份有限公司采取股东会、董事会、监事会三个机构并行的管理模式,监事会是公司的监督机构,对公司的董事、高级管理人员及公司的经营活动实施监督。2023 年修订的《公司法》在保留了这一三元结构之外,还增加了双层管理结构,即将监事会的职权赋予董事会下设的董事会审计委员会。因此,监事会不再是公司的必设机构,监事会为股份有限公司治理结构的选项之一。同时,规模较小或者股东人数较少的股份有限公司也可以不设置监事会,而只设置监事。

为保证监事会集体行使监督权,本条第 2 款规定监事会成员不得少于 3 人,公司章程可以规定具体人数,但通常应为单数,以避免表决时出现赞成和反对各半的情况。本条第 2 款还规定了股东代表监事和职工代表监事。股份有限公司监事会中必须有股东代表和职工代表,并且职工代表的比例不得低于 1/3,公司章程还可以规定更高的比例。监事会中的职工代表由公司职工通过职工代表大会、职工大会或者其他形式民主选举产生。

本条第 3 款规定监事会会议的主持等事项。监事会设主席一人,可以设副主席。监事会主席和副主席由全体监事过半数选举产生。监事会主席召集和主持监事会会议;监事会主席不能履行职务或者不履行职务的,由监事会副主席召集和主持监事会会议;监事会副主席不能履行职务或者不履行职务的,由过半数的监事共同推举 1 名监事召集和主持监事会会议。

本条第 4 款规定了监事的兼职禁止。和设立监事会的有限责任公司一样,股份有限公司的董事、经理、副经理、财务负责人等高级管理人员作为监事会监督的对象不能兼任监事。

本条第 5 款规定了监事的任期。股份有限公司监事的任期和有限责任公司监事的任期相同。监事的任期每届为 3 年,公司章程不得变更。监事任期届满,连选可以连任。

**第一百三十一条　【股份有限公司监事会职权以及费用承担】本法第七十八条至第八十条的规定,适用于股份有限公司监事会。**

**监事会行使职权所必需的费用,由公司承担。**

## 条文解读

本条是关于监事会职权以及行使职权费用承担的规定。有限责任公司关于监事会的相关规定,也适用股份有限公司监事会。

《公司法》第78条规定了监事会的职权:(1)检查公司财务;(2)对董事、高级管理人员执行职务的行为进行监督,对违反法律、行政法规、公司章程或者股东会决议的董事、高级管理人员提出解任的建议;(3)当董事、高级管理人员的行为损害公司的利益时,要求董事、高级管理人员予以纠正;(4)提议召开临时股东会会议,在董事会不履行本法规定的召集和主持股东会会议职责时召集和主持股东会会议;(5)向股东会会议提出提案;(6)依照本法第189条的规定,对董事、高级管理人员提起诉讼;(7)公司章程规定的其他职权。由于不设监事会的监事行使的职权与监事会一致,所以本条规定也适用于不设监事会的股份有限公司监事的职权。同时,股份有限公司可以按照公司章程的规定在董事会中设置由董事组成的审计委员会,行使本法规定的监事会的职权,因此本条规定也适用于股份有限公司审计委员会。

《公司法》第79条规定了监事的权利和监事会的调查权。按照该条规定,监事可以列席董事会会议,并对董事会决议事项提出质询或者建议。监事会发现公司经营情况异常,可以进行调查;必要时,可以聘请会计师事务所等协助其工作,费用由公司承担。

《公司法》第80条规定了监事会的质询权。按照该条规定,监事会可以要求董事、高级管理人员提交执行职务的报告。董事、高级管理人员应当如实向监事会提供有关情况和资料,不得妨碍监事会或者监事行使职权。

监事会行使职权所必需的费用,由公司承担。如果不是此项费用,公司可以拒绝承担。

**第一百三十二条 【监事会议事规则】监事会每六个月至少召开一次会议。监事可以提议召开临时监事会会议。**

**监事会的议事方式和表决程序,除本法有规定的外,由公司章程规定。**

**监事会决议应当经全体监事的过半数通过。**

**监事会决议的表决,应当一人一票。**

**监事会应当对所议事项的决定作成会议记录,出席会议的监事应当在会议记录上签名。**

## 条文解读

本条是关于监事会议事规则的规定。

本条第 1 款规定了监事会会议的形式。监事会会议分为定期会议和临时会议。法律要求监事会每 6 个月至少召开一次会议，履行监督职责。公司章程可以增加监事会召开会议的次数。监事还可以提议召开临时监事会会议。

本条第 2~4 款规定了监事会的议事方式和表决程序。监事会的议事方式和表决程序，除《公司法》另有规定的以外，由公司章程规定。但是，监事会决议应当经全体监事的过半数通过。监事会决议的表决，应当一人一票。

本条第 5 款规定了监事会会议决定的形式。监事会应当对所议事项的决定作成会议记录，即应当对所决议的事项、出席会议的监事及表决情况、决议结果等作成监事会会议记录，并由出席会议的监事签名，以保证会议记录及决议的真实性和效力，明确各位监事的责任。

**第一百三十三条　【股份有限公司监事会设置例外】规模较小或者股东人数较少的股份有限公司，可以不设监事会，设一名监事，行使本法规定的监事会的职权。**

**条文解读**

本条为 2023 年《公司法》新增加的内容，即规模较小或者股东人数较少的股份有限公司，可以不设监事会，设一名监事。本条未规定股份有限公司经全体股东一致同意，也可以不设监事。换言之，如果股份有限公司未在董事会中设置由董事组成的审计委员会，则需按照《公司法》的规定设置监事会或者监事。这一点不同于有限责任公司。有限责任公司在全体股东一致同意的情况下，监事也可以不设置。

不设监事会的监事，按照《公司法》第 131 条的规定行使监事会的职权。

## 第五节　上市公司组织机构的特别规定

**第一百三十四条　【上市公司的定义】本法所称上市公司，是指其股票在证券交易所上市交易的股份有限公司。**

## 条文解读

本条是关于上市公司定义的规定。

根据股份有限公司的股票是否在证券交易所交易,可以将其分为上市公司和非上市公司两种形式。根据本条规定,上市公司是指其股票在证券交易所上市交易的股份有限公司。上市公司具有一般股份有限公司的基本特征,但是又有其特殊性,即股东人数众多;股票发行之后,股东就可以在依法设立的股票交易场所转让其所持股票。基于此,上市公司的运作及其股票交易活动对广大公众投资者的利益和证券市场秩序会有重大的影响,因此需要从法律上对股票上市条件、上市交易规则、上市公司内部组织机构的设置、信息披露等作出专门规定,严格加以规范,这些都是《证券法》以及相关行政法规、监管规章要予以明确的。

按照本条的规定,只有公司债券在证券交易所上市交易,而没有股票在证券交易所上市交易的公司,不属于上市公司。

我国股票在证券交易所上市交易的股份有限公司,包括以下几类:一是主板市场上市公司,即股票在上海证券交易所、深圳证券交易所的主板市场上市交易的公司。主板市场对上市公司的要求最为严格。二是股票在深圳证券交易所的创业板市场、上海证券交易所的科创板市场以及北京证券交易所上市交易的公司。这个层次的资本市场是专为中小企业和创新企业提供融资途径的证券交易市场。

新三板市场,主要为创新型、创业型、成长型中小微企业通过主办券商申请挂牌交易,公开转让股份。新三板挂牌公司不是上市公司,公开发行股票也不是新三板挂牌的必要条件,股东人数未超过 200 人的股份有限公司申请在新三板挂牌,证监会豁免注册。

对于上市公司的规定,不仅体现在《公司法》的第 5 章第 5 节中,还体现在许多中国证监会发布的重要规章中,如《上市公司治理准则》《上市公司章程指引》《上市公司重大资产重组管理办法》《上市公司独立董事管理办法》等。

股票向特定对象发行或者转让导致股东累计超过 200 人,或者股票公开转让,且其股票未在证券交易所上市交易的股份有限公司,称为非上市公众公司。中国证监会于 2023 年 2 月 17 日发布修订后的《非上市公众公司监督管理办法》。该办法第 4 条规定,公众公司公开转让股票应当在全国中小企业股份转让系统进行,公开转让的公众公司股票应当在中国证券登记结算公司集中登记存管。

**第一百三十五条　【上市公司重大资产交易与重要担保的议事规则】** 上市公司在一年内购买、出售重大资产或者向他人提供担保的金额超过公司资产总额百分之三十的，应当由股东会作出决议，并经出席会议的股东所持表决权的三分之二以上通过。

## 条文解读

本条是关于上市公司重大资产交易与重要担保的议事规则的规定。

上市公司作为股份有限公司的一种特殊形式，其股东会当然享有一般股份有限公司股东会的职权。同时因为其股东人数众多、股本规模大且能够上市交易、变动性强，重大的资产变动会产生较大的风险，给公司的长期经营和广大股东的长远利益带来影响。本条据此特殊情况，增加规定了上市公司股东会的决议事项，即上市公司在 1 年内的购买、出售重大资产或者向他人提供大额担保的，应当由股东会作出决议。这里的“大额”，是指超过公司资产总额的 30%。这些事项的决议适用特别决议事项的表决规则，经过出席会议的股东所持表决权的 2/3 以上通过方可。2023 年修订的《公司法》将上市公司提供担保的范围限定为“向他人”。因为上市公司为自己提供担保，并不损害公司或者股东的利益，无须特别规定。

《公司法》只规定了上市公司在进行重大资产买卖与向他人提供重大担保事项时，应当由股东会进行表决的规定。除此之外，上市公司在交易程序、价格、信息披露等方面还要遵守中国证监会的相关监管规则。

## 关联法规索引

《上市公司重大资产重组管理办法》第 12～15 条

**第一百三十六条　【上市公司独立董事及公司章程记载事项】** 上市公司设独立董事，具体管理办法由国务院证券监督管理机构规定。

上市公司的公司章程除载明本法第九十五条规定的事项外，还应当依照法律、行政法规的规定载明董事会专门委员会的组成、职权以及董事、监事、高级管理人员薪酬考核机制等事项。

## 条文解读

本条是关于上市公司独立董事及公司章程记载事项的规定。

上市公司独立董事,是指不在上市公司担任除董事外的其他职务,并与其所受聘的上市公司及其主要股东、实际控制人不存在直接或者间接利害关系,或者其他可能影响其进行独立客观判断关系的董事。

2023 年 7 月 28 日,《上市公司独立董事管理办法》经中国证监会 2023 年第 5 次委务会议审议通过,自 2023 年 9 月 4 日起施行。按照该办法规定,独立董事应当独立履行职责,不受上市公司及其主要股东、实际控制人等单位或者个人的影响。上市公司独立董事占董事会成员的比例不得低于 1/3,且至少包括 1 名会计专业人士。上市公司应当在董事会中设置审计委员会。审计委员会成员应当为不在上市公司担任高级管理人员的董事,其中独立董事应当过半数,并由独立董事中会计专业人士担任召集人。

独立董事必须保持独立性。下列人员不得担任独立董事:(1)在上市公司或者其附属企业任职的人员及其配偶、父母、子女、主要社会关系;(2)直接或者间接持有上市公司已发行股份 1%以上或者是上市公司前 10 名股东中的自然人股东及其配偶、父母、子女;(3)在直接或者间接持有上市公司已发行股份 5%以上的股东或者在上市公司前 5 名股东任职的人员及其配偶、父母、子女;(4)在上市公司控股股东、实际控制人的附属企业任职的人员及其配偶、父母、子女;(5)与上市公司及其控股股东、实际控制人或者其各自的附属企业有重大业务往来的人员,或者在有重大业务往来的单位及其控股股东、实际控制人任职的人员;(6)为上市公司及其控股股东、实际控制人或者其各自附属企业提供财务、法律、咨询、保荐等服务的人员,包括但不限于提供服务的中介机构的项目组全体人员、各级复核人员、在报告上签字的人员、合伙人、董事、高级管理人员及主要负责人;(7)最近 12 个月内曾经具有第 1~6 项所列举情形的人员;(8)法律、行政法规、中国证监会规定、证券交易所业务规则和公司章程规定的不具备独立性的其他人员。前述第 4~6 项中的上市公司控股股东、实际控制人的附属企业,不包括与上市公司受同一国有资产管理机构控制且按照相关规定未与上市公司构成关联关系的企业。独立董事应当每年对独立性情况进行自查,并将自查情况提交董事会。董事会应当每年对在任独立董事独立性情况进行评估并出具专项意见,与年度报告同时披露。

担任独立董事应当符合下列条件:(1)根据法律、行政法规和其他有关规定,具备担任上市公司董事的资格;(2)符合《上市公司独立董事管理办法》第6条规定的独立性要求;(3)具备上市公司运作的基本知识,熟悉相关法律法规和规则;(4)具有5年以上履行独立董事职责所必需的法律、会计或者经济等工作经验;(5)具有良好的个人品德,不存在重大失信等不良记录;(6)法律、行政法规、中国证监会规定、证券交易所业务规则和公司章程规定的其他条件。

独立董事对董事会议案投反对票或者弃权票的,应当说明具体理由及依据、议案所涉事项的合法合规性、可能存在的风险以及对上市公司和中小股东权益的影响等。上市公司在披露董事会决议时,应当同时披露独立董事的异议意见,并在董事会决议和会议记录中载明。

按照本条第2款的规定,上市公司的公司章程除载明《公司法》第95条规定的事项外,还应当依照法律、行政法规的规定载明董事会专门委员会的组成、职权以及董事、监事、高级管理人员薪酬考核机制等事项。例如,《上市公司章程指引》中,关于董事会的职权中就涉及"公司董事会设立【审计委员会】,并根据需要设立【战略】、【提名】、【薪酬与考核】等相关专门委员会。专门委员会对董事会负责,依照该章程和董事会授权履行职责,提案应当提交董事会审议决定。专门委员会成员全部由董事组成,其中【审计委员会】、【提名委员会】、【薪酬与考核委员会】中独立董事占多数并担任召集人,【审计委员会】的召集人为会计专业人士。董事会负责制定专门委员会工作规程,规范专门委员会的运作"。

**第一百三十七条　【上市公司审计委员会的特别职权】上市公司在董事会中设置审计委员会的,董事会对下列事项作出决议前应当经审计委员会全体成员过半数通过:**

**(一)聘用、解聘承办公司审计业务的会计师事务所;**

**(二)聘任、解聘财务负责人;**

**(三)披露财务会计报告;**

**(四)国务院证券监督管理机构规定的其他事项。**

## 条文解读

本条是关于上市公司审计委员会的特别职权的规定。按照中国证监会《上市公司独立董事管理办法》第5条第2款规定,上市公司应当在董事会中设置审计委员会。

如果对照这一监管规则,审计委员会属于上市公司董事会的必设机构。上市公司应当在董事会中设置审计委员会。审计委员会成员应当为不在上市公司担任高级管理人员的董事,其中独立董事应当过半数,并由独立董事中会计专业人士担任召集人。董事会对下列事项作出决议前应当经审计委员会全体成员过半数通过:聘用、解聘承办公司审计业务的会计师事务所;聘任、解聘财务负责人;披露财务会计报告;国务院证券监督管理机构规定的其他事项。对此,《上市公司独立董事管理办法》还对审计委员会作出了更详细的规定。该办法第 26 条规定,上市公司董事会审计委员会负责审核公司财务信息及其披露、监督及评估内外部审计工作和内部控制,下列事项应当经审计委员会全体成员过半数同意后,提交董事会审议:(1)披露财务会计报告及定期报告中的财务信息、内部控制评价报告;(2)聘用或者解聘承办上市公司审计业务的会计师事务所;(3)聘任或者解聘上市公司财务负责人;(4)因会计准则变更以外的原因作出会计政策、会计估计变更或者重大会计差错更正;(5)法律、行政法规、中国证监会规定和公司章程规定的其他事项。也就是说,披露财务报告及内部控制评价报告,聘用或者解聘会计师事务所,任免财务负责人,会计政策、会计估计变更或者重大会计差错更正等四类事项在提交董事会审议前应当由审计委员会事前认可。这样规定,是对信息披露强化监管的重要举措。

审计委员会每季度至少召开 1 次会议,2 名及以上成员提议,或者召集人认为有必要时,可以召开临时会议。审计委员会会议须有 2/3 以上成员出席方可举行。

**第一百三十八条　【上市公司董事会秘书的设置和职责】上市公司设董事会秘书,负责公司股东会和董事会会议的筹备、文件保管以及公司股东资料的管理,办理信息披露事务等事宜。**

## 条文解读

本条是关于上市公司董事会秘书的设置和职责的规定。董事会秘书不同于董事长秘书,董事会秘书既是上市公司的必设职位,也是公司的高级管理人员。董事会秘书的职权包括:(1)公司股东会和董事会会议的筹备;(2)文件保管;(3)公司股东资料的管理;(4)办理信息披露事务等事宜。

董事会秘书由董事长提名,经董事会聘任或解聘。董事会聘任董事会秘书,应向股东会报告,并向公众披露,同时报证监会和交易所备案。《上市公司治理准则》第 28

条规定，上市公司设董事会秘书，负责公司股东会和董事会会议的筹备及文件保管、公司股东资料的管理、办理信息披露事务、投资者关系工作等事宜。董事会秘书作为上市公司高级管理人员，为履行职责有权参加相关会议，查阅有关文件，了解公司的财务和经营等情况。董事会及其他高级管理人员应当支持董事会秘书的工作。任何机构及个人不得干预董事会秘书的正常履职行为。

**第一百三十九条　【上市公司董事关联交易书面报告及回避制度】　上市公司董事与董事会会议决议事项所涉及的企业或者个人有关联关系的，该董事应当及时向董事会书面报告。有关联关系的董事不得对该项决议行使表决权，也不得代理其他董事行使表决权。该董事会会议由过半数的无关联关系董事出席即可举行，董事会会议所作决议须经无关联关系董事过半数通过。出席董事会会议的无关联关系董事人数不足三人的，应当将该事项提交上市公司股东会审议。**

## 条文解读

本条是关于上市公司董事关联交易书面报告及回避制度的规定。

本条回避制度的设计主要是考虑如果董事与表决事项所涉及的企业存在关联关系，就有可能在该项交易中与公司存在利益冲突，甚至为私利损害公司利益。《公司法》第182条规定："董事、监事、高级管理人员，直接或者间接与本公司订立合同或者进行交易，应当就与订立合同或者进行交易有关的事项向董事会或者股东会报告，并按照公司章程的规定经董事会或者股东会决议通过。董事、监事、高级管理人员的近亲属，董事、监事、高级管理人员或者其近亲属直接或者间接控制的企业，以及与董事、监事、高级管理人员有其他关联关系的关联人，与公司订立合同或者进行交易，适用前款规定。"第185条规定："董事会对本法第一百八十二条至第一百八十四条规定的事项决议时，关联董事不得参与表决，其表决权不计入表决权总数。出席董事会会议的无关联关系董事人数不足三人的，应当将该事项提交股东会审议。"上述回避制度是对一般公司而言的，而本条规定的回避制度则是针对上市公司的所涉关联关系，比第185条规定的条件更为严格。本条规定的触发条件并不要求存在与关联方的直接交易或是间接交易。只要董事会会议决议事项所涉及的企业或者个人有关联关系的，该董事就应当及时向董事会书面报告。《公司法》第265条第4项规定，关联关系，是指公司控股股东、实际控制人、董事、监事、高级管理人员与其直接或者间接控制的企业之间的关系,以及可能导致公司利益转移的其他关系。但是,国家控股的企业之间不仅因为同受国家控股而具有关联关系。上市公司董事与董事会会议决议事项所涉及的企业或者个人有关联关系的,对于所涉事项,董事会会议只有超过一半的无关联董事出席方可举行,对该类事项的决议也应当经无关联关系董事过半数通过。

《上市公司信息披露管理办法》第 41 条也有类似规定:上市公司董事、监事、高级管理人员、持股 5%以上的股东及其一致行动人、实际控制人应当及时向上市公司董事会报送上市公司关联人名单及关联关系的说明。上市公司应当履行关联交易的审议程序,并严格执行关联交易回避表决制度。交易各方不得通过隐瞒关联关系或者采取其他手段,规避上市公司的关联交易审议程序和信息披露义务。

如果出席董事会会议的无关联关系董事人数不足 3 人,由于人数太少,董事会会议决议难以体现大多数股东的意志和利益,因此法律要求将该事项提交上市公司股东会审议。

**第一百四十条 【上市公司信息披露及禁止股票代持】上市公司应当依法披露股东、实际控制人的信息,相关信息应当真实、准确、完整。**

**禁止违反法律、行政法规的规定代持上市公司股票。**

## 条文解读

本条是关于上市公司信息披露和股票代持的禁止性规定。

上市公司股票在证券交易所发行、交易,因而上市公司各种重要信息对股票的价格具有重要影响。依法披露的信息,应当在证券交易场所的网站和符合国务院证券监督管理机构规定条件的媒体发布,同时将其置备于公司住所、证券交易场所,供社会公众查阅。本条规定上市公司应当依法披露股东、实际控制人的信息,属于与《证券法》相衔接的条款。《证券法》及相关行政法规、监管规章对上市公司信息披露有更加完整的规定。

按照《上市公司信息披露管理办法》规定,上市公司信息披露文件包括定期报告、临时报告、招股说明书、募集说明书、上市公告书、收购报告书等。依法披露的信息,应当在证券交易所的网站和符合中国证监会规定条件的媒体发布,同时将其置备于上市公司住所、证券交易所,供社会公众查阅。

对于本条第 1 款中规定的“上市公司应当依法披露股东、实际控制人的信息”,《上市公司信息披露管理办法》规定,上市公司年度报告中应当披露“公司股票、债券发行及变动情况,报告期末股票、债券总额、股东总数,公司前十大股东持股情况”;“持股百分之五以上股东、控股股东及实际控制人情况”;“董事、监事、高级管理人员的任职情况、持股变动情况、年度报酬情况”。中期报告中应当披露“公司股票、债券发行及变动情况、股东总数、公司前十大股东持股情况,控股股东及实际控制人发生变化的情况”。临时报告中应当披露“公司或者其控股股东、实际控制人、董事、监事、高级管理人员受到刑事处罚,涉嫌违法违规被中国证监会立案调查或者受到中国证监会行政处罚,或者受到其他有权机关重大行政处罚”;“公司的控股股东、实际控制人、董事、监事、高级管理人员涉嫌严重违纪违法或者职务犯罪被纪检监察机关采取留置措施且影响其履行职责”。并且,上市公司的控股股东或者实际控制人对重大事件的发生、进展产生较大影响的,应当及时将其知悉的有关情况书面告知上市公司,并配合上市公司履行信息披露义务。涉及上市公司的收购、合并、分立、发行股份、回购股份等行为导致上市公司股本总额、股东、实际控制人等发生重大变化的,信息披露义务人应当依法履行报告、公告义务,披露权益变动情况。上市公司控股股东、实际控制人及其一致行动人应当及时、准确地告知上市公司是否存在拟发生的股权转让、资产重组或者其他重大事件,并配合上市公司做好信息披露工作。

上市公司的股东、实际控制人发生以下事件时,应当主动告知上市公司董事会,并配合上市公司履行信息披露义务:(1)持有公司 5%以上股份的股东或者实际控制人持有股份或者控制公司的情况发生较大变化,公司的实际控制人及其控制的其他企业从事与公司相同或者相似业务的情况发生较大变化;(2)法院裁决禁止控股股东转让其所持股份,任一股东所持公司 5%以上股份被质押、冻结、司法拍卖、托管、设定信托或者被依法限制表决权等,或者出现被强制过户风险;(3)拟对上市公司进行重大资产或者业务重组;(4)中国证监会规定的其他情形。应当披露的信息依法披露前,相关信息已在媒体上传播或者公司证券及其衍生品种出现交易异常情况的,股东或者实际控制人应当及时、准确地向上市公司作出书面报告,并配合上市公司及时、准确地公告。上市公司的股东、实际控制人不得滥用其股东权利、支配地位,不得要求上市公司向其提供内幕信息。

本条第 2 款规定,禁止违反法律、行政法规的规定代持上市公司股票。上市公司所发行的股票,均为记名股票。如果通过投资协议,隐名股东由他人代持股票,则会产生干扰证券市场交易秩序的行为。因此,法律对此是加以禁止的。本款规定属于效力性强制性规定,对于违法代持行为,应当认定为无效。但是,为上市公司隐名持股无效,并不意味着否认双方委托投资关系的效力,更不意味着否认双方之间委托投资的事实。[1]

**第一百四十一条 【禁止交叉持股】上市公司控股子公司不得取得该上市公司的股份。**

**上市公司控股子公司因公司合并、质权行使等原因持有上市公司股份的,不得行使所持股份对应的表决权,并应当及时处分相关上市公司股份。**

## 条文解读

本条第1款是关于上市公司交叉持股的禁止性规定,即上市公司控股子公司不得取得该上市公司的股份。在2023年《公司法》修订前,《上海证券交易所股票上市规则》《深圳证券交易所股票上市规则》均规定上市公司控股子公司不得取得该上市公司发行的股份,确因特殊原因持有股份的,应当在1年内消除该情形,在消除前上市公司控股子公司不得对其持有的股份行使表决权,以此来规制上市公司经营管理层利用交叉持股的方式架空公司股东的权利以及在会计核算中带来的诸多问题。在吸收上市公司交易规则为立法,禁止上市公司交叉持股的基础上,本条第2款规定,上市公司控股子公司因公司合并、质权行使等原因持有上市公司股份的,不得行使所持股份对应的表决权,并应当及时处分相关上市公司股份。也就是说,当上市公司控股的子公司被动持有上市公司股份的,不得行使所持股份对应的表决权,并应当及时处分相关上市公司股份。

[1] 参见"杨某国、林某坤股权转让纠纷案",最高人民法院(2017)最高法民申2454号民事裁定书。

# 第六章　股份有限公司的股份发行和转让

## 第一节　股份发行

**第一百四十二条　【面额股和无面额股】** 公司的资本划分为股份。公司的全部股份，根据公司章程的规定择一采用面额股或者无面额股。采用面额股的，每一股的金额相等。

公司可以根据公司章程的规定将已发行的面额股全部转换为无面额股或者将无面额股全部转换为面额股。

采用无面额股的，应当将发行股份所得股款的二分之一以上计入注册资本。

### 条文解读

本条是关于公司发行面额股和无面额股的规定。

传统上，股份有限公司的资本划分为股份，每一股的金额相等。公司的股份采取股票的形式。股票是公司签发的证明股东所持股份的凭证。从股份有限公司的角度来看，股份是股票这一有价证券依附的物质内容和存在基础。如果没有股份的存在，股票也就毫无意义和价值。因此，习惯上有时也把股份与股票视为一体，作为等同的概念来使用。

2023 年修订的《公司法》对传统的股份有限公司股份进行了重大改革。按照本条第 1 款的规定，公司的全部股份，根据公司章程的规定择一采用面额股或者无面额股。面额股即原《公司法》上规定的股票，也就是有面额的股份。采用面额股的，每一股的金额相等。无面额股，只表示公司全部股份的特定比例部分，而没有固定的面额。例如，公司共发行 1000 万无面额股，每一股就代表 1000 万分之一。无面额股的意义在于，公司在不同阶段，每一股的价格可以不一样。例如，在公司成立时，每一股的价格可以为 1 元，再次发行时，价格可以为 2 元。按照本条规定，股份有限公司可以根据公司章程规定选择采用面额股或者无面额股，但是只能择一采用，而不能同时采用。

本条第2款规定了股份有限公司面额股和无面额股之间的互换，即公司可以根据公司章程的规定将已发行的面额股全部转换为无面额股或者将无面额股全部转换为面额股。值得注意的是，在转换时必须整体转换，而不能部分转换。

发行无面额股，意味着每一股的股份没有面额，也就无法通过股份面额×股份数得出公司资本总额。按照本条第3款规定，采用无面额股的，应当将发行股份所得股款的1/2以上计入注册资本。也就是说，采用无面额股的股份有限公司，其注册资本=1/2×发行股份所得股款=无面额股价格×股份数。《公司法》第213条规定，公司发行无面额股所得股款未计入注册资本的金额，应当列为公司资本公积金。

**第一百四十三条 【股份发行原则】股份的发行，实行公平、公正的原则，同类别的每一股份应当具有同等权利。**

**同次发行的同类别股份，每股的发行条件和价格应当相同；认购人所认购的股份，每股应当支付相同价额。**

## 条文解读

本条是关于股份发行原则的规定。

股份有限公司股份的发行实行公平、公正的原则。所谓公平，首先是指发行的股份所代表权利的公平，即在同一次发行中的同一种股份应当具有同等的权利，享有同等的利益，同类股份必须同股同权、同股同利；其次是指股份发行条件的公平，即在同次股份发行中，相同种类的股份，每股的发行条件和发行价格应当相同，任何人获得相同的股份应支付相同的对价。所谓公正，是指在股份的发行过程中应保持公正性，不允许任何人通过内幕交易、价格操纵、价格欺诈等不正当行为获得超过其他人的利益。如果是公开发行股票，还要符合公开原则。

**第一百四十四条 【类别股发行规则】公司可以按照公司章程的规定发行下列与普通股权利不同的类别股：**

**（一）优先或者劣后分配利润或者剩余财产的股份；**

**（二）每一股的表决权数多于或者少于普通股的股份；**

**（三）转让须经公司同意等转让受限的股份；**

**(四)国务院规定的其他类别股。**

**公开发行股份的公司不得发行前款第二项、第三项规定的类别股;公开发行前已发行的除外。**

**公司发行本条第一款第二项规定的类别股的,对于监事或者审计委员会成员的选举和更换,类别股与普通股每一股的表决权数相同。**

## 条文解读

本条是关于股份有限公司类别股发行规则的规定。

所谓类别股,就是按照公司章程规定的与普通股不同的其他类别的股份。类别股是相对于普通股而言的。普通股是指通常意义上的股份有限公司的股份。普通股具有两个特点:第一,普通股承担的财产风险是全面的,或者说其是全面风险型的股份,因为普通股股东的利润派发是在优先股股东之后的,在分配公司剩余财产时,普通股股东也要在优先股股东之后。第二,普通股的股权内容是完全的,也就是说,普通股的股权包括所有的法定股东权利,特别是表决权。

本条第1款第1项规定了优先或者劣后分配利润或者剩余财产的股份,即优先股和劣后股。优先股和劣后股是一个相对的概念,但它们都是相对于普通股而言的。优先股是在分配利润或剩余财产方面优先于普通股的股份;劣后股则正好相反,是在分配利润或剩余财产方面劣后于普通股的股份。作为优先股的持股人在分配利润或剩余财产方面优先地位所付出的代价,就是参与公司决策管理等权利受到限制;劣后股则与之相反。2023年2月17日,中国证监会2023年第2次委务会议审议通过修订后的《优先股试点管理办法》。按照该办法规定,上市公司可以发行优先股,非上市公众公司可以向特定对象发行优先股。优先股股东按照约定的股息率分配股息后,有权同普通股股东一起参加剩余利润分配的,公司章程应明确优先股股东参与剩余利润分配的比例、条件等事项。

本条第1款第2项规定的每一股的表决权数多于或者少于普通股的股份,即通常所说的双重表决权股。按照原《公司法》规定,每一股份所代表的权利都一样,即同股同权、股东平等。但是,现实中越来越多的高科技公司创始人,都希望在获得融资后能够继续保持对公司的控制权,但按照法律规定又无法在持股不足的情况下获得更多的表决权。无奈之下,只好选择将公司在境外资本市场上市。为了使更多的高科技公司回归境内资本市场,2023年《公司法》特别设计了双重股权结构,或者说双重表决权股。

双重表决权股的本意就是股份有限公司的股份在表决权上是双重的，一重是每一股的表决权有多个，另一重是表决权只有一个或是更少。这样的制度设计主要是为了使公司的创始人、管理层不需要大量持有公司股份，就能控制公司的表决权。

"同股同权"是证券市场的一项基本原则。但在敌意并购浪潮的冲击下，主要证券市场开始逐步放开对同股不同权的限制，形成了新经济时代双重表决权的公司治理新趋向。纽交所于 1984 年起重新允许同股不同权企业上市，自 2018 年起香港也接纳了双重股权结构。2018 年 9 月 18 日，国务院出台了《关于推动创新创业高质量发展打造"双创"升级版的意见》，正式允许科技企业实行同股不同权企业治理结构。2019 年 4 月修订的《上海证券交易所科创板股票上市规则》允许设置差异化表决权股权结构的企业上市，是我国关于双重股权结构的首次尝试。2023 年 8 月第三次修订的《上海证券交易所科创板股票上市规则》对科创板上市公司表决权差异安排作出了较为详细的规定。其中，第 2.1.4 条中规定，发行人具有表决权差异安排的，市值及财务指标应当至少符合下列标准中的一项：（1）预计市值不低于人民币 100 亿元；（2）预计市值不低于人民币 50 亿元，且最近一年营业收入不低于人民币 5 亿元。第 4.5.1 条规定，上市公司具有表决权差异安排的，应当充分、详细披露相关情况特别是风险、公司治理等信息，以及依法落实保护投资者合法权益规定的各项措施。第 4.5.2 条规定，发行人首次公开发行并上市前设置表决权差异安排的，应当经出席股东大会的股东所持 2/3 以上的表决权通过。发行人在首次公开发行并上市前不具有表决权差异安排的，不得在首次公开发行并上市后以任何方式设置此类安排。第 4.5.3 条规定，持有特别表决权股份的股东应当为对上市公司发展或者业务增长等作出重大贡献，并且在公司上市前及上市后持续担任公司董事的人员或者该等人员实际控制的持股主体。持有特别表决权股份的股东在上市公司中拥有权益的股份合计应当达到公司全部已发行有表决权股份 10%以上。第 4.5.4 条规定，上市公司章程应当规定每份特别表决权股份的表决权数量。每份特别表决权股份的表决权数量应当相同，且不得超过每份普通股份的表决权数量的 10 倍。第 4.5.5 条规定，除公司章程规定的表决权差异外，普通股份与特别表决权股份具有的其他股东权利应当完全相同。第 4.5.6 条规定，上市公司股票在该所上市后，除同比例配股、转增股本情形外，不得在境内外发行特别表决权股份，不得提高特别表决权比例。上市公司因股份回购等原因，可能导致特别表决权比例提高的，应当同时采取将相应数量特别表决权股份转换为普通股份等措施，保证特别表决权比例不高于原有水平。该规则所称特别表决权比例，是指全部特别表决权股份的表决权数量占上市公司全部已发行股份表决权数量的比例。第 4.5.7 条规定，上市公司应当保证普通表决权比例不低于10%;单独或者合计持有公司10%以上已发行有表决权股份的股东有权提议召开临时股东大会;单独或者合计持有公司3%以上已发行有表决权股份的股东有权提出股东大会议案。该规则所称普通表决权比例,是指全部普通股份的表决权数量占上市公司全部已发行股份表决权数量的比例。第4.5.8条规定,特别表决权股份不得在二级市场进行交易,但可以按照该所有关规定进行转让。

本条第1款第3项规定的转让须经公司同意等转让受限的股份,即转让受限股。股份有限公司自由转让股份是其本来意义。但是可以将某类别股东的股份通过公司章程锁定。这种制度设计,有利于避免管理层为追求短期利益,刻意抬高股票价格后抛售所持股份获利的现象。值得注意的是,“转让须经公司同意等”后面的“等”字意味着,除了转让须经公司同意,还可以有其他方式限制转让,如须征得其他股东同意。

除以上三种类别股外,还包括国务院规定的其他类别股。但是,所有的类别股都是法定的,而不得由公司随意创设。

按照本条第2款规定,公开发行股份的公司不得发行双重表决权股、转让受限股,只能发行优先股、劣后股;公开发行前已发行的除外。双重表决权股、转让受限股也不能在二级市场流通,这是从证券发行与交易公开、公平、公正的角度对类别股提出的要求。

按照本条第3款规定,股份有限公司发行双重表决权股的,对于监事或者审计委员会成员的选举和更换,类别股与普通股每一股的表决权数相同。

**第一百四十五条　【发行类别股的公司章程应记载的事项】** 发行类别股的公司,应当在公司章程中载明以下事项:

(一)类别股分配利润或者剩余财产的顺序;

(二)类别股的表决权数;

(三)类别股的转让限制;

(四)保护中小股东权益的措施;

(五)股东会认为需要规定的其他事项。

## 条文解读

本条规定了发行类别股的股份有限公司须在公司章程中载明的事项,相当于对股份有限公司发行类别股的公示。

发行类别股的公司,应当在公司章程中载明的事项包括,第一,发行优先或者劣后分配利润或者剩余财产的股份的,应载明类别股分配利润或者剩余财产的顺序;第二,发行每一股的表决权数多于或者少于普通股的股份的,载明类别股的表决权数;第三,转让须经公司同意等转让受限的股份的,载明类别股的转让限制;第四,保护中小股东权益的措施;第五,股东会会议认为需要规定的其他事项。

本条规定属于一般性的规定。证监会的监管规范中还有更详细的规定。例如,《优先股试点管理办法》第 28 条第 1 款规定,上市公司公开发行优先股应当在公司章程中规定以下事项:(1)采取固定股息率;(2)在有可分配税后利润的情况下必须向优先股股东分配股息;(3)未向优先股股东足额派发股息的差额部分应当累积到下一会计年度;(4)优先股股东按照约定的股息率分配股息后,不再同普通股股东一起参加剩余利润分配。《上市公司章程指引》第 16 条注释指出,发行优先股的公司,应当在章程中明确以下事项:(1)优先股股息率采用固定股息率或浮动股息率,并相应明确固定股息率水平或浮动股息率的计算方法;(2)公司在有可分配税后利润的情况下是否必须分配利润;(3)如果公司因本会计年度可分配利润不足而未向优先股股东足额派发股息,差额部分是否累积到下一会计年度;(4)优先股股东按照约定的股息率分配股息后,是否有权同普通股股东一起参加剩余利润分配,以及参与剩余利润分配的比例、条件等事项;(5)其他涉及优先股股东参与公司利润分配的事项;(6)除利润分配和剩余财产分配外,优先股是否在其他条款上具有不同的设置;(7)优先股表决权恢复时,每股优先股股份享有表决权的具体计算方法。

**第一百四十六条 【类别股股东会决议事项】发行类别股的公司,有本法第一百一十六条第三款规定的事项等可能影响类别股股东权利的,除应当依照第一百一十六条第三款的规定经股东会决议外,还应当经出席类别股股东会议的股东所持表决权的三分之二以上通过。**

**公司章程可以对需经类别股股东会议决议的其他事项作出规定。**

## 条文解读

本条是关于类别股股东会决议事项的规定。

《公司法》第 116 条第 3 款规定,股东会作出修改公司章程、增加或者减少注册资本的决议,以及公司合并、分立、解散或者变更公司形式的决议,应当经出席会议的股东所持表决权的 2/3 以上通过。按照本条规定,股东会作出修改公司章程、增加或者减少注册资本的决议,以及公司合并、分立、解散或者变更公司形式的事项等可能影响类别股股东权利的,除了应当经出席会议的股东所持表决权的 2/3 以上通过外,还应当经出席类别股股东会议损害的股东所持表决权的 2/3 以上通过。《优先股试点管理办法》进一步规定,优先股股东有权出席股东大会会议,就以下事项与普通股股东分类表决,其所持每一优先股有一表决权:(1)修改公司章程中与优先股相关的内容;(2)一次或累计减少公司注册资本超过 10%;(3)公司合并、分立、解散或变更公司形式;(4)发行优先股;(5)公司章程规定的其他情形。上述事项的决议,除须经出席会议的普通股股东(含表决权恢复的优先股股东)所持表决权的 2/3 以上通过之外,还须经出席会议的优先股股东(不含表决权恢复的优先股股东)所持表决权的 2/3 以上通过。

除了上述规定,公司章程可以对需经类别股股东会议决议的其他事项作出规定。

**第一百四十七条　【股票】公司的股份采取股票的形式。股票是公司签发的证明股东所持股份的凭证。**

**公司发行的股票,应当为记名股票。**

## 条文解读

本条是关于股份有限公司股票的规定。无论是发行面额股、无面额股,还是发行普通股、类别股,都应当采取股票的形式。股票属于有价证券,是公司签发的证明股东所持股份的凭证。股票的实质是股份有限公司的股份,也就是股份的实体。上市公司的股票在证券市场交易,其实质是上市公司的股份在证券市场转让。股票转让的,意味着股份随之转让。

股票根据是否记载股东的姓名或者名称,分为记名股票和无记名股票。记名股票,是指股票上记载有股东姓名或者名称的股票;无记名股票,即股票上未记载股东姓名或者名称的股票。二者最主要的区别是,前者只能由股票上记载的股东行使股东权,而后者则是谁持有谁就可以行使股东权。2023 年修订的《公司法》规定,公司发行的股票,应当为记名股票。也就是说,股份有限公司不得再发行无记名股。取消无记名股票,有利于保护持股人的利益,同时也顺应了国际反洗钱法的趋势。

**第一百四十八条 【面额股股票发行价格】面额股股票的发行价格可以按票面金额,也可以超过票面金额,但不得低于票面金额。**

## 条文解读

本条是关于面额股股票发行价格的规定。面额股股票发行的价格可以等于票面金额,此为“平价发行”;股票的发行价格也可以超过票面金额,此为“溢价发行”。溢价发行所得的超过注册资本的部分,《公司法》第 213 条规定,应当列为公司资本公积金。股票的发行价格不得低于票面金额,即不得“折价发行”。现实中,几乎都是溢价发行。如果低于股票票面金额,公司通过公开发行股票无法募集到发行款,也就是资本无法充实,为法律所禁止。

**第一百四十九条 【股票的形式以及纸面股票记载事项】股票采用纸面形式或者国务院证券监督管理机构规定的其他形式。**

**股票采用纸面形式的,应当载明下列主要事项:**

**(一)公司名称;**

**(二)公司成立日期或者股票发行的时间;**

**(三)股票种类、票面金额及代表的股份数,发行无面额股的,股票代表的股份数。**

**股票采用纸面形式的,还应当载明股票的编号,由法定代表人签名,公司盖章。**

**发起人股票采用纸面形式的,应当标明发起人股票字样。**

## 条文解读

本条是关于股票的形式以及纸面股票记载事项的规定。

股票可以采取纸面的形式和非纸面的形式。传统的股票多采用纸面形式,在纸制品上载明股票应当记载的事项,并将该纸制品作为股东权利凭证。随着电子技术在证券业务领域的运用,出现了簿记形式的股票,即无纸化股票,将登记结算机构所记载的电子信息作为股权凭证。本条第 1 款规定,股票采用纸面形式以外的其他形式的,应当符合国务院证券监督管理机构的规定。

股票应当载明下列内容：(1)公司名称；(2)公司成立日期或者股票发行的时间；(3)股票种类、票面金额及代表的股份数，发行无面额股的，股票代表的股份数。也就是说，每一只股票并非只代表一份股份。

股票采用纸面形式的，还应当载明股票的编号，由法定代表人签名，公司盖章。

发起人的纸面股票必须标明发起人股票的字样，以便公众了解及明晰发起人的出资等义务履行情况。

**第一百五十条　【股票交付】股份有限公司成立后，即向股东正式交付股票。公司成立前不得向股东交付股票。**

## 条文解读

本条是关于股份有限公司股票交付的规定。

股份有限公司发行股份，认股人认购后并不当时取得股权凭证——股票，因为此时公司尚处于筹建阶段而未成立，还不能行使股权，股票对于认股人没有意义。如果交付，同时该股票在市场上进行了流通，则一旦设立中的公司因为种种原因最后没有成立，该股票所代表的股东权利即不存在，所有围绕该股票已经发生的交易都会受到影响。这种情况的发生将会严重影响市场的交易秩序，造成社会资源的浪费。公司在成立以后即正式进入经营状态，股东权当然应当得以行使，所以公司应当立即向股东交付股票，不得迟延。

**第一百五十一条　【公司发行新股决议事项及确定作价方案】公司发行新股，股东会应当对下列事项作出决议：**

**（一）新股种类及数额；**

**（二）新股发行价格；**

**（三）新股发行的起止日期；**

**（四）向原有股东发行新股的种类及数额；**

**（五）发行无面额股的，新股发行所得股款计入注册资本的金额。**

**公司发行新股，可以根据公司经营情况和财务状况，确定其作价方案。**

## 法律术语

发行新股：在公司成立以后再次发行股份的行为。属于公司增加注册资本的事项，应当由股东会作出决议。

## 条文解读

本条是关于新股发行的规定。

本条第1款规定了发行新股决议的事项，包括：(1)新股种类及数额，即发行的新股是普通股还是特别股，如果是特别股，属于什么类型的特别股以及此次发行多少新股。(2)新股发行价格，是平价发行还是溢价发行，具体的发行价格是多少。(3)新股发行的起止日期。起止日期很重要，例如，公司以公开募集方式发行新股的，依《证券法》的规定，若发行期限届满出售的股票数未达到拟发行股票数70%的，为发行失败。因此，必须对发行期限做出规定。(4)向原有股东发行新股的种类及数额。(5)发行无面额股的，新股发行所得股款计入注册资本的金额。如果发行新股属于面额股，以发行价格获得股款计入注册资本，溢价部分计入资本公积。无面额股不存在面额，须股东会确定所得股款计入注册资本的部分，以及计入资本公积的部分。

本条第2款规定，公司发行新股的，应当确定其作价方案。面额股发行价格的强制性规定是不得低于票面金额。公司可以根据公司经营情况和财务状况确定发行价格。中国证监会对上市公司发行新股还有许多具体的规定，可参见《上市公司证券发行注册管理办法》。

**第一百五十二条　【授权资本制】公司章程或者股东会可以授权董事会在三年内决定发行不超过已发行股份百分之五十的股份。但以非货币财产作价出资的应当经股东会决议。**

**董事会依照前款规定决定发行股份导致公司注册资本、已发行股份数发生变化的，对公司章程该项记载事项的修改不需再由股东会表决。**

## 条文解读

本条是关于股份有限公司授权资本制的规定，这是2023年修订的《公司法》在公司资本制度与公司治理方面的一次重大改革。所谓授权资本制，就是公司章程或者股东会授权董事会在一定条件下发行新股。发行新股，在本质上是公司增加注册资本，因而应当属于股东会的权限。增设授权资本制有利于公司把握市场时机，灵活处理资本扩大的问题。

值得注意的是，按照《公司法》第 96 条规定，股份有限公司的注册资本为在公司登记机关登记的已发行股份的股本总额。授权董事会发行新股，不是由董事会催缴出资，而是增加了公司的注册资本。

按照本条规定，董事会可以根据公司章程或者股东会的授权发行新股，但是有两个方面的限制：一是时间上的限制，即 3 年内；二是数量上的限制，即不得超过已发行股份的 50%。除此之外，董事会能够授权发行的新股，只能以现金方式支付股款。也就是说，以非现金出资方式增资，必须经股东会决议。

董事会依照本条第 1 款决定发行股份导致公司注册资本、已发行股份数发生变化的，对公司章程该项记载事项的修改不需再由股东会表决。

**第一百五十三条　【授权资本表决比例】公司章程或者股东会授权董事会决定发行新股的，董事会决议应当经全体董事三分之二以上通过。**

## 条文解读

本条是关于授权资本表决比例的规定。

《公司法》第 124 条第 1 款规定，董事会会议应当有过半数的董事出席方可举行。董事会作出决议，应当经全体董事的过半数通过。但由于公司发行新股属于增加公司注册资本的重大事项，即使是由股东会决议，按照《公司法》第 66 条第 3 款的规定，股东会作出修改公司章程、增加或者减少注册资本的决议，应当经代表 2/3 以上表决权的股东通过。因而董事会作出该类决议，也应当按照相同的规则进行，即董事会决议应当经全体董事 2/3 以上通过。

不设董事会而只设置董事的股份有限公司，董事行使董事会的职权。

**第一百五十四条　【公开募集股份规则】公司向社会公开募集股份，应当经国务院证券监督管理机构注册，公告招股说明书。**

**招股说明书应当附有公司章程，并载明下列事项：**

**(一)发行的股份总数;**

**(二)面额股的票面金额和发行价格或者无面额股的发行价格;**

**(三)募集资金的用途;**

**(四)认股人的权利和义务;**

**(五)股份种类及其权利和义务;**

**(六)本次募股的起止日期及逾期未募足时认股人可以撤回所认股份的说明。**

**公司设立时发行股份的,还应当载明发起人认购的股份数。**

## 条文解读

原《公司法》对募集设立中的募集股份和发行新股中的募集股份是分别规定的,2023年修订的《公司法》将二者的共同规则统一规定在"公司向社会公开募集股份"的相关规定中,即本法第154~156条。

本条是关于股份有限公司向社会公开募集股份规则的规定。首先,公司向社会公开募集股份,应当经国务院证券监督管理机构注册。无论是募集设立,还是发行新股,按照《证券法》第9条第1款规定,公开发行证券,必须符合法律、行政法规规定的条件,并依法报经国务院证券监督管理机构或者国务院授权的部门注册。未经依法注册,任何单位和个人不得公开发行证券。证券发行注册制的具体范围、实施步骤,由国务院规定。前述《证券法》中所规定的证券发行,除了股票发行之外,还有债券发行。具体到股票发行,在《公司法》中本条表述为"公司向社会公开募集股份",它在实践中是股份有限公司募集设立或增资扩股的基本手段,在经济上有公司在公开市场融资的作用,是股份有限公司区别于有限责任公司的重要特点。20世纪90年代,我国证券市场刚刚建立,最初采取的是证券发行审批制;2001年起,改为核准制,2004年引入保荐制;2019年起试点注册制,并于2023年起全面实施注册制。

其次,公司向社会公开募集股份,应当公告招股说明书。招股说明书是要约邀请,是向不特定主体发出的,必须公告。认股书是公众向公司发出的认购股份的要约,认股书包含招股说明书的主要内容。招股说明书和认股书必须符合法律规定的要求。

本条中所涉及的招股说明书,既涉及募集设立公司时的招股说明书,也包括公司成立后发行新股的招股说明书。

按照本条第2款规定,招股说明书中除了应当附公司章程外,还应当载明以下事项:(1)发行的股份总数。(2)面额股的票面金额和发行价格或者无面额股的发行价格。面额股的发行价格往往大于票面金额,即溢价发行。(3)募集资金的用途。(4)认股人的权利和义务。(5)股份种类及其权利和义务。上市公司只能公开发行优先股或者劣后股。(6)本次募股的起止日期及逾期未募足时认股人可以撤回所认股份的说明。

按照《公司法》第100条规定,募集设立时,发起人向社会公开募集股份,应当公告招股说明书,并制作认股书。认股书应当载明《公司法》第154条第2、3款所列事项,由认股人填写认购的股份数、金额、住所,并签名或者盖章。认股人应当按照所认购股份足额缴纳股款。

**第一百五十五条　【公开募集股份的方式】公司向社会公开募集股份,应当由依法设立的证券公司承销,签订承销协议。**

## 条文解读

本条是关于公开募集股份方式的规定。

股份有限公司公开募集股份,属于公开发行股票。在我国,包括募集设立股份有限公司、上市公司公开发行新股在内的所有公开发行股票,都应当由依法设立的证券公司承销。发起人应当和负责承销的证券公司签订承销协议,并且聘请保荐人。《证券法》第10条第1款规定,发行人申请公开发行股票、可转换为股票的公司债券,依法采取承销方式的,或者公开发行法律、行政法规规定实行保荐制度的其他证券的,应当聘请证券公司担任保荐人。第26条规定,发行人向不特定对象发行的证券,法律、行政法规规定应当由证券公司承销的,发行人应当同证券公司签订承销协议。证券承销业务采取代销或者包销方式。证券代销是指证券公司代发行人发售证券,在承销期结束时,将未售出的证券全部退还给发行人的承销方式。证券包销是指证券公司将发行人的证券按照协议全部购入或者在承销期结束时将售后剩余证券全部自行购入的承销方式。第28条规定,证券公司承销证券,应当同发行人签订代销或者包销协议,载明下列事项:(1)当事人的名称、住所及法定代表人姓名;(2)代销、包销证券的种类、数量、金额及发行价格;(3)代销、包销的期限及起止日期;(4)代销、包销的付款方式及日期;(5)代销、包销的费用和结算办法;(6)违约责任;(7)国务院证券监督管理机构规定的其他事项。第29条规定,证券公司承销证券,应当对公开发行募集文件的真实性、准确性、完整性进行核查。发现有虚假记载、误导性陈述或者重大遗漏的,不得进行销售活动;已经销售的,必须立即停止销售活动,并采取纠正措施。证券公司承销证券,不得有下列行为:(1)进行虚假的或者误导投资者的广告宣传或者其他宣传推介活动;(2)以不正当竞争手段招揽承销业务;(3)其他违反证券承销业务规定的行为。证券公司有前述所列行为,给其他证券承销机构或者投资者造成损失的,应当依法承担赔偿责任。

**第一百五十六条 【公开募集股份时收取股款的方式】公司向社会公开募集股份,应当同银行签订代收股款协议。**

**代收股款的银行应当按照协议代收和保存股款,向缴纳股款的认股人出具收款单据,并负有向有关部门出具收款证明的义务。**

**公司发行股份募足股款后,应予公告。**

**条文解读**

本条是关于公开募集股份时收取股款方式的规定。公司不能自己直接收取股款,而必须由银行代收。所以向社会公开募集股份的公司必须和银行签订代收股款协议,由银行负责股款的代收和保存,并向认股人出具收款单据。银行有义务向缴纳股款的认股人出具收款单据,并负有向有关部门出具收款证明的义务。通过本条的规定也可以看出,认股人的出资只能是货币,而不能以非货币资产出资。

本条第3款规定,公司发行股份募足股款后,应予公告。除公告外,募集设立公司募足股款后,要召开创立大会,并根据创立大会的决议申请公司登记;公司发行新股的,募足股款后,相当于变更了公司注册资本,公司也应当申请变更登记。

## 第二节 股份转让

**第一百五十七条 【股份有限公司股份转让】股份有限公司的股东持有的股份可以向其他股东转让,也可以向股东以外的人转让;公司章程对股份转让有限制的,其转让按照公司章程的规定进行。**

## 条文解读

股份有限公司股东自由转让股份是原则。故而，本条规定股份有限公司的股东持有的股份可以向其他股东转让，也可以向股东以外的人转让。由于 2023 年修订的《公司法》第 144 条第 1 款第 3 项新增“转让须经公司同意等转让受限的股份”，故而，公司章程规定转让受限的股份，其转让按照公司章程的规定进行。

**股份有限公司股票转让的限制**

股份有限公司股票最大的特点就是可以自由转让。但是，法律对股票转让也存在一定的限制。对股份有限公司股票转让的限制不仅规定在《公司法》中，《证券法》也有相关体现。将两部法律结合起来看，股票转让主要有以下几个方面的限制：

（一）时间上的限制

根据《公司法》第 150 条的规定，股份有限公司成立后，即向股东正式交付股票。公司成立前不得向股东交付股票。因此，公司成立前的股份持有人是不能转让股份的。

（二）主体上的限制

1.公开发行前股东持有的股份

《公司法》第 160 条第 1 款中规定，公司公开发行股份前已发行的股份，自公司股票在证券交易所上市交易之日起 1 年内不得转让。

2.董事、监事和高级管理人员

《公司法》第 160 条第 2 款规定，公司董事、监事、高级管理人员应当向公司申报所持有的本公司的股份及其变动情况，在就任时确定的任职期间每年转让的股份不得超过其所持有本公司股份总数的 25%；所持本公司股份自公司股票上市交易之日起 1 年内不得转让。上述人员离职后半年内，不得转让其所持有的本公司股份。公司章程可以对公司董事、监事、高级管理人员转让其所持有的本公司股份作出其他限制性规定。

《证券法》第 44 条第 1 款中规定，上市公司、股票在国务院批准的其他全国性证券交易场所交易的公司持有 5%以上股份的股东、董事、监事、高级管理人员，将其持有的该公司的股票或者其他具有股权性质的证券在买入后 6 个月内卖出，或者在卖出后 6 个月内又买入，由此所得收益归该公司所有，公司董事会应当收回其所得收益。

3.公司

《公司法》第 162 条第 1 款规定，公司不得收购本公司股份。但是，有下列情形之一的除外：（1）减少公司注册资本；（2）与持有本公司股份的其他公司合并；（3）将股份用于员工持股计划或者股权激励;(4)股东因对股东会作出的公司合并、分立决议持异议,要求公司收购其股份;(5)将股份用于转换公司发行的可转换为股票的公司债券;(6)上市公司为维护公司价值及股东权益所必需。

4.证券机构的从业人员

《证券法》第42条第1款规定,为证券发行出具审计报告或者法律意见书等文件的证券服务机构和人员,在该证券承销期内和期满后6个月内,不得买卖该证券。

5.中介机构及其人员

《证券法》第42条第2款规定,为发行人及其控股股东、实际控制人,或者收购人、重大资产交易方出具审计报告或者法律意见书等文件的证券服务机构和人员,自接受委托之日起至上述文件公开后5日内,不得买卖该证券。实际开展上述有关工作之日早于接受委托之日的,自实际开展上述有关工作之日起至上述文件公开后5日内,不得买卖该证券。

**第一百五十八条 【股份转让场所和方式】股东转让其股份,应当在依法设立的证券交易场所进行或者按照国务院规定的其他方式进行。**

## 条文解读

本条是关于股份转让场所和方式的规定。对于上市公司股东,其所持股票是在证券交易所上市交易或是挂牌交易的,因此其股票转让在证券交易所进行。我国目前的股票交易所有成立于1990年的上海证券交易所(沪市)、成立于1991年的深圳证券交易所(深市)、成立于2021年的北京证券交易所。对于非上市公司股东,其股票转让方式按照国务院规定进行。值得注意的是,已有案例表明,对于非上市公司,个人从场外取得的股票也不具有法律效力,其股东权利不受法律保护。[1]

我国股票公开市场有以下层次:一是主板市场,即上海证券交易所、深圳证券交易所的主板市场。主板市场对上市公司的要求最为严格。二是深圳证券交易所的创业板市场、上海证券交易所的科创板市场以及北京证券交易所,这些都是专为中小企业和创新企业提供融资途径的证券交易市场。三是新三板市场,主要为创新型、创业型、

〔1〕 参见"陈某刚与上海卓越纳米新材料股份有限公司股权确认纠纷案",上海市第一中级人民法院(2009)沪一中民三(商)终字第57号民事判决书。

成长型中小微企业通过主办券商申请挂牌交易,公开转让股份。新三板挂牌公司不是上市公司,公开发行股票也不是新三板挂牌的必要条件,股东人数未超过 200 人的公司申请在新三板挂牌,证监会豁免注册。

对于挂牌交易的公司股票转让,中国证监会于 2023 年 2 月 17 日发布修订后的《非上市公众公司监督管理办法》。该办法规定,公众公司公开转让股票应当在全国中小企业股份转让系统进行,公开转让的公众公司股票应当在中国证券登记结算公司集中登记存管。

除了上述股票上市交易和挂牌交易,国务院还规定了区域性股权市场。2017 年 7 月 1 日起施行的《区域性股权市场监督管理试行办法》规定,区域性股权市场是为其所在省级行政区域内中小微企业证券非公开发行、转让及相关活动提供设施与服务的场所。除区域性股权市场外,地方其他各类交易场所不得组织证券发行和转让活动。在区域性股权市场内的证券发行、转让及相关活动,应当遵守法律、行政法规和规章等规定,遵循公平自愿、诚实信用、风险自担的原则。禁止欺诈、内幕交易、操纵市场、非法集资行为。在区域性股权市场发行证券,应当向合格投资者发行。单只证券持有人数量累计不得超过 200 人,法律、行政法规另有规定的除外。在区域性股权市场转让证券的,不得采取集中竞价、连续竞价、做市商等集中交易方式。

**第一百五十九条 【股票转让方式】股票的转让,由股东以背书方式或者法律、行政法规规定的其他方式进行;转让后由公司将受让人的姓名或者名称及住所记载于股东名册。**

**股东会会议召开前二十日内或者公司决定分配股利的基准日前五日内,不得变更股东名册。法律、行政法规或者国务院证券监督管理机构对上市公司股东名册变更另有规定的,从其规定。**

### 法律术语

背书:转让人于股票背面记载受让人的姓名或者名称,并由转让人和受让人签字的记名证券转让方式。转让人称为背书人,受让人称为被背书人。

基准日:股权登记的最后期限日,只有此日在股东名册上有名的股东,才可以被分配利润。

## 条文解读

本条是关于股票转让方式的规定。记名股票原则上按照记名证券的一般转让方式，即背书转让。但是，法律、行政法规对记名股票转让方式另有规定的，从其规定。由于股东名册应当记载持有记名股票的股东的姓名和名称，因此，在股票转让后，应当由公司将受让人的姓名或者名称及住所记载于股东名册。

本条第 2 款规定了股东名册的"闭册"。股东名册的记载表明了股东权利行使的依据。在股东会召开时或者股利分配的基准日前，为了根据股东名册确定股东，在法定期限内不得对股东名册进行变更，否则会造成股东权利行使的混乱。因此，本款规定，股东会会议召开前 20 日内或者公司决定分配股利的基准日前 5 日内，不得变更股东名册。但是，法律、行政法规或者国务院证券监督管理机构对上市公司股东名册变更另有规定的，从其规定。

**第一百六十条 【股份转让限制】公司公开发行股份前已发行的股份，自公司股票在证券交易所上市交易之日起一年内不得转让。法律、行政法规或者国务院证券监督管理机构对上市公司的股东、实际控制人转让其所持有的本公司股份另有规定的，从其规定。**

**公司董事、监事、高级管理人员应当向公司申报所持有的本公司的股份及其变动情况，在就任时确定的任职期间每年转让的股份不得超过其所持有本公司股份总数的百分之二十五；所持本公司股份自公司股票上市交易之日起一年内不得转让。上述人员离职后半年内，不得转让其所持有的本公司股份。公司章程可以对公司董事、监事、高级管理人员转让其所持有的本公司股份作出其他限制性规定。**

**股份在法律、行政法规规定的限制转让期限内出质的，质权人不得在限制转让期限内行使质权。**

## 条文解读

本条是关于股份有限公司股份转让限制的规定。

本条第 1 款规定，公司公开发行股份前已发行的股份，自公司股票在证券交易所上市交易之日起 1 年内不得转让。公司公开发行股份前已发行的股份，既包括发起人设立公司时取得的股份,也包括公司成立后新加入的其他股东所获得的股份。此类股份自公司股票在证券交易所上市交易之日起1年内不得转让。法律、行政法规或者国务院证券监督管理机构对上市公司的股东、实际控制人转让其所持有的本公司股份另有规定的,从其规定。原《公司法》第141条中曾规定:"发起人持有的本公司股份,自公司成立之日起一年内不得转让。"2023年修订的《公司法》取消了这一限制。发起人可以通过内部协议约定转让限制。

本条第2款规定,公司董事、监事、高级管理人员持有股票应受以下几个方面的限制:第一,公司董事、监事、高级管理人员应当向公司申报所持有的本公司的股份及其变动情况。第二,上述人员在任职期间每年转让的股份不得超过其所持有本公司股份总数的25%。第三,上述人员所持本公司股份自公司股票上市交易之日起1年内不得转让。第四,上述人员离职后半年内,不得转让其所持有的本公司股份。第五,公司章程可以对公司董事、监事、高级管理人员转让其所持有的本公司股份作出其他限制性规定。

根据本条第3款的规定,股份在法律、行政法规规定的限制转让期限内出质的,由于股票本身转让受限制,所以质权人不得在限制转让期限内行使质权。本款规定可以防止利用出质规避转让限制。

**第一百六十一条　【异议股东股份回购请求权】** 有下列情形之一的,对股东会该项决议投反对票的股东可以请求公司按照合理的价格收购其股份,公开发行股份的公司除外:

(一)公司连续五年不向股东分配利润,而公司该五年连续盈利,并且符合本法规定的分配利润条件;

(二)公司转让主要财产;

(三)公司章程规定的营业期限届满或者章程规定的其他解散事由出现,股东会通过决议修改章程使公司存续。

自股东会决议作出之日起六十日内,股东与公司不能达成股份收购协议的,股东可以自股东会决议作出之日起九十日内向人民法院提起诉讼。

公司因本条第一款规定的情形收购的本公司股份,应当在六个月内依法转让或者注销。

## 条文解读

本条是关于异议股东股份回购请求权的规定，有以下几个方面值得关注：

第一，按照《公司法》的规定，股东在出现了法定情形下，产生回购请求权。回购请求权是由特定股东享有的民事权利，此特定股东即“对股东会该项决议投反对票的股东”。公开发行股票的公司股东，由于其股票可以在公开市场出售，所以不需行使回购请求权。

第二，异议股东必须对下列决议投反对票：(1)公司连续5年不向股东分配利润，而公司该5年连续盈利，并且符合《公司法》规定的分配利润条件；(2)公司转让主要财产；(3)公司章程规定的营业期限届满或者章程规定的其他解散事由出现，股东会通过决议修改章程使公司存续。

第三，虽然异议股东在符合法律规定的条件下可以行使回购请求权，但是，异议股东行使该项权利必须和公司达成相关的回购协议，协议的内容包括回购时间、回购方式、回购价格等方面。正如《公司法》规定的“请求公司按照合理的价格收购其股权”，合理的价格是需要协商的。

第四，对于协商不成，股东与公司不能达成股权收购协议的，股东可以提起诉讼。按照本条第2款的规定，自股东会决议作出之日起60日内，股东与公司不能达成股权收购协议的，股东可以自股东会决议作出之日起90日内向人民法院提起诉讼。其中，股东与公司不能达成协议的时间被限定在60日以内。从第60日起，股东还有30日的时间准备起诉。

按照本条第3款规定，公司不得持有自己的股份，所以在收购异议股东的股份后，应当在6个月内依法转让或者注销。

**第一百六十二条　【公司股份回购】** 公司不得收购本公司股份。但是，有下列情形之一的除外：

(一)减少公司注册资本；

(二)与持有本公司股份的其他公司合并；

(三)将股份用于员工持股计划或者股权激励；

(四)股东因对股东会作出的公司合并、分立决议持异议，要求公司收购其股份；

（五）将股份用于转换公司发行的可转换为股票的公司债券；

（六）上市公司为维护公司价值及股东权益所必需。

公司因前款第一项、第二项规定的情形收购本公司股份的，应当经股东会决议；公司因前款第三项、第五项、第六项规定的情形收购本公司股份的，可以按照公司章程或者股东会的授权，经三分之二以上董事出席的董事会会议决议。

公司依照本条第一款规定收购本公司股份后，属于第一项情形的，应当自收购之日起十日内注销；属于第二项、第四项情形的，应当在六个月内转让或者注销；属于第三项、第五项、第六项情形的，公司合计持有的本公司股份数不得超过本公司已发行股份总数的百分之十，并应当在三年内转让或者注销。

上市公司收购本公司股份的，应当依照《中华人民共和国证券法》的规定履行信息披露义务。上市公司因本条第一款第三项、第五项、第六项规定的情形收购本公司股份的，应当通过公开的集中交易方式进行。

公司不得接受本公司的股份作为质权的标的。

## 条文解读

本条是关于公司收购本公司股份的限制性规定。

公司收购自己的股份，成为自己的股东，容易使公司的董事等人员通过其所实际掌握的公司拥有的本公司股份影响公司决策，乃至利用其掌握的内部消息进行股票操作，扰乱证券市场秩序，损害公司股东或者债权人利益。因此，《公司法》原则上禁止公司收购自己的股份。我国 1993 年《公司法》规定了两种允许股份回购的例外情形。2005 年《公司法》修订时，增加了将股份奖励给本公司职工等例外情形，并对股份回购的决策程序、数额限制等作了规定。2018 年《公司法》再次针对股份有限公司股份回购作出修改。2018 年的修改，一是扩大了股份回购的资金来源；二是补充完善允许股份回购的情形；三是适当简化股份回购的决策程序，提高公司持有本公司股份的数额上限，延长公司持有所回购股份的期限；四是补充上市公司股份回购的规范要求。2023 年修订的《公司法》在本条第 1 款第 5 项中规定，“将股份用于转换公司发行的可转换为股票的公司债券”，扩大到所有股份有限公司，而不限于 2018 年《公司法》中规定的仅限于上市公司。

本条第 1 款规定了公司在减资、合并、股东行使回购请求权、员工持股计划或股权激励、股转债以及保持股票价格稳定时，法律允许公司收购自己的股份。具体来说，本条规定的情形包括:(1)减少公司注册资本,这也就是所谓的减资,即公司先回购自己的股票,然后注销。(2)与持有本公司股份的其他公司合并,即公司从持有本公司股票的其他公司处回购股票,以达到合并的目的。(3)将股份用于员工持股计划或者股权激励,即公司将回购的本公司股票再转让给计划持股人或激励对象。(4)股东因对股东会作出的公司合并、分立决议持异议,要求公司收购其股份,即所谓异议股东行使股份回购请求权的情形。本项的性质与第161条的异议股东回购请求权是一样的,只是在立法上归入本条。(5)将股份用于转换公司发行的可转换为股票的公司债券,即股转债。(6)上市公司为维护公司价值及股东权益所必需,即为保持公司股价稳定的措施。

本条第2款规定了公司回购股份的特别程序要件。公司因减少公司注册资本、与持有本公司股份的其他公司合并的情形收购本公司股份的,应当经股东会决议;公司因将股份用于员工持股计划或者股权激励、将股份用于转换公司发行的可转换为股票的公司债券、上市公司为维护公司价值及股东权益所必需的情形收购本公司股份的,可以按照公司章程或者股东会的授权,经2/3以上董事出席的董事会会议决议。

本条第3款规定了公司收购本公司股份后可持有的时间。公司收购本公司股份后,属于第1款第1项情形的,应当自收购之日起10日内注销;属于第1款第2项、第4项情形的,应当在6个月内转让或者注销;属于第1款第3项、第5项、第6项情形的,公司合计持有的本公司股份数不得超过本公司已发行股份总额的10%,并应当在3年内转让或者注销。

本条第4款规定了上市公司收购本公司股份的信息披露问题和交易方式问题。上市公司收购本公司股份的,应当依照《证券法》的规定履行信息披露义务。上市公司因将股份用于员工持股计划或者股权激励、将股份用于转换公司发行的可转换为股票的公司债券、上市公司为维护公司价值及股东权益所必需的情形收购本公司股份的,应当通过公开的集中交易方式进行。

本条第5款规定了公司不能接受本公司的股份作为质权标的的问题。质权是指质押权人对质物的价值优先受偿的担保物权。法律规定,本公司的股份是不能作为质押物用来对公司债权进行担保的。否则,公司通过取得本公司股票实现质权,与公司不得取得公司股票的规定相冲突。

**第一百六十三条　【禁止财务资助】**公司不得为他人取得本公司或者其母公司的股份提供赠与、借款、担保以及其他财务资助，公司实施员工持股计划的除外。

为公司利益，经股东会决议，或者董事会按照公司章程或者股东会的授权作出决议，公司可以为他人取得本公司或者其母公司的股份提供财务资助，但财务资助的累计总额不得超过已发行股本总额的百分之十。董事会作出决议应当经全体董事的三分之二以上通过。

违反前两款规定，给公司造成损失的，负有责任的董事、监事、高级管理人员应当承担赔偿责任。

## 条文解读

本条是关于股份有限公司禁止公司财务资助的规定。法律之所以对此进行禁止，是为了避免公司管理层与外部人内外勾结收购公司。同时，财务资助也是公司通过自己的资金取得了自己的股份，相当于公司资产在减少，与资本充实原则相抵触，侵害了公司和公司债权人的利益。

本条第 1 款属于强制性规定。按照《民法典》第 153 条的规定，违反法律、行政法规的强制性规定的民事法律行为无效。也就是说，公司为他人取得本公司的股份提供赠与、借款、担保以及其他财务资助的法律行为应当无效。但是，他人收购公司股份的法律行为本身应当依然有效。

公司实施员工持股计划的除外，且不需要经股东会决议，或者董事会按照公司章程或者股东会的授权作出决议。

为公司利益，经股东会决议，或者董事会按照公司章程或者股东会的授权作出决议，公司可以为他人取得本公司或者其母公司的股份提供财务资助。此种情形是财务资助的例外情况。例如，公司为引入战略投资人等为公司利益的情况。在这种情况下，必须通过程序正义来实现实体正义。因而，为他人取得本公司或者其母公司的股份提供财务资助的，应当经股东会决议，或者董事会按照公司章程或者股东会的授权作出决议。董事会作出决议应当经全体董事的 2/3 以上通过。同时，本款还规定，尽管在例外情况下可以由公司提供财务资助，但是累计总额不得超过已发行股本总额的 10%。

本条第 3 款为责任条款，即为他人取得本公司股份提供财务资助，违反前两款的规定，给公司造成损失的，负有责任的董事、监事、高级管理人员应当承担赔偿责任。

**第一百六十四条 【股票被盗、遗失或者灭失的救济途径】股票被盗、遗失或者灭失，股东可以依照《中华人民共和国民事诉讼法》规定的公示催告程序，请求人民法院宣告该股票失效。人民法院宣告该股票失效后，股东可以向公司申请补发股票。**

## 法律术语

公示催告程序：人民法院以公示的方式催告权利人申报权利，如果在法定期间内没有人申报权利，人民法院将作出除权判决，原有票据权利失效。

## 条文解读

本条是关于股票被盗、遗失或者灭失的救济途径的规定。首先，公示催告程序只适用于记名股票，对于无记名股票，票据的持有人推定为所有人。其次，记名股票被盗、遗失或者灭失的，股东可以依照《民事诉讼法》第229~234条的规定，请求人民法院宣告该股票失效。最后，人民法院宣告该股票失效后，股东可以向公司申请补发股票。

《民事诉讼法》第229条规定，按照规定可以背书转让的票据持有人，因票据被盗、遗失或者灭失，可以向票据支付地的基层人民法院申请公示催告。依照法律规定可以申请公示催告的其他事项，适用该法第18章规定。申请人应当向人民法院递交申请书，写明票面金额、发票人、持票人、背书人等票据主要内容和申请的理由、事实。第230条规定，人民法院决定受理申请，应当同时通知支付人停止支付，并在3日内发出公告，催促利害关系人申报权利。公示催告的期间，由人民法院根据情况决定，但不得少于60日。第231条规定，支付人收到人民法院停止支付的通知，应当停止支付，至公示催告程序终结。公示催告期间，转让票据权利的行为无效。第232条规定，利害关系人应当在公示催告期间向人民法院申报。人民法院收到利害关系人的申报后，应当裁定终结公示催告程序，并通知申请人和支付人。申请人或者申报人可以向人民法院起诉。第233条规定，没有人申报的，人民法院应当根据申请人的申请，作出判决，宣告票据无效。判决应当公告，并通知支付人。自判决公告之日起，申请人有权向支付人请求支付。第234条规定，利害关系人因正当理由不能在判决前向人民法院申报的，自知道或者应当知道判决公告之日起1年内,可以向作出判决的人民法院起诉。

**第一百六十五条 【上市公司股票交易】上市公司的股票,依照有关法律、行政法规及证券交易所交易规则上市交易。**

**条文解读**

本条是关于上市公司股票交易的规定。上市公司的股票依照有关法律、行政法规及证券交易所交易规则的规定上市交易。证券交易所是提供持续性证券交易的场所。在证券交易所上市交易的股票,以"时间优先""价格优先"的原则集中竞价交易。此外,流通股的交易还包括通过大宗交易系统交易、协议转让。

**第一百六十六条 【上市公司信息披露】上市公司应当依照法律、行政法规的规定披露相关信息。**

**条文解读**

本条是关于上市公司信息披露的一般性规定。《证券法》第5章专门规定了信息披露,上市公司应当依照《证券法》《上市公司信息披露管理办法》等规定披露公司财务状况、经营情况、涉及的重大诉讼等相关信息。

**关联法规索引**

《证券法》第78~87条;《上市公司信息披露管理办法》

**第一百六十七条 【股份有限公司自然人股东的股东资格继承】自然人股东死亡后,其合法继承人可以继承股东资格;但是,股份转让受限的股份有限公司的章程另有规定的除外。**

## 条文解读

本条是关于股份有限公司自然人股东的股东资格继承的规定。自然人股东死亡后,其合法继承人可以继承股东资格,这种继承是一种当然的继承,在发生股权继承的情况下,继承人只需证明其是被继承人的合法继承人,而被继承人是公司股东即可。

如果存在转让受限制的类别股,则公司章程可以对股东权利的继承予以排除,在此情况下,继承人只能获得股权的财产对价。

# 第七章　国家出资公司组织机构的特别规定

**第一百六十八条　【国家出资公司】** 国家出资公司的组织机构，适用本章规定；本章没有规定的，适用本法其他规定。

本法所称国家出资公司，是指国家出资的国有独资公司、国有资本控股公司，包括国家出资的有限责任公司、股份有限公司。

## 条文解读

本章的规定源自原《公司法》中有关国有独资公司的规定，2023 年修订的《公司法》扩大了法律调整的范围，即国家出资公司。按照本条规定，《公司法》中调整的国家出资公司，包括国家出资的国有独资公司和国有资本控股公司。国有独资公司和国有资本控股公司，其形式可以为有限责任公司或者股份有限公司。按照《企业国有资产法》第 5 条规定，国家出资企业，是指国家出资的国有独资企业、国有独资公司，以及国有资本控股公司、国有资本参股公司。相较而言，《公司法》中国家出资公司排除了国有独资企业（全民所有制企业）和国有资本参股公司。

本章规定属于对国家出资公司的特别规定，相对《公司法》中的其他规定而言，应当优先适用，即国家出资公司的组织机构，适用本章规定；本章没有规定的，适用本法其他规定。

本章大部分规定只适用于国有独资公司的特别规定。适用于国家出资公司的，包括本条、第 169 条关于履行出资人职责的机构的规定、第 170 条关于国家出资公司党组织的规定、第 177 条关于国家出资公司合规管理的一般性规定。

**第一百六十九条　【履行国家出资公司出资人职责的主体】** 国家出资公司，由国务院或者地方人民政府分别代表国家依法履行出资人职责，享有出资人权益。国务院或者地方人民政府可以授权国有资产监督管理机构或者其他部门、机构代表本级人民政府对国家出资公司履行出资人职责。

**代表本级人民政府履行出资人职责的机构、部门，以下统称为履行出资人职责的机构。**

### 条文解读

本条是关于履行国家出资公司出资人职责的主体的规定。《企业国有资产法》第4条规定，国务院和地方人民政府依照法律、行政法规的规定，分别代表国家对国家出资企业履行出资人职责，享有出资人权益。国务院确定的关系国民经济命脉和国家安全的大型国家出资企业，重要基础设施和重要自然资源等领域的国家出资企业，由国务院代表国家履行出资人职责。其他的国家出资企业，由地方人民政府代表国家履行出资人职责。

本条规定，国家出资公司，由国务院或者地方人民政府分别代表国家依法履行出资人职责，享有出资人权益。由此可以看出，国家是最终的股权所有者，即股东。国务院或者地方人民政府可以授权国有资产监督管理机构或者其他部门、机构代表本级人民政府对国家出资公司履行出资人职责，但不能享有出资人权益。

代表本级人民政府履行出资人职责的机构、部门，以下统称为履行出资人职责的机构。

**第一百七十条 【国家出资公司党组织的领导作用】国家出资公司中中国共产党的组织，按照中国共产党章程的规定发挥领导作用，研究讨论公司重大经营管理事项，支持公司的组织机构依法行使职权。**

### 条文解读

本条是关于国家出资公司党组织发挥领导作用的规定。

顾名思义，国家设立、国家所有的国有企业，其经营行为目标是实现国家和人民的利益。《中国共产党章程》第33条第2款规定，国有企业党委（党组）发挥领导作用，把方向、管大局、保落实，依照规定讨论和决定企业重大事项。国有企业和集体企业中党的基层组织，围绕企业生产经营开展工作。保证监督党和国家的方针、政策在本企业的贯彻执行；支持股东会、董事会、监事会和经理（厂长）依法行使职权；全心全意依靠职工群众，支持职工代表大会开展工作；参与企业重大问题的决策；加强党组织的自身建设,领导思想政治工作、精神文明建设、统一战线工作和工会、共青团、妇女组织等群团组织。

2019 年发布的《中国共产党国有企业基层组织工作条例(试行)》第 4 条规定,国有企业党员人数 100 人以上的,设立党的基层委员会。党员人数不足 100 人、确因工作需要的,经上级党组织批准,也可以设立党委。党员人数 50 人以上、100 人以下的,设立党的总支部委员会。党员人数不足 50 人、确因工作需要的,经上级党组织批准,也可以设立党总支。正式党员 3 人以上的,成立党支部。正式党员 7 人以上的党支部,设立支部委员会。经党中央批准,中管企业一般设立党组,中管金融企业设立党组性质党委。该条例第 11 条规定,国有企业党委(党组)发挥领导作用,把方向、管大局、保落实,依照规定讨论和决定企业重大事项。主要职责是:(1)加强企业党的政治建设,坚持和落实中国特色社会主义根本制度、基本制度、重要制度,教育引导全体党员始终在政治立场、政治方向、政治原则、政治道路上同以习近平同志为核心的党中央保持高度一致;(2)深入学习和贯彻习近平新时代中国特色社会主义思想,学习宣传党的理论,贯彻执行党的路线方针政策,监督、保证党中央重大决策部署和上级党组织决议在本企业贯彻落实;(3)研究讨论企业重大经营管理事项,支持股东(大)会、董事会、监事会和经理层依法行使职权;(4)加强对企业选人用人的领导和把关,抓好企业领导班子建设和干部队伍、人才队伍建设;(5)履行企业党风廉政建设主体责任,领导、支持内设纪检组织履行监督执纪问责职责,严明政治纪律和政治规矩,推动全面从严治党向基层延伸;(6)加强基层党组织建设和党员队伍建设,团结带领职工群众积极投身企业改革发展;(7)领导企业思想政治工作、精神文明建设、统一战线工作,领导企业工会、共青团、妇女组织等群团组织。该条例第 15 条规定,国有企业重大经营管理事项必须经党委(党组)研究讨论后,再由董事会或者经理层作出决定。研究讨论的事项主要包括:(1)贯彻党中央决策部署和落实国家发展战略的重大举措;(2)企业发展战略、中长期发展规划,重要改革方案;(3)企业资产重组、产权转让、资本运作和大额投资中的原则性方向性问题;(4)企业组织架构设置和调整,重要规章制度的制定和修改;(5)涉及企业安全生产、维护稳定、职工权益、社会责任等方面的重大事项;(6)其他应当由党委(党组)研究讨论的重要事项。国有企业党委(党组)应当结合企业实际制定研究讨论的事项清单,厘清党委(党组)和董事会、监事会、经理层等其他治理主体的权责。具有人财物重大事项决策权且不设党委的独立法人企业的党支部(党总支),一般由党员负责人担任书记和委员,由党支部(党总支)对企业重大事项进行集体研究把关。

**第一百七十一条 【国有独资公司章程制定】国有独资公司章程由履行出资人职责的机构制定。**

## 条文解读

本条是关于国有独资公司章程制定的规定。普通公司章程由全体股东共同制定。但是,国有独资公司章程由履行出资人职责的机构制定。履行出资人职责的机构包括:国务院国有资产监督管理委员会;地方人民政府按照国务院的规定设立的国有资产监督管理机构;国务院和地方人民政府根据需要授权的其他部门、机构。

**第一百七十二条 【国有独资公司重大事项的决定】国有独资公司不设股东会,由履行出资人职责的机构行使股东会职权。履行出资人职责的机构可以授权公司董事会行使股东会的部分职权,但公司章程的制定和修改,公司的合并、分立、解散、申请破产,增加或者减少注册资本,分配利润,应当由履行出资人职责的机构决定。**

## 条文解读

本条是关于国有独资公司重大事项决定的规定。

不同于一般的有限责任公司,国有独资公司不设股东会,而是由履行出资人职责的机构行使股东会职权。按照《公司法》第169条的规定,国务院或者地方人民政府分别代表国家依法履行出资人职责,国务院或者地方人民政府可以授权国有资产监督管理机构或者其他部门、机构代表本级人民政府对国家出资公司履行出资人职责。

鉴于国家机构的主要职责是监督管理国有资产的保值增值,其难以全面细致地管理公司的经营。为保持国有资产经营的高效率,履行出资人职责的机构可以将部分股东权利授予董事会行使,履行出资人职责的机构则主要负责公司重大事项,包括公司章程的制定和修改,公司的合并、分立、解散、申请破产,增加或者减少注册资本,分配利润。换句话说,除了前述事项的决定外,履行出资人职责的机构都可以授权董事会决定其他经营事项。

**第一百七十三条　【国有独资公司董事会】** 国有独资公司的董事会依照本法规定行使职权。

国有独资公司的董事会成员中，应当过半数为外部董事，并应当有公司职工代表。

董事会成员由履行出资人职责的机构委派；但是，董事会成员中的职工代表由公司职工代表大会选举产生。

董事会设董事长一人，可以设副董事长。董事长、副董事长由履行出资人职责的机构从董事会成员中指定。

## 条文解读

本条第1款规定了国有独资公司董事会的职权。按照本款规定，国有独资公司的董事会拥有与其他类型公司一样的职权。同时，按照《公司法》第172条规定，履行出资人职责的机构可以授权公司董事会行使股东会的部分职权，但公司章程的制定和修改，公司的合并、分立、解散、申请破产，增加或者减少注册资本，分配利润，应当由履行出资人职责的机构决定。

通过本条第1款规定也可以看出，国有独资公司董事会是必设机构。

本条第2款规定，国有独资公司中首先应当有过半数外部董事。外部董事是指由非本公司员工的外部人员担任的董事。外部董事不在公司担任除董事和董事会专门委员会有关职务外的其他职务，不负责执行层的事务。外部董事与其担任董事的公司不应存在任何可能影响其公正履行外部董事职务的关系。本人及其直系亲属近两年内未曾在公司和公司的全资、控股子企业任职，未曾从事与公司有关的商业活动，不持有公司所投资企业的股权，不在与公司同行业的企业或与公司有业务关系的单位兼职等。除了外部董事，国有独资公司董事会中还应当有职工代表。

本条第3款规定了国有独资公司董事的产生方式。第一，董事会成员由履行出资人职责的机构委派。第二，董事会成员中的职工代表由公司职工代表大会选举产生，不由国有资产监督管理机构委派。职工代表的人数由履行出资人职责的机构在公司章程中规定。

本条第4款规定了董事长和副董事长的设置。第一，董事长是必设职务，副董事长可以设置，也可以不设置。第二，一般的有限责任公司，董事长、副董事长的产生办法由公司章程规定；一般的股份有限公司，董事长和副董事长由董事会以全体董事的过半数选举产生。而国有独资公司董事长、副董事长由履行出资人职责的机构从董事会成员中指定。

**第一百七十四条 【国有独资公司经理聘任、解聘和兼任】国有独资公司的经理由董事会聘任或者解聘。**

**经履行出资人职责的机构同意,董事会成员可以兼任经理。**

## 条文解读

本条第1款规定了国有独资公司的经理制度。通过本款也可以看出,国有独资公司的经理是必设机构,由董事会聘任或者解聘。经理的职权和普通有限责任公司一样。

本条第2款规定了董事会成员兼任经理的问题。按照法律规定,董事会成员可以兼任经理,但是必须经履行出资人职责的机构同意。《企业国有资产法》第25条第2款规定,未经履行出资人职责的机构同意,国有独资公司的董事长不得兼任经理。未经股东会、股东大会同意,国有资本控股公司的董事长不得兼任经理。

**第一百七十五条 【国有独资公司董事、高级管理人员禁止兼职】国有独资公司的董事、高级管理人员,未经履行出资人职责的机构同意,不得在其他有限责任公司、股份有限公司或者其他经济组织兼职。**

## 条文解读

本条是关于国有独资公司董事、高级管理人员禁止兼职的规定。

董事包括董事长、副董事长;高级管理人员包括公司的经理、副经理、财务负责人和公司章程规定的其他人员。禁止兼职的范围包括其他有限责任公司、股份有限公司或者其他经济组织,如合伙企业、个人独资企业等。上述高级人员不得在这些经济组织中兼职意味着其不得担任任何职务,包括董事、监事、经理、财务人员等。当然,兼职禁止也不是绝对的,如果经过履行出资人职责的机构的同意,上述人员也可以在其他经济组织兼职。

**第一百七十六条　【国有独资公司监事会设置例外】国有独资公司在董事会中设置由董事组成的审计委员会行使本法规定的监事会职权的，不设监事会或者监事。**

**条文解读**

2018年3月，中共中央印发了《深化党和国家机构改革方案》。该方案指出，将国务院国有资产监督管理委员会的国有企业领导干部经济责任审计和国有重点大型企业监事会的职责划入审计署，相应对派出审计监督力量进行整合优化，构建统一高效审计监督体系。不再设立国有重点大型企业监事会。按照本条的规定，国有独资公司如果在董事会中设置由董事组成的审计委员会的，审计委员会行使监事会的职权。此时国有独资公司不再设监事会或者监事。但如果国有独资公司中未在董事会中设置审计委员会，则依法应当设置监事会或者监事。

**第一百七十七条　【国家出资公司合规管理】国家出资公司应当依法建立健全内部监督管理和风险控制制度，加强内部合规管理。**

**条文解读**

本条是关于国家出资公司合规管理的规定。

《企业国有资产法》第17条规定，国家出资企业从事经营活动，应当遵守法律、行政法规，加强经营管理，提高经济效益，接受人民政府及其有关部门、机构依法实施的管理和监督，接受社会公众的监督，承担社会责任，对出资人负责。国家出资企业应当依法建立和完善法人治理结构，建立健全内部监督管理和风险控制制度。针对国家出资企业内部监督管理和风险控制制度的建立健全，《公司法》在本条中强调应加强内部合规管理。

根据《中央企业合规管理办法》第3条第1款的规定，合规，是指企业经营管理行为和员工履职行为符合国家法律法规、监管规定、行业准则和国际条约、规则，以及公司章程、相关规章制度等要求。该办法第20条规定，中央企业应当建立合规风险识别评估预警机制，全面梳理经营管理活动中的合规风险，建立并定期更新合规风险数据库，对风险发生的可能性、影响程度、潜在后果等进行分析，对典型性、普遍性或者可能产生严重后果的风险及时预警。该办法第 21 条规定，中央企业应当将合规审查作为必经程序嵌入经营管理流程，重大决策事项的合规审查意见应当由首席合规官签字，对决策事项的合规性提出明确意见。业务及职能部门、合规管理部门依据职责权限完善审查标准、流程、重点等，定期对审查情况开展后评估。

# 第八章　公司董事、监事、高级管理人员的资格和义务

**第一百七十八条　【董事、监事、高级管理人员消极资格】** 有下列情形之一的，不得担任公司的董事、监事、高级管理人员：

（一）无民事行为能力或者限制民事行为能力；

（二）因贪污、贿赂、侵占财产、挪用财产或者破坏社会主义市场经济秩序，被判处刑罚，或者因犯罪被剥夺政治权利，执行期满未逾五年，被宣告缓刑的，自缓刑考验期满之日起未逾二年；

（三）担任破产清算的公司、企业的董事或者厂长、经理，对该公司、企业的破产负有个人责任的，自该公司、企业破产清算完结之日起未逾三年；

（四）担任因违法被吊销营业执照、责令关闭的公司、企业的法定代表人，并负有个人责任的，自该公司、企业被吊销营业执照、责令关闭之日起未逾三年；

（五）个人因所负数额较大债务到期未清偿被人民法院列为失信被执行人。

违反前款规定选举、委派董事、监事或者聘任高级管理人员的，该选举、委派或者聘任无效。

董事、监事、高级管理人员在任职期间出现本条第一款所列情形的，公司应当解除其职务。

## 条文解读

本条是关于董事、监事、高级管理人员消极资格的规定。

所谓消极资格，是指有本条规定的情形之一的，不得担任公司董事、监事、高级管理人员，即使被选任也无效；任职期间发现其具备条文所列情形的，应解除其职务，重新选任。总体来说，董事、监事、高级管理人员的资格要求有以下几个方面：

（1）行为能力。这是对公司董事、监事、高级管理人员的基本要求。董事、监事、高级管理人员要执行公司职务，独立行使权利、履行义务、承担责任，因此他们必须是完

全民事行为能力人。

(2)职业操守。董事、监事、高级管理人员管理公司财产的运营,应当有较高的诚信度。因贪污、贿赂、侵占财产、挪用财产或者破坏社会主义市场经济秩序,被判处刑罚,或者因犯罪被剥夺政治权利的人,执行期满未逾 5 年,被宣告缓刑的,自缓刑考验期满之日起未逾 2 年的,不能担任上述职务。值得注意的是,假释期间也是执行期间,不属于执行期满。

(3)经营能力。董事、监事、高级管理人员必须具备相当的经营管理能力,若其曾经因经营不善导致企业破产,应该在提高能力后再从事此类工作。担任破产清算的公司、企业的董事或者厂长、经理,对该公司、企业的破产负有个人责任的,自该公司、企业破产清算完结之日起未逾 3 年的,以及担任因违法被吊销营业执照、责令关闭的公司、企业的法定代表人,并负有个人责任的,自该公司、企业被吊销营业执照、责令关闭之日起未逾 3 年的人不得被选任。

(4)个人财产状况。让负巨债到期未还的人担任公司职务有较大风险。个人因所负数额较大债务到期未清偿被人民法院列为失信被执行人的不得被选任。

**第一百七十九条 【董事、监事、高级管理人员守法义务】** 董事、监事、高级管理人员应当遵守法律、行政法规和公司章程。

## 条文解读

本条是关于董事、监事、高级管理人员守法义务的规定。这里的"守法"是广义的,包括遵守法律、行政法规和公司章程。法律,不仅指《公司法》本身,其包括一切法律,如《民法典》《证券法》等。同时,公司章程作为公司的宪章,对公司及董事、监事、高级管理人员都有约束力,自然也应当得到遵守。

**第一百八十条 【董事、监事、高级管理人员忠实和勤勉义务】** 董事、监事、高级管理人员对公司负有忠实义务,应当采取措施避免自身利益与公司利益冲突,不得利用职权牟取不正当利益。

董事、监事、高级管理人员对公司负有勤勉义务,执行职务应当为公司的最大利益尽到管理者通常应有的合理注意。

**公司的控股股东、实际控制人不担任公司董事但实际执行公司事务的，适用前两款规定。**

## 条文解读

本条第1款规定了董事、监事、高级管理人员应当对公司负有忠实义务。理论上，公司的董事、监事、高级管理人员被看作公司的受托人，按照其职权对公司进行管理。公司利益的实现有赖于董事、监事、高级管理人员的积极行为。但是，在这个过程中，董事、监事、高级管理人员有可能利用自己的职权谋取不正当利益。如在代理关系中，代理人有可能为了自己的利益而损害被代理人的利益。因而，董事、监事、高级管理人员首要的义务就是忠实于公司，不得与公司有利益冲突，不得利用职权谋取不正当利益。本款对这一问题作出了明确规定。同时，本款还特别强调，董事、监事、高级管理人员应当采取措施避免自身利益与公司利益冲突。严格来说，这是指公司应当建立防止利益冲突的治理体系。本款规定的是忠实义务的一般条款，在以下的第181～184条则分别规定了具体类型。本款可以被看作一个有关忠实义务认定的“兜底条款”适用，其最根本的判断标准是不得有利益冲突。值得注意的是，2023年修订的《公司法》第181～184条的各项忠实义务相较于原《公司法》，增加了对监事的规定。也就是说，忠实义务中的这些规定扩大了适用范围。

本条第2款规定了董事、监事、高级管理人员对公司的勤勉义务。勤勉义务是积极义务，也称注意义务。本款对勤勉义务的认定标准作出了明确的规定，即董事、监事、高级管理人员执行职务应当为公司的最大利益尽到管理者通常应有的合理注意。这种标准可以称为客观标准、同行标准。也就是说，公司管理者应当像同行一样具备管理的技能，并尽到合理的注意。

本条第3款是关于“事实董事”的规定。公司的控股股东、实际控制人实际执行公司事务的，尽管不是董事，但因其特殊的地位，相当于事实上的董事。在这种情况下，法律要求与公司董事、监事、高级管理人员负有相同的忠实义务和勤勉义务。

**第一百八十一条　【董事、监事、高级管理人员的禁止行为】董事、监事、高级管理人员不得有下列行为：**

**（一）侵占公司财产、挪用公司资金；**

(二)将公司资金以其个人名义或者以其他个人名义开立账户存储;

(三)利用职权贿赂或者收受其他非法收入;

(四)接受他人与公司交易的佣金归为己有;

(五)擅自披露公司秘密;

(六)违反对公司忠实义务的其他行为。

## 条文解读

本条是关于董事、监事、高级管理人员的禁止行为的规定。

本条列举了董事、监事、高级管理人员等违反忠实义务的具体行为,通过法律予以明确禁止。也就是说,这些行为是绝对被禁止的,不允许有任何例外。这些行为包括:(1)侵占公司财产、挪用公司资金;(2)将公司资金以其个人名义或者以其他个人名义开立账户存储;(3)利用职权贿赂或者收受其他非法收入;(4)接受他人与公司交易的佣金归为己有;(5)擅自披露公司秘密;(6)违反对公司忠实义务的其他行为。最后一项"违反对公司忠实义务的其他行为"是为防止挂一漏万,作出的兜底性条款。

当董事、监事、高级管理人员违反上述规定时,公司除可以依据法律规定追究其民事责任外,如果情节严重,涉嫌犯罪的,公司还可以依据《刑法》的相关规定追究其刑事责任。

## 关联法规索引

《刑法》第165~166条、第169条之一

**第一百八十二条 【董事、监事、高级管理人员关联交易报告】** 董事、监事、高级管理人员,直接或者间接与本公司订立合同或者进行交易,应当就与订立合同或者进行交易有关的事项向董事会或者股东会报告,并按照公司章程的规定经董事会或者股东会决议通过。

董事、监事、高级管理人员的近亲属,董事、监事、高级管理人员或者其近亲属直接或者间接控制的企业,以及与董事、监事、高级管理人员有其他关联关系的关联人,与公司订立合同或者进行交易,适用前款规定。

## 条文解读

本条是关于董事、监事、高级管理人员关联交易报告的规定。

《公司法》第265条第4项规定，关联关系，是指公司控股股东、实际控制人、董事、监事、高级管理人员与其直接或者间接控制的企业之间的关系，以及可能导致公司利益转移的其他关系。但是，国家控股的企业之间不仅因为同受国家控股而具有关联关系。本条规定了四类主体的关联交易，其中的关联关系范围要大于第265条第4项的规定。本条规定的这四类主体包括：(1)董事、监事、高级管理人员，此类主体与公司之间的交易为自我交易。董事、监事、高级管理人员，代表公司作交易时，交易的一方是公司，而另一方则是自己。此时，公司在交易中可能得不到公平的对待，因为董事、监事、高级管理人员的自私可能会压倒其对公司的忠诚。(2)董事、监事、高级管理人员的近亲属。(3)董事、监事、高级管理人员或者其近亲属直接或者间接控制的企业。(4)与董事、监事、高级管理人员有其他关联关系的关联人。按照《民法典》第1045条第2款的规定，配偶、父母、子女、兄弟姐妹、祖父母、外祖父母、孙子女、外孙子女为近亲属。

本条第1款中规定的“间接交易”，可以理解为通常所说的“白手套”，即董事、监事、高级管理人员所利用的交易主体。这些主体可能既不是董事、监事、高级管理人员的近亲属，也不是董事、监事、高级管理人员或者其近亲属直接或者间接控制的企业。因而，第1款中的“间接交易”和第2款中的关联交易是不同的。

法律并没有一律禁止这四类主体直接或者间接与本公司订立合同或者进行交易，而是要求获得董事会或者股东会的认可。关联交易由董事会还是由股东会决议认可，由公司章程规定。在作出决议之前，董事、监事、高级管理人员必须将自己或者其近亲属或者其自己及近亲属直接与间接控制的企业与本公司订立合同或者进行交易的有关事项向董事会或者股东会报告。

如果董事、监事、高级管理人员没有报告，并且没有经过董事会或者股东会的认可，则其订立合同或者进行交易的行为就违反了忠实义务。

**第一百八十三条　【禁止董事、监事、高级管理人员谋取公司商业机会的例外情形】董事、监事、高级管理人员，不得利用职务便利为自己或者他人谋取属于公司的商业机会。但是，有下列情形之一的除外：**

**（一）向董事会或者股东会报告，并按照公司章程的规定经董事会或者股东会决议通过；**

**（二）根据法律、行政法规或者公司章程的规定，公司不能利用该商业机会。**

**条文解读**

本条是关于禁止董事、监事、高级管理人员谋取公司商业机会的例外情形的规定。

违反忠实义务的一个重要内容涉及董事、监事、高级管理人员可能利用职务便利为自己或者他人谋取利益。从某种意义上讲，公司的商业机会属于公司的财产利益。当董事、监事、高级管理人员利用公司财产谋取私利时，便违背了其对公司的忠实义务。一般来说，公司机会是指与公司利益相关的商业机会。一般通过如下标准来决定某一商业机会是否属于公司的商业机会：（1）如果某一机会是以公司能力获得的机会，则应归属于公司；如果是以个人能力获得的机会则不归属于公司。（2）董事、监事、高级管理人员是否利用该机会与公司竞争或发展自己业务或者将该机会出售给公司是衡量公司机会的另一因素。

未经公司同意而与公司进行业务竞争是一种不忠实的行为。因此，本条规定向董事会或者股东会报告，并经董事会或者股东会决议通过的情况下，商业机会可以利用。根据法律、行政法规或者公司章程的规定，公司不能利用该商业机会，此种情况下，也不属于禁止性的利用商业机会。例如，超出法律、行政法规、公司章程规定的公司经营范围。

**第一百八十四条　【董事、监事、高级管理人员的竞业禁止义务】董事、监事、高级管理人员未向董事会或者股东会报告，并按照公司章程的规定经董事会或者股东会决议通过，不得自营或者为他人经营与其任职公司同类的业务。**

**条文解读**

本条是关于董事、监事、高级管理人员竞业禁止义务的规定。

公司董事、监事、高级管理人员如果自营或者为他人经营与其任职公司同类的业务，有可能导致本公司的商业机会丧失，也可能因为兼营而分散董事、监事、高级管理人员的精力，还有可能因此泄露商业秘密。此外，竞业行为是一种“一仆二主”形式的违反忠实义务的行为，并非仅指“竞争行为”。竞业行为的范围是经营同类业务，在范围上要更广。

本条规定的例外是，董事、监事、高级管理人员向董事会或者股东会报告，并经董事会或者股东会决议同意，则可以自营或者为他人经营与其任职公司同类的业务。

**第一百八十五条　【董事关联交易回避制度】董事会对本法第一百八十二条至第一百八十四条规定的事项决议时，关联董事不得参与表决，其表决权不计入表决权总数。出席董事会会议的无关联关系董事人数不足三人的，应当将该事项提交股东会审议。**

## 条文解读

本条是关于董事关联交易回避制度的规定。

有关《公司法》所列举的违反忠实义务的行为，被规定在第181～184条。其中第181条规定的是绝对禁止事项，没有任何例外。第182～184条所列举的自我交易、谋取公司商业机会、竞业禁止行为，则属于相对禁止，其相对性就在于如果股东会或者董事会决议允许，则不认为是违反竞业禁止的行为。

按照本条规定，董事会对上述事项决议时，关联董事不得参与表决，其表决权不计入表决权总数。《公司法》第73条、第124条均规定，董事会会议应当有过半数的董事出席方可举行。董事会作出决议，应当经全体董事的过半数通过。在表决上述事项时，关联董事应当出席董事会，报告相关事项。但是不得参与表决。其表决权不计入表决权总数，无关联关系董事表决后，依然应当经全体董事的过半数通过。如果无关联关系董事人数不足3人的，则应当将该事项提交股东会审议。

与本条相关的是《公司法》第139条规定，上市公司董事与董事会会议决议事项所涉及的企业或者个人有关联关系的，该董事应当及时向董事会书面报告。有关联关系的董事不得对该项决议行使表决权，也不得代理其他董事行使表决权。该董事会会议由过半数的无关联关系董事出席即可举行，董事会会议所作决议须经无关联关系董事过半数通过。出席董事会会议的无关联关系董事人数不足3人的，应当将该事项提交上市公司股东会审议。

值得注意的是，《公司法》并未规定关联股东应当回避。

**第一百八十六条 【公司归入权】董事、监事、高级管理人员违反本法第一百八十一条至第一百八十四条规定所得的收入应当归公司所有。**

## 条文解读

本条是关于公司归入权的规定。

董事、监事、高级管理人员既是公司的管理者,也是公司利益的实现者。其所有的行为所产生的收益都应当归属于公司,这是公司归入权的基本法理。因此,尽管董事、监事、高级管理人员违反忠实义务的情况下,为自己或者他人谋取了利益,但是不能保有这些利益,而应当返还公司。

值得注意的是,本条所规定的公司归入权不同于损害赔偿。损害赔偿的前提是造成了损害,而赔偿的范围是公司所受到的损失。公司归入权不以造成损害为前提。例如,一家公司做贸易,董事利用公司商业机会与他人单独做贸易。在这种情况下,董事获得了收益,公司也没有受到损失。但是董事利用该商业机会所获得利益依法应当归属于公司。除此之外,如果董事违反忠实义务,没有获得任何利益,则公司归入权也无从谈起。

归入权的行使主体,应当是公司的董事会。同时,监事会有法定职权,当董事、监事、高级管理人员的行为损害公司的利益时,可要求董事、监事、高级管理人员予以纠正。

按照《公司法》第188条的规定,董事、监事、高级管理人员执行职务违反法律、行政法规或者公司章程的规定,给公司造成损失的,应当承担赔偿责任。

**第一百八十七条 【董事、监事、高级管理人员接受股东质询】股东会要求董事、监事、高级管理人员列席会议的,董事、监事、高级管理人员应当列席并接受股东的质询。**

## 条文解读

本条是关于董事、监事、高级管理人员接受股东质询的规定。

按照本条规定,董事、监事、高级管理人员必须应股东会的要求,列席会议并接受股东的质询。

**第一百八十八条　【董事、监事、高级管理人员的损害赔偿责任】** 董事、监事、高级管理人员执行职务违反法律、行政法规或者公司章程的规定，给公司造成损失的，应当承担赔偿责任。

## 条文解读

本条是关于董事、监事、高级管理人员的损害赔偿责任的规定。

这里损害赔偿责任的成立包括以下几个要件：第一，违法性，即董事、监事、高级管理人员执行公司职务时违反法律、行政法规或者公司章程的规定。第二，损害发生，造成的损害应该是物质性的，可以用金钱衡量的。第三，因果关系，即董事、监事、高级管理人员的违法行为与公司的损害之间有因果关系。

本条作为董事、监事、高级管理人员对公司损害赔偿责任的请求权基础，拥有请求权的一方是公司，具体是由公司董事会提起。按照《公司法》第189条的规定，特定股东在满足一定条件下可以提起股东代表诉讼，行使损害赔偿请求权。

**第一百八十九条　【股东代表诉讼】** 董事、高级管理人员有前条规定的情形的，有限责任公司的股东、股份有限公司连续一百八十日以上单独或者合计持有公司百分之一以上股份的股东，可以书面请求监事会向人民法院提起诉讼；监事有前条规定的情形的，前述股东可以书面请求董事会向人民法院提起诉讼。

监事会或者董事会收到前款规定的股东书面请求后拒绝提起诉讼，或者自收到请求之日起三十日内未提起诉讼，或者情况紧急、不立即提起诉讼将会使公司利益受到难以弥补的损害的，前款规定的股东有权为公司利益以自己的名义直接向人民法院提起诉讼。

他人侵犯公司合法权益，给公司造成损失的，本条第一款规定的股东可以依照前两款的规定向人民法院提起诉讼。

公司全资子公司的董事、监事、高级管理人员有前条规定情形，或者他人侵犯公司全资子公司合法权益造成损失的，有限责任公司的股东、股份有限公司连续一百八十日以上单独或者合计持有公司百分之一以上股份的股东，可以依照前三款规定书面请求全资子公司的监事会、董事会向人民法院提起诉讼或者以自己的名义直接向人民法院提起诉讼。

## 条文解读

本条是关于股东代表诉讼的规定。

股东代表诉讼，是指在董事、监事、高级管理人员的违法行为给公司利益造成损害而公司又不追究其责任时，股东可以代表公司提起诉讼，又称股东间接诉讼。股东代表诉讼制度对强化公司和中小股东利益的保护机制有重要意义。按照本条第 1 款和第 2 款规定，股东代表诉讼的法定要件是：

(1)股东资格。有权提起股东代表诉讼的必须是有限责任公司的股东、股份有限公司连续 180 日以上单独或者合计持有公司 1%以上股份的股东。根据《公司法司法解释(一)》第 4 条的规定，180 日以上连续持股期间，应为股东向人民法院提起诉讼时已期满的持股时间。合计持有公司 1%以上股份，是指两个以上股东持股份额的合计。此外，《证券法》第 94 条第 3 款规定，发行人的董事、监事、高级管理人员执行公司职务时违反法律、行政法规或者公司章程的规定给公司造成损失，发行人的控股股东、实际控制人等侵犯公司合法权益给公司造成损失，投资者保护机构持有该公司股份的，可以为公司的利益以自己的名义向人民法院提起诉讼，持股比例和持股期限不受《公司法》规定的限制。

(2)诉讼事由。股东代表诉讼主要是针对董事、监事、高级管理人员执行职务时违反法律、行政法规或者公司章程的规定，给公司造成损失的情形。对于他们以外的人侵犯公司合法权益的，股东可以直接诉讼。

(3)前置条件。股东必须先向有关公司机关提出请求。如果是董事、高级管理人员有损害公司利益的情况，股东应当书面请求监事会(包括行使监事会职权的董事会审计委员会、监事)向人民法院提起诉讼；监事有损害公司利益的情况，股东可以书面请求董事会(包括不设董事会的董事)向人民法院提起诉讼。只有在有关公司机关拒绝履行职责或者怠于履行职责，股东才可以提起代表诉讼。这里的“拒绝”包括明示的拒绝和默示的拒绝。默示的拒绝是指自收到请求之日起 30 日内未提起诉讼。但情况紧急、不立即提起诉讼将会使公司利益受到难以弥补损害的，股东有权为公司利益以自己的名义直接提起诉讼。

(4)对于股东代表诉讼而言，因为股东是代表公司提起诉讼，因此如果胜诉，所得的赔偿款归公司而不归提起诉讼的股东所有。

除此之外，如果股东代表诉讼达成调解协议的，须同时经提起股东代表诉讼的股东所在公司和该公司未参与诉讼的其他股东同意。[1]

按照本条第 3 款规定,他人侵犯公司合法权益,给公司造成损失的,本条第 1 款规定的股东可以依照前两款的规定向人民法院提起诉讼。他人是指除了董事、监事、高级管理人员以外的人。

本条第 4 款规定了双重代表诉讼。公司全资子公司的董事、监事、高级管理人员有《公司法》第 188 条规定情形,或者他人侵犯公司全资子公司合法权益造成损失的,有限责任公司的股东、股份有限公司连续 180 日以上单独或者合计持有公司 1%以上股份的股东,可以依照本条第 1~3 款规定书面请求全资子公司的监事会、董事会向人民法院提起诉讼或者以自己的名义直接向人民法院提起诉讼。

**第一百九十条　【股东直接诉讼】董事、高级管理人员违反法律、行政法规或者公司章程的规定,损害股东利益的,股东可以向人民法院提起诉讼。**

### 条文解读

本条是关于股东直接诉讼的规定。

直接诉讼是股东直接以公司董事、高级管理人员为被告提起的,要求其赔偿因违反法律、行政法规或者公司章程的规定而对股东造成的损害的诉讼。股东对上述人员直接提起的诉讼中,受害一方是股东自身,因此所得赔偿也归提起诉讼的股东。

**第一百九十一条　【董事、高级管理人员致人损害的赔偿责任】董事、高级管理人员执行职务,给他人造成损害的,公司应当承担赔偿责任;董事、高级管理人员存在故意或者重大过失的,也应当承担赔偿责任。**

### 条文解读

本条是关于董事、高级管理人员致人损害的赔偿责任的规定。

董事、高级管理人员执行职务,给他人造成损害的,属于《民法典》中规定的法人责

[1] 参见"某电力开发有限公司等与通和置业投资有限公司等损害公司权益纠纷案",最高人民法院(2008)民二终字第 123 号民事调解书。

任,应当由公司承担赔偿责任。

但是,董事、高级管理人员存在故意或者重大过失的,也应当承担赔偿责任。例如,《公司法》第238条第2款特别规定,清算组成员怠于履行清算职责,给公司造成损失的,应当承担赔偿责任;因故意或者重大过失给债权人造成损失的,应当承担赔偿责任。

对于董事、高级管理人员的第三人责任可以从以下几个方面理解:第一,本条规定的责任限于侵权责任。第二,董事承担赔偿责任的前提是公司应当承担责任。第三,董事、高级管理人员对第三人承担赔偿责任的,必须是在执行职务时存在故意或者重大过失。第四,本条规定的"也应当承担赔偿责任"在《公司法(修订草案)》中表述为"应当与公司承担连带责任"。《公司法》中去掉了连带责任的规定。对此,我们可以比照《证券法》的规定。《证券法》第85条规定:"信息披露义务人未按照规定披露信息,或者公告的证券发行文件、定期报告、临时报告及其他信息披露资料存在虚假记载、误导性陈述或者重大遗漏,致使投资者在证券交易中遭受损失的,信息披露义务人应当承担赔偿责任;发行人的控股股东、实际控制人、董事、监事、高级管理人员和其他直接责任人员以及保荐人、承销的证券公司及其直接责任人员,应当与发行人承担连带赔偿责任,但是能够证明自己没有过错的除外。"《证券法》中的规定,就是在上市公司信息披露过程中有违法行为造成损害的,董事、监事、高级管理人员与公司承担连带责任。司法实践中,上市公司董事等往往承担"比例连带责任",即在赔偿总额的一定比例中承担连带责任。

**第一百九十二条　【控股股东、实际控制人的连带责任】公司的控股股东、实际控制人指示董事、高级管理人员从事损害公司或者股东利益的行为的,与该董事、高级管理人员承担连带责任。**

## 条文解读

本条是关于控股股东、实际控制人的连带责任的规定。

2023年《公司法》修订,对公司的控股股东、实际控制人责任的完善是重点。本条可以和前述第180条第3款的"公司的控股股东、实际控制人不担任公司董事但实际执行公司事务的"规定结合起来看。首先,如果在公司的控股股东、实际控制人不担任公司董事但实际执行公司事务的情况下,则构成"事实董事",与公司董事等承担一样的忠实义务和勤勉义务，承担一样的责任，而且是直接承担责任。其次，在公司的控股股东、实际控制人不担任公司董事，也没有实际执行公司事务，而是指示董事、高级管理人员的，则构成“影子董事”，按照本条规定，“影子董事”与该被指示从事损害公司或者股东利益的行为的董事、高级管理人员承担连带责任，即被指示从事损害公司或者股东利益的行为的董事、高级管理人员也不能摆脱责任。

**第一百九十三条　【董事责任保险】公司可以在董事任职期间为董事因执行公司职务承担的赔偿责任投保责任保险。**

**公司为董事投保责任保险或者续保后，董事会应当向股东会报告责任保险的投保金额、承保范围及保险费率等内容。**

## 条文解读

本条是关于董事责任保险的规定。

公司可以在董事任职期间为董事因执行公司职务承担的赔偿责任投保责任保险。董事责任保险属于责任保险的一种，其承保的风险是董事因执行公司职务承担的赔偿责任。投保人是公司，被保险人是董事。通过本条规定我们也可以看出，尽管董事有管理公司的权利，但其管理权利主要体现在董事会投票上。尤其是独立董事和外部董事，本身并不参与公司的实际经营，如果因为其在董事会上的错误投票而承担相当大的责任，就很难让董事积极行使权利，不利于公司的发展。康美药业虚假陈述案中，广东省佛山市中级人民法院对康美药业独立董事开出首笔“天价罚单”，一审判决 5 名曾任或在职的独立董事需要在其过错范围内承担连带责任，合计赔偿金额最高约 3.69 亿元。

由本条第 1 款可知，公司经理就不是法定的责任保险被保险人，这也可以看出经理需要比董事更加尽职尽责。当然，法律并不禁止公司为经理投保责任保险。

本条第 2 款规定的是董事责任保险的报告制度，公司为董事投保责任保险或者续保后，董事会应当向股东会报告责任保险的投保金额、承保范围及保险费率等内容。

# 第九章　公 司 债 券

**第一百九十四条　【公司债券】** 本法所称公司债券，是指公司发行的约定按期还本付息的有价证券。

**公司债券可以公开发行，也可以非公开发行。**

**公司债券的发行和交易应当符合《中华人民共和国证券法》等法律、行政法规的规定。**

## 条文解读

本条是关于公司发行债券的规定。

公司债券，是指公司依照法定程序发行，约定在一定期限还本付息的有价证券。不同于公司股票，公司债券有一定的期限，到期后公司应当对债券持有人还本付息。公司债券的持有人不是公司股东，而是公司债权人。公司债券具有以下几个特点：第一，公司债券是表彰已经发生的公司债权的证券。第二，公司债券是一种要式证券。公司债券必须依法记载一定事项。第三，公司债券具有可转让性。第四，公司债券具有可回赎性。

公司债券可以公开发行，也可以非公开发行。非公开发行的公司债券应当向专业投资者发行，不得采用广告、公开劝诱和变相公开方式，每次发行对象不得超过200人。公司发行债权，应当符合《证券法》等法律、行政法规规定的条件。

2023年修订的《公司债券发行与交易管理办法》第13条规定，公开发行公司债券筹集的资金，必须按照公司债券募集说明书所列资金用途使用；改变资金用途，必须经债券持有人会议作出决议。非公开发行公司债券，募集资金应当用于约定的用途；改变资金用途，应当履行募集说明书约定的程序。鼓励公开发行公司债券的募集资金投向符合国家宏观调控政策和产业政策的项目建设。公开发行公司债券筹集的资金，不得用于弥补亏损和非生产性支出。发行人应当指定专项账户，用于公司债券募集资金的接收、存储、划转。

**第一百九十五条 【公司债券募集办法的公告及应载明事项】** 公开发行公司债券，应当经国务院证券监督管理机构注册，公告公司债券募集办法。

公司债券募集办法应当载明下列主要事项：

（一）公司名称；

（二）债券募集资金的用途；

（三）债券总额和债券的票面金额；

（四）债券利率的确定方式；

（五）还本付息的期限和方式；

（六）债券担保情况；

（七）债券的发行价格、发行的起止日期；

（八）公司净资产额；

（九）已发行的尚未到期的公司债券总额；

（十）公司债券的承销机构。

## 条文解读

本条是关于公司债券募集办法的公告及应载明事项的规定。

按照《证券法》规定，公司公开发行债券，须经国务院证券监督管理部门注册。也就是说，公司债券与公司股票一样，公开发行都由核准制改为注册制。《公司债券发行与交易管理办法》第18条规定，自注册申请文件受理之日起，发行人及其控股股东、实际控制人、董事、监事、高级管理人员，以及与本次债券公开发行并上市相关的主承销商、证券服务机构及相关责任人员，即承担相应法律责任。

公司债券募集办法是公司在发行债券前，向不特定的社会公众公告的关于公司债券基本情况的要约邀请。但是，公司债券募集办法中的条款具有法律效力，构成将来债权人与公司之间合同的内容。债券募集说明书及其他信息披露文件所引用的审计报告、法律意见书、评级报告及资产评估报告等，应当由符合《证券法》规定的证券服务机构出具。本条第2款规定了公司债券募集办法中必须包含的内容。

**第一百九十六条 【纸面债券票面法定载明事项】** 公司以纸面形式发行公司债券的，应当在债券上载明公司名称、债券票面金额、利率、偿还期限等事项，并由法定代表人签名，公司盖章。

**条文解读**

本条是关于公司纸面债券票面法定载明事项的规定。

公司债券按照债券形态，可以分为实物券、凭证式债券和记账式债券。实物券就是一种具有标准格式实物券面的债券，其应当对表明公司与债券持有人之间债权债务关系的内容做出清楚明确的记载，记载事项与《公司法》第195条公司债券募集办法中必须载明的主要事项相同，这些记载事项对作为发行人的公司具有法律约束力。同时，票面上的法定记载事项所载明的内容，应当依据公司股东会或者董事会所做出的决议注明，并且同公司债券募集办法、公司债券存根簿上所记载的内容相一致，由公司法定代表人签名，公司盖章。

**第一百九十七条 【记名债券】** 公司债券应当为记名债券。

**条文解读**

公司债券根据不同的标准有不同分类，记名债券和无记名债券是根据是否在公司债券上签署债权人的姓名或名称及住所区分的。二者在确认权利人方式、债券转让等方面不同，类似于记名股票与无记名股票的区别。

在2023年修订后的《公司法》中，公司债券与公司股票一样，都只存在记名的。

**第一百九十八条 【债券持有人名册的置备及应载明事项】** 公司发行公司债券应当置备公司债券持有人名册。

发行公司债券的，应当在公司债券持有人名册上载明下列事项：

（一）债券持有人的姓名或者名称及住所；

（二）债券持有人取得债券的日期及债券的编号；

（三）债券总额，债券的票面金额、利率、还本付息的期限和方式；

（四）债券的发行日期。

**条文解读**

本条是关于公司的债券持有人名册的置备及应载明事项的规定。

原《公司法》中因存在记名债券和无记名债券,故而将其称为“债券存根簿”。2023年修订的《公司法》中,由于取消了无记名债券,故而将其改为“债券持有人名册”。

发行公司债券的,应当在公司债券持有人名册上载明下列事项:(1)债券持有人的姓名或者名称及住所;(2)债券持有人取得债券的日期及债券的编号;(3)债券总额,债券的票面金额、利率、还本付息的期限和方式;(4)债券的发行日期。

**第一百九十九条 【公司债券登记结算机构的制度要求】公司债券的登记结算机构应当建立债券登记、存管、付息、兑付等相关制度。**

**条文解读**

本条是关于公司债券的登记结算机构制度要求的一般性规定。

按照本条规定,公司债券的登记结算机构应当建立债券登记、存管、付息、兑付等相关制度。《证券登记结算管理办法》第9条规定,证券登记结算机构履行以下职能:(1)证券账户、结算账户的设立和管理;(2)证券的存管和过户;(3)证券持有人名册登记及权益登记;(4)证券和资金的清算交收及相关管理;(5)受证券发行人的委托办理派发证券权益等业务;(6)依法提供与证券登记结算业务有关的查询、信息、咨询和培训服务;(7)依法担任存托凭证存托人;(8)中国证监会批准的其他业务。

**第二百条 【公司债券转让】公司债券可以转让,转让价格由转让人与受让人约定。**

**公司债券的转让应当符合法律、行政法规的规定。**

**条文解读**

本条是关于公司债券转让的规定。

一般来说,公司债券是有价证券的一种,可以自由转让。转让的方式与一般动产转让的方式相同。对于未在证券交易所上市的公司债券,采取“一对一”的交易方式,即转让人与受让人通过协议转让。对于在证券交易所上市交易的公司债券，则按照证券交易所的交易规则，以集合竞价、连续竞价等方式进行转让，但转让应当符合法律、行政法规的规定。

《公司债券发行与交易管理办法》第 37 条规定，非公开发行公司债券，可以申请在证券交易场所、证券公司柜台转让。非公开发行公司债券并在证券交易场所转让的，应当遵守证券交易场所制定的业务规则，并经证券交易场所同意。非公开发行公司债券并在证券公司柜台转让的，应当符合中国证监会的相关规定。该办法第 38 条规定，非公开发行的公司债券仅限于专业投资者范围内转让。转让后，持有同次发行债券的投资者合计不得超过 200 人。

**第二百零一条 【公司债券转让方式】公司债券由债券持有人以背书方式或者法律、行政法规规定的其他方式转让；转让后由公司将受让人的姓名或者名称及住所记载于公司债券持有人名册。**

## 条文解读

本条是关于公司债券转让方式的规定。

由于公司债券都是记名的，对于记名的公司债券，应当采用背书的方式或者法律、行政法规规定的其他方式转让。由于记名债权必须将债券持有人的相关信息记载于公司债券持有人名册，因此，记名公司债券转让后由公司将受让人的姓名或者名称及住所记载于公司债券持有人名册。

**第二百零二条 【可转换公司债券的发行及载明事项】股份有限公司经股东会决议，或者经公司章程、股东会授权由董事会决议，可以发行可转换为股票的公司债券，并规定具体的转换办法。上市公司发行可转换为股票的公司债券，应当经国务院证券监督管理机构注册。**

**发行可转换为股票的公司债券，应当在债券上标明可转换公司债券字样，并在公司债券持有人名册上载明可转换公司债券的数额。**

**条文解读**

本条是关于可转换公司债券的发行及载明事项的规定。

原《公司法》将发行可转换公司债券的主体限定为上市公司,2023 年修订的《公司法》将其扩展为所有的股份有限公司。

可转换公司债券是债券的一种,债券持有人享有在一定期间将所持有的公司债券转换成股票的权利,从而取得公司股权,而其对公司的债权随之消灭。这种债券的发行对持有人非常便利,他可以根据股价行情选择是否行使转换权,有利于回避风险、保障收益。同时,对发行公司来说,可转换公司债券的利率较一般公司的债券利率低,公司可以降低发行成本;股价上涨时,公司又可以吸引债券持有人投资于股票,从而减少公司负债,增加公司资本,改善财务状况。因此,发行可转换公司债券是公司筹资的重要手段。

公司发行可转换公司债券必须既符合发行债券的条件,也符合发行股票的条件。并且,不同于发行普通债券,公司发行可转换公司债券必须经国务院证券监督管理机构注册。

公司发行可转换公司债券,是一种未来对注册资本增加的行为,故而应当由股东会作出决议。但由于 2023 年修订的《公司法》增加了董事会授权资本制,故而董事会在得到公司章程或股东会授权时,也可以作出发行可转换公司债券的决定。

为与普通公司债券相区分,发行可转换公司债券应当在债券票面上标明可转换公司债券字样。同时,作为记名债券,应当在公司债券持有人名册上做出相关记载。

**第二百零三条　【债券持有人对可转换公司债券享有选择权】发行可转换为股票的公司债券的,公司应当按照其转换办法向债券持有人换发股票,但债券持有人对转换股票或者不转换股票有选择权。法律、行政法规另有规定的除外。**

**条文解读**

本条是关于债权持有人对可转换公司债券享有选择权的规定。

可转换公司债券除了具有普通公司债券的属性外,其自身的特征就是可转换性。但是,可转换公司债券的转换不是法定必需的转换,而是可转换公司债券持有人享有是否将其持有的债券转换为其他证券的选择权。对于这种选择权,债券持有人可以行使,也可以不行使,是否行使取决于债券持有人的意愿。因 2023 年修订的《公司法》增加了类别股的规定,故本条明确,法律、行政法规另有规定的除外。

**第二百零四条 【债券持有人会议】** 公开发行公司债券的,应当为同期债券持有人设立债券持有人会议,并在债券募集办法中对债券持有人会议的召集程序、会议规则和其他重要事项作出规定。债券持有人会议可以对与债券持有人有利害关系的事项作出决议。

除公司债券募集办法另有约定外,债券持有人会议决议对同期全体债券持有人发生效力。

## 条文解读

本条是关于债券持有人会议制度的规定。

债券持有人会议体现了债券持有人作为公司债权人参与公司治理的权利,是对公司债券持有人利益更加完善的保护。按照本条规定,债券持有人会议制度只涉及公司公开发行债券的情形。发行公司债券,应当在债券募集办法中对债券持有人会议的召集程序、会议规则和其他重要事项作出规定。《证券法》第 92 条第 1 款也有类似规定。债券持有人会议可以对与债券持有人有利害关系的事项作出决议。例如,公司债券持有人债权的受领清偿、债权保全、与债券相关的诉讼以及债务人破产等事宜。再如,按照《公司法》第 206 条第 2 款规定,受托管理人与债券持有人存在利益冲突可能损害债券持有人利益的,债券持有人会议可以决议变更债券受托管理人。《证券法》第 15 条第 2 款规定,公开发行公司债券筹集的资金,必须按照公司债券募集办法所列资金用途使用;改变资金用途,必须经债券持有人会议作出决议。

本条第 2 款规定了债券持有人会议决议的效力。即除公司债券募集办法另有约定的,债券持有人会议决议对同期全体债券持有人发生效力。因此对未来发行的公司债券持有人没有约束力。

**第二百零五条 【债券受托管理人的聘请和管理职权】** 公开发行公司债券的,发行人应当为债券持有人聘请债券受托管理人,由其为债券持有人办理受领清偿、债权保全、与债券相关的诉讼以及参与债务人破产程序等事项。

## 条文解读

本条是关于债券受托管理人的聘请和管理职权的规定。

按照本条规定，债券受托管理人由发行人委托。所委托的事项包括为债券持有人办理受领清偿、债权保全、与债券相关的诉讼以及参与债务人破产程序等事项。发行人应当在债券募集说明书中约定投资者认购或持有本期公司债券视作同意债券受托管理协议、债券持有人会议规则及债券募集说明书中其他有关发行人、债券持有人权利义务的相关内容。

公开发行公司债券的受托管理人应当按规定或约定履行下列职责：(1)持续关注发行人和保证人的资信状况、担保物状况、增信措施及偿债保障措施的实施情况，出现可能影响债券持有人重大权益的事项时，召集债券持有人会议；(2)在债券存续期内监督发行人募集资金的使用情况；(3)对发行人的偿债能力和增信措施的有效性进行全面调查和持续关注，并至少每年向市场公告一次受托管理事务报告；(4)在债券存续期内持续督导发行人履行信息披露义务；(5)预计发行人不能偿还债务时，要求发行人追加担保，并可以依法申请法定机关采取财产保全措施；(6)在债券存续期内勤勉处理债券持有人与发行人之间的谈判或者诉讼事务；(7)发行人为债券设定担保的，债券受托管理人应在债券发行前或债券募集说明书约定的时间内取得担保的权利证明或其他有关文件，并在增信措施有效期内妥善保管；(8)发行人不能按期兑付债券本息或出现募集说明书约定的其他违约事件的，可以接受全部或部分债券持有人的委托，以自己名义代表债券持有人提起、参加民事诉讼或者破产等法律程序，或者代表债券持有人申请处置抵质押物。

## 关联法规索引

《公司债券发行与交易管理办法》第59、63条

**第二百零六条　【债券受托管理人义务、变更及损害赔偿责任】债券受托管理人应当勤勉尽责，公正履行受托管理职责，不得损害债券持有人利益。**

**受托管理人与债券持有人存在利益冲突可能损害债券持有人利益的，债券持有人会议可以决议变更债券受托管理人。**

**债券受托管理人违反法律、行政法规或者债券持有人会议决议，损害债券持有人利益的，应当承担赔偿责任。**

## 条文解读

本条是关于债券受托管理人义务、变更及损害赔偿责任的规定。

作为受托管理人，其应当勤勉尽责，公正履行受托管理职责，不得损害债券持有人利益。如果受托管理人与债券持有人存在利益冲突可能损害债券持有人利益的，债券持有人会议可以决议变更债券受托管理人。同时，债券受托管理人违反法律、行政法规或者债券持有人会议决议，损害债券持有人利益的，应当承担赔偿责任。需要注意的是，在追究债券受托管理人责任时，应符合侵权责任的构成要件：第一，责任主体是债券受托管理人；第二，债券受托管理人存在过错行为；第三，给债券持有人造成经济损失；第四，债券受托管理人的过错行为与经济损失之间具有因果关系。

## 关联法规索引

《证券法》第92条；《公司债券发行与交易管理办法》第6条；《公司债券受托管理人执业行为准则》第6条

# 第十章　公司财务、会计

**第二百零七条　【公司建立财务、会计制度的依据】公司应当依照法律、行政法规和国务院财政部门的规定建立本公司的财务、会计制度。**

### 条文解读

本条是关于公司建立财务、会计制度的依据的规定。

公司应当根据实际发生的经济业务事项进行会计核算，填制会计凭证，登记会计账簿，编制财务会计报告。公司财务，是指公司在生产经营活动中有关资金的筹集、运用和分配的活动。公司会计，是指以货币为主要计量尺度，对公司的整个财务活动和经营状况以记账、算账、报账等方式进行的核算与监督的活动。

在我国，规范会计制度的主要法律是《会计法》，行政法规有《企业财务会计报告条例》等。

**第二百零八条　【财务会计报告编制要求】公司应当在每一会计年度终了时编制财务会计报告，并依法经会计师事务所审计。**

**财务会计报告应当依照法律、行政法规和国务院财政部门的规定制作。**

### 条文解读

本条是关于公司财务会计报告编制要求的规定。

财务会计报告包括会计报表、会计报表附注、财务情况说明书。会计报表包括资产负债表、利润表、现金流量表及相关附表。

对于财务会计报告，公司董事会有批准权。有限责任公司应当按照公司章程规定的期限将财务会计报告送交各股东。股份有限公司的财务会计报告应当在召开股东会年会的 20 日前置备于本公司，供股东查阅；公开发行股份的股份有限公司应当公告其财务会计报告。

公司应当在每一会计年度终了时编制财务会计报告。财务会计报告应当依照法律、行政法规和国务院财政部门的规定制作,并依法经会计师事务所审计。

**财务会计报告**

财务会计报告是公司对外提供的反映公司某一特定日期财务状况和某一会计期间经营成果、现金流量的文件。

根据国务院《企业财务会计报告条例》的规定,财务会计报告包括会计报表、会计报表附注、财务情况说明书。企业编制财务会计报告,应当根据真实的交易、事项以及完整、准确的账簿记录等资料,并按照国家统一的会计制度规定的编制基础、编制依据、编制原则和方法。

(一)会计报表

会计报表应当包括资产负债表、利润表、现金流量表及相关附表。

1.资产负债表

资产负债表是反映企业在某一特定日期财务状况的报表。资产负债表应当按照资产、负债和所有者权益(或者股东权益)分类分项列示。其中,资产、负债和所有者权益的定义及列示应当遵循下列规定:

(1)资产,是指过去的交易、事项形成并由企业拥有或者控制的资源,该资源预期会给企业带来经济利益。在资产负债表上,资产应当按照其流动性分类分项列示,包括流动资产、长期投资、固定资产、无形资产及其他资产。银行、保险公司和非银行金融机构的各项资产有特殊性的,按照其性质分类分项列示。

(2)负债,是指过去的交易、事项形成的现时义务,履行该义务预期会导致经济利益流出企业。在资产负债表上,负债应当按照其流动性分类分项列示,包括流动负债、长期负债等。银行、保险公司和非银行金融机构的各项负债有特殊性的,按照其性质分类分项列示。

(3)所有者权益,是指所有者在企业资产中享有的经济利益,其金额为资产减去负债后的余额。在资产负债表上,所有者权益应当按照实收资本(或者股本)、资本公积、盈余公积、未分配利润等项目分项列示。

2.利润表

利润表是反映企业在一定会计期间经营成果的报表。利润表应当按照各项收入、费用以及构成利润的各个项目分类分项列示。其中,收入、费用和利润的定义及列示应当遵循下列规定:

(1)收入,是指企业在销售商品、提供劳务及让渡资产使用权等日常活动中所形成的经济利益的总流入。收入不包括为第三方或者客户代收的款项。在利润表上,收入应当按照其重要性分项列示。

(2)费用,是指企业为销售商品、提供劳务等日常活动所发生的经济利益的流出。在利润表上,费用应当按照其性质分项列示。

(3)利润,是指企业在一定会计期间的经营成果。在利润表上,利润应当按照营业利润、利润总额和净利润等利润的构成分类分项列示。

3.现金流量表

现金流量表是反映企业一定会计期间现金和现金等价物(以下简称现金)流入和流出的报表。现金流量表应当按照经营活动、投资活动和筹资活动的现金流量分类分项列示。其中,经营活动、投资活动和筹资活动的定义及列示应当遵循下列规定:

(1)经营活动,是指企业投资活动和筹资活动以外的所有交易和事项。在现金流量表上,经营活动的现金流量应当按照其经营活动的现金流入和流出的性质分项列示;银行、保险公司和非银行金融机构的经营活动按照其经营活动特点分项列示。

(2)投资活动,是指企业长期资产的购建和不包括在现金等价物范围内的投资及其处置活动。在现金流量表上,投资活动的现金流量应当按照其投资活动的现金流入和流出的性质分项列示。

(3)筹资活动,是指导致企业资本及债务规模和构成发生变化的活动。在现金流量表上,筹资活动的现金流量应当按照其筹资活动的现金流入和流出的性质分项列示。

4.相关附表

相关附表是反映企业财务状况、经营成果和现金流量的补充报表,主要包括利润分配表以及国家统一的会计制度规定的其他附表。

利润分配表是反映企业一定会计期间对实现净利润以及以前年度未分配利润的分配或者亏损弥补的报表。利润分配表应当按照利润分配各个项目分类分项列示。

(二)会计报表附注

会计报表附注是为便于会计报表使用者理解会计报表的内容而对会计报表的编制基础、编制依据、编制原则和方法及主要项目等所作的解释。会计报表附注至少应当包括下列内容:(1)不符合基本会计假设的说明;(2)重要会计政策和会计估计及其变更情况、变更原因及其对财务状况和经营成果的影响;(3)或有事项和资产负债表日后事项的说明;(4)关联方关系及其交易的说明;(5)重要资产转让及其出售情况;(6)企业合并、分立;(7)重大投资、融资活动;(8)会计报表中重要项目的明细资料;

(9)有助于理解和分析会计报表需要说明的其他事项。

(三)财务情况说明书

财务情况说明书至少应当对下列情况作出说明:(1)企业生产经营的基本情况;(2)利润实现和分配情况;(3)资金增减和周转情况;(4)对企业财务状况、经营成果和现金流量有重大影响的其他事项。

**第二百零九条 【财务会计报告送交股东及公告】有限责任公司应当按照公司章程规定的期限将财务会计报告送交各股东。**

**股份有限公司的财务会计报告应当在召开股东会年会的二十日前置备于本公司,供股东查阅;公开发行股份的股份有限公司应当公告其财务会计报告。**

### 条文解读

本条是关于公司财务会计报告送交股东及公告的规定。

《公司法》第57条规定了有限责任公司股东的知情权,明确股东有权查阅、复制财务会计报告以及查阅会计账簿、会计凭证等财务资料。按照本条规定,不仅股东有权主动查阅财务会计报告,公司也应主动在章程规定的期限内将财务会计报告送交给各股东。

本条第2款在时间层面强调股份有限公司的财务会计报告应在召开股东会年会的20日置备于本公司。公开发行股票的股份有限公司,由于涉及广大公众投资者的利益,其财务状况更应为公众知悉,同时,还需符合监管机构规定的信息披露要求。

**第二百一十条 【公司税后利润分配】公司分配当年税后利润时,应当提取利润的百分之十列入公司法定公积金。公司法定公积金累计额为公司注册资本的百分之五十以上的,可以不再提取。**

**公司的法定公积金不足以弥补以前年度亏损的,在依照前款规定提取法定公积金之前,应当先用当年利润弥补亏损。**

**公司从税后利润中提取法定公积金后,经股东会决议,还可以从税后利润中提取任意公积金。**

**公司弥补亏损和提取公积金后所余税后利润,有限责任公司按照股东实缴的出资比例分配利润,全体股东约定不按照出资比例分配利润的除外;股份有限公司按照股东所持有的股份比例分配利润,公司章程另有规定的除外。**

**公司持有的本公司股份不得分配利润。**

## 条文解读

本条是关于公司税后利润分配的规定。

公司的税后利润,是公司当年经营包括营业、投资以及其他途径所得扣除各项成本费用及缴纳税款后的净收入。具体而言:

营业利润=营业收入-营业成本-营业税金及附加-销售费用-管理费用-财务费用-资产减值损失+/-公允价值变动收益+/-投资收益;

利润总额=营业利润+营业外收入-营业外支出;

净利润=利润总额-所得税费用

公司税后利润分配有一定顺序,不得违反下列规定:

(1)弥补公司的亏损。公司在存续期间内应当经常保持与其资本相当的实有财产。因此公司应用利润弥补其亏损,使其资本得以维持。法定公积金首先用于弥补亏损。法定公积金不足以弥补亏损的,应当先用当年利润弥补亏损。

(2)提取法定公积金。税后利润在弥补亏损后如有剩余或在前一年度没有亏损的情况下,应当提取10%列入法定公积金,以备弥补公司亏损、扩大公司经营或者转增股本。公司不得削减提取比例。如法定公积金累积金额达到公司注册资本的50%,可以不再提取。

(3)提取任意公积金。除提取法定公积金以外,公司可以根据实际情况,由股东会决定,自愿另行提取一定的公积金,但法律不予强制。

(4)支付普通股股利。有限责任公司依照实缴的出资比例或者全体股东约定的方案分配股利;股份有限公司按照股东持有的股份比例或者公司章程规定的方案分配股利。

(5)公司持有的本公司股份不得分配利润。

**第二百一十一条 【违法分配利润的处理】公司违反本法规定向股东分配利润的，股东应当将违反规定分配的利润退还公司；给公司造成损失的，股东及负有责任的董事、监事、高级管理人员应当承担赔偿责任。**

## 条文解读

本条是关于违法分配利润的处理的规定。

本条规定相较于2018年《公司法》，强化了公司违法分配利润的责任。首先，公司应当在弥补亏损和提取法定公积金之后向股东分配利润。公司违反本法规定，无论在弥补亏损和提取法定公积金之前还是之后，向股东分配利润的，股东都应当将违反规定分配的利润退还公司。由此可见，税后利润弥补亏损和提取法定公积金，是公司必须履行的义务。其次，因为违法分配给公司造成损失的，股东及负有责任的董事、监事、高级管理人员应当承担赔偿责任。

**第二百一十二条 【公司利润分配时间】股东会作出分配利润的决议的，董事会应当在股东会决议作出之日起六个月内进行分配。**

## 条文解读

本条是关于公司利润分配时间的规定。

公司股利分配，应当由董事会制订方案，经股东会表决后通过。按照本条规定，股东会作出分配利润的决议的，董事会应当在股东会决议作出之日起6个月内进行分配，但公司章程或者股东会决议另有规定的除外。

《公司法》第89条第1款第1项以及第161条第1款第1项规定了公司连续5年不向股东分配利润，而公司该5年连续盈利，并且符合本法规定的分配利润条件的情况下，对股东会决议投反对票的股东可以请求公司回购股份。本条规定与这种情形并不相同。异议股东回购的前提是，公司具备分配利润的条件，但是股东会长期不作出分配利润的决议。而本条规定的情形是，公司股东会已经作出分配利润的决议，但是董事会迟迟不执行。在符合本条规定的条件下，股东可以请求公司实际分配利润。

**第二百一十三条 【公司资本公积金构成】公司以超过股票票面金额的发行价格发行股份所得的溢价款、发行无面额股所得股款未计入注册资本的金额以及国务院财政部门规定列入资本公积金的其他项目，应当列为公司资本公积金。**

## 条文解读

本条是关于公司资本公积金构成的规定。

资本公积金，是指企业在经营过程中由于接受捐赠、股本溢价以及法定财产重估增值等原因所形成的公积金。资本公积金提取不需要以公司盈余为前提，只要公司收入中出现法律规定的情况，就应当纳入提取范围。在没有更合适的会计账户对它们加以反映的情形下，它们统统被归入资本公积金账户项下。按照本条规定，公司面额股溢价发行所得的溢价款，无面额股所得股款未计入注册资本的金额应当列入资本公积金。

除了资本溢价之外，列入资本公积金的项目还包括接受捐赠非现金资产准备、股权投资准备、拨款转入、关联交易差价、其他资本公积等。

**第二百一十四条 【公积金用途】公司的公积金用于弥补公司的亏损、扩大公司生产经营或者转为增加公司注册资本。**

**公积金弥补公司亏损，应当先使用任意公积金和法定公积金；仍不能弥补的，可以按照规定使用资本公积金。**

**法定公积金转为增加注册资本时，所留存的该项公积金不得少于转增前公司注册资本的百分之二十五。**

## 条文解读

本条规定了公司的公积金的用途，即用于弥补公司的亏损、扩大公司生产经营或者转为增加公司注册资本。

2018 年《公司法》曾规定，资本公积金不得用于弥补公司的亏损。2023 年修订的《公司法》规定，公积金弥补公司亏损，应当先使用任意公积金和法定公积金；仍不能弥补的，可以按照规定使用资本公积金。

本条第3款规定，法定公积金转为增加注册资本时，所留存的该项公积金不得少于转增前公司注册资本的25%。实践中，公司转增资本时往往按照股东原有的股份比例派送新股或者增加每股面值。

**第二百一十五条 【公司聘用、解聘会计师事务所】公司聘用、解聘承办公司审计业务的会计师事务所，按照公司章程的规定，由股东会、董事会或者监事会决定。**

**公司股东会、董事会或者监事会就解聘会计师事务所进行表决时，应当允许会计师事务所陈述意见。**

## 条文解读

本条是关于公司聘用、解聘会计师事务所的规定。

本条第1款规定了公司聘用、解聘承办公司审计业务的会计师事务所的权限。这个权限的归属由公司章程规定，除了股东会和董事会可以通过章程获得决定权之外，监事会也可以决定。

本条第2款规定了解聘会计师事务所的程序，即公司股东会、董事会或者监事会就解聘会计师事务所进行表决时，应当允许会计师事务所陈述意见。

**第二百一十六条 【公司对会计师事务所的诚实义务】公司应当向聘用的会计师事务所提供真实、完整的会计凭证、会计账簿、财务会计报告及其他会计资料，不得拒绝、隐匿、谎报。**

## 条文解读

会计凭证是记录经济业务的发生和完成情况，明确经济责任，并作为记账依据的书面证明。会计凭证包括原始会计凭证和记账凭证。会计账簿是记载公司营业交易和财产出入事项的会计记录文书。会计账簿包括总账、明细账、日记账和其他辅助性账簿。本条规定了公司对会计师事务所的诚实义务，即公司应当向其聘用的会计师事务所提供真实、完整的会计凭证、会计账簿、财务会计报告及其他会计资料，不得拒绝、隐匿、谎报。如果公司拒绝、隐匿、谎报，则会计师事务所在相应的范围内免除责任。

**第二百一十七条　【会计账簿和开立账户的禁止性规定】** 公司除法定的会计账簿外，不得另立会计账簿。

对公司资金，不得以任何个人名义开立账户存储。

## 条文解读

本条规定了公司财务会计制度中的两个重要的禁止性原则：第一，公司除法定会计账簿外，不得另立会计账簿，即公司会计账簿的唯一性。第二，对公司资金不得以任何个人名义开立账户储存，即公司账户的唯一性。

# 第十一章　公司合并、分立、增资、减资

**第二百一十八条　【公司合并方式】公司合并可以采取吸收合并或者新设合并。**

**一个公司吸收其他公司为吸收合并，被吸收的公司解散。两个以上公司合并设立一个新的公司为新设合并，合并各方解散。**

## 法律术语

公司合并：两个或两个以上的公司依照合同约定并根据法律规定的条件和程序组成一个公司的法律行为。

吸收合并：一个公司吸收接纳其他公司，吸收方存续并扩大规模，被吸收方解散的公司合并方式。

新设合并：两个或两个以上的公司合并设立一个新公司的合并方式。

## 条文解读

本条规定了公司合并的两种方式，即吸收合并和新设合并。在吸收合并中，被吸收的公司必须解散，进而消灭其法人资格。在新设合并中，合并各方必须解散并消灭其法人资格。新设合并应当属于一种特殊的公司设立行为，除遵守《公司法》关于公司合并的规定外，也要遵守关于公司设立的规定。

按照《公司法》第 59 条规定，公司合并，应当由公司股东会作出决议。第 66 条第 3 款规定，有限责任公司股东会作出公司合并的决议，应当经代表 2/3 以上表决权的股东通过。第 116 条第 3 款规定，股份有限公司股东会作出公司合并的决议，应当经出席会议的股东所持表决权的 2/3 以上通过。

**第二百一十九条　【简易合并程序】**公司与其持股百分之九十以上的公司合并，被合并的公司不需经股东会决议，但应当通知其他股东，其他股东有权请求公司按照合理的价格收购其股权或者股份。

公司合并支付的价款不超过本公司净资产百分之十的，可以不经股东会决议；但是，公司章程另有规定的除外。

公司依照前两款规定合并不经股东会决议的，应当经董事会决议。

**条文解读**

本条是关于简易合并程序的规定。包括母子公司合并以及小规模合并两种情况。

本条第1款规定了公司与其持股90%以上的公司合并的情况，即公司与其绝对控股的子公司合并。在这种情况下，被合并的公司不需经股东会决议，但应当通知其他股东，其他股东有权请求公司按照合理的价格收购其股权或者股份。

本条第2款规定了小规模合并的情况，即公司合并支付的价款不超过本公司净资产10%的。在这种情况下，可以不经股东会决议；但是，公司章程另有规定的除外。

根据本条第3款的规定，无论是公司与其绝对控股的子公司合并，还是小规模合并，可以依照前述两款规定不经股东会决议，但应当经董事会决议。

**第二百二十条　【公司合并程序和债权人异议权】**公司合并，应当由合并各方签订合并协议，并编制资产负债表及财产清单。公司应当自作出合并决议之日起十日内通知债权人，并于三十日内在报纸上或者国家企业信用信息公示系统公告。债权人自接到通知之日起三十日内，未接到通知的自公告之日起四十五日内，可以要求公司清偿债务或者提供相应的担保。

**条文解读**

本条是关于公司合并程序和债权人异议权的规定，该规定与公司分立、减资时的情况基本一样。

公司合并不仅涉及股东的利益，而且是公司人格的重大变更，因此通常情况下，要由股东会作出合并决议。合并协议的签订及资产负债表的编制等都不能作为公司合并的最后决定。

公司合并涉及公司的独立人格或组织结构的变化,对于公司债权的担保、清偿都有影响。在吸收合并的情况下,被吸收的公司主体将不存在;在新设合并的情况下,原来的公司主体都不存在了。为避免债权人合法权益因此受到不利影响,法律要求公司向债权人通知和公告,以便让他们及时行使自己的权利,决定是否提出异议。具体的通知和公告的方式是:公司应当自作出合并决议之日起10日内通知债权人,并于30日内在报纸上或者国家企业信用信息公示系统公告。公司债权人的异议权是指债权人在接到通知之日起30日内或未接到通知的自公告之日起45日内认为公司合并会损害自己的利益,因此要求公司清偿债务或者提供相应担保的权利。如果债权人在法定的时间内不提出异议,则视为对公司合并的默认,对债务人更换的默认。

关于公司的合并,还应注意以下几个问题:

第一,股东会表决通过。除《公司法》第219条规定的情形外,公司合并需由股东会作出决议,这实际上是赋予股东对该决议有条件的否决权。

第二,无论是吸收合并还是新设合并,合并各方都要发布公告。

第三,对公司合并的信息披露,即《证券法》第77条、第81条的规定,上市公司合并(包括被合并)应当公告。

第四,反对股东股份回购请求权。根据《公司法》第89条、第162条的规定,对股东会关于公司合并的决议投反对票的股东可以请求公司按照合理的价格收购其股权。

公司合并的,还需要进行公司变更登记。公司变更登记事项涉及修改公司章程的,应当提交修改后的公司章程。

**第二百二十一条 【公司合并时各方的债权、债务承继】公司合并时,合并各方的债权、债务,应当由合并后存续的公司或者新设的公司承继。**

## 条文解读

本条是关于公司合并时各方的债权、债务承继的规定。

因合并而消灭的公司,其权利义务应由合并后存续或新设的公司概括地承受。所谓“概括承受”,即消灭原公司全部资产和责任,包括动产、不动产、债权、知识产权以及债务或者其他负债等。上述财产和责任一律全部由存续公司或新设公司承受,承受公司不得进行选择,不得附有任何条件。

至于权利如何承继,则可由合并后存续或新设的公司与债权人具体商定。权利的转移应当依照法定程序办理。例如,公司不动产的转移应当做成书面文件并办理过户手续后方为有效。

**第二百二十二条 【公司分立时财产分割和分立程序】公司分立,其财产作相应的分割。**

**公司分立,应当编制资产负债表及财产清单。公司应当自作出分立决议之日起十日内通知债权人,并于三十日内在报纸上或者国家企业信用信息公示系统公告。**

## 条文解读

本条是关于公司分立时财产分割和分立程序的规定。

公司分立是在原有公司基础上"一分为二"或是"一分为多",形成数个独立的公司法人,其相对于公司合并来说正好相反。因此,公司分立必须进行财产分割,明确分立前的财产在分立后的归属。

本条第 2 款规定,公司分立应当编制资产负债表及财产清单。公司应当自作出分立决议之日起 10 日内通知债权人,并于 30 日内在报纸上或者国家企业信用信息公示系统公告。与公司合并不同,公司分立并没有消灭法律主体,因而法律并没有赋予债权人在公司分立时要求公司清偿债务或是提供担保的请求权。债权人的利益可以按照以下方式获得保护:一是按照《公司法》第 223 条要求公司分立前的债务由分立后的公司承担连带责任。二是由于分立而存续的公司实际上减少了注册资本,因此公司分立也适用因减资而赋予债权人的异议请求权,即《公司法》第 224 条规定的"债权人自接到通知之日起三十日内,未接到通知的自公告之日起四十五日内,有权要求公司清偿债务或者提供相应的担保"。

按照《公司法》第 59 条规定,公司分立,应当由公司股东会作出决议。第 66 条第 3 款规定,有限责任公司股东会作出公司分立的决议,应当经代表 2/3 以上表决权的股东通过。第 116 条第 3 款规定,股份有限公司股东会作出公司分立的决议,应当经出席会议的股东所持表决权的 2/3 以上通过。公司分立的,还需要进行公司变更登记。公司变更登记事项涉及修改公司章程的,应当提交修改后的公司章程。

**第二百二十三条 【公司分立前的债务承担】公司分立前的债务由分立后的公司承担连带责任。但是,公司在分立前与债权人就债务清偿达成的书面协议另有约定的除外。**

**条文解读**

本条是关于公司分立前的债务承担的规定。

首先,公司分立前的债务由分立后的公司承担连带责任。其次,如果公司在分立前与债权人就债务清偿达成的书面协议另有约定,则按照约定办理。值得注意的是,这里的"协议"是公司分立前与债权人的协议,而不是两个分立的公司之间的协议。两个公司之间的协议,只能用作将来分担责任的依据,它们仍然要对外承担连带责任。

**第二百二十四条 【普通减资程序】公司减少注册资本,应当编制资产负债表及财产清单。**

**公司应当自股东会作出减少注册资本决议之日起十日内通知债权人,并于三十日内在报纸上或者国家企业信用信息公示系统公告。债权人自接到通知之日起三十日内,未接到通知的自公告之日起四十五日内,有权要求公司清偿债务或者提供相应的担保。**

**公司减少注册资本,应当按照股东出资或者持有股份的比例相应减少出资额或者股份,法律另有规定、有限责任公司全体股东另有约定或者股份有限公司章程另有规定的除外。**

**条文解读**

公司减少注册资本,是公司将其资本回流向股东的一种方式。《公司法》整体上对公司资本回流采取严格的控制。2023 年修订的《公司法》要求有限责任公司股东认缴的出资额必须在 5 年内缴清,公司减少注册资本,首先,可以使股东认缴的出资额获得解脱。其次,也是弥补亏损的一种重要方法。除此之外,按照《公司法》第 52 条第 2 款规定,丧失的股权应当依法转让,或者相应减少注册资本并注销该股权。

按照《公司法》第 59 条规定,减少公司注册资本,应当由公司股东会作出决议。第 66 条第 3 款规定,有限责任公司股东会作出减少注册资本的决议,应当经代表 2/3 以上表决权的股东通过。第 116 条第 3 款规定,股份有限公司股东会作出减少注册资本的决议,应当经出席会议的股东所持表决权的 2/3 以上通过。

本条第 1 款规定,公司减少注册资本,应当编制资产负债表及财产清单。这与公司合并和公司分立相同。

本条第 2 款规定,公司应当自股东会作出减少注册资本决议之日起 10 日内通知债权人,并于 30 日内在报纸上或者国家企业信用信息公示系统公告。债权人自接到通知之日起 30 日内,未接到通知的自公告之日起 45 日内,有权要求公司清偿债务或者提供相应的担保。本条第 2 款规定和公司合并的通知与公告程序相同。在现实司法案例中,公司减少注册资本,必须按照上述法定程序,否则属于实质上的抽逃出资性质,减资股东应在出资范围内对公司债务承担连带责任。[1] 公司减资未通知债权人也未公告,造成债权不能及时申报,公司债权债务亦未清理的,其行为构成对债权人权益的侵害。尽管按照本条第 2 款的规定,债权人有权要求公司清偿债务或者提供担保,受到损害的也有权要求赔偿,但是债权人无法阻止公司减资。

值得注意的是,本条第 2 款规定的公司债权人"有权要求公司清偿债务或者提供相应的担保",意味着结合《公司法》第 54 条"公司不能清偿到期债务的,公司或者已到期债权的债权人有权要求已认缴出资但未届出资期限的股东提前缴纳出资"的规定,公司在减资时,面临股东认缴出资"加速到期"的现实问题。

本条第 3 款规定,公司减少注册资本,应当按照股东出资或者持有股份的比例相应减少出资额或者股份。这是 2023 年修订的《公司法》所增设的制度。之所以如此,是为了保护股东的持股比例,防止控股股东通过减资减少其他股东的持股比例。在新的制度安排下,按照股东出资或者持有股份的比例相应减少出资额或者股份,各股东持股比例不变。

公司减少注册资本的,还需要进行公司变更登记。公司变更登记事项涉及修改公司章程的,应当提交修改后的公司章程。

**第二百二十五条　【简易减资程序】公司依照本法第二百一十四条第二款的规定弥补亏损后,仍有亏损的,可以减少注册资本弥补亏损。减少注册资本弥补亏损的,公司不得向股东分配,也不得免除股东缴纳出资或者股款的义务。**

---

〔1〕 参见"安徽新集煤电(集团)有限公司与如东县农村信用合作联社等借款合同纠纷案",最高人民法院(2010)民提字第 79 号民事判决书。

**依照前款规定减少注册资本的,不适用前条第二款的规定,但应当自股东会作出减少注册资本决议之日起三十日内在报纸上或者国家企业信用信息公示系统公告。**

**公司依照前两款的规定减少注册资本后,在法定公积金和任意公积金累计额达到公司注册资本百分之五十前,不得分配利润。**

## 条文解读

本条规定了公司通过减少注册资本弥补亏损的情形,同时也是一种简易减资的程序。公司依照《公司法》第 214 条的规定,先使用任意公积金和法定公积金;仍不能弥补的,按照规定使用资本公积金;仍然有亏损的,可以通过减少注册资本的方式弥补亏损。由于公司此时依然处于亏损状态,所以不得向股东分配,同时也不得免除股东缴纳出资或者股款的义务。

本条第 2 款规定,按照减少注册资本的方式弥补亏损的,由于没有减少公司的实际资产,公司的资产也没有回流到股东,故而没有影响到公司债权人的利益,可以不通知债权人,但是应当在报纸上或者国家企业信用信息公示系统公告。相较于一般减资程序,这是一种简易方式。

本条第 3 款规定,公司减少注册资本弥补亏损后,在法定公积金和任意公积金累计额达到公司注册资本 50%前,不得分配利润。按照《公司法》规定,公司分配当年税后利润时,应当先提取利润的 10%列入公司法定公积金,并可以经股东会决议提取任意公积金。提取后可以分配利润。公积金累计额为公司注册资本的 50%以上的,可以不再提取而直接分配利润。当公司亏损而减资时,公司的公积金在此前已经用于弥补亏损,也就是往年累积的公积金已经不存在。在公司通过减少注册资本弥补亏损后,依然要继续提取公积金,对公司资产进行累积。因此,强制提取法定公积金以及任意公积金直至达到注册资本的 50%前,不得分配利润。

**第二百二十六条 【违法减资的法律责任】违反本法规定减少注册资本的,股东应当退还其收到的资金,减免股东出资的应当恢复原状;给公司造成损失的,股东及负有责任的董事、监事、高级管理人员应当承担赔偿责任。**

**条文解读**

本条是关于公司违法减资的法律责任的规定。

按照《公司法》第59条规定，减少公司注册资本，应当由公司股东会作出决议。第66条第3款规定，有限责任公司股东会作出减少注册资本的决议，应当经代表2/3以上表决权的股东通过。第116条第3款规定，股份有限公司股东会作出减少注册资本的决议，应当经出席会议的股东所持表决权的2/3以上通过。第224条规定，公司减少注册资本，应当编制资产负债表及财产清单。公司应当自股东会作出减少注册资本决议之日起10日内通知债权人，并于30日内在报纸上或者国家企业信用信息公示系统公告。公司减少注册资本，应当按照股东出资或者持有股份的比例相应减少出资额或者股份。第225条第1款规定，减少注册资本弥补亏损的，公司不得向股东分配，也不得免除股东缴纳出资或者股款的义务。以上都是对公司减资的法律规定。违反上述规定的，构成违法减资。在违法减资的情形下，已实际出资获得减资款的股东，应当退还其收到的资金。未实际出资获得减免出资的股东，应当恢复原状。这是违法减资的内部责任。同时，给公司造成损失的，股东及负有责任的董事、监事、高级管理人员应当承担赔偿责任。这是违法减资的外部责任。

**第二百二十七条　【股东优先认购权】有限责任公司增加注册资本时，股东在同等条件下有权优先按照实缴的出资比例认缴出资。但是，全体股东约定不按照出资比例优先认缴出资的除外。**

**股份有限公司为增加注册资本发行新股时，股东不享有优先认购权，公司章程另有规定或者股东会决议决定股东享有优先认购权的除外。**

**条文解读**

本条是关于公司增加注册资本时原股东的优先购买权的规定。

按照本条的规定，公司增加注册资本时原股东的优先购买权要区分情况。公司增加注册资本可以分为内部增资和外部增资。在外部增资的情况下，如果原股东不按照比例追加资本，则股权比例会因之稀释；在内部增资的情况下，如果原股东不按照比例追加资本，股权也会因之稀释。股东为保持其持股比例而享有的利益，可以称为比例利益。

按照本条第 1 款规定,有限责任公司增加注册资本时,原则上股东在同等条件下有权优先按照实缴的出资比例认缴出资。但是,全体股东约定不按照出资比例优先认缴出资的除外。

按照本条第 2 款规定,股份有限公司为增加注册资本发行新股时,原则上股东不享有优先认购权,公司章程另有规定或者股东会决议赋予股东优先认购权的除外。

按照《公司法》第 59 条规定,增加公司注册资本,应当由公司股东会作出决议。第 66 条第 3 款规定,有限责任公司股东会作出增加注册资本的决议,应当经代表 2/3 以上表决权的股东通过。第 116 条第 3 款规定,股份有限公司股东会作出增加注册资本的决议,应当经出席会议的股东所持表决权的 2/3 以上通过。

**第二百二十八条 【公司增加注册资本】 有限责任公司增加注册资本时,股东认缴新增资本的出资,依照本法设立有限责任公司缴纳出资的有关规定执行。**

**股份有限公司为增加注册资本发行新股时,股东认购新股,依照本法设立股份有限公司缴纳股款的有关规定执行。**

## 条文解读

本条是关于公司增加注册资本的规定。

公司增加注册资本,实际上是新股东和原有股东对公司新的投入。本条规定,有限责任公司增加注册资本时,股东认缴新增资本的出资,依照《公司法》设立有限责任公司缴纳出资的有关规定执行。股份有限公司为增加注册资本发行新股时,股东认购新股,依照《公司法》设立股份有限公司缴纳股款的有关规定执行。

公司增加注册资本的,还需要进行公司变更登记。公司变更登记事项涉及修改公司章程的,应当提交修改后的公司章程。

有限责任公司增加注册资本,按照本条第 1 款规定的"依照本法设立有限责任公司缴纳出资的有关规定执行",从文义看依然要遵守 5 年内缴清的规定。

# 第十二章　公司解散和清算

**第二百二十九条　【公司解散原因及事由公示】** 公司因下列原因解散：

（一）公司章程规定的营业期限届满或者公司章程规定的其他解散事由出现；

（二）股东会决议解散；

（三）因公司合并或者分立需要解散；

（四）依法被吊销营业执照、责令关闭或者被撤销；

（五）人民法院依照本法第二百三十一条的规定予以解散。

公司出现前款规定的解散事由，应当在十日内将解散事由通过国家企业信用信息公示系统予以公示。

## 法律术语

公司解散：已经成立的公司，因法定事由出现而停止公司的经营活动，并开始公司清算，消除公司法人资格的法律行为。

## 条文解读

本条是关于公司解散原因及事由公示的规定。

公司解散的原因包括两大类：

1.公司股东出于自愿

（1）股东设立公司时在章程中规定营业期限届满或者其他解散事由的，一旦前述事由出现公司即解散。

（2）股东会在公司经营过程中决议解散。

（3）出于发展需要，公司为了合并或者分立，其中的一些公司需要解散。

2.公司被迫解散

（1）公司因违法行为被吊销营业执照、责令关闭或者被撤销的，不能再进行生产或者经营,应当解散。企业法人被吊销营业执照后应依法进行清算,直至其完成注销登记前,该企业法人资格仍然视为存续。[1] 2000 年 1 月 29 日《最高人民法院关于企业法人营业执照被吊销后,其民事诉讼地位如何确定的复函》中规定:“吊销企业法人营业执照,是工商行政管理机关依据国家工商行政法规对违法的企业法人作出的一种行政处罚。企业法人被吊销营业执照后,应当依法进行清算,清算程序结束并办理工商注销登记后,该企业法人才归于消灭。因此,企业法人被吊销营业执照后至被注销登记前,该企业法人仍应视为存续,可以自己的名义进行诉讼活动。”

(2)公司经营发生严重困难的,人民法院依照《公司法》第 231 条的规定经申请予以解散,即所谓的“公司僵局”。按照司法案例的观点,公司被吊销营业执照应视为行政强制解散,股东作为清算义务人即应组织对公司进行清算。当事人再以此为由请求法院判令公司解散的,属于对公司的重复解散,缺乏相应的诉权。[2]

按照本条第 2 款规定,公司出现前款规定的解散事由,应当在 10 日内将解散事由通过国家企业信用信息公示系统予以公示。

**第二百三十条 【通过修改公司章程或股东会决议而使公司存续】 公司有前条第一款第一项、第二项情形,且尚未向股东分配财产的,可以通过修改公司章程或者经股东会决议而存续。**

**依照前款规定修改公司章程或者经股东会决议,有限责任公司须经持有三分之二以上表决权的股东通过,股份有限公司须经出席股东会会议的股东所持表决权的三分之二以上通过。**

## 条文解读

本条是关于通过修改公司章程或股东会决议而使公司存续的规定。

适用本条的前提条件是,公司章程规定的营业期限届满、公司章程规定的其他解散事由出现、股东会决议解散。在此情况下,有限责任公司经持有 2/3 以上表决权的股东通过,股份有限公司经出席股东会会议的股东所持表决权的 2/3 以上通过,决议

[1] 参见“重庆台华房地产开发有限公司与重庆晨光实业发展(集团)有限责任公司等房屋搬迁纠纷案”,最高人民法院(2005)民一终字第 57 号民事裁定书。

[2] 参见“王某云等诉陕西千里税务师事务(所)有限责任公司解散及清算纠纷案”,陕西省高级人民法院(2006)陕民二终字第 41 号民事裁定书。

公司存续或者修改公司章程的，可以使公司存续。但是，这里需要满足一个前提，即“尚未向股东分配财产的”。如果已经向股东分配财产，相当于事实上清算完成，则不适宜再通过修改公司章程或经股东会决议使公司存续。

**第二百三十一条　【强制解散】公司经营管理发生严重困难，继续存续会使股东利益受到重大损失，通过其他途径不能解决的，持有公司百分之十以上表决权的股东，可以请求人民法院解散公司。**

## 条文解读

本条是关于公司出现僵局时股东请求法院强制解散公司的规定。

公司僵局的适用条件有以下几项：

(1)公司经营管理发生严重困难。这是指因股东间或者公司管理人员之间的利益冲突和矛盾导致公司的有效运行失灵，股东会或者董事会无法有效召集，任何一方的提议都不被对方接受和认可，公司的一切事务处于一种瘫痪状态，继续存续会使股东利益受到重大损失。实践中，公司僵局可能发生在股东会层面，也可能发生在董事会层面。

(2)没有其他途径可以解决。公司的经营管理出现严重困难时，应当先由公司内部解决。如果通过协商或是异议股东退出等手段能够解决的情况下不得申请解散。

(3)持有特定比例表决权的股东提出申请。解散公司是一种不利益的行为，如果任何股东在公司经营管理困难时都可以申请解散，将严重影响公司的经营。因此，本条规定，只有持有公司10%以上表决权的股东才可以提出申请。

司法上的观点认为，公司是否属于经营困难从而导致解散的情形，应按照《公司法》及《公司法司法解释(二)》的相关规定进行审查。公司能否解散取决于是否存在僵局，以及是否符合法定解散的实质条件，而不取决于公司僵局产生的原因和责任。公司僵局并不必然导致公司解散，司法应审慎介入公司事务，凡有其他途径维持公司存续的，不应轻易解散公司。[1]《公司法司法解释(二)》列举了一些公司僵局的情况：(1)公司持续2年以上无法召开股东会或者股东大会，公司经营管理发生严重困难

---

〔1〕参见“仕丰科技有限公司与富钧新型复合材料(太仓)有限公司等公司解散纠纷案”，最高人民法院(2011)民四终字第29号民事判决书。

的;(2)股东表决时无法达到法定或者公司章程规定的比例,持续2年以上不能做出有效的股东会或者股东大会决议,公司经营管理发生严重困难的;(3)公司董事长期冲突,且无法通过股东会或者股东大会解决,公司经营管理发生严重困难的;(4)经营管理发生其他严重困难,公司继续存续会使股东利益受到重大损失的情形。

股东以知情权、利润分配请求权等权益受到损害,或者公司亏损、财产不足以偿还全部债务,以及公司被吊销企业法人营业执照未进行清算等为由,提起解散公司诉讼的,人民法院不予受理。

## 典型案例

### 林方清诉常熟市凯莱实业有限公司、戴小明公司解散纠纷案[1]

(最高人民法院审判委员会讨论通过　2012年4月9日发布)

※**裁判要点**:《公司法》第183条[2]将“公司经营管理发生严重困难”作为股东提起解散公司之诉的条件之一。判断“公司经营管理是否发生严重困难”,应从公司组织机构的运行状态进行综合分析。公司虽处于盈利状态,但其股东会机制长期失灵,内部管理有严重障碍,已陷入僵局状态,可以认定为公司经营管理发生严重困难。对于符合《公司法》及相关司法解释规定的其他条件的,人民法院可以依法判决公司解散。

※**基本案情**:原告林方清诉称:常熟市凯莱实业有限公司(简称凯莱公司)经营管理发生严重困难,陷入公司僵局且无法通过其他方法解决,其权益遭受重大损害,请求解散凯莱公司。

被告凯莱公司及戴小明辩称:凯莱公司及其下属分公司运营状态良好,不符合公司解散的条件,戴小明与林方清的矛盾有其他解决途径,不应通过司法程序强制解散公司。

法院经审理查明:凯莱公司成立于2002年1月,林方清与戴小明系该公司股东,各占50%的股份,戴小明任公司法定代表人及执行董事,林方清任公司总经理兼公司监事。凯莱公司章程明确规定:股东会的决议须经代表1/2以上表决权的股东通过,但

---

〔1〕 最高人民法院指导案例8号,载中华人民共和国最高人民法院网2012年4月10日,https://www.court.gov.cn/shenpan/xiangqing/4221.html。

〔2〕 对应2023年《公司法》第231条。

对公司增加或减少注册资本、合并、解散、变更公司形式、修改公司章程作出决议时，必须经代表2/3以上表决权的股东通过。股东会会议由股东按照出资比例行使表决权。2006年起，林方清与戴小明两人之间的矛盾逐渐显现。同年5月9日，林方清提议并通知召开股东会，由于戴小明认为林方清没有召集会议的权利，会议未能召开。同年6月6日、8月8日、9月16日、10月10日、10月17日，林方清委托律师向凯莱公司和戴小明发函称，因股东权益受到严重侵害，林方清作为享有公司股东会1/2表决权的股东，已按公司章程规定的程序表决并通过了解散凯莱公司的决议，要求戴小明提供凯莱公司的财务账册等资料，并对凯莱公司进行清算。同年6月17日、9月7日、10月13日，戴小明回函称，林方清作出的股东会决议没有合法依据，戴小明不同意解散公司，并要求林方清交出公司财务资料。同年11月15日、25日，林方清再次向凯莱公司和戴小明发函，要求凯莱公司和戴小明提供公司财务账册等供其查阅、分配公司收入、解散公司。

江苏常熟服装城管理委员会（简称服装城管委会）证明凯莱公司目前经营尚正常，且愿意组织林方清和戴小明进行调解。

另查明，凯莱公司章程载明监事行使下列权利：(1)检查公司财务；(2)对执行董事、经理执行公司职务时违反法律、法规或者公司章程的行为进行监督；(3)当董事和经理的行为损害公司的利益时，要求董事和经理予以纠正；(4)提议召开临时股东会。从2006年6月1日至今，凯莱公司未召开过股东会。服装城管委会调解委员会于2009年12月15日、16日两次组织双方进行调解，但均未成功。

**※裁判结果：**江苏省苏州市中级人民法院于2009年12月8日以(2006)苏中民二初字第0277号民事判决，驳回林方清的诉讼请求。宣判后，林方清提起上诉。江苏省高级人民法院于2010年10月19日以(2010)苏商终字第0043号民事判决，撤销一审判决，依法改判解散凯莱公司。

**※裁判理由：**法院生效裁判认为：首先，凯莱公司的经营管理已发生严重困难。根据《公司法》第183条和《公司法司法解释（二）》第1条的规定，判断公司的经营管理是否出现严重困难，应当从公司的股东会、董事会或执行董事及监事会或监事的运行现状进行综合分析。“公司经营管理发生严重困难”的侧重点在于公司管理方面存有严重内部障碍，如股东会机制失灵、无法就公司的经营管理进行决策等，不应片面理解为公司资金缺乏、严重亏损等经营性困难。本案中，凯莱公司仅有戴小明与林方清两名股东，两人各占50%的股份，凯莱公司章程规定“股东会的决议须经代表1/2以上表决权的股东通过”，且各方当事人一致认可该“1/2以上”不包括本数。因此，只要两名股

东的意见存有分歧、互不配合，就无法形成有效表决，显然影响公司的运营。凯莱公司已持续4年未召开股东会，无法形成有效股东会决议，也就无法通过股东会决议的方式管理公司，股东会机制已经失灵。执行董事戴小明作为互有矛盾的两名股东之一，其管理公司的行为，已无法贯彻股东会的决议。林方清作为公司监事不能正常行使监事职权，无法发挥监督作用。由于凯莱公司的内部机制已无法正常运行、无法对公司的经营作出决策，即使尚未处于亏损状况，也不能改变该公司的经营管理已发生严重困难的事实。

其次，由于凯莱公司的内部运营机制早已失灵，林方清的股东权、监事权长期处于无法行使的状态，其投资凯莱公司的目的无法实现，利益受到重大损失，且凯莱公司的僵局通过其他途径长期无法解决。《公司法司法解释(二)》第5条明确规定了"当事人不能协商一致使公司存续的，人民法院应当及时判决"。本案中，林方清在提起公司解散诉讼之前，已通过其他途径试图化解与戴小明之间的矛盾，服装城管委会也曾组织双方当事人调解，但双方仍不能达成一致意见。两审法院也基于慎用司法手段强制解散公司的考虑，积极进行调解，但均未成功。

此外，林方清持有凯莱公司50%的股份，也符合《公司法》关于提起公司解散诉讼的股东须持有公司10%以上股份的条件。

综上所述，凯莱公司已符合公司法及《公司法司法解释(二)》所规定的股东提起解散公司之诉的条件。二审法院从充分保护股东合法权益，合理规范公司治理结构，促进市场经济健康有序发展的角度出发，依法作出了上述判决。

**第二百三十二条　【公司清算组成立和组成】公司因本法第二百二十九条第一款第一项、第二项、第四项、第五项规定而解散的，应当清算。董事为公司清算义务人，应当在解散事由出现之日起十五日内组成清算组进行清算。**

**清算组由董事组成，但是公司章程另有规定或者股东会决议另选他人的除外。**

**清算义务人未及时履行清算义务，给公司或者债权人造成损失的，应当承担赔偿责任。**

## 法律术语

公司清算：公司解散后，处分公司财产以及了结各种法律关系并最终消灭公司人格的行为和程序。公司清算不同于公司解散。公司解散是前提，公司清算是过程，公司消灭是结果。

清算组：在公司解散宣告后，接管公司并负责财产保管、清理以及处理和分配的专门机构。

## 条文解读

本条是关于公司清算组成立和组成的规定。

第一，公司因公司章程规定的营业期限届满或者其他解散事由出现而解散的，公司因股东会决议解散的，公司因违法行为被吊销营业执照、责令关闭或者被撤销而解散的，以及公司经营管理发生严重困难的股东依法申请解散的，应当自行成立清算组。公司合并与分立的过程中依法编制资产负债表和财产清单，不需要清算。

第二，公司解散后，必须成立清算组，完成公司清算的工作。具体来说，公司应当在解散事由出现之日起 15 日内成立清算组，开始清算。2023 年修订的《公司法》明确了董事为公司清算义务人，与《民法典》第 70 条第 2 款规定的“法人的董事、理事等执行机构或者决策机构的成员为清算义务人。法律、行政法规另有规定的，依照其规定”相一致。因此，通常情况下公司清算组由董事组成，但是公司章程另有规定或者股东会决议另选他人的除外。

第三，清算义务人未及时履行清算义务，给公司或者债权人造成损失的，应当承担赔偿责任。按照这一规定，清算义务人将直接向债权人承担责任。

**第二百三十三条　【向法院申请指定清算组】公司依照前条第一款的规定应当清算，逾期不成立清算组进行清算或者成立清算组后不清算的，利害关系人可以申请人民法院指定有关人员组成清算组进行清算。人民法院应当受理该申请，并及时组织清算组进行清算。**

**公司因本法第二百二十九条第一款第四项的规定而解散的，作出吊销营业执照、责令关闭或者撤销决定的部门或者公司登记机关，可以申请人民法院指定有关人员组成清算组进行清算。**

## 条文解读

本条是关于利害关系人向人民法院申请指定清算组的规定。

按照本条规定,逾期不成立清算组进行清算或者成立清算组后不清算的,利害关系人,如公司股东、债权人可以申请人民法院指定有关人员组成清算组进行清算。人民法院应当受理该申请,并及时组织清算组进行清算。

公司依法被吊销营业执照、责令关闭或者被撤销而解散的,作出吊销营业执照、责令关闭或者撤销决定的部门或者公司登记机关,可以申请人民法院指定有关人员组成清算组进行清算。

**第二百三十四条　【清算组的职权】清算组在清算期间行使下列职权:**

**(一)清理公司财产,分别编制资产负债表和财产清单;**

**(二)通知、公告债权人;**

**(三)处理与清算有关的公司未了结的业务;**

**(四)清缴所欠税款以及清算过程中产生的税款;**

**(五)清理债权、债务;**

**(六)分配公司清偿债务后的剩余财产;**

**(七)代表公司参与民事诉讼活动。**

## 条文解读

本条是关于清算组职权的规定。

按照本条的规定,清算组的职权主要有两大项:一是对外债权债务的了结,包括清偿债务、收取债权以及未完结业务的了结;二是对内剩余财产的分配,就是将支付清算费用、职工的工资、社会保险费、法定补偿金、公司所欠的税款之后的剩余财产分配给股东。

在清算期间,公司不能再独立从事民事行为,而由清算组代表公司处理对外事务。如果被解散公司要起诉或者被起诉,应由清算组代表公司进行诉讼,在其职权范围内保护公司利益。尚未成立清算组的,由原法定代表人代表公司参加诉讼。

**第二百三十五条　【清算期间的债权申报】**清算组应当自成立之日起十日内通知债权人，并于六十日内在报纸上或者国家企业信用信息公示系统公告。债权人应当自接到通知之日起三十日内，未接到通知的自公告之日起四十五日内，向清算组申报其债权。

债权人申报债权，应当说明债权的有关事项，并提供证明材料。清算组应当对债权进行登记。

在申报债权期间，清算组不得对债权人进行清偿。

## 条文解读

本条是关于公司清算期间债权申报的规定。

公司清算的目的之一就是了结其对外债务，因此清算组成立后应当通知公司的债权人尽快申报债权。对于住所明确的债权人，应当从清算组成立之日起 10 日内以书面的方式通知；对于住所不明确的债权人，应当在清算组成立之日起 60 日内在报纸上或者国家企业信用信息公示系统公告公司解散事项，催促债权人申报债权。

债权人接到通知或得知公告后，应在法定期限内向清算组申报债权，清算组予以逐项登记。未被列入清算之列的债权人，不能在清算组清偿债务时主张其债权。但是，公司财产在清偿全部已经申报债权后仍有剩余尚未分配给股东时，未按时申报的债权人可以就此财产请求清偿。

在债权申报期限结束之前，公司债务还处于不明确之中，若此时对已申报债权进行清偿，可能会造成后申报债权不能得到清偿，所以《公司法》禁止清算组此时对债权人个别清偿。

**第二百三十六条　【制订清算方案及财产清偿顺序】**清算组在清理公司财产、编制资产负债表和财产清单后，应当制订清算方案，并报股东会或者人民法院确认。

公司财产在分别支付清算费用、职工的工资、社会保险费用和法定补偿金，缴纳所欠税款，清偿公司债务后的剩余财产，有限责任公司按照股东的出资比例分配，股份有限公司按照股东持有的股份比例分配。

**清算期间,公司存续,但不得开展与清算无关的经营活动。公司财产在未依照前款规定清偿前,不得分配给股东。**

## 条文解读

本条是关于制订清算方案及财产清偿顺序的规定。

本条第1款规定了清算方案的确认。清算组在清理公司财产、编制资产负债表和财产清单后,应当制订清算方案,并报股东会或者人民法院确认。具体来说,公司自行清算的,清算方案应当报股东会决议确认;人民法院组织清算的,清算方案应当报人民法院确认。未经确认的清算方案,清算组不得执行。

本条第2款规定了公司财产的清偿顺序。经确认,公司现有的财产大于所欠债务的,清算组应当清偿下列费用和债务:(1)清算费用,包括财产评估费,公告费,清算组成员报酬,律师费用等;(2)职工的工资、社会保险费用和法定补偿金;(3)所欠税款;(4)其他公司债务;(5)将剩余财产分配给股东。取得公司剩余财产权,是公司股东的基本权利,但是该权利必须在公司对外一切债务得以了结后才能行使,不能超越前面各项债务而提前分配公司财产。执行未经确认的清算方案给公司或者债权人造成损失的,公司、股东或者债权人可以请求人民法院要求清算组成员承担赔偿责任。

公司解散时,股东尚未缴纳的出资也应作为清算财产。股东尚未缴纳的出资包括到期应缴未缴的出资和分期缴纳尚未届满缴纳期限的出资。公司财产不足以清偿债务时,债权人可以要求未缴出资股东以及公司设立时的其他股东或者发起人在未缴出资范围内对公司债务承担连带清偿责任。

本条第3款规定了清算期间公司的人格。公司解散并不意味着法人资格立即消灭,清算期间公司仍然维持其法人的地位,但是公司从事经营活动的权利已被剥夺,其职能只限定在清算目的范围内,由清算组行使。

**第二百三十七条　【解散清算转化为破产清算】清算组在清理公司财产、编制资产负债表和财产清单后,发现公司财产不足清偿债务的,应当依法向人民法院申请破产清算。**

**人民法院受理破产申请后,清算组应当将清算事务移交给人民法院指定的破产管理人。**

## 条文解读

本条是关于公司解散清算转化为破产清算的规定。

清算组在清理公司财产、编制资产负债表和财产清单后，发现公司财产不足清偿债务的，应当依法向人民法院申请宣告破产。此时，公司清算程序将转为破产程序。当发现破产事由出现后向人民法院申请破产，是清算组的法定义务，无论是自行清算还是指定清算的清算组都有义务申请。当公司经人民法院裁定宣告破产后，清算组应当将清算事务移交给人民法院，此时将变为破产清算，而非解散清算。相应地，破产清算的负责人是破产管理人。《企业破产法》第7条第3款规定，企业法人已解散但未清算或者未清算完毕，资产不足以清偿债务的，依法负有清算责任的人应当向人民法院申请破产清算。

但是，人民法院指定的清算组在清理公司财产、编制资产负债表和财产清单时，发现公司财产不足清偿债务的，可以与债权人协商制作有关债务清偿方案。债务清偿方案经全体债权人确认且不损害其他利害关系人利益的，人民法院可依清算组的申请裁定予以认可。清算组依据该清偿方案清偿债务后，应当向人民法院申请裁定终结清算程序。债权人对债务清偿方案不予确认或者人民法院不予认可的，清算组应当依法向人民法院申请破产清算。

**第二百三十八条　【清算组成员的义务和责任】清算组成员履行清算职责，负有忠实义务和勤勉义务。**

**清算组成员怠于履行清算职责，给公司造成损失的，应当承担赔偿责任；因故意或者重大过失给债权人造成损失的，应当承担赔偿责任。**

## 条文解读

本条规定了清算组成员的法定义务：一是忠实义务，二是勤勉义务。这两项义务和公司董事等高级管理人员的义务是一致的。《公司法》第232条第3款规定，清算义务人未及时履行清算义务，给公司或者债权人造成损失的，应当承担赔偿责任。该规定是指清算组还未成立，清算义务人还未成为清算组成员时的未及时履行责任。

按照本条第2款规定，清算组成员怠于履行清算职责，给公司造成损失的，应当承担赔偿责任。在追究责任的方式上，可以参照追究董事等高级管理人员责任的相关规定。同时,有限责任公司的股东、股份有限公司连续180日以上单独或者合计持有公司1%以上股份的股东,依据《公司法》第189条的规定,可以清算组成员有上述行为为由向人民法院提起代表诉讼。

按照本条第2款规定,因故意或者重大过失给债权人造成损失的,应当承担赔偿责任。在这种情况下,可以参照董事等高级管理人员因故意或重大过失给第三人造成损失的赔偿规定。第一,清算义务人未在法定期限内成立清算组开始清算,导致公司财产贬值、流失、毁损或者灭失的,债权人可以向人民法院请求其在造成损失范围内对公司债务承担赔偿责任。第二,清算义务人因怠于履行义务,导致公司主要财产、账册、重要文件等灭失,无法进行清算的,债权人可以要求其对公司债务承担连带清偿责任。上述情形系实际控制人原因造成,债权人可以主张实际控制人对公司债务承担相应民事责任。第三,清算义务人在公司解散后,恶意处置公司财产给债权人造成损失的,或者未经依法清算,以虚假的清算报告骗取公司登记机关办理法人注销登记的,债权人可以请求人民法院要求其对公司债务承担相应赔偿责任。

**第二百三十九条 【清算报告和注销公司登记】公司清算结束后,清算组应当制作清算报告,报股东会或者人民法院确认,并报送公司登记机关,申请注销公司登记。**

## 条文解读

本条是关于公司清算报告和注销公司登记的规定。

《公司法》第37条规定:"公司因解散、被宣告破产或者其他法定事由需要终止的,应当依法向公司登记机关申请注销登记,由公司登记机关公告公司终止。"公司清算程序终结,是指清算报告经股东会或者人民法院确认完毕。清算结束后,清算组应当向公司登记机关申请注销公司登记,公告公司终止。

《民法典》第72条第3款中规定,"清算结束并完成法人注销登记时,法人终止"。自此,公司人格消灭。

公司未经清算即办理注销登记,导致公司无法进行清算,债权人可以请求法院判令有限责任公司的股东、股份有限公司的董事和控股股东,以及公司的实际控制人对公司债务承担清偿责任。

公司未经依法清算即办理注销登记,股东或者第三人在公司登记机关办理注销登记时承诺对公司债务承担责任的，债权人可以请求人民法院要求上述股东或者第三人对公司债务承担相应的民事责任。

**第二百四十条　【简易程序注销】公司在存续期间未产生债务，或者已清偿全部债务的，经全体股东承诺，可以按照规定通过简易程序注销公司登记。**

**通过简易程序注销公司登记，应当通过国家企业信用信息公示系统予以公告，公告期限不少于二十日。公告期限届满后，未有异议的，公司可以在二十日内向公司登记机关申请注销公司登记。**

**公司通过简易程序注销公司登记，股东对本条第一款规定的内容承诺不实的，应当对注销登记前的债务承担连带责任。**

## 条文解读

本条是关于公司简易程序注销的规定。

简易程序的适用前提是公司在存续期间未产生债务，或者已清偿全部债务。适用简易程序，可以不按照《公司法》第 235 条规定的通知与公告程序。经全体股东承诺，意味着全体股东对公司注销登记后发现的原公司债务承担连带责任。《市场主体登记管理条例》第 33 条第 4 款规定，市场主体注销依法须经批准的，或者市场主体被吊销营业执照、责令关闭、撤销，或者被列入经营异常名录的，不适用简易注销程序。

通过简易程序注销公司登记，应当通过国家企业信用信息公示系统予以公告，公告期限不少于 20 日。公告期限届满后，未有异议的，公司可以在 20 日内向公司登记机关申请注销公司登记。

公司通过简易程序注销公司登记，股东对本条第 1 款规定的内容，即公司在存续期间未产生债务，或者已清偿全部债务的承诺不实的，应当对注销登记前的债务承担连带责任。

**第二百四十一条　【强制注销】公司被吊销营业执照、责令关闭或者被撤销，满三年未向公司登记机关申请注销公司登记的，公司登记机关可以通过国家企业信用信息公示系统予以公告，公告期限不少于六十日。公告期限届满后，未有异议的，公司登记机关可以注销公司登记。**

**依照前款规定注销公司登记的，原公司股东、清算义务人的责任不受影响。**

**条文解读**

本条是关于公司被吊销营业执照、责令关闭或者被撤销，满3年未申请注销的情形下注销登记的特别规定，即强制注销登记。在公司被吊销营业执照、责令关闭或者被撤销，满3年未申请注销的情形下，公司登记机关可以通过国家企业信用信息公示系统予以公告，公告期限不少于60日。公告期限届满后，未有异议的，公司登记机关可以注销公司登记，终结清算。在这种情形下，原公司股东、清算义务人的责任不受影响。原股东因本条的规定将承担相应的责任，可以适用《公司法》第240条第3款规定的应当对注销登记前的债务承担连带责任。清算义务人的责任，可以适用《公司法》第232条第3款规定的清算义务人未及时履行清算义务，给公司或者债权人造成损失的，应当承担赔偿责任。

**第二百四十二条 【破产清算的法律依据】公司被依法宣告破产的，依照有关企业破产的法律实施破产清算。**

**条文解读**

本条是关于破产清算的法律依据的规定。

破产宣告，是指法院依申请或者职权宣告债务人破产的行为。破产宣告是一种司法行为，是法院对债务人具备破产原因的事实作出的具有法律效力的认定。破产宣告可依申请进行，也可依职权进行。一般情况下，破产宣告依当事人申请进行，即由债权人、债务人申请破产宣告。但在特定情况下，如在民事诉讼程序或者执行程序中，或者在企业重整期间债务人具备破产原因的，法院可以依照职权宣告企业破产。

公司被依法宣告破产的，依照《企业破产法》和其他相关法律、法规的规定实施破产清算，而不适用《公司法》规定的普通清算。《企业破产法》第107条规定，人民法院依照该法规定宣告债务人破产的，应当自裁定作出之日起5日内送达债务人和管理人，自裁定作出之日起10日内通知已知债权人，并予以公告。债务人被宣告破产后，债务人称为破产人，债务人财产称为破产财产，人民法院受理破产申请时对债务人享有的债权称为破产债权。

## 配套法规及解读

《企业破产法》(2006 年 8 月 27 日)

**第二条第一款**　企业法人不能清偿到期债务,并且资产不足以清偿全部债务或者明显缺乏清偿能力的,依照本法规定清理债务。

**※法规解读:**破产是一种由债务人按照法律的规定将破产财产公平地偿付债权人的法律制度。由于在破产的状态下,作为债务人的公司的资产不足以清偿全部债务,每一个债权人只能按照比例向债务人请求和接受清偿。所以,破产清算的过程必须严格依照法律的程序,公平地对待每一个债权人。也正因如此,公司已解散但未清算或者未清算完毕,资产不足以清偿债务的,依法负有清算责任的人应当向人民法院申请破产清算。换句话说,在公司破产的情况下,清算事务应当移交法院。

# 第十三章　外国公司的分支机构

**第二百四十三条　【外国公司的定义】** 本法所称外国公司，是指依照外国法律在中华人民共和国境外设立的公司。

**条文解读**

本条是关于外国公司定义的规定。

外国公司，是指隶属于外国，并依外国法律在中国境外设立的公司。外国公司在东道国设立的分支机构称为外国公司的分支机构。外国公司的分支机构不具有法人资格，其民事责任由外国公司承担。

与外国公司相对，《公司法》第 2 条规定："本法所称公司，是指依照本法在中华人民共和国境内设立的有限责任公司和股份有限公司。"

**第二百四十四条　【外国公司在中国境内设立分支机构的程序】** 外国公司在中华人民共和国境内设立分支机构，应当向中国主管机关提出申请，并提交其公司章程、所属国的公司登记证书等有关文件，经批准后，向公司登记机关依法办理登记，领取营业执照。

外国公司分支机构的审批办法由国务院另行规定。

**条文解读**

本条是关于外国公司在中国境内设立分支机构的程序的规定。

按照我国《公司法》的规定，在我国设立外国公司的分支机构，采取准则主义，即必须先向中国主管机关提出申请，并提交其公司章程、所属国的公司登记证书等有关文件，经批准后，才可以向公司登记机关依法办理登记，领取营业执照。

**第二百四十五条 【外国公司在中国境内设立分支机构的条件】** 外国公司在中华人民共和国境内设立分支机构，应当在中华人民共和国境内指定负责该分支机构的代表人或者代理人，并向该分支机构拨付与其所从事的经营活动相适应的资金。

对外国公司分支机构的经营资金需要规定最低限额的，由国务院另行规定。

## 条文解读

本条是关于外国公司在中国境内设立分支机构的条件的规定，具体包括以下两项：

(1)人员条件。外国公司在中国境内设立分支机构，应当在中国境内指定代表人或者代理人。代表人或者代理人可以是中国公民，也可以是非中国公民。代表人或者代理人作为分支机构事务的具体执行人，可以直接代表公司对外签订合同、到法院起诉或者应诉，其在合法权限内代表外国公司的分支机构进行民事活动，其行为的法律后果由外国公司承担。

(2)资金条件。外国公司在中国境内设立分支机构，必须向该分支机构拨付与其所从事的经营活动相适应的资金。

**第二百四十六条 【外国公司分支机构的名称和章程置备】** 外国公司的分支机构应当在其名称中标明该外国公司的国籍及责任形式。

外国公司的分支机构应当在本机构中置备该外国公司章程。

## 条文解读

本条是关于外国公司分支机构的名称和章程置备的规定。

本条第1款规定了外国公司分支机构的名称。外国公司的分支机构应当在其名称中标明该外国公司的国籍及责任形式。《公司法》规定的我国的公司形式分为有限责任公司或者股份有限公司，但有国家还有无限公司和两合公司的公司形式，这些公司采取的形式不同，导致公司的责任形式也不同，例如，“德国××无限责任公司”“法国××两合公司”等。

本条第2款规定了外国公司分支机构应当在本机构中置备该外国公司章程。

**第二百四十七条 【外国公司分支机构的法律地位及其责任承担】 外国公司在中华人民共和国境内设立的分支机构不具有中国法人资格。**

**外国公司对其分支机构在中华人民共和国境内进行经营活动承担民事责任。**

## 条文解读

本条是关于外国公司分支机构的法律地位及其责任承担的规定。

外国公司属于外国法人,其分支机构虽然在中国设立,但是它没有独立的财产,不进行独立核算;不具有独立公司法人的内部组织机构;不使用与其总公司相区别的独立的名称。外国公司分支机构只是外国法人在中国设立的派出机构,是所属外国公司的组成部分,而不是外国公司依据中国法律在中国境内单独登记注册成立的子公司法人,因此它不是中国法人。

分支机构在中国境内从事经营活动是以设立该分支机构的外国公司的名义进行的,产生的权利和义务均归属于该外国公司,民事责任也由所属外国公司来承担而不能由其独立承担。实践中,债务一般首先由分支机构进行清偿,因为按照法律规定,外国公司在中国境内设立分支机构,必须向该分支机构拨付与其所从事的经营活动相适应的资金。当分支机构不能清偿债务时,再由所属外国公司进行清偿。

**第二百四十八条 【外国公司分支机构的守法义务】 经批准设立的外国公司分支机构,在中华人民共和国境内从事业务活动,应当遵守中国的法律,不得损害中国的社会公共利益,其合法权益受中国法律保护。**

## 条文解读

本条是关于外国公司分支机构守法义务的规定。经批准设立的外国公司分支机构,在中国境内从事业务活动,必须遵守中国的法律,不得损害中国的社会公共利益。外国公司分支机构违反法律或者损害中国的社会公共利益严重的,批准设立的主管机构可以依法将其取缔。

同时,外国公司分支机构的合法权益受中国法律保护。这也说明,外国公司在中国境内主张权利应当适用中国法律以及中国加入的条约。

**第二百四十九条 【外国公司分支机构撤销清算】** 外国公司撤销其在中华人民共和国境内的分支机构时，应当依法清偿债务，依照本法有关公司清算程序的规定进行清算。未清偿债务之前，不得将其分支机构的财产转移至中华人民共和国境外。

## 条文解读

本条是关于外国公司分支机构撤销时须依法清算的规定。

虽然外国公司分支机构不具有中国的法人资格，其债权债务由该外国公司享有和承担，但是外国公司撤销分支机构时，应当适用《公司法》有关公司清算程序的规定进行清算清偿。

用于清偿分支机构的债务的财产不限于该分支机构的现有财产，当现有财产不足以清偿所欠债务时，债务人有权向其所属的外国公司请求偿还。但是由于外国公司的设立地在境外，其主要财产也在境外，所以应当首先就该分支机构的财产及债务进行清算，否则一旦财产被转移到境外，其未偿还的债务就很难执行。故在清算完成之前，禁止外国公司将该分支机构的财产转移至中国境外，以防止其逃避债务，损害债权人的利益。

# 第十四章　法律责任

**第二百五十条　【公司违法登记的法律责任】**违反本法规定，虚报注册资本、提交虚假材料或者采取其他欺诈手段隐瞒重要事实取得公司登记的，由公司登记机关责令改正，对虚报注册资本的公司，处以虚报注册资本金额百分之五以上百分之十五以下的罚款；对提交虚假材料或者采取其他欺诈手段隐瞒重要事实的公司，处以五万元以上二百万元以下的罚款；情节严重的，吊销营业执照；对直接负责的主管人员和其他直接责任人员处以三万元以上三十万元以下的罚款。

## 条文解读

本条是关于公司违法登记的法律责任的规定。

本条规定的违法情节是：违反《公司法》规定，虚报注册资本、提交虚假材料或者采取其他欺诈手段隐瞒重要事实取得公司登记。这里的“公司登记”，不仅包括公司的设立登记，还包括公司变更登记、注销登记以及设立分公司的登记等。

本条规定的法律责任包括：第一，由公司登记机关责令改正。第二，对虚报注册资本的公司，处以虚报注册资本金额5%以上15%以下的罚款。第三，对提交虚假材料或者采取其他欺诈手段隐瞒重要事实的公司，处以5万元以上200万元以下的罚款。第四，对直接负责的主管人员和其他直接责任人员处以3万元以上30万元以下的罚款。第五，上述行为情节严重的，吊销营业执照。

## 关联法规索引

《防范和查处假冒企业登记违法行为规定》

**第二百五十一条 【公司信息公示违法的法律责任】** 公司未依照本法第四十条规定公示有关信息或者不如实公示有关信息的,由公司登记机关责令改正,可以处以一万元以上五万元以下的罚款。情节严重的,处以五万元以上二十万元以下的罚款;对直接负责的主管人员和其他直接责任人员处以一万元以上十万元以下的罚款。

**条文解读**

本条是关于公司信息公示违法的法律责任的规定。

本条规定的违法情节是:公司未依照《公司法》第40条规定公示有关信息或者不如实公示有关信息。《公司法》第40条第1款明确了公司应当按照规定通过国家企业信用信息公示系统向社会公示的事项,同时该条第2款规定公司应当确保公示信息真实、准确、完整。

本条规定的法律责任包括:第一,由公司登记机关责令改正,可以处以1万元以上5万元以下的罚款。第二,情节严重的,处以5万元以上20万元以下的罚款;对直接负责的主管人员和其他直接责任人员处以1万元以上10万元以下的罚款。

**第二百五十二条 【虚假出资的法律责任】** 公司的发起人、股东虚假出资,未交付或者未按期交付作为出资的货币或者非货币财产的,由公司登记机关责令改正,可以处以五万元以上二十万元以下的罚款;情节严重的,处以虚假出资或者未出资金额百分之五以上百分之十五以下的罚款;对直接负责的主管人员和其他直接责任人员处以一万元以上十万元以下的罚款。

**条文解读**

本条是关于公司的发起人、股东虚假出资的法律责任的规定。

本条规定的违法情节是:公司的发起人、股东虚假出资,未交付或者未按期交付作为出资的货币或非货币财产。公司的发起人、股东虚假出资,既影响其他发起人或股东的利益,也会危及公司参与的市场交易的稳定性。

本条规定的法律责任包括:第一,公司登记机关责令改正,可以处以5万元以上20万元以下的罚款。第二,情节严重的,处以虚假出资或者未出资金额5%以上15%以下的罚款。第三,对直接负责的主管人员和其他直接责任人员处以1万元以上10万元以下的罚款。

**第二百五十三条 【公司发起人、股东抽逃出资的法律责任】** 公司的发起人、股东在公司成立后,抽逃其出资的,由公司登记机关责令改正,处以所抽逃出资金额百分之五以上百分之十五以下的罚款;对直接负责的主管人员和其他直接责任人员处以三万元以上三十万元以下的罚款。

## 条文解读

本条是关于公司的发起人、股东抽逃出资的法律责任的规定。

本条规定的违法情节是:公司的发起人、股东在公司成立后,抽逃其出资。抽逃出资行为的主体为公司发起人和股东,其抽逃出资行为是一种故意行为。

本条规定的法律责任包括:第一,公司登记机关责令改正。第二,处以所抽逃出资金额5%以上15%以下的罚款。第三,对直接负责的主管人员和其他直接责任人员处以3万元以上30万元以下的罚款。

**第二百五十四条 【公司财务违法行为的法律责任】** 有下列行为之一的,由县级以上人民政府财政部门依照《中华人民共和国会计法》等法律、行政法规的规定处罚:

(一)在法定的会计账簿以外另立会计账簿;

(二)提供存在虚假记载或者隐瞒重要事实的财务会计报告。

## 条文解读

本条是关于公司财务违法行为的法律责任的规定。

按照本条规定,公司在法定的会计账簿以外另立会计账簿,提供存在虚假记载或者隐瞒重要事实的财务会计报告的,由县级以上人民政府财政部门依照《会计法》等法律、行政法规的规定处罚。

《会计法》第42条规定,违反该法规定,有下列行为之一的,由县级以上人民政府财政部门责令限期改正,可以对单位并处3000元以上5万元以下的罚款;对其直接负责的主管人员和其他直接责任人员，可以处2000元以上2万元以下的罚款；属于国家工作人员的，还应当由其所在单位或者有关单位依法给予行政处分：(1)不依法设置会计帐簿的；(2)私设会计帐簿的；(3)未按照规定填制、取得原始凭证或者填制、取得的原始凭证不符合规定的；(4)以未经审核的会计凭证为依据登记会计帐簿或者登记会计帐簿不符合规定的；(5)随意变更会计处理方法的；(6)向不同的会计资料使用者提供的财务会计报告编制依据不一致的；(7)未按照规定使用会计记录文字或者记帐本位币的；(8)未按照规定保管会计资料，致使会计资料毁损、灭失的；(9)未按照规定建立并实施单位内部会计监督制度或者拒绝依法实施的监督或者不如实提供有关会计资料及有关情况的；(10)任用会计人员不符合该法规定的。有前述所列行为之一，构成犯罪的，依法追究刑事责任。会计人员有前述所列行为之一，情节严重的，5年内不得从事会计工作。有关法律对前述所列行为的处罚另有规定的，依照有关法律的规定办理。

**第二百五十五条 【公司合并、分立、减少注册资本或清算时违反通知、公告义务的法律责任】公司在合并、分立、减少注册资本或者进行清算时，不依照本法规定通知或者公告债权人的，由公司登记机关责令改正，对公司处以一万元以上十万元以下的罚款。**

**条文解读**

本条是关于公司在合并、分立、减少注册资本或清算时违反通知、公告义务的法律责任的规定。

本条规定的违法情节是：公司在合并、分立、减少注册资本或者进行清算时，不依照《公司法》规定通知或者公告债权人。

本条规定的法律责任包括：公司登记机关责令改正，对公司处以1万元以上10万元以下的罚款。

**第二百五十六条 【公司进行清算时的违法行为的法律责任】公司在进行清算时，隐匿财产，对资产负债表或者财产清单作虚假记载，或者在未清偿债务前分配公司财产的，由公司登记机关责令改正，对公司处以隐匿财产或者未清偿**

**债务前分配公司财产金额百分之五以上百分之十以下的罚款；对直接负责的主管人员和其他直接责任人员处以一万元以上十万元以下的罚款。**

## 条文解读

本条是关于公司进行清算时的违法行为的法律责任的规定。

本条规定的违法情节是：第一，公司在进行清算时，隐匿财产；第二，对资产负债表或者财产清单作虚假记载；第三，在未清偿债务前分配公司财产。

本条规定的法律责任包括：第一，公司登记机关责令改正，对公司处以隐匿财产或者未清偿债务前分配公司财产金额5%以上10%以下的罚款。第二，对直接负责的主管人员和其他直接责任人员处以1万元以上10万元以下的罚款。

**第二百五十七条　【承担资产评估、验资或者验证的机构违法行为的法律责任】承担资产评估、验资或者验证的机构提供虚假材料或者提供有重大遗漏的报告的，由有关部门依照《中华人民共和国资产评估法》、《中华人民共和国注册会计师法》等法律、行政法规的规定处罚。**

**承担资产评估、验资或者验证的机构因其出具的评估结果、验资或者验证证明不实，给公司债权人造成损失的，除能够证明自己没有过错的外，在其评估或者证明不实的金额范围内承担赔偿责任。**

## 条文解读

本条第1款规定了承担资产评估、验资或者验证的机构的行政责任。承担资产评估、验资或者验证的机构提供虚假材料或者提供有重大遗漏的报告的，由有关部门按照《资产评估法》《注册会计师法》等法律、行政法规的规定处罚。

本条第2款规定的是承担资产评估、验资或者验证的机构的过错赔偿责任。本款规定的法律责任是：承担资产评估、验资或者验证的机构因其出具的评估结果、验资或者验证证明不实，给公司债权人造成损失的，除能够证明自己没有过错的外，在其评估或者证明不实的金额范围内承担赔偿责任。这个责任属于过错推定责任，如果承担资产评估、验资或者验证的机构想免除责任，必须证明自己没有过错。

## 关联法规索引

《资产评估法》第48条;《注册会计师法》第39条

**第二百五十八条　【公司登记机关违法行为的法律责任】**公司登记机关违反法律、行政法规规定未履行职责或者履行职责不当的,对负有责任的领导人员和直接责任人员依法给予政务处分。

## 条文解读

本条是关于公司登记机关违法行为的法律责任的规定。

本条规定的违法情节有:公司登记机关违反法律、行政法规规定未履行职责或者履行职责不当。例如,公司登记机关对不符合《公司法》规定条件的登记申请予以登记或者对符合《公司法》规定条件的登记申请不予登记;公司登记机关的上级部门强令公司登记机关对不符合《公司法》规定条件的登记申请予以登记,或者对符合《公司法》规定条件的登记申请不予登记,对违法登记进行包庇的。

本条规定的法律责任是:对负有责任的领导人员和直接责任人员,依法给予政务处分。《公职人员政务处分法》第39条规定,有下列行为之一,造成不良后果或者影响的,予以警告、记过或者记大过;情节较重的,予以降级或者撤职;情节严重的,予以开除:(1)滥用职权,危害国家利益、社会公共利益或者侵害公民、法人、其他组织合法权益的;(2)不履行或者不正确履行职责,玩忽职守,贻误工作的;(3)工作中有形式主义、官僚主义行为的;(4)工作中有弄虚作假,误导、欺骗行为的;(5)泄露国家秘密、工作秘密,或者泄露因履行职责掌握的商业秘密、个人隐私的。

**第二百五十九条　【假冒公司的违法行为的法律责任】**未依法登记为有限责任公司或者股份有限公司,而冒用有限责任公司或者股份有限公司名义的,或者未依法登记为有限责任公司或者股份有限公司的分公司,而冒用有限责任公司或者股份有限公司的分公司名义的,由公司登记机关责令改正或者予以取缔,可以并处十万元以下的罚款。

### 条文解读

本条是关于假冒公司违法行为的法律责任的规定。

本条规定的违法情节有:第一,未依法登记为有限责任公司或者股份有限公司,而冒用有限责任公司或者股份有限公司名义。第二,未依法登记为有限责任公司或者股份有限公司的分公司,而冒用有限责任公司或者股份有限公司的分公司名义。本条规定的违法主体具有多样性,可能是个人、法人,也可能是有限责任公司、股份有限公司。

本条规定的法律责任包括:第一,公司登记机关责令改正。第二,公司登记机关予以取缔。第三,可以并处10万元以下的罚款。

**第二百六十条 【公司长期不开业、停业及不依法办理变更登记的法律责任】公司成立后无正当理由超过六个月未开业的,或者开业后自行停业连续六个月以上的,公司登记机关可以吊销营业执照,但公司依法办理歇业的除外。**

**公司登记事项发生变更时,未依照本法规定办理有关变更登记的,由公司登记机关责令限期登记;逾期不登记的,处以一万元以上十万元以下的罚款。**

### 条文解读

本条是关于公司长期不开业、停业及不依法办理变更登记的法律责任的规定。

本条规定的违法情节包括:第一,公司成立后无正当理由超过6个月未开业。第二,公司开业后自行停业连续6个月以上。第三,公司登记事项发生变更时,未依照《公司法》规定办理有关变更登记。

本条规定的法律责任包括:第一,公司成立后无正当理由超过6个月未开业的,或者开业后自行停业连续6个月以上的,除非公司依法办理歇业登记的,可以由公司登记机关吊销营业执照。第二,公司登记事项发生变更时,未依照《公司法》规定办理有关变更登记的,由公司登记机关责令限期登记。第三,前述情形下逾期仍不登记的,由公司登记机关处以1万元以上10万元以下的罚款。

**第二百六十一条 【外国公司擅自在中国境内设立分支机构的法律责任】外国公司违反本法规定,擅自在中华人民共和国境内设立分支机构的,由公司登记机关责令改正或者关闭,可以并处五万元以上二十万元以下的罚款。**

**条文解读**

本条是关于外国公司擅自在中国境内设立分支机构的法律责任的规定。

本条规定的违法情节为:外国公司违反《公司法》规定,擅自在中国境内设立分支机构。

本条规定的法律责任包括:第一,公司登记机关责令改正。第二,公司登记机关责令关闭。第三,公司登记机关可以并处 5 万元以上 20 万元以下的罚款。

**第二百六十二条　【危害国家安全、社会公共利益的法律责任】利用公司名义从事危害国家安全、社会公共利益的严重违法行为的,吊销营业执照。**

**条文解读**

本条是关于公司危害国家安全、社会公共利益的法律责任的规定。

本条规定的违法情节是:利用公司名义从事危害国家安全、社会公共利益的严重违法行为。

本条规定的法律责任是:公司登记机关吊销营业执照。

**第二百六十三条　【民事赔偿优先原则】公司违反本法规定,应当承担民事赔偿责任和缴纳罚款、罚金的,其财产不足以支付时,先承担民事赔偿责任。**

**条文解读**

本条是关于民事赔偿优先原则的规定。

民事赔偿责任是公司作为侵权人向被侵权人承担的损害赔偿责任。公司实施某一违法行为构成犯罪的,还应依照《刑法》的有关规定被判处罚金、没收财产等刑事处罚,出现这种情形,在执行罚款或罚金后,可能出现不能偿付民事赔偿的现象,显然不利于对民事债权人利益的保护。为此,本条规定,公司违反《公司法》规定,应当承担民事赔偿责任和缴纳罚款、罚金的,其财产不足以支付时,先承担民事赔偿责任。

**第二百六十四条 【刑事责任】** 违反本法规定,构成犯罪的,依法追究刑事责任。

## 条文解读

本条是关于公司违法行为追究刑事责任的规定。在我国,对公民、法人的刑事犯罪统一规定在《刑法》中。对于涉及公司的犯罪,在我国《刑法》分则第 3 章“破坏社会主义市场经济秩序罪”中的“妨害对公司、企业的管理秩序罪”、“扰乱市场秩序罪”以及分则第 5 章“侵犯财产罪”和分则第 9 章“渎职罪”中都有规定。

# 第十五章　附　　则

**第二百六十五条　【用语含义】** 本法下列用语的含义：

（一）高级管理人员，是指公司的经理、副经理、财务负责人，上市公司董事会秘书和公司章程规定的其他人员。

（二）控股股东，是指其出资额占有限责任公司资本总额超过百分之五十或者其持有的股份占股份有限公司股本总额超过百分之五十的股东；出资额或者持有股份的比例虽然低于百分之五十，但依其出资额或者持有的股份所享有的表决权已足以对股东会的决议产生重大影响的股东。

（三）实际控制人，是指通过投资关系、协议或者其他安排，能够实际支配公司行为的人。

（四）关联关系，是指公司控股股东、实际控制人、董事、监事、高级管理人员与其直接或者间接控制的企业之间的关系，以及可能导致公司利益转移的其他关系。但是，国家控股的企业之间不仅因为同受国家控股而具有关联关系。

## 条文解读

本条规定了一些重要的法律用语。这些法律用语体现在《公司法》中的以下几个方面：

（一）高级管理人员

公司的经理、副经理、财务负责人，上市公司董事会秘书和公司章程规定的其他人员属于公司高级管理人员，不包括监事。

《公司法》第5条规定："设立公司应当依法制定公司章程。公司章程对公司、股东、董事、监事、高级管理人员具有约束力。"

《公司法》第22条第1款规定："公司的控股股东、实际控制人、董事、监事、高级管理人员不得利用关联关系损害公司利益。"

《公司法》第53条规定："公司成立后，股东不得抽逃出资。违反前款规定的，股东应当返还抽逃的出资；给公司造成损失的，负有责任的董事、监事、高级管理人员应当与该股东承担连带赔偿责任。”

《公司法》第76条第4款、第130条第4款规定:“董事、高级管理人员不得兼任监事。”

《公司法》第80条第2款规定:“董事、高级管理人员应当如实向监事会提供有关情况和资料,不得妨碍监事会或者监事行使职权。”

《公司法》第129条规定:“公司应当定期向股东披露董事、监事、高级管理人员从公司获得报酬的情况。”

《公司法》第160条第2款规定:“公司董事、监事、高级管理人员应当向公司申报所持有的本公司的股份及其变动情况,在就任时确定的任职期间每年转让的股份不得超过其所持有本公司股份总数的百分之二十五;所持本公司股份自公司股票上市交易之日起一年内不得转让。上述人员离职后半年内,不得转让其所持有的本公司股份。公司章程可以对公司董事、监事、高级管理人员转让其所持有的本公司股份作出其他限制性规定。”

《公司法》第163条规定:“公司不得为他人取得本公司或者其母公司的股份提供赠与、借款、担保以及其他财务资助,公司实施员工持股计划的除外。为公司利益,经股东会决议,或者董事会按照公司章程或者股东会的授权作出决议,公司可以为他人取得本公司或者其母公司的股份提供财务资助,但财务资助的累计总额不得超过已发行股本总额的百分之十。董事会作出决议应当经全体董事的三分之二以上通过。违反前两款规定,给公司造成损失的,负有责任的董事、监事、高级管理人员应当承担赔偿责任。”

《公司法》第175条规定:“国有独资公司的董事、高级管理人员,未经履行出资人职责的机构同意,不得在其他有限责任公司、股份有限公司或者其他经济组织兼职。”

《公司法》第211条规定:“公司违反本法规定向股东分配利润的,股东应当将违反规定分配的利润退还公司;给公司造成损失的,股东及负有责任的董事、监事、高级管理人员应当承担赔偿责任。”

《公司法》第226条规定:“违反本法规定减少注册资本的,股东应当退还其收到的资金,减免股东出资的应当恢复原状;给公司造成损失的,股东及负有责任的董事、监事、高级管理人员应当承担赔偿责任。”

(二)控股股东

控股股东,是指其出资额占有限责任公司资本总额超过50%或者其持有的股份占股份有限公司股本总额超过50%的股东;出资额或者持有股份的比例虽然低于50%,

但依其出资额或者持有的股份所享有的表决权已足以对股东会的决议产生重大影响的股东。

《公司法》第22条第1款规定:“公司的控股股东、实际控制人、董事、监事、高级管理人员不得利用关联关系损害公司利益。”

《公司法》第89条第3款规定:“公司的控股股东滥用股东权利,严重损害公司或者其他股东利益的,其他股东有权请求公司按照合理的价格收购其股权。”

《公司法》第180条规定:“董事、监事、高级管理人员对公司负有忠实义务,应当采取措施避免自身利益与公司利益冲突,不得利用职权牟取不正当利益。董事、监事、高级管理人员对公司负有勤勉义务,执行职务应当为公司的最大利益尽到管理者通常应有的合理注意。公司的控股股东、实际控制人不担任公司董事但实际执行公司事务的,适用前两款规定。”

《公司法》第192条规定:“公司的控股股东、实际控制人指示董事、高级管理人员从事损害公司或者股东利益的行为的,与该董事、高级管理人员承担连带责任。”

(三)实际控制人

实际控制人,是指通过投资关系、协议或者其他安排,能够实际支配公司行为的人。2023年《公司法》修改,将原《公司法》中的“虽不是公司的股东”删去,这意味着,实际控制人也可以是公司的股东。只要满足能够实际支配公司行为的人,就可以认定。

《公司法》第15条第2款规定:“公司为公司股东或者实际控制人提供担保的,应当经股东会决议。”

《公司法》第22条第1款规定:“公司的控股股东、实际控制人、董事、监事、高级管理人员不得利用关联关系损害公司利益。”

《公司法》第140条第1款规定:“上市公司应当依法披露股东、实际控制人的信息,相关信息应当真实、准确、完整。”

《公司法》第160条第1款规定:“公司公开发行股份前已发行的股份,自公司股票在证券交易所上市交易之日起一年内不得转让。法律、行政法规或者国务院证券监督管理机构对上市公司的股东、实际控制人转让其所持有的本公司股份另有规定的,从其规定。”

《公司法》第180条规定:“董事、监事、高级管理人员对公司负有忠实义务,应当采取措施避免自身利益与公司利益冲突,不得利用职权牟取不正当利益。董事、监事、高级管理人员对公司负有勤勉义务,执行职务应当为公司的最大利益尽到管理者通常应有的合理注意。公司的控股股东、实际控制人不担任公司董事但实际执行公司事务的，适用前两款规定。”

《公司法》第192条规定：“公司的控股股东、实际控制人指示董事、高级管理人员从事损害公司或者股东利益的行为的，与该董事、高级管理人员承担连带责任。”

（四）关联关系

关联关系，是指公司控股股东、实际控制人、董事、监事、高级管理人员与其直接或者间接控制的企业之间的关系，以及可能导致公司利益转移的其他关系。但是，国家控股的企业之间不仅因为同受国家控股而具有关联关系。

《公司法》第22条第1款规定：“公司的控股股东、实际控制人、董事、监事、高级管理人员不得利用关联关系损害公司利益。”

《公司法》第139条规定：“上市公司董事与董事会会议决议事项所涉及的企业或者个人有关联关系的，该董事应当及时向董事会书面报告。有关联关系的董事不得对该项决议行使表决权，也不得代理其他董事行使表决权。该董事会会议由过半数的无关联关系董事出席即可举行，董事会会议所作决议须经无关联关系董事过半数通过。出席董事会会议的无关联关系董事人数不足三人的，应当将该事项提交上市公司股东会审议。”

《公司法》第182条规定：“董事、监事、高级管理人员，直接或者间接与本公司订立合同或者进行交易，应当就与订立合同或者进行交易有关的事项向董事会或者股东会报告，并按照公司章程的规定经董事会或者股东会决议通过。董事、监事、高级管理人员的近亲属，董事、监事、高级管理人员或者其近亲属直接或者间接控制的企业，以及与董事、监事、高级管理人员有其他关联关系的关联人，与公司订立合同或者进行交易，适用前款规定。”

**第二百六十六条　【施行日期、出资期限及出资额的调整】本法自2024年7月1日起施行。**

**本法施行前已登记设立的公司，出资期限超过本法规定的期限的，除法律、行政法规或者国务院另有规定外，应当逐步调整至本法规定的期限以内；对于出资期限、出资额明显异常的，公司登记机关可以依法要求其及时调整。具体实施办法由国务院规定。**

## 条文解读

本条是关于《公司法》施行日期、出资期限及出资额调整的规定。

本条第1款规定了修订后的《公司法》施行的日期，即2024年7月1日。

本条第2款是关于存量公司认缴出资的处理问题。2013年修改的《公司法》取消了最低注册资本限额，没有规定股东出资的法定期限，致使到2023年再次修订《公司法》的10年间大量出资期限多于5年的公司已经设立。

2024年7月1日前已登记设立的公司，出资期限超过5年的，应当有所区别。一是尽管出资期限超过5年，但是如果从2024年7月1日起算，未超过5年，则也符合新《公司法》规定的精神。二是2024年7月1日以前成立的公司，即便到了2029年6月30日还未到出资期限，则属于真正超过修订后《公司法》规定的出资期限。对于这类公司，除法律、行政法规或者国务院另有规定外，应当逐步调整至《公司法》规定的期限以内。

对于出资期限、出资额明显异常的，公司登记机关可以依法要求其及时调整。具体实施办法由国务院规定。

## 附录

# 中华人民共和国民法典(节录)

1. 2020年5月28日第十三届全国人民代表大会第三次会议通过
2. 2020年5月28日中华人民共和国主席令第四十五号公布
3. 自2021年1月1日起施行

### 第三章　法　　人

#### 第一节　一 般 规 定

**第五十七条**　法人是具有民事权利能力和民事行为能力,依法独立享有民事权利和承担民事义务的组织。

**第五十八条**　法人应当依法成立。

法人应当有自己的名称、组织机构、住所、财产或者经费。法人成立的具体条件和程序,依照法律、行政法规的规定。

设立法人,法律、行政法规规定须经有关机关批准的,依照其规定。

**第五十九条**　法人的民事权利能力和民事行为能力,从法人成立时产生,到法人终止时消灭。

**第六十条**　法人以其全部财产独立承担民事责任。

**第六十一条**　依照法律或者法人章程的规定,代表法人从事民事活动的负责人,为法人的法定代表人。

法定代表人以法人名义从事的民事活动,其法律后果由法人承受。

法人章程或者法人权力机构对法定代表人代表权的限制,不得对抗善意相对人。

**第六十二条**　法定代表人因执行职务造成他人损害的,由法人承担民事责任。

法人承担民事责任后,依照法律或者法人章程的规定,可以向有过错的法定代表人追偿。

**第六十三条**　法人以其主要办事机构所在地为住所。依法需要办理法人登记的,应当将主要办事机构所在地登记为住所。

**第六十四条**　法人存续期间登记事项发生变化的,应当依法向登记机关申请变更登记。

**第六十五条**　法人的实际情况与登记的事项不一致的,不得对抗善意相对人。

**第六十六条**　登记机关应当依法及时公示法人登记的有关信息。

**第六十七条**　法人合并的,其权利和义务由合并后的法人享有和承担。

法人分立的,其权利和义务由分立后的法人享有连带债权,承担连带债务,但是债权人和债务人另有约定的除外。

**第六十八条**　有下列原因之一并依法完成清算、注销登记的,法人终止:

(一)法人解散;

(二)法人被宣告破产;

(三)法律规定的其他原因。

法人终止,法律、行政法规规定须经有关机关批准的,依照其规定。

**第六十九条**　有下列情形之一的,法人解散:

(一)法人章程规定的存续期间届满或者法人章程规定的其他解散事由出现;

(二)法人的权力机构决议解散;

(三)因法人合并或者分立需要解散;

(四)法人依法被吊销营业执照、登记证书,被责令关闭或者被撤销;

(五)法律规定的其他情形。

**第七十条**　法人解散的,除合并或者分立的情形外,清算义务人应当及时组成清算组进行清算。

法人的董事、理事等执行机构或者决策机构的成员为清算义务人。法律、行政法规另有规定的,依照其规定。

清算义务人未及时履行清算义务,造成损害的,应当承担民事责任;主管机关或者利害关系人可以申请人民法院指定有关人员组成清算组进行清算。

**第七十一条**　法人的清算程序和清算组职权,依照有关法律的规定;没有规定的,参照适用公司法律的有关规定。

**第七十二条**　清算期间法人存续,但是不得从事与清算无关的活动。

法人清算后的剩余财产,按照法人章程的规定或者法人权力机构的决议处理。法律另有规定的,依照其规定。

清算结束并完成法人注销登记时,法人终止;依法不需要办理法人登记的,清算结束时,法人终止。

**第七十三条**　法人被宣告破产的,依法进行破产清算并完成法人注销登记时,法人终止。

**第七十四条**　法人可以依法设立分支机构。法律、行政法规规定分支机构应当登记的,依照其规定。

分支机构以自己的名义从事民事活动,产生的民事责任由法人承担;也可以先以该分支机构管理的财产承担,不足以承担的,由法人承担。

**第七十五条**　设立人为设立法人从事的民事活动,其法律后果由法人承受;法人未成立的,其法律后果由设立人承受,设立人为二人以上的,享有连带债权,承担连带债务。

设立人为设立法人以自己的名义从事民事活动产生的民事责任，第三人有权选择请求法人或者设立人承担。

## 第二节 营利法人

**第七十六条** 以取得利润并分配给股东等出资人为目的成立的法人，为营利法人。

营利法人包括有限责任公司、股份有限公司和其他企业法人等。

**第七十七条** 营利法人经依法登记成立。

**第七十八条** 依法设立的营利法人，由登记机关发给营利法人营业执照。营业执照签发日期为营利法人的成立日期。

**第七十九条** 设立营利法人应当依法制定法人章程。

**第八十条** 营利法人应当设权力机构。

权力机构行使修改法人章程，选举或者更换执行机构、监督机构成员，以及法人章程规定的其他职权。

**第八十一条** 营利法人应当设执行机构。

执行机构行使召集权力机构会议，决定法人的经营计划和投资方案，决定法人内部管理机构的设置，以及法人章程规定的其他职权。

执行机构为董事会或者执行董事的，董事长、执行董事或者经理按照法人章程的规定担任法定代表人；未设董事会或者执行董事的，法人章程规定的主要负责人为其执行机构和法定代表人。

**第八十二条** 营利法人设监事会或者监事等监督机构的，监督机构依法行使检查法人财务，监督执行机构成员、高级管理人员执行法人职务的行为，以及法人章程规定的其他职权。

**第八十三条** 营利法人的出资人不得滥用出资人权利损害法人或者其他出资人的利益；滥用出资人权利造成法人或者其他出资人损失的，应当依法承担民事责任。

营利法人的出资人不得滥用法人独立地位和出资人有限责任损害法人债权人的利益；滥用法人独立地位和出资人有限责任，逃避债务，严重损害法人债权人的利益的，应当对法人债务承担连带责任。

**第八十四条** 营利法人的控股出资人、实际控制人、董事、监事、高级管理人员不得利用其关联关系损害法人的利益；利用关联关系造成法人损失的，应当承担赔偿责任。

**第八十五条** 营利法人的权力机构、执行机构作出决议的会议召集程序、表决方式违反法律、行政法规、法人章程，或者决议内容违反法人章程的，营利法人的出资人可以请求人民法院撤销该决议。但是，营利法人依据该决议与善意相对人形成的民事法律关系不受影响。

**第八十六条** 营利法人从事经营活动，应当遵守商业道德，维护交易安全，接受政府和社会的监督，承担社会责任。

## 第三节 非营利法人

**第八十七条** 为公益目的或者其他非营利目的成立,不向出资人、设立人或者会员分配所取得利润的法人,为非营利法人。

非营利法人包括事业单位、社会团体、基金会、社会服务机构等。

**第八十八条** 具备法人条件,为适应经济社会发展需要,提供公益服务设立的事业单位,经依法登记成立,取得事业单位法人资格;依法不需要办理法人登记的,从成立之日起,具有事业单位法人资格。

**第八十九条** 事业单位法人设理事会的,除法律另有规定外,理事会为其决策机构。事业单位法人的法定代表人依照法律、行政法规或者法人章程的规定产生。

**第九十条** 具备法人条件,基于会员共同意愿,为公益目的或者会员共同利益等非营利目的设立的社会团体,经依法登记成立,取得社会团体法人资格;依法不需要办理法人登记的,从成立之日起,具有社会团体法人资格。

**第九十一条** 设立社会团体法人应当依法制定法人章程。

社会团体法人应当设会员大会或者会员代表大会等权力机构。

社会团体法人应当设理事会等执行机构。理事长或者会长等负责人按照法人章程的规定担任法定代表人。

**第九十二条** 具备法人条件,为公益目的以捐助财产设立的基金会、社会服务机构等,经依法登记成立,取得捐助法人资格。

依法设立的宗教活动场所,具备法人条件的,可以申请法人登记,取得捐助法人资格。法律、行政法规对宗教活动场所有规定的,依照其规定。

**第九十三条** 设立捐助法人应当依法制定法人章程。

捐助法人应当设理事会、民主管理组织等决策机构,并设执行机构。理事长等负责人按照法人章程的规定担任法定代表人。

捐助法人应当设监事会等监督机构。

**第九十四条** 捐助人有权向捐助法人查询捐助财产的使用、管理情况,并提出意见和建议,捐助法人应当及时、如实答复。

捐助法人的决策机构、执行机构或者法定代表人作出决定的程序违反法律、行政法规、法人章程,或者决定内容违反法人章程的,捐助人等利害关系人或者主管机关可以请求人民法院撤销该决定。但是,捐助法人依据该决定与善意相对人形成的民事法律关系不受影响。

**第九十五条** 为公益目的成立的非营利法人终止时,不得向出资人、设立人或者会员分配剩余财产。剩余财产应当按照法人章程的规定或者权力机构的决议用于公益目的;无法按照法人章程的规定或者权力机构的决议处理的,由主管机关主持转给宗旨相同或者相近的法人,并向社会公告。

### 第四节　特 别 法 人

**第九十六条**　本节规定的机关法人、农村集体经济组织法人、城镇农村的合作经济组织法人、基层群众性自治组织法人,为特别法人。

**第九十七条**　有独立经费的机关和承担行政职能的法定机构从成立之日起,具有机关法人资格,可以从事为履行职能所需要的民事活动。

**第九十八条**　机关法人被撤销的,法人终止,其民事权利和义务由继任的机关法人享有和承担;没有继任的机关法人的,由作出撤销决定的机关法人享有和承担。

**第九十九条**　农村集体经济组织依法取得法人资格。

法律、行政法规对农村集体经济组织有规定的,依照其规定。

**第一百条**　城镇农村的合作经济组织依法取得法人资格。

法律、行政法规对城镇农村的合作经济组织有规定的,依照其规定。

**第一百零一条**　居民委员会、村民委员会具有基层群众性自治组织法人资格,可以从事为履行职能所需要的民事活动。

未设立村集体经济组织的,村民委员会可以依法代行村集体经济组织的职能。

## 第四章　非法人组织

**第一百零二条**　非法人组织是不具有法人资格,但是能够依法以自己的名义从事民事活动的组织。

非法人组织包括个人独资企业、合伙企业、不具有法人资格的专业服务机构等。

**第一百零三条**　非法人组织应当依照法律的规定登记。

设立非法人组织,法律、行政法规规定须经有关机关批准的,依照其规定。

**第一百零四条**　非法人组织的财产不足以清偿债务的,其出资人或者设立人承担无限责任。法律另有规定的,依照其规定。

**第一百零五条**　非法人组织可以确定一人或者数人代表该组织从事民事活动。

**第一百零六条**　有下列情形之一的,非法人组织解散:

(一)章程规定的存续期间届满或者章程规定的其他解散事由出现;

(二)出资人或者设立人决定解散;

(三)法律规定的其他情形。

**第一百零七条**　非法人组织解散的,应当依法进行清算。

**第一百零八条**　非法人组织除适用本章规定外,参照适用本编第三章第一节的有关规定。

# 中华人民共和国市场主体登记管理条例

1．2021年7月27日中华人民共和国国务院令第746号公布
2．自2022年3月1日起施行

## 第一章　总　　则

**第一条**　为了规范市场主体登记管理行为，推进法治化市场建设，维护良好市场秩序和市场主体合法权益，优化营商环境，制定本条例。

**第二条**　本条例所称市场主体，是指在中华人民共和国境内以营利为目的从事经营活动的下列自然人、法人及非法人组织：

（一）公司、非公司企业法人及其分支机构；

（二）个人独资企业、合伙企业及其分支机构；

（三）农民专业合作社（联合社）及其分支机构；

（四）个体工商户；

（五）外国公司分支机构；

（六）法律、行政法规规定的其他市场主体。

**第三条**　市场主体应当依照本条例办理登记。未经登记，不得以市场主体名义从事经营活动。法律、行政法规规定无需办理登记的除外。

市场主体登记包括设立登记、变更登记和注销登记。

**第四条**　市场主体登记管理应当遵循依法合规、规范统一、公开透明、便捷高效的原则。

**第五条**　国务院市场监督管理部门主管全国市场主体登记管理工作。

县级以上地方人民政府市场监督管理部门主管本辖区市场主体登记管理工作，加强统筹指导和监督管理。

**第六条**　国务院市场监督管理部门应当加强信息化建设，制定统一的市场主体登记数据和系统建设规范。

县级以上地方人民政府承担市场主体登记工作的部门（以下称登记机关）应当优化市场主体登记办理流程，提高市场主体登记效率，推行当场办结、一次办结、限时办结等制度，实现集中办理、就近办理、网上办理、异地可办，提升市场主体登记便利化程度。

**第七条**　国务院市场监督管理部门和国务院有关部门应当推动市场主体登记信息与其他政府信息的共享和运用，提升政府服务效能。

## 第二章 登记事项

**第八条** 市场主体的一般登记事项包括：

(一)名称；

(二)主体类型；

(三)经营范围；

(四)住所或者主要经营场所；

(五)注册资本或者出资额；

(六)法定代表人、执行事务合伙人或者负责人姓名。

除前款规定外，还应当根据市场主体类型登记下列事项：

(一)有限责任公司股东、股份有限公司发起人、非公司企业法人出资人的姓名或者名称；

(二)个人独资企业的投资人姓名及居所；

(三)合伙企业的合伙人名称或者姓名、住所、承担责任方式；

(四)个体工商户的经营者姓名、住所、经营场所；

(五)法律、行政法规规定的其他事项。

**第九条** 市场主体的下列事项应当向登记机关办理备案：

(一)章程或者合伙协议；

(二)经营期限或者合伙期限；

(三)有限责任公司股东或者股份有限公司发起人认缴的出资数额，合伙企业合伙人认缴或者实际缴付的出资数额、缴付期限和出资方式；

(四)公司董事、监事、高级管理人员；

(五)农民专业合作社(联合社)成员；

(六)参加经营的个体工商户家庭成员姓名；

(七)市场主体登记联络员、外商投资企业法律文件送达接受人；

(八)公司、合伙企业等市场主体受益所有人相关信息；

(九)法律、行政法规规定的其他事项。

**第十条** 市场主体只能登记一个名称，经登记的市场主体名称受法律保护。

市场主体名称由申请人依法自主申报。

**第十一条** 市场主体只能登记一个住所或者主要经营场所。

电子商务平台内的自然人经营者可以根据国家有关规定，将电子商务平台提供的网络经营场所作为经营场所。

省、自治区、直辖市人民政府可以根据有关法律、行政法规的规定和本地区实际情况，自行或者授权下级人民政府对住所或者主要经营场所作出更加便利市场主体从事经营活动的具体规定。

**第十二条** 有下列情形之一的,不得担任公司、非公司企业法人的法定代表人:

(一)无民事行为能力或者限制民事行为能力;

(二)因贪污、贿赂、侵占财产、挪用财产或者破坏社会主义市场经济秩序被判处刑罚,执行期满未逾5年,或者因犯罪被剥夺政治权利,执行期满未逾5年;

(三)担任破产清算的公司、非公司企业法人的法定代表人、董事或者厂长、经理,对破产负有个人责任的,自破产清算完结之日起未逾3年;

(四)担任因违法被吊销营业执照、责令关闭的公司、非公司企业法人的法定代表人,并负有个人责任的,自被吊销营业执照之日起未逾3年;

(五)个人所负数额较大的债务到期未清偿;

(六)法律、行政法规规定的其他情形。

**第十三条** 除法律、行政法规或者国务院决定另有规定外,市场主体的注册资本或者出资额实行认缴登记制,以人民币表示。

出资方式应当符合法律、行政法规的规定。公司股东、非公司企业法人出资人、农民专业合作社(联合社)成员不得以劳务、信用、自然人姓名、商誉、特许经营权或者设定担保的财产等作价出资。

**第十四条** 市场主体的经营范围包括一般经营项目和许可经营项目。经营范围中属于在登记前依法须经批准的许可经营项目,市场主体应当在申请登记时提交有关批准文件。

市场主体应当按照登记机关公布的经营项目分类标准办理经营范围登记。

## 第三章 登记规范

**第十五条** 市场主体实行实名登记。申请人应当配合登记机关核验身份信息。

**第十六条** 申请办理市场主体登记,应当提交下列材料:

(一)申请书;

(二)申请人资格文件、自然人身份证明;

(三)住所或者主要经营场所相关文件;

(四)公司、非公司企业法人、农民专业合作社(联合社)章程或者合伙企业合伙协议;

(五)法律、行政法规和国务院市场监督管理部门规定提交的其他材料。

国务院市场监督管理部门应当根据市场主体类型分别制定登记材料清单和文书格式样本,通过政府网站、登记机关服务窗口等向社会公开。

登记机关能够通过政务信息共享平台获取的市场主体登记相关信息,不得要求申请人重复提供。

**第十七条** 申请人应当对提交材料的真实性、合法性和有效性负责。

**第十八条** 申请人可以委托其他自然人或者中介机构代其办理市场主体登记。受委托的自然人或者中介机构代为办理登记事宜应当遵守有关规定,不得提供虚假信息和材料。

**第十九条** 登记机关应当对申请材料进行形式审查。对申请材料齐全、符合法定形式的予以确认并当场登记。不能当场登记的,应当在3个工作日内予以登记;情形复杂的,经登记机关负责人批准,可以再延长3个工作日。

申请材料不齐全或者不符合法定形式的,登记机关应当一次性告知申请人需要补正的材料。

**第二十条** 登记申请不符合法律、行政法规规定,或者可能危害国家安全、社会公共利益的,登记机关不予登记并说明理由。

**第二十一条** 申请人申请市场主体设立登记,登记机关依法予以登记的,签发营业执照。营业执照签发日期为市场主体的成立日期。

法律、行政法规或者国务院决定规定设立市场主体须经批准的,应当在批准文件有效期内向登记机关申请登记。

**第二十二条** 营业执照分为正本和副本,具有同等法律效力。

电子营业执照与纸质营业执照具有同等法律效力。

营业执照样式、电子营业执照标准由国务院市场监督管理部门统一制定。

**第二十三条** 市场主体设立分支机构,应当向分支机构所在地的登记机关申请登记。

**第二十四条** 市场主体变更登记事项,应当自作出变更决议、决定或者法定变更事项发生之日起30日内向登记机关申请变更登记。

市场主体变更登记事项属于依法须经批准的,申请人应当在批准文件有效期内向登记机关申请变更登记。

**第二十五条** 公司、非公司企业法人的法定代表人在任职期间发生本条例第十二条所列情形之一的,应当向登记机关申请变更登记。

**第二十六条** 市场主体变更经营范围,属于依法须经批准的项目的,应当自批准之日起30日内申请变更登记。许可证或者批准文件被吊销、撤销或者有效期届满的,应当自许可证或者批准文件被吊销、撤销或者有效期届满之日起30日内向登记机关申请变更登记或者办理注销登记。

**第二十七条** 市场主体变更住所或者主要经营场所跨登记机关辖区的,应当在迁入新的住所或者主要经营场所前,向迁入地登记机关申请变更登记。迁出地登记机关无正当理由不得拒绝移交市场主体档案等相关材料。

**第二十八条** 市场主体变更登记涉及营业执照记载事项的,登记机关应当及时为市场主体换发营业执照。

**第二十九条** 市场主体变更本条例第九条规定的备案事项的,应当自作出变更决议、决定或者法定变更事项发生之日起30日内向登记机关办理备案。农民专业合作社(联合社)成员发生变更的,应当自本会计年度终了之日起 90 日内向登记机关办理备案。

**第三十条** 因自然灾害、事故灾难、公共卫生事件、社会安全事件等原因造成经营困难的,市场主体可以自主决定在一定时期内歇业。法律、行政法规另有规定的除外。

市场主体应当在歇业前与职工依法协商劳动关系处理等有关事项。

市场主体应当在歇业前向登记机关办理备案。登记机关通过国家企业信用信息公示系统向社会公示歇业期限、法律文书送达地址等信息。

市场主体歇业的期限最长不得超过 3 年。市场主体在歇业期间开展经营活动的,视为恢复营业,市场主体应当通过国家企业信用信息公示系统向社会公示。

市场主体歇业期间,可以以法律文书送达地址代替住所或者主要经营场所。

**第三十一条** 市场主体因解散、被宣告破产或者其他法定事由需要终止的,应当依法向登记机关申请注销登记。经登记机关注销登记,市场主体终止。

市场主体注销依法须经批准的,应当经批准后向登记机关申请注销登记。

**第三十二条** 市场主体注销登记前依法应当清算的,清算组应当自成立之日起 10 日内将清算组成员、清算组负责人名单通过国家企业信用信息公示系统公告。清算组可以通过国家企业信用信息公示系统发布债权人公告。

清算组应当自清算结束之日起 30 日内向登记机关申请注销登记。市场主体申请注销登记前,应当依法办理分支机构注销登记。

**第三十三条** 市场主体未发生债权债务或者已将债权债务清偿完结,未发生或者已结清清偿费用、职工工资、社会保险费用、法定补偿金、应缴纳税款(滞纳金、罚款),并由全体投资人书面承诺对上述情况的真实性承担法律责任的,可以按照简易程序办理注销登记。

市场主体应当将承诺书及注销登记申请通过国家企业信用信息公示系统公示,公示期为 20 日。在公示期内无相关部门、债权人及其他利害关系人提出异议的,市场主体可以于公示期届满之日起 20 日内向登记机关申请注销登记。

个体工商户按照简易程序办理注销登记的,无需公示,由登记机关将个体工商户的注销登记申请推送至税务等有关部门,有关部门在 10 日内没有提出异议的,可以直接办理注销登记。

市场主体注销依法须经批准的,或者市场主体被吊销营业执照、责令关闭、撤销,或者被列入经营异常名录的,不适用简易注销程序。

**第三十四条** 人民法院裁定强制清算或者裁定宣告破产的,有关清算组、破产管理人可以持人民法院终结强制清算程序的裁定或者终结破产程序的裁定,直接向登记机关申请办理注销登记。

## 第四章 监督管理

**第三十五条** 市场主体应当按照国家有关规定公示年度报告和登记相关信息。

**第三十六条** 市场主体应当将营业执照置于住所或者主要经营场所的醒目位置。从事电子商务经营的市场主体应当在其首页显著位置持续公示营业执照信息或者相关链接标识。

**第三十七条** 任何单位和个人不得伪造、涂改、出租、出借、转让营业执照。

营业执照遗失或者毁坏的,市场主体应当通过国家企业信用信息公示系统声明作废,申请补领。

登记机关依法作出变更登记、注销登记和撤销登记决定的,市场主体应当缴回营业执照。拒不缴回或者无法缴回营业执照的,由登记机关通过国家企业信用信息公示系统公告营业执照作废。

**第三十八条** 登记机关应当根据市场主体的信用风险状况实施分级分类监管。

登记机关应当采取随机抽取检查对象、随机选派执法检查人员的方式,对市场主体登记事项进行监督检查,并及时向社会公开监督检查结果。

**第三十九条** 登记机关对市场主体涉嫌违反本条例规定的行为进行查处,可以行使下列职权:

(一)进入市场主体的经营场所实施现场检查;

(二)查阅、复制、收集与市场主体经营活动有关的合同、票据、账簿以及其他资料;

(三)向与市场主体经营活动有关的单位和个人调查了解情况;

(四)依法责令市场主体停止相关经营活动;

(五)依法查询涉嫌违法的市场主体的银行账户;

(六)法律、行政法规规定的其他职权。

登记机关行使前款第四项、第五项规定的职权的,应当经登记机关主要负责人批准。

**第四十条** 提交虚假材料或者采取其他欺诈手段隐瞒重要事实取得市场主体登记的,受虚假市场主体登记影响的自然人、法人和其他组织可以向登记机关提出撤销市场主体登记的申请。

登记机关受理申请后,应当及时开展调查。经调查认定存在虚假市场主体登记情形的,登记机关应当撤销市场主体登记。相关市场主体和人员无法联系或者拒不配合的,登记机关可以将相关市场主体的登记时间、登记事项等通过国家企业信用信息公示系统向社会公示,公示期为45日。相关市场主体及其利害关系人在公示期内没有提出异议的,登记机关可以撤销市场主体登记。

因虚假市场主体登记被撤销的市场主体,其直接责任人自市场主体登记被撤销之日起3年内不得再次申请市场主体登记。登记机关应当通过国家企业信用信息公示系统予以公示。

**第四十一条** 有下列情形之一的,登记机关可以不予撤销市场主体登记:

(一)撤销市场主体登记可能对社会公共利益造成重大损害;

(二)撤销市场主体登记后无法恢复到登记前的状态;

(三)法律、行政法规规定的其他情形。

**第四十二条**　登记机关或者其上级机关认定撤销市场主体登记决定错误的，可以撤销该决定，恢复原登记状态，并通过国家企业信用信息公示系统公示。

## 第五章　法律责任

**第四十三条**　未经设立登记从事经营活动的，由登记机关责令改正，没收违法所得；拒不改正的，处1万元以上10万元以下的罚款；情节严重的，依法责令关闭停业，并处10万元以上50万元以下的罚款。

**第四十四条**　提交虚假材料或者采取其他欺诈手段隐瞒重要事实取得市场主体登记的，由登记机关责令改正，没收违法所得，并处5万元以上20万元以下的罚款；情节严重的，处20万元以上100万元以下的罚款，吊销营业执照。

**第四十五条**　实行注册资本实缴登记制的市场主体虚报注册资本取得市场主体登记的，由登记机关责令改正，处虚报注册资本金额5%以上15%以下的罚款；情节严重的，吊销营业执照。

实行注册资本实缴登记制的市场主体的发起人、股东虚假出资，未交付或者未按期交付作为出资的货币或者非货币财产的，或者在市场主体成立后抽逃出资的，由登记机关责令改正，处虚假出资金额5%以上15%以下的罚款。

**第四十六条**　市场主体未依照本条例办理变更登记的，由登记机关责令改正；拒不改正的，处1万元以上10万元以下的罚款；情节严重的，吊销营业执照。

**第四十七条**　市场主体未依照本条例办理备案的，由登记机关责令改正；拒不改正的，处5万元以下的罚款。

**第四十八条**　市场主体未依照本条例将营业执照置于住所或者主要经营场所醒目位置的，由登记机关责令改正；拒不改正的，处3万元以下的罚款。

从事电子商务经营的市场主体未在其首页显著位置持续公示营业执照信息或者相关链接标识的，由登记机关依照《中华人民共和国电子商务法》处罚。

市场主体伪造、涂改、出租、出借、转让营业执照的，由登记机关没收违法所得，处10万元以下的罚款；情节严重的，处10万元以上50万元以下的罚款，吊销营业执照。

**第四十九条**　违反本条例规定的，登记机关确定罚款金额时，应当综合考虑市场主体的类型、规模、违法情节等因素。

**第五十条**　登记机关及其工作人员违反本条例规定未履行职责或者履行职责不当的，对直接负责的主管人员和其他直接责任人员依法给予处分。

**第五十一条**　违反本条例规定，构成犯罪的，依法追究刑事责任。

**第五十二条**　法律、行政法规对市场主体登记管理违法行为处罚另有规定的，从其规定。

## 第六章　附　　则

**第五十三条**　国务院市场监督管理部门可以依照本条例制定市场主体登记和监督管理的具

体办法。

**第五十四条** 无固定经营场所摊贩的管理办法，由省、自治区、直辖市人民政府根据当地实际情况另行规定。

**第五十五条** 本条例自2022年3月1日起施行。《中华人民共和国公司登记管理条例》、《中华人民共和国企业法人登记管理条例》、《中华人民共和国合伙企业登记管理办法》、《农民专业合作社登记管理条例》、《企业法人法定代表人登记管理规定》同时废止。

# 中华人民共和国市场主体登记管理条例实施细则

1. 2022年3月1日国家市场监督管理总局令第52号公布
2. 自公布之日起施行

## 第一章 总 则

**第一条** 根据《中华人民共和国市场主体登记管理条例》（以下简称《条例》）等有关法律法规，制定本实施细则。

**第二条** 市场主体登记管理应当遵循依法合规、规范统一、公开透明、便捷高效的原则。

**第三条** 国家市场监督管理总局主管全国市场主体统一登记管理工作，制定市场主体登记管理的制度措施，推进登记全程电子化，规范登记行为，指导地方登记机关依法有序开展登记管理工作。

县级以上地方市场监督管理部门主管本辖区市场主体登记管理工作，加强对辖区内市场主体登记管理工作的统筹指导和监督管理，提升登记管理水平。

县级市场监督管理部门的派出机构可以依法承担个体工商户等市场主体的登记管理职责。

各级登记机关依法履行登记管理职责，执行全国统一的登记管理政策文件和规范要求，使用统一的登记材料、文书格式，以及省级统一的市场主体登记管理系统，优化登记办理流程，推行网上办理等便捷方式，健全数据安全管理制度，提供规范化、标准化登记管理服务。

**第四条** 省级以上人民政府或者其授权的国有资产监督管理机构履行出资人职责的公司，以及该公司投资设立并持有50%以上股权或者股份的公司的登记管理由省级登记机关负责；股份有限公司的登记管理由地市级以上地方登记机关负责。

除前款规定的情形外，省级市场监督管理部门依法对本辖区登记管辖作出统一规定；上级登记机关在特定情形下，可以依法将部分市场主体登记管理工作交由下级登记机关承担，或者承担下级登记机关的部分登记管理工作。

外商投资企业登记管理由国家市场监督管理总局或者其授权的地方市场监督管理部门负责。

**第五条**　国家市场监督管理总局应当加强信息化建设,统一登记管理业务规范、数据标准和平台服务接口,归集全国市场主体登记管理信息。

省级市场监督管理部门主管本辖区登记管理信息化建设,建立统一的市场主体登记管理系统,归集市场主体登记管理信息,规范市场主体登记注册流程,提升政务服务水平,强化部门间信息共享和业务协同,提升市场主体登记管理便利化程度。

## 第二章　登 记 事 项

**第六条**　市场主体应当按照类型依法登记下列事项:

(一)公司:名称、类型、经营范围、住所、注册资本、法定代表人姓名、有限责任公司股东或者股份有限公司发起人姓名或者名称。

(二)非公司企业法人:名称、类型、经营范围、住所、出资额、法定代表人姓名、出资人(主管部门)名称。

(三)个人独资企业:名称、类型、经营范围、住所、出资额、投资人姓名及居所。

(四)合伙企业:名称、类型、经营范围、主要经营场所、出资额、执行事务合伙人名称或者姓名,合伙人名称或者姓名、住所、承担责任方式。执行事务合伙人是法人或者其他组织的,登记事项还应当包括其委派的代表姓名。

(五)农民专业合作社(联合社):名称、类型、经营范围、住所、出资额、法定代表人姓名。

(六)分支机构:名称、类型、经营范围、经营场所、负责人姓名。

(七)个体工商户:组成形式、经营范围、经营场所,经营者姓名、住所。个体工商户使用名称的,登记事项还应当包括名称。

(八)法律、行政法规规定的其他事项。

**第七条**　市场主体应当按照类型依法备案下列事项:

(一)公司:章程、经营期限、有限责任公司股东或者股份有限公司发起人认缴的出资数额、董事、监事、高级管理人员、登记联络员、外商投资公司法律文件送达接受人。

(二)非公司企业法人:章程、经营期限、登记联络员。

(三)个人独资企业:登记联络员。

(四)合伙企业:合伙协议、合伙期限、合伙人认缴或者实际缴付的出资数额、缴付期限和出资方式、登记联络员、外商投资合伙企业法律文件送达接受人。

(五)农民专业合作社(联合社):章程、成员、登记联络员。

(六)分支机构:登记联络员。

(七)个体工商户:家庭参加经营的家庭成员姓名、登记联络员。

(八)公司、合伙企业等市场主体受益所有人相关信息。

(九)法律、行政法规规定的其他事项。

上述备案事项由登记机关在设立登记时一并进行信息采集。

受益所有人信息管理制度由中国人民银行会同国家市场监督管理总局另行制定。

**第八条** 市场主体名称由申请人依法自主申报。

**第九条** 申请人应当依法申请登记下列市场主体类型:

(一)有限责任公司、股份有限公司;

(二)全民所有制企业、集体所有制企业、联营企业;

(三)个人独资企业;

(四)普通合伙(含特殊普通合伙)企业、有限合伙企业;

(五)农民专业合作社、农民专业合作社联合社;

(六)个人经营的个体工商户、家庭经营的个体工商户。

分支机构应当按所属市场主体类型注明分公司或者相应的分支机构。

**第十条** 申请人应当根据市场主体类型依法向其住所(主要经营场所、经营场所)所在地具有登记管辖权的登记机关办理登记。

**第十一条** 申请人申请登记市场主体法定代表人、执行事务合伙人(含委派代表),应当符合章程或者协议约定。

合伙协议未约定或者全体合伙人未决定委托执行事务合伙人的,除有限合伙人外,申请人应当将其他合伙人均登记为执行事务合伙人。

**第十二条** 申请人应当按照国家市场监督管理总局发布的经营范围规范目录,根据市场主体主要行业或者经营特征自主选择一般经营项目和许可经营项目,申请办理经营范围登记。

**第十三条** 申请人申请登记的市场主体注册资本(出资额)应当符合章程或者协议约定。

市场主体注册资本(出资额)以人民币表示。外商投资企业的注册资本(出资额)可以用可自由兑换的货币表示。

依法以境内公司股权或者债权出资的,应当权属清楚、权能完整,依法可以评估、转让,符合公司章程规定。

## 第三章 登记规范

**第十四条** 申请人可以自行或者指定代表人、委托代理人办理市场主体登记、备案事项。

**第十五条** 申请人应当在申请材料上签名或者盖章。

申请人可以通过全国统一电子营业执照系统等电子签名工具和途径进行电子签名或者电子签章。符合法律规定的可靠电子签名、电子签章与手写签名或者盖章具有同等法律效力。

**第十六条** 在办理登记、备案事项时,申请人应当配合登记机关通过实名认证系统,采用人脸识别等方式对下列人员进行实名验证：

（一）法定代表人、执行事务合伙人（含委派代表）、负责人；

（二）有限责任公司股东、股份有限公司发起人、公司董事、监事及高级管理人员；

（三）个人独资企业投资人、合伙企业合伙人、农民专业合作社（联合社）成员、个体工商户经营者；

（四）市场主体登记联络员、外商投资企业法律文件送达接受人；

（五）指定的代表人或者委托代理人。

因特殊原因，当事人无法通过实名认证系统核验身份信息的，可以提交经依法公证的自然人身份证明文件，或者由本人持身份证件到现场办理。

**第十七条**　办理市场主体登记、备案事项，申请人可以到登记机关现场提交申请，也可以通过市场主体登记注册系统提出申请。

申请人对申请材料的真实性、合法性、有效性负责。

办理市场主体登记、备案事项，应当遵守法律法规，诚实守信，不得利用市场主体登记，牟取非法利益，扰乱市场秩序，危害国家安全、社会公共利益。

**第十八条**　申请材料齐全、符合法定形式的，登记机关予以确认，并当场登记，出具登记通知书，及时制发营业执照。

不予当场登记的，登记机关应当向申请人出具接收申请材料凭证，并在 3 个工作日内对申请材料进行审查；情形复杂的，经登记机关负责人批准，可以延长 3 个工作日，并书面告知申请人。

申请材料不齐全或者不符合法定形式的，登记机关应当将申请材料退还申请人，并一次性告知申请人需要补正的材料。申请人补正后，应当重新提交申请材料。

不属于市场主体登记范畴或者不属于本登记机关登记管辖范围的事项，登记机关应当告知申请人向有关行政机关申请。

**第十九条**　市场主体登记申请不符合法律、行政法规或者国务院决定规定，或者可能危害国家安全、社会公共利益的，登记机关不予登记，并出具不予登记通知书。

利害关系人就市场主体申请材料的真实性、合法性、有效性或者其他有关实体权利提起诉讼或者仲裁，对登记机关依法登记造成影响的，申请人应当在诉讼或者仲裁终结后，向登记机关申请办理登记。

**第二十条**　市场主体法定代表人依法受到任职资格限制的，在申请办理其他变更登记时，应当依法及时申请办理法定代表人变更登记。

市场主体因通过登记的住所（主要经营场所、经营场所）无法取得联系被列入经营异常名录的，在申请办理其他变更登记时，应当依法及时申请办理住所（主要经营场所、经营场所）变更登记。

**第二十一条**　公司或者农民专业合作社（联合社）合并、分立的，可以通过国家企业信用信息公示系统公告，公告期45日，应当于公告期届满后申请办理登记。

非公司企业法人合并、分立的，应当经出资人（主管部门）批准，自批准之日起30日内申请办理登记。

市场主体设立分支机构的，应当自决定作出之日起30日内向分支机构所在地登记机关申请办理登记。

**第二十二条** 法律、行政法规或者国务院决定规定市场主体申请登记、备案事项前需要审批的，在办理登记、备案时，应当在有效期内提交有关批准文件或者许可证书。有关批准文件或者许可证书未规定有效期限，自批准之日起超过90日的，申请人应当报审批机关确认其效力或者另行报批。

市场主体设立后，前款规定批准文件或者许可证书内容有变化、被吊销、撤销或者有效期届满的，应当自批准文件、许可证书重新批准之日或者被吊销、撤销、有效期届满之日起30日内申请办理变更登记或者注销登记。

**第二十三条** 市场主体营业执照应当载明名称、法定代表人（执行事务合伙人、个人独资企业投资人、经营者或者负责人）姓名、类型（组成形式）、注册资本（出资额）、住所（主要经营场所、经营场所）、经营范围、登记机关、成立日期、统一社会信用代码。

电子营业执照与纸质营业执照具有同等法律效力，市场主体可以凭电子营业执照开展经营活动。

市场主体在办理涉及营业执照记载事项变更登记或者申请注销登记时，需要在提交申请时一并缴回纸质营业执照正、副本。对于市场主体营业执照拒不缴回或者无法缴回的，登记机关在完成变更登记或者注销登记后，通过国家企业信用信息公示系统公告营业执照作废。

**第二十四条** 外国投资者在中国境内设立外商投资企业，其主体资格文件或者自然人身份证明应当经所在国家公证机关公证并经中国驻该国使（领）馆认证。中国与有关国家缔结或者共同参加的国际条约对认证另有规定的除外。

香港特别行政区、澳门特别行政区和台湾地区投资者的主体资格文件或者自然人身份证明应当按照专项规定或者协议，依法提供当地公证机构的公证文件。按照国家有关规定，无需提供公证文件的除外。

## 第四章 设立登记

**第二十五条** 申请办理设立登记，应当提交下列材料：

（一）申请书；

（二）申请人主体资格文件或者自然人身份证明；

（三）住所（主要经营场所、经营场所）相关文件；

（四）公司、非公司企业法人、农民专业合作社（联合社）章程或者合伙企业合伙协议。

**第二十六条** 申请办理公司设立登记，还应当提交法定代表人、董事、监事和高级管理人员的任职文件和自然人身份证明。

除前款规定的材料外，募集设立股份有限公司还应当提交依法设立的验资机构出具的验资证明；公开发行股票的，还应当提交国务院证券监督管理机构的核准或者注册文件。涉及发起人首次出资属于非货币财产的，还应当提交已办理财产权转移手续的证明文件。

**第二十七条** 申请设立非公司企业法人，还应当提交法定代表人的任职文件和自然人身份证明。

**第二十八条** 申请设立合伙企业，还应当提交下列材料：

（一）法律、行政法规规定设立特殊的普通合伙企业需要提交合伙人的职业资格文件的，提交相应材料；

（二）全体合伙人决定委托执行事务合伙人的，应当提交全体合伙人的委托书和执行事务合伙人的主体资格文件或者自然人身份证明。执行事务合伙人是法人或者其他组织的，还应当提交其委派代表的委托书和自然人身份证明。

**第二十九条** 申请设立农民专业合作社（联合社），还应当提交下列材料：

（一）全体设立人签名或者盖章的设立大会纪要；

（二）法定代表人、理事的任职文件和自然人身份证明；

（三）成员名册和出资清单，以及成员主体资格文件或者自然人身份证明。

**第三十条** 申请办理分支机构设立登记，还应当提交负责人的任职文件和自然人身份证明。

## 第五章 变更登记

**第三十一条** 市场主体变更登记事项，应当自作出变更决议、决定或者法定变更事项发生之日起30日内申请办理变更登记。

市场主体登记事项变更涉及分支机构登记事项变更的，应当自市场主体登记事项变更登记之日起30日内申请办理分支机构变更登记。

**第三十二条** 申请办理变更登记，应当提交申请书，并根据市场主体类型及具体变更事项分别提交下列材料：

（一）公司变更事项涉及章程修改的，应当提交修改后的章程或者章程修正案；需要对修改章程作出决议决定的，还应当提交相关决议决定；

（二）合伙企业应当提交全体合伙人或者合伙协议约定的人员签署的变更决定书；变更事项涉及修改合伙协议的，应当提交由全体合伙人签署或者合伙协议约定的人员签署修改或者补充的合伙协议；

（三）农民专业合作社（联合社）应当提交成员大会或者成员代表大会作出的变更决议；变更事项涉及章程修改的应当提交修改后的章程或者章程修正案。

**第三十三条** 市场主体更换法定代表人、执行事务合伙人(含委派代表)、负责人的变更登记申请由新任法定代表人、执行事务合伙人(含委派代表)、负责人签署。

**第三十四条** 市场主体变更名称,可以自主申报名称并在保留期届满前申请变更登记,也可以直接申请变更登记。

**第三十五条** 市场主体变更住所(主要经营场所、经营场所),应当在迁入新住所(主要经营场所、经营场所)前向迁入地登记机关申请变更登记,并提交新的住所(主要经营场所、经营场所)使用相关文件。

**第三十六条** 市场主体变更注册资本或者出资额的,应当办理变更登记。

公司增加注册资本,有限责任公司股东认缴新增资本的出资和股份有限公司的股东认购新股的,应当按照设立时缴纳出资和缴纳股款的规定执行。股份有限公司以公开发行新股方式或者上市公司以非公开发行新股方式增加注册资本,还应当提交国务院证券监督管理机构的核准或者注册文件。

公司减少注册资本,可以通过国家企业信用信息公示系统公告,公告期45日,应当于公告期届满后申请变更登记。法律、行政法规或者国务院决定对公司注册资本有最低限额规定的,减少后的注册资本应当不少于最低限额。

外商投资企业注册资本(出资额)币种发生变更,应当向登记机关申请变更登记。

**第三十七条** 公司变更类型,应当按照拟变更公司类型的设立条件,在规定的期限内申请变更登记,并提交有关材料。

非公司企业法人申请改制为公司,应当按照拟变更的公司类型设立条件,在规定期限内申请变更登记,并提交有关材料。

个体工商户申请转变为企业组织形式,应当按照拟变更的企业类型设立条件申请登记。

**第三十八条** 个体工商户变更经营者,应当在办理注销登记后,由新的经营者重新申请办理登记。双方经营者同时申请办理的,登记机关可以合并办理。

**第三十九条** 市场主体变更备案事项的,应当按照《条例》第二十九条规定办理备案。

农民专业合作社因成员发生变更,农民成员低于法定比例的,应当自事由发生之日起6个月内采取吸收新的农民成员入社等方式使农民成员达到法定比例。农民专业合作社联合社成员退社,成员数低于联合社设立法定条件的,应当自事由发生之日起6个月内采取吸收新的成员入社等方式使农民专业合作社联合社成员达到法定条件。

## 第六章 歇　业

**第四十条** 因自然灾害、事故灾难、公共卫生事件、社会安全事件等原因造成经营困难的,市场主体可以自主决定在一定时期内歇业。法律、行政法规另有规定的除外。

**第四十一条** 市场主体决定歇业,应当在歇业前向登记机关办理备案。登记机关通过国家企业信用信息公示系统向社会公示歇业期限、法律文书送达地址等信息。

以法律文书送达地址代替住所(主要经营场所、经营场所)的,应当提交法律文书送达地址确认书。

市场主体延长歇业期限,应当于期限届满前30日内按规定办理。

**第四十二条** 市场主体办理歇业备案后,自主决定开展或者已实际开展经营活动的,应当于30日内在国家企业信用信息公示系统上公示终止歇业。

市场主体恢复营业时,登记、备案事项发生变化的,应当及时办理变更登记或者备案。以法律文书送达地址代替住所(主要经营场所、经营场所)的,应当及时办理住所(主要经营场所、经营场所)变更登记。

市场主体备案的歇业期限届满,或者累计歇业满3年,视为自动恢复经营,决定不再经营的,应当及时办理注销登记。

**第四十三条** 歇业期间,市场主体以法律文书送达地址代替原登记的住所(主要经营场所、经营场所)的,不改变歇业市场主体的登记管辖。

## 第七章 注 销 登 记

**第四十四条** 市场主体因解散、被宣告破产或者其他法定事由需要终止的,应当依法向登记机关申请注销登记。依法需要清算的,应当自清算结束之日起30日内申请注销登记。依法不需要清算的,应当自决定作出之日起30日内申请注销登记。市场主体申请注销后,不得从事与注销无关的生产经营活动。自登记机关予以注销登记之日起,市场主体终止。

**第四十五条** 市场主体注销登记前依法应当清算的,清算组应当自成立之日起10日内将清算组成员、清算组负责人名单通过国家企业信用信息公示系统公告。清算组可以通过国家企业信用信息公示系统发布债权人公告。

**第四十六条** 申请办理注销登记,应当提交下列材料:

(一)申请书;

(二)依法作出解散、注销的决议或者决定,或者被行政机关吊销营业执照、责令关闭、撤销的文件;

(三)清算报告、负责清理债权债务的文件或者清理债务完结的证明;

(四)税务部门出具的清税证明。

除前款规定外,人民法院指定清算人、破产管理人进行清算的,应当提交人民法院指定证明;合伙企业分支机构申请注销登记,还应当提交全体合伙人签署的注销分支机构决定书。

个体工商户申请注销登记的,无需提交第二项、第三项材料;因合并、分立而申请市场主体注销登记的,无需提交第三项材料。

**第四十七条** 申请办理简易注销登记,应当提交申请书和全体投资人承诺书。

**第四十八条** 有下列情形之一的,市场主体不得申请办理简易注销登记:

(一)在经营异常名录或者市场监督管理严重违法失信名单中的;

(二)存在股权(财产份额)被冻结、出质或者动产抵押,或者对其他市场主体存在投资的;

(三)正在被立案调查或者采取行政强制措施,正在诉讼或者仲裁程序中的;

(四)被吊销营业执照、责令关闭、撤销的;

(五)受到罚款等行政处罚尚未执行完毕的;

(六)不符合《条例》第三十三条规定的其他情形。

**第四十九条** 申请办理简易注销登记,市场主体应当将承诺书及注销登记申请通过国家企业信用信息公示系统公示,公示期为20日。

在公示期内无相关部门、债权人及其他利害关系人提出异议的,市场主体可以于公示期届满之日起20日内向登记机关申请注销登记。

## 第八章 撤销登记

**第五十条** 对涉嫌提交虚假材料或者采取其他欺诈手段隐瞒重要事实取得市场主体登记的行为,登记机关可以根据当事人申请或者依职权主动进行调查。

**第五十一条** 受虚假登记影响的自然人、法人和其他组织,可以向登记机关提出撤销市场主体登记申请。涉嫌冒用自然人身份的虚假登记,被冒用人应当配合登记机关通过线上或者线下途径核验身份信息。

涉嫌虚假登记市场主体的登记机关发生变更的,由现登记机关负责处理撤销登记,原登记机关应当协助进行调查。

**第五十二条** 登记机关收到申请后,应当在3个工作日内作出是否受理的决定,并书面通知申请人。

有下列情形之一的,登记机关可以不予受理:

(一)涉嫌冒用自然人身份的虚假登记,被冒用人未能通过身份信息核验的;

(二)涉嫌虚假登记的市场主体已注销的,申请撤销注销登记的除外;

(三)其他依法不予受理的情形。

**第五十三条** 登记机关受理申请后,应当于3个月内完成调查,并及时作出撤销或者不予撤销市场主体登记的决定。情形复杂的,经登记机关负责人批准,可以延长3个月。

在调查期间,相关市场主体和人员无法联系或者拒不配合的,登记机关可以将涉嫌虚假登记市场主体的登记时间、登记事项,以及登记机关联系方式等信息通过国家企业信用信息公示系统向社会公示,公示期45日。相关市场主体及其利害关系人在公示期内没有提出异议的,登记机关可以撤销市场主体登记。

**第五十四条** 有下列情形之一的,经当事人或者其他利害关系人申请,登记机关可以中止调查：

（一）有证据证明与涉嫌虚假登记相关的民事权利存在争议的；

（二）涉嫌虚假登记的市场主体正在诉讼或者仲裁程序中的；

（三）登记机关收到有关部门出具的书面意见，证明涉嫌虚假登记的市场主体或者其法定代表人、负责人存在违法案件尚未结案，或者尚未履行相关法定义务的。

**第五十五条**　有下列情形之一的，登记机关可以不予撤销市场主体登记：

（一）撤销市场主体登记可能对社会公共利益造成重大损害；

（二）撤销市场主体登记后无法恢复到登记前的状态；

（三）法律、行政法规规定的其他情形。

**第五十六条**　登记机关作出撤销登记决定后，应当通过国家企业信用信息公示系统向社会公示。

**第五十七条**　同一登记包含多个登记事项，其中部分登记事项被认定为虚假，撤销虚假的登记事项不影响市场主体存续的，登记机关可以仅撤销虚假的登记事项。

**第五十八条**　撤销市场主体备案事项的，参照本章规定执行。

## 第九章　档 案 管 理

**第五十九条**　登记机关应当负责建立市场主体登记管理档案，对在登记、备案过程中形成的具有保存价值的文件依法分类，有序收集管理，推动档案电子化、影像化，提供市场主体登记管理档案查询服务。

**第六十条**　申请查询市场主体登记管理档案，应当按照下列要求提交材料：

（一）公安机关、国家安全机关、检察机关、审判机关、纪检监察机关、审计机关等国家机关进行查询，应当出具本部门公函及查询人员的有效证件；

（二）市场主体查询自身登记管理档案，应当出具授权委托书及查询人员的有效证件；

（三）律师查询与承办法律事务有关市场主体登记管理档案，应当出具执业证书、律师事务所证明以及相关承诺书。

除前款规定情形外，省级以上市场监督管理部门可以结合工作实际，依法对档案查询范围以及提交材料作出规定。

**第六十一条**　登记管理档案查询内容涉及国家秘密、商业秘密、个人信息的，应当按照有关法律法规规定办理。

**第六十二条**　市场主体发生住所（主要经营场所、经营场所）迁移的，登记机关应当于3个月内将所有登记管理档案移交迁入地登记机关管理。档案迁出、迁入应当记录备案。

## 第十章　监 督 管 理

**第六十三条**　市场主体应当于每年1月1日至6月30日，通过国家企业信用信息公示系统报送上一年度年度报告,并向社会公示。

个体工商户可以通过纸质方式报送年度报告,并自主选择年度报告内容是否向社会公示。

歇业的市场主体应当按时公示年度报告。

**第六十四条** 市场主体应当将营业执照(含电子营业执照)置于住所(主要经营场所、经营场所)的醒目位置。

从事电子商务经营的市场主体应当在其首页显著位置持续公示营业执照信息或者其链接标识。

营业执照记载的信息发生变更时,市场主体应当于15日内完成对应信息的更新公示。市场主体被吊销营业执照的,登记机关应当将吊销情况标注于电子营业执照中。

**第六十五条** 登记机关应当对登记注册、行政许可、日常监管、行政执法中的相关信息进行归集,根据市场主体的信用风险状况实施分级分类监管,并强化信用风险分类结果的综合应用。

**第六十六条** 登记机关应当随机抽取检查对象、随机选派执法检查人员,对市场主体的登记备案事项、公示信息情况等进行抽查,并将抽查检查结果通过国家企业信用信息公示系统向社会公示。必要时可以委托会计师事务所、税务师事务所、律师事务所等专业机构开展审计、验资、咨询等相关工作,依法使用其他政府部门作出的检查、核查结果或者专业机构作出的专业结论。

**第六十七条** 市场主体被撤销设立登记、吊销营业执照、责令关闭,6个月内未办理清算组公告或者未申请注销登记的,登记机关可以在国家企业信用信息公示系统上对其作出特别标注并予以公示。

## 第十一章 法律责任

**第六十八条** 未经设立登记从事一般经营活动的,由登记机关责令改正,没收违法所得;拒不改正的,处1万元以上10万元以下的罚款;情节严重的,依法责令关闭停业,并处10万元以上50万元以下的罚款。

**第六十九条** 未经设立登记从事许可经营活动或者未依法取得许可从事经营活动的,由法律、法规或者国务院决定规定的部门予以查处;法律、法规或者国务院决定没有规定或者规定不明确的,由省、自治区、直辖市人民政府确定的部门予以查处。

**第七十条** 市场主体未按照法律、行政法规规定的期限公示或者报送年度报告的,由登记机关列入经营异常名录,可以处1万元以下的罚款。

**第七十一条** 提交虚假材料或者采取其他欺诈手段隐瞒重要事实取得市场主体登记的,由登记机关依法责令改正,没收违法所得,并处5万元以上20万元以下的罚款;情节严重的,处20万元以上100万元以下的罚款,吊销营业执照。

明知或者应当知道申请人提交虚假材料或者采取其他欺诈手段隐瞒重要事实进行市场主体登记,仍接受委托代为办理,或者协助其进行虚假登记的,由登记机关没收违法所得,处10万元以下的罚款。

虚假市场主体登记的直接责任人自市场主体登记被撤销之日起3年内不得再次申请市场主体登记。登记机关应当通过国家企业信用信息公示系统予以公示。

**第七十二条**　市场主体未按规定办理变更登记的，由登记机关责令改正；拒不改正的，处1万元以上10万元以下的罚款；情节严重的，吊销营业执照。

**第七十三条**　市场主体未按规定办理备案的，由登记机关责令改正；拒不改正的，处5万元以下的罚款。

依法应当办理受益所有人信息备案的市场主体，未办理备案的，按照前款规定处理。

**第七十四条**　市场主体未按照本实施细则第四十二条规定公示终止歇业的，由登记机关责令改正；拒不改正的，处3万元以下的罚款。

**第七十五条**　市场主体未按规定将营业执照置于住所（主要经营场所、经营场所）醒目位置的，由登记机关责令改正；拒不改正的，处3万元以下的罚款。

电子商务经营者未在首页显著位置持续公示营业执照信息或者相关链接标识的，由登记机关依照《中华人民共和国电子商务法》处罚。

市场主体伪造、涂改、出租、出借、转让营业执照的，由登记机关没收违法所得，处10万元以下的罚款；情节严重的，处10万元以上50万元以下的罚款，吊销营业执照。

**第七十六条**　利用市场主体登记，牟取非法利益，扰乱市场秩序，危害国家安全、社会公共利益的，法律、行政法规有规定的，依照其规定；法律、行政法规没有规定的，由登记机关处10万元以下的罚款。

**第七十七条**　违反本实施细则规定，登记机关确定罚款幅度时，应当综合考虑市场主体的类型、规模、违法情节等因素。

情节轻微并及时改正，没有造成危害后果的，依法不予行政处罚。初次违法且危害后果轻微并及时改正的，可以不予行政处罚。当事人有证据足以证明没有主观过错的，不予行政处罚。

## 第十二章　附　　则

**第七十八条**　本实施细则所指申请人，包括设立登记时的申请人、依法设立后的市场主体。

**第七十九条**　人民法院办理案件需要登记机关协助执行的，登记机关应当按照人民法院的生效法律文书和协助执行通知书，在法定职责范围内办理协助执行事项。

**第八十条**　国家市场监督管理总局根据法律、行政法规、国务院决定及本实施细则，制定登记注册前置审批目录、登记材料和文书格式。

**第八十一条**　法律、行政法规或者国务院决定对登记管理另有规定的，从其规定。

**第八十二条**　本实施细则自公布之日起施行。1988年11月3日原国家工商行政管理局令第1号公布的《中华人民共和国企业法人登记管理条例施行细则》，2000年1月13日原国家工商行政管理局令第94号公布的《个人独资企业登记管理办法》,2011年9月30日原国家工商行政管理总局令第56号公布的《个体工商户登记管理办法》,2014年2月20日原国家工商行政管理总局令第64号公布的《公司注册资本登记管理规定》,2015年8月27日原国家工商行政管理总局令第76号公布的《企业经营范围登记管理规定》同时废止。

# 企业名称登记管理规定

1. 1991年5月6日国家工商行政管理局令第7号发布
2. 根据2012年11月9日《国务院关于修改和废止部分行政法规的决定》第一次修订
3. 2020年12月28日中华人民共和国国务院令第734号修订公布

**第一条** 为了规范企业名称登记管理,保护企业的合法权益,维护社会经济秩序,优化营商环境,制定本规定。

**第二条** 县级以上人民政府市场监督管理部门(以下统称企业登记机关)负责中国境内设立企业的企业名称登记管理。

国务院市场监督管理部门主管全国企业名称登记管理工作,负责制定企业名称登记管理的具体规范。

省、自治区、直辖市人民政府市场监督管理部门负责建立本行政区域统一的企业名称申报系统和企业名称数据库,并向社会开放。

**第三条** 企业登记机关应当不断提升企业名称登记管理规范化、便利化水平,为企业和群众提供高效、便捷的服务。

**第四条** 企业只能登记一个企业名称,企业名称受法律保护。

**第五条** 企业名称应当使用规范汉字。民族自治地方的企业名称可以同时使用本民族自治地方通用的民族文字。

**第六条** 企业名称由行政区划名称、字号、行业或者经营特点、组织形式组成。跨省、自治区、直辖市经营的企业,其名称可以不含行政区划名称;跨行业综合经营的企业,其名称可以不含行业或者经营特点。

**第七条** 企业名称中的行政区划名称应当是企业所在地的县级以上地方行政区划名称。市辖区名称在企业名称中使用时应当同时冠以其所属的设区的市的行政区划名称。开发区、垦区等区域名称在企业名称中使用时应当与行政区划名称连用,不得单独使用。

**第八条** 企业名称中的字号应当由两个以上汉字组成。

县级以上地方行政区划名称、行业或者经营特点不得作为字号,另有含义的除外。

**第九条** 企业名称中的行业或者经营特点应当根据企业的主营业务和国民经济行业分类标准标明。国民经济行业分类标准中没有规定的,可以参照行业习惯或者专业文献等表述。

**第十条** 企业应当根据其组织结构或者责任形式,依法在企业名称中标明组织形式。

**第十一条** 企业名称不得有下列情形:

(一)损害国家尊严或者利益;

(二)损害社会公共利益或者妨碍社会公共秩序;

(三)使用或者变相使用政党、党政军机关、群团组织名称及其简称、特定称谓和部队番号;

(四)使用外国国家(地区)、国际组织名称及其通用简称、特定称谓;

(五)含有淫秽、色情、赌博、迷信、恐怖、暴力的内容;

(六)含有民族、种族、宗教、性别歧视的内容;

(七)违背公序良俗或者可能有其他不良影响;

(八)可能使公众受骗或者产生误解;

(九)法律、行政法规以及国家规定禁止的其他情形。

**第十二条** 企业名称冠以"中国"、"中华"、"中央"、"全国"、"国家"等字词,应当按照有关规定从严审核,并报国务院批准。国务院市场监督管理部门负责制定具体管理办法。

企业名称中间含有"中国"、"中华"、"全国"、"国家"等字词的,该字词应当是行业限定语。

使用外国投资者字号的外商独资或者控股的外商投资企业,企业名称中可以含有"(中国)"字样。

**第十三条** 企业分支机构名称应当冠以其所从属企业的名称,并缀以"分公司"、"分厂"、"分店"等字词。境外企业分支机构还应当在名称中标明该企业的国籍及责任形式。

**第十四条** 企业集团名称应当与控股企业名称的行政区划名称、字号、行业或者经营特点一致。控股企业可以在其名称的组织形式之前使用"集团"或者"(集团)"字样。

**第十五条** 有投资关系或者经过授权的企业,其名称中可以含有另一个企业的名称或者其他法人、非法人组织的名称。

**第十六条** 企业名称由申请人自主申报。

申请人可以通过企业名称申报系统或者在企业登记机关服务窗口提交有关信息和材料,对拟定的企业名称进行查询、比对和筛选,选取符合本规定要求的企业名称。

申请人提交的信息和材料应当真实、准确、完整,并承诺因其企业名称与他人企业名称近似侵犯他人合法权益的,依法承担法律责任。

**第十七条** 在同一企业登记机关,申请人拟定的企业名称中的字号不得与下列同行业或者不使用行业、经营特点表述的企业名称中的字号相同:

(一)已经登记或者在保留期内的企业名称,有投资关系的除外;

（二）已经注销或者变更登记未满1年的原企业名称，有投资关系或者受让企业名称的除外；

（三）被撤销设立登记或者被撤销变更登记未满1年的原企业名称，有投资关系的除外。

**第十八条** 企业登记机关对通过企业名称申报系统提交完成的企业名称予以保留，保留期为2个月。设立企业依法应当报经批准或者企业经营范围中有在登记前须经批准的项目的，保留期为1年。

申请人应当在保留期届满前办理企业登记。

**第十九条** 企业名称转让或者授权他人使用的，相关企业应当依法通过国家企业信用信息公示系统向社会公示。

**第二十条** 企业登记机关在办理企业登记时，发现企业名称不符合本规定的，不予登记并书面说明理由。

企业登记机关发现已经登记的企业名称不符合本规定的，应当及时纠正。其他单位或者个人认为已经登记的企业名称不符合本规定的，可以请求企业登记机关予以纠正。

**第二十一条** 企业认为其他企业名称侵犯本企业名称合法权益的，可以向人民法院起诉或者请求为涉嫌侵权企业办理登记的企业登记机关处理。

企业登记机关受理申请后，可以进行调解；调解不成的，企业登记机关应当自受理之日起3个月内作出行政裁决。

**第二十二条** 利用企业名称实施不正当竞争等行为的，依照有关法律、行政法规的规定处理。

**第二十三条** 使用企业名称应当遵守法律法规，诚实守信，不得损害他人合法权益。

人民法院或者企业登记机关依法认定企业名称应当停止使用的，企业应当自收到人民法院生效的法律文书或者企业登记机关的处理决定之日起30日内办理企业名称变更登记。名称变更前，由企业登记机关以统一社会信用代码代替其名称。企业逾期未办理变更登记的，企业登记机关将其列入经营异常名录；完成变更登记后，企业登记机关将其移出经营异常名录。

**第二十四条** 申请人登记或者使用企业名称违反本规定的，依照企业登记相关法律、行政法规的规定予以处罚。

企业登记机关对不符合本规定的企业名称予以登记，或者对符合本规定的企业名称不予登记的，对直接负责的主管人员和其他直接责任人员，依法给予行政处分。

**第二十五条** 农民专业合作社和个体工商户的名称登记管理，参照本规定执行。

**第二十六条** 本规定自2021年3月1日起施行。

# 企业名称登记管理规定实施办法

1．2023年8月29日国家市场监督管理总局令第82号公布

2．自2023年10月1日起施行

## 第一章 总 则

**第一条** 为了规范企业名称登记管理，保护企业的合法权益，维护社会经济秩序，优化营商环境，根据《企业名称登记管理规定》《中华人民共和国市场主体登记管理条例》等有关法律、行政法规，制定本办法。

**第二条** 本办法适用于在中国境内依法需要办理登记的企业，包括公司、非公司企业法人、合伙企业、个人独资企业和上述企业分支机构，以及外国公司分支机构等。

**第三条** 企业名称登记管理应当遵循依法合规、规范统一、公开透明、便捷高效的原则。

企业名称的申报和使用应当坚持诚实信用，尊重在先合法权利，避免混淆。

**第四条** 国家市场监督管理总局主管全国企业名称登记管理工作，负责制定企业名称禁限用规则、相同相近比对规则等企业名称登记管理的具体规范；负责建立、管理和维护全国企业名称规范管理系统和国家市场监督管理总局企业名称申报系统。

**第五条** 各省、自治区、直辖市人民政府市场监督管理部门（以下统称省级企业登记机关）负责建立、管理和维护本行政区域内的企业名称申报系统，并与全国企业名称规范管理系统、国家市场监督管理总局企业名称申报系统对接。

县级以上地方企业登记机关负责本行政区域内的企业名称登记管理工作，处理企业名称争议，规范企业名称登记管理秩序。

**第六条** 国家市场监督管理总局可以根据工作需要，授权省级企业登记机关从事不含行政区划名称的企业名称登记管理工作，提供高质量的企业名称申报服务。

国家市场监督管理总局建立抽查制度，加强对前款工作的监督检查。

## 第二章 企业名称规范

**第七条** 企业名称应当使用规范汉字。

企业需将企业名称译成外文使用的，应当依据相关外文翻译原则进行翻译使用，不得违反法律法规规定。

**第八条** 企业名称一般应当由行政区划名称、字号、行业或者经营特点、组织形式组成，并依

次排列。法律、行政法规和本办法另有规定的除外。

**第九条** 企业名称中的行政区划名称应当是企业所在地的县级以上地方行政区划名称。

根据商业惯例等实际需要,企业名称中的行政区划名称置于字号之后、组织形式之前的,应当加注括号。

**第十条** 企业名称中的字号应当具有显著性,由两个以上汉字组成,可以是字、词或者其组合。

县级以上地方行政区划名称、行业或者经营特点用语等具有其他含义,且社会公众可以明确识别,不会认为与地名、行业或者经营特点有特定联系的,可以作为字号或者字号的组成部分。

自然人投资人的姓名可以作为字号。

**第十一条** 企业名称中的行业或者经营特点用语应当根据企业的主营业务和国民经济行业分类标准确定。国民经济行业分类标准中没有规定的,可以参照行业习惯或者专业文献等表述。

企业为表明主营业务的具体特性,将县级以上地方行政区划名称作为企业名称中的行业或者经营特点的组成部分的,应当参照行业习惯或者有专业文献依据。

**第十二条** 企业应当依法在名称中标明与组织结构或者责任形式一致的组织形式用语,不得使用可能使公众误以为是其他组织形式的字样。

(一)公司应当在名称中标明"有限责任公司"、"有限公司"或者"股份有限公司"、"股份公司"字样;

(二)合伙企业应当在名称中标明"(普通合伙)"、"(特殊普通合伙)"、"(有限合伙)"字样;

(三)个人独资企业应当在名称中标明"(个人独资)"字样。

**第十三条** 企业分支机构名称应当冠以其所从属企业的名称,缀以"分公司"、"分厂"、"分店"等字词,并在名称中标明该分支机构的行业和所在地行政区划名称或者地名等,其行业或者所在地行政区划名称与所从属企业一致的,可以不再标明。

**第十四条** 企业名称冠以"中国"、"中华"、"中央"、"全国"、"国家"等字词的,国家市场监督管理总局应当按照法律法规相关规定从严审核,提出审核意见并报国务院批准。

企业名称中间含有"中国"、"中华"、"全国"、"国家"等字词的,该字词应当是行业限定语。

**第十五条** 外商投资企业名称中含有"(中国)"字样的,其字号应当与企业的外国投资者名称或者字号翻译内容保持一致,并符合法律法规规定。

**第十六条** 企业名称应当符合《企业名称登记管理规定》第十一条规定,不得存在下列情形:

(一)使用与国家重大战略政策相关的文字,使公众误认为与国家出资、政府信用等有关联关系;

(二)使用"国家级"、"最高级"、"最佳"等带有误导性的文字;

(三)使用与同行业在先有一定影响的他人名称(包括简称、字号等)相同或者近似的文字;

(四)使用明示或者暗示为非营利性组织的文字;

（五）法律、行政法规和本办法禁止的其他情形。

**第十七条**　已经登记的企业法人控股 3 家以上企业法人的，可以在企业名称的组织形式之前使用“集团”或者“（集团）”字样。

企业集团名称应当在企业集团母公司办理变更登记时一并提出。

**第十八条**　企业集团名称应当与企业集团母公司名称的行政区划名称、字号、行业或者经营特点保持一致。

经企业集团母公司授权的子公司、参股公司，其名称可以冠以企业集团名称。

企业集团母公司应当将企业集团名称以及集团成员信息通过国家企业信用信息公示系统向社会公示。

**第十九条**　已经登记的企业法人，在 3 个以上省级行政区域内投资设立字号与本企业字号相同且经营 1 年以上的公司，或者符合法律、行政法规、国家市场监督管理总局规定的其他情形，其名称可以不含行政区划名称。

除有投资关系外，前款企业名称应当同时与企业所在地设区的市级行政区域内已经登记的或者在保留期内的同行业企业名称字号不相同。

**第二十条**　已经登记的跨 5 个以上国民经济行业门类综合经营的企业法人，投资设立 3 个以上与本企业字号相同且经营 1 年以上的公司，同时各公司的行业或者经营特点分别属于国民经济行业不同门类，其名称可以不含行业或者经营特点。除有投资关系外，该企业名称应当同时与企业所在地同一行政区域内已经登记的或者在保留期内的企业名称字号不相同。

前款企业名称不含行政区划名称的，除有投资关系外，还应当同时与企业所在地省级行政区域内已经登记的或者在保留期内的企业名称字号不相同。

## 第三章　企业名称自主申报服务

**第二十一条**　企业名称由申请人自主申报。

申请人可以通过企业名称申报系统或者在企业登记机关服务窗口提交有关信息和材料，包括全体投资人确认的企业名称、住所、投资人名称或者姓名等。申请人应当对提交材料的真实性、合法性和有效性负责。

企业名称申报系统对申请人提交的企业名称进行自动比对，依据企业名称禁限用规则、相同相近比对规则等作出禁限用说明或者风险提示。企业名称不含行政区划名称以及属于《企业名称登记管理规定》第十二条规定情形的，申请人应当同时在国家市场监督管理总局企业名称申报系统和企业名称数据库中进行查询、比对和筛选。

**第二十二条**　申请人根据查询、比对和筛选的结果，选取符合要求的企业名称，并承诺因其企业名称与他人企业名称近似侵犯他人合法权益的，依法承担法律责任。

**第二十三条**　申报企业名称，不得有下列行为：

(一)不以自行使用为目的,恶意囤积企业名称,占用名称资源等,损害社会公共利益或者妨碍社会公共秩序;

(二)提交虚假材料或者采取其他欺诈手段进行企业名称自主申报;

(三)故意申报与他人在先具有一定影响的名称(包括简称、字号等)近似的企业名称;

(四)故意申报法律、行政法规和本办法禁止的企业名称。

**第二十四条** 《企业名称登记管理规定》第十七条所称申请人拟定的企业名称中的字号与同行业或者不使用行业、经营特点表述的企业名称中的字号相同的情形包括:

(一)企业名称中的字号相同,行政区划名称、字号、行业或者经营特点、组织形式的排列顺序不同但文字相同;

(二)企业名称中的字号相同,行政区划名称或者组织形式不同,但行业或者经营特点相同;

(三)企业名称中的字号相同,行业或者经营特点表述不同但实质内容相同。

**第二十五条** 企业登记机关对通过企业名称申报系统提交完成的企业名称予以保留,保留期为 2 个月。设立企业依法应当报经批准或者企业经营范围中有在登记前须经批准的项目的,保留期为 1 年。

企业登记机关可以依申请向申请人出具名称保留告知书。

申请人应当在保留期届满前办理企业登记。保留期内的企业名称不得用于经营活动。

**第二十六条** 企业登记机关在办理企业登记时,发现保留期内的名称不符合企业名称登记管理相关规定的,不予登记并书面说明理由。

## 第四章 企业名称使用和监督管理

**第二十七条** 使用企业名称应当遵守法律法规规定,不得以模仿、混淆等方式侵犯他人在先合法权益。

**第二十八条** 企业的印章、银行账户等所使用的企业名称,应当与其营业执照上的企业名称相同。

法律文书使用企业名称,应当与该企业营业执照上的企业名称相同。

**第二十九条** 企业名称可以依法转让。企业名称的转让方与受让方应当签订书面合同,依法向企业登记机关办理企业名称变更登记,并由企业登记机关通过国家企业信用信息公示系统向社会公示企业名称转让信息。

**第三十条** 企业授权使用企业名称的,不得损害他人合法权益。

企业名称的授权方与使用方应当分别将企业名称授权使用信息通过国家企业信用信息公示系统向社会公示。

**第三十一条** 企业登记机关发现已经登记的企业名称不符合企业名称登记管理相关规定的,应当依法及时纠正,责令企业变更名称。对不立即变更可能严重损害社会公共利益或者产生不良社会影响的企业名称，经企业登记机关主要负责人批准，可以用统一社会信用代码代替。

上级企业登记机关可以纠正下级企业登记机关已经登记的不符合企业名称登记管理相关规定的企业名称。

其他单位或者个人认为已经登记的企业名称不符合企业名称登记管理相关规定的，可以请求企业登记机关予以纠正。

**第三十二条**　企业应当自收到企业登记机关的纠正决定之日起 30 日内办理企业名称变更登记。企业名称变更前，由企业登记机关在国家企业信用信息公示系统和电子营业执照中以统一社会信用代码代替其企业名称。

企业逾期未办理变更登记的，企业登记机关将其列入经营异常名录；完成变更登记后，企业可以依法向企业登记机关申请将其移出经营异常名录。

**第三十三条**　省级企业登记机关在企业名称登记管理工作中发现下列情形，应当及时向国家市场监督管理总局报告，国家市场监督管理总局根据具体情况进行处理：

（一）发现将损害国家利益、社会公共利益，妨害社会公共秩序，或者有其他不良影响的文字作为名称字号申报，需要将相关字词纳入企业名称禁限用管理的；

（二）发现在全国范围内有一定影响的企业名称（包括简称、字号等）被他人擅自使用，误导公众，需要将该企业名称纳入企业名称禁限用管理的；

（三）发现将其他属于《企业名称登记管理规定》第十一条规定禁止情形的文字作为名称字号申报，需要将相关字词纳入企业名称禁限用管理的；

（四）需要在全国范围内统一争议裁决标准的企业名称争议；

（五）在全国范围内产生重大影响的企业名称登记管理工作；

（六）其他应当报告的情形。

## 第五章　企业名称争议裁决

**第三十四条**　企业认为其他企业名称侵犯本企业名称合法权益的，可以向人民法院起诉或者请求为涉嫌侵权企业办理登记的企业登记机关处理。

**第三十五条**　企业登记机关负责企业名称争议裁决工作，应当根据工作需要依法配备符合条件的裁决人员，为企业名称争议裁决提供保障。

**第三十六条**　提出企业名称争议申请，应当有具体的请求、事实、理由、法律依据和证据，并提交以下材料：

（一）企业名称争议裁决申请书；

（二）被申请人企业名称侵犯申请人企业名称合法权益的证据材料；

（三）申请人主体资格文件，委托代理的，还应当提交委托书和被委托人主体资格文件或者自然人身份证件；

(四)其他与企业名称争议有关的材料。

**第三十七条** 企业登记机关应当自收到申请之日起5个工作日内对申请材料进行审查,作出是否受理的决定,并书面通知申请人;对申请材料不符合要求的,应当一次性告知申请人需要补正的全部内容。申请人应当自收到补正通知之日起5个工作日内补正。

**第三十八条** 有下列情形之一的,企业登记机关依法不予受理并说明理由:

(一)争议不属于本机关管辖;

(二)无明确的争议事实、理由、法律依据和证据;

(三)申请人未在规定时限内补正,或者申请材料经补正后仍不符合要求;

(四)人民法院已经受理申请人的企业名称争议诉讼请求或者作出裁判;

(五)申请人经调解达成协议后,再以相同的理由提出企业名称争议申请;

(六)企业登记机关已经作出不予受理申请决定或者已经作出行政裁决后,同一申请人以相同的事实、理由、法律依据针对同一个企业名称再次提出争议申请;

(七)企业名称争议一方或者双方已经注销;

(八)依法不予受理的其他情形。

**第三十九条** 企业登记机关应当自决定受理之日起5个工作日内将申请书和相关证据材料副本随同答辩告知书发送被申请人。

被申请人应当自收到上述材料之日起10个工作日内提交答辩书和相关证据材料。

企业登记机关应当自收到被申请人提交的材料之日起5个工作日内将其发送给申请人。

被申请人逾期未提交答辩书和相关证据材料的,不影响企业登记机关的裁决。

**第四十条** 经双方当事人同意,企业登记机关可以对企业名称争议进行调解。

调解达成协议的,企业登记机关应当制作调解书,当事人应当履行。调解不成的,企业登记机关应当自受理之日起3个月内作出行政裁决。

**第四十一条** 企业登记机关对企业名称争议进行审查时,依法综合考虑以下因素:

(一)争议双方企业的主营业务;

(二)争议双方企业名称的显著性、独创性;

(三)争议双方企业名称的持续使用时间以及相关公众知悉程度;

(四)争议双方在进行企业名称申报时作出的依法承担法律责任的承诺;

(五)争议企业名称是否造成相关公众的混淆误认;

(六)争议企业名称是否利用或者损害他人商誉;

(七)企业登记机关认为应当考虑的其他因素。

企业登记机关必要时可以向有关组织和人员调查了解情况。

**第四十二条** 企业登记机关经审查,认为当事人构成侵犯他人企业名称合法权益的,应当制作企业名称争议行政裁决书,送达双方当事人,并责令侵权人停止使用被争议企业名称;争议理由不成立的,依法驳回争议申请。

**第四十三条** 企业被裁决停止使用企业名称的,应当自收到争议裁决之日起30日内办理企业名称变更登记。企业名称变更前,由企业登记机关在国家企业信用信息公示系统和电子营业执照中以统一社会信用代码代替其企业名称。

企业逾期未办理变更登记的,企业登记机关将其列入经营异常名录;完成变更登记后,企业可以依法向企业登记机关申请将其移出经营异常名录。

**第四十四条** 争议企业名称权利的确定必须以人民法院正在审理或者行政机关正在处理的其他案件结果为依据的,应当中止审查,并告知争议双方。

在企业名称争议裁决期间,就争议企业名称发生诉讼的,当事人应当及时告知企业登记机关。

在企业名称争议裁决期间,企业名称争议一方或者双方注销,或者存在法律法规规定的其他情形的,企业登记机关应当作出终止裁决的决定。

**第四十五条** 争议裁决作出前,申请人可以书面向企业登记机关要求撤回申请并说明理由。企业登记机关认为可以撤回的,终止争议审查程序,并告知争议双方。

**第四十六条** 对于事实清楚、争议不大、案情简单的企业名称争议,企业登记机关可以依照有关规定适用简易裁决程序。

**第四十七条** 当事人对企业名称争议裁决不服的,可以依法申请行政复议或者向人民法院提起诉讼。

## 第六章 法律责任

**第四十八条** 申报企业名称,违反本办法第二十三条第(一)、(二)项规定的,由企业登记机关责令改正;拒不改正的,处1万元以上10万元以下的罚款。法律、行政法规另有规定的,依照其规定。

申报企业名称,违反本办法第二十三条第(三)、(四)项规定,严重扰乱企业名称登记管理秩序,产生不良社会影响的,由企业登记机关处1万元以上10万元以下的罚款。

**第四十九条** 利用企业名称实施不正当竞争等行为的,依照有关法律、行政法规的规定处理。

违反本办法规定,使用企业名称,损害他人合法权益,企业逾期未依法办理变更登记的,由企业登记机关依照《中华人民共和国市场主体登记管理条例》第四十六条规定予以处罚。

**第五十条** 企业登记机关应当健全内部监督制度,对从事企业名称登记管理工作的人员执行法律法规和遵守纪律的情况加强监督。

从事企业名称登记管理工作的人员应当依法履职,廉洁自律,不得从事相关代理业务或者违反规定从事、参与营利性活动。

企业登记机关对不符合规定的企业名称予以登记,或者对符合规定的企业名称不予登记的,对直接负责的主管人员和其他直接责任人员,依法给予行政处分。

**第五十一条** 从事企业名称登记管理工作的人员滥用职权、玩忽职守、徇私舞弊,牟取不正当利益的,应当依照有关规定将相关线索移送纪检监察机关处理;构成犯罪的,依法追究刑事责任。

## 第七章 附 则

**第五十二条** 本办法所称的企业集团,由其母公司、子公司、参股公司以及其他成员单位组成。母公司是依法登记注册,取得企业法人资格的控股企业;子公司是母公司拥有全部股权或者控股权的企业法人;参股公司是母公司拥有部分股权但是没有控股权的企业法人。

**第五十三条** 个体工商户和农民专业合作社的名称登记管理,参照本办法执行。

个体工商户使用名称的,应当在名称中标明"(个体工商户)"字样,其名称中的行政区划名称应当是其所在地县级行政区划名称,可以缀以个体工商户所在地的乡镇、街道或者行政村、社区、市场等名称。

农民专业合作社(联合社)应当在名称中标明"专业合作社"或者"专业合作社联合社"字样。

**第五十四条** 省级企业登记机关可以根据本行政区域实际情况,按照本办法对本行政区域内企业、个体工商户、农民专业合作社的违规名称纠正、名称争议裁决等名称登记管理工作制定实施细则。

**第五十五条** 本办法自 2023 年 10 月 1 日起施行。2004 年 6 月 14 日原国家工商行政管理总局令第 10 号公布的《企业名称登记管理实施办法》、2008 年 12 月 31 日原国家工商行政管理总局令第 38 号公布的《个体工商户名称登记管理办法》同时废止。

# 防范和查处假冒企业登记违法行为规定

1. 2024 年 1 月 10 日国家市场监督管理总局令第 88 号公布
2. 自 2024 年 3 月 15 日起施行

**第一条** 为了规范企业登记管理秩序,有效防范和查处假冒企业登记违法行为,加快构建诚信守法的市场秩序,切实维护交易安全,持续优化营商环境,根据《中华人民共和国市场主体登记管理条例》等法律法规,制定本规定。

**第二条** 本规定适用于对假冒企业登记违法行为的防范和查处。

本规定所称假冒企业登记违法行为，是指提交虚假材料或者采取其他欺诈手段隐瞒重要事实，冒用其他企业名义，将其登记为有限责任公司股东、股份有限公司发起人、非公司企业法人出资人、合伙企业合伙人等的违法行为。

前款所称提交虚假材料或者采取其他欺诈手段隐瞒重要事实，具体情形包括：

（一）伪造、变造其他企业的印章、营业执照、批准文件、授权文书等；

（二）伪造身份验证信息；

（三）提交虚假承诺；

（四）其他隐瞒重要事实的情形。

**第三条** 国家市场监督管理总局负责指导监督全国范围内假冒企业登记违法行为的防范和查处工作。

县级以上地方人民政府承担企业登记工作的部门（以下称登记机关）负责本辖区假冒企业登记违法行为的防范和查处工作。县级以上地方人民政府对承担假冒企业登记违法行为调查处理职责另有规定的，依照其规定。

**第四条** 市场监督管理部门应当会同相关部门构建防范和查处假冒企业登记违法行为的沟通协调机制，强化信息共享核验，加强源头预防，推进全过程控制，依法及时查处违法行为。

**第五条** 企业登记实行实名制。申请人应当配合登记机关核验身份信息。

当事人为自然人的，应当配合登记机关通过实名认证系统，采用人脸识别等方式进行实名验证。

当事人为企业的，应当配合登记机关通过核验电子营业执照的方式进行身份核验；未使用电子营业执照的，其法定代表人、负责人、执行事务合伙人等自然人应当进行实名验证。

**第六条** 申请人应当对提交材料的真实性、合法性和有效性负责。

受委托的自然人或者中介机构代为办理登记事宜应当遵守法律法规规定，表明其代理身份，不得伪造、变造或者使用伪造、变造的法律文件、印章、签名，不得采取欺诈、诱骗等不正当手段，不得教唆、编造或者帮助他人编造、提供虚假信息或者材料；不得以转让牟利为目的，恶意大量申请企业登记，损害社会公共利益或者妨碍社会公共秩序。

**第七条** 市场监督管理部门与国有资产监督管理等部门建立国有企业登记信息与产权登记信息共享机制。

登记机关在办理国有企业登记时，应当按照有关规定，通过信息化等方式，查验比对国有企业登记信息与产权登记信息。信息查验比对不一致，不符合有关登记申请规定的，登记机关不予登记，并出具不予登记通知书。国务院有关部门对主管范围内企业的产权登记另有规定的，依照其规定。

**第八条** 国家市场监督管理总局建立企业名称预防性保护机制，完善企业名称禁限用管理制度，加大企业名称合法权益保护力度。

**第九条** 企业发现被假冒登记的,可以向该假冒登记所在登记机关提出调查申请,并提供相关证据材料,申请人对申请事项和证据材料的真实性负责。

登记机关在履行职责过程中,发现假冒企业登记违法行为的,或者收到有关部门移交的假冒企业登记违法行为线索的,应当依法进行调查。

**第十条** 登记机关收到调查申请后,应当在3个工作日内作出是否受理的决定,并书面通知申请人。

登记机关受理申请后,应当在3个月内完成调查,并及时作出撤销或者不予撤销登记的决定。情形复杂的,经登记机关负责人批准,可以延长3个月。

在调查期间,相关企业和人员无法联系或者拒不配合的,登记机关可以将涉嫌假冒登记企业的登记时间、登记事项等信息通过国家企业信用信息公示系统向社会公示,公示期45日。

相关企业及其利害关系人在公示期内没有提出异议的,登记机关可以依法撤销其企业登记。

**第十一条** 登记机关依法调查假冒企业登记违法行为,可以结合具有法定资质的机构出具的鉴定意见,或者有关部门出具的书面意见进行处理。法律、行政法规另有规定的,依照其规定。

**第十二条** 有下列情形之一的,登记机关应当撤销登记:

(一)假冒企业登记违法行为事实清楚的;

(二)人民法院协助执行通知书要求配合撤销登记的;

(三)其他依法应当撤销登记的情形。

属于前款第一项规定,但是有证据证明被假冒企业对其被假冒登记知情,以明示方式表示同意,或者未提出异议,并在此基础上从事过相关管理、经营活动或者获得收益的,登记机关可以不予撤销登记。

**第十三条** 被撤销登记的企业有对外投资设立企业的,该企业负责人应当依法妥善处理,消除不良影响。

**第十四条** 登记机关作出撤销登记决定后,应当在20个工作日内通过国家企业信用信息公示系统向社会公示。

撤销设立登记的,标注"已撤销设立登记",公示被撤销登记日期和原因、作出撤销决定的机关等信息。

撤销变更登记的,恢复公示被假冒登记前的信息,同时公示撤销假冒登记相关信息。

撤销注销登记的,恢复公示注销前的信息,标注"已撤销注销登记,恢复主体资格"。

**第十五条** 假冒企业被撤销设立登记、变更登记的,企业应当缴回营业执照,拒不缴回或者无法缴回的,由登记机关通过国家企业信用信息公示系统公告营业执照作废。假冒企业已领取电子营业执照的,其电子营业执照与纸质营业执照同步作废。

**第十六条** 相关单位或者个人因涉嫌假冒企业登记已被立案调查或者移送司法机关的,涉嫌假冒企业的相关登记申请经审查违反法律法规规定,或者可能危害国家安全、社会公共利益的,登记机关不予登记,并出具不予登记通知书。

**第十七条** 登记机关或者其上级机关认定撤销登记决定错误的,可以撤销该决定,恢复原登记状态,并通过国家企业信用信息公示系统公示。

**第十八条** 提交虚假材料或者采取其他欺诈手段隐瞒重要事实取得企业登记的,由登记机关依法责令改正,没收违法所得,并处5万元以上20万元以下的罚款;情节严重的,处20万元以上100万元以下的罚款,吊销营业执照;对直接责任人依法作出处理。

明知或者应当知道申请人提交虚假材料或者采取其他欺诈手段隐瞒重要事实进行企业登记,仍接受委托代为办理,或者协助其进行虚假登记的,由登记机关没收违法所得,处10万元以下的罚款。中介机构违反本规定第六条第二款规定,多次从事上述违法行为,或者性质恶劣、造成严重后果的,依法从重处罚。

**第十九条** 假冒企业登记违法行为的直接责任人,自该登记被撤销之日起3年内不得再次申请企业登记;受到市场监督管理部门较重行政处罚的,应当依法被列入市场监督管理严重违法失信名单。登记机关应当通过国家企业信用信息公示系统予以公示。

本规定所称直接责任人包括对实施假冒企业登记违法行为起到决定作用,负有组织、决策、指挥等责任的人员,以及具体执行、积极参与的人员。

**第二十条** 登记机关在调查假冒企业登记相关违法行为时,发现涉嫌构成伪造印章、诈骗等犯罪行为的,应当及时移送公安机关处理。

在工作中发现的公职人员涉嫌职务违法、职务犯罪问题线索的,应当及时移交纪检监察机关。

**第二十一条** 假冒登记企业或者利害关系人对登记机关作出的有关处理决定不服的,可以依法申请行政复议或者提起行政诉讼。

**第二十二条** 本规定对防范和查处假冒企业登记违法行为未作规定的,适用《中华人民共和国市场主体登记管理条例》及其实施细则等规定。

**第二十三条** 自然人、社会组织、事业单位等作为股东、出资人办理企业登记的参照本规定执行。

防范和查处其他虚假登记、备案违法行为,参照本规定执行。

**第二十四条** 本规定自2024年3月15日起施行。

# 上市公司治理准则

1．2018年9月30日中国证券监督管理委员会公告〔2018〕29号修订公布

2．自公布之日起施行

## 第一章　总　　则

**第一条**　为规范上市公司运作，提升上市公司治理水平，保护投资者合法权益，促进我国资本市场稳定健康发展，根据《中华人民共和国公司法》（以下简称《公司法》）、《中华人民共和国证券法》及相关法律、行政法规等确定的基本原则，借鉴境内外公司治理实践经验，制定本准则。

**第二条**　本准则适用于依照《公司法》设立且股票在中国境内证券交易所上市交易的股份有限公司。

上市公司应当贯彻本准则所阐述的精神，改善公司治理。上市公司章程及与治理相关的文件，应当符合本准则的要求。鼓励上市公司根据自身特点，探索和丰富公司治理实践，提升公司治理水平。

**第三条**　上市公司应当贯彻落实创新、协调、绿色、开放、共享的发展理念，弘扬优秀企业家精神，积极履行社会责任，形成良好公司治理实践。

上市公司治理应当健全、有效、透明，强化内部和外部的监督制衡，保障股东的合法权利并确保其得到公平对待，尊重利益相关者的基本权益，切实提升企业整体价值。

**第四条**　上市公司股东、实际控制人、董事、监事、高级管理人员，应当依照法律、行政法规、部门规章、规范性文件（以下统称法律法规）和自律规则行使权利、履行义务，维护上市公司利益。董事、监事、高级管理人员应当持续学习，不断提高履职能力，忠实、勤勉、谨慎履职。

**第五条**　在上市公司中，根据《公司法》的规定，设立中国共产党的组织，开展党的活动。上市公司应当为党组织的活动提供必要条件。

国有控股上市公司根据《公司法》和有关规定，结合企业股权结构、经营管理等实际，把党建工作有关要求写入公司章程。

**第六条**　中国证监会及其派出机构依法对上市公司治理活动及相关主体的行为进行监督管理，对公司治理存在重大问题的，督促其采取有效措施予以改善。

证券交易所、中国上市公司协会以及其他证券基金期货行业自律组织，依照本准则规定，制定相关自律规则，对上市公司加强自律管理。

中国证监会及其派出机构和有关自律组织，可以对上市公司治理状况进行评估，促进其不断

改善公司治理。

## 第二章　股东与股东大会

### 第一节　股东权利

**第七条**　股东依照法律法规和公司章程享有权利并承担义务。

上市公司章程、股东大会决议或者董事会决议等应当依法合规,不得剥夺或者限制股东的法定权利。

**第八条**　在上市公司治理中,应当依法保障股东权利,注重保护中小股东合法权益。

**第九条**　上市公司应当建立与股东畅通有效的沟通渠道,保障股东对公司重大事项的知情、参与决策和监督等权利。

**第十条**　上市公司应当积极回报股东,在公司章程中明确利润分配办法尤其是现金分红政策。上市公司应当披露现金分红政策制定及执行情况,具备条件而不进行现金分红的,应当充分披露原因。

**第十一条**　股东有权依照法律、行政法规的规定,通过民事诉讼或者其他法律手段维护其合法权利。

### 第二节　股东大会的规范

**第十二条**　上市公司应当在公司章程中规定股东大会的召集、召开和表决等程序。

上市公司应当制定股东大会议事规则,并列入公司章程或者作为章程附件。

**第十三条**　股东大会提案的内容应当符合法律法规和公司章程的有关规定,属于股东大会职权范围,有明确议题和具体决议事项。

**第十四条**　上市公司应当在公司章程中规定股东大会对董事会的授权原则,授权内容应当明确具体。股东大会不得将法定由股东大会行使的职权授予董事会行使。

**第十五条**　股东大会会议应当设置会场,以现场会议与网络投票相结合的方式召开。现场会议时间、地点的选择应当便于股东参加。上市公司应当保证股东大会会议合法、有效,为股东参加会议提供便利。股东大会应当给予每个提案合理的讨论时间。

股东可以本人投票或者依法委托他人投票,两者具有同等法律效力。

**第十六条**　上市公司董事会、独立董事和符合有关条件的股东可以向公司股东征集其在股东大会上的投票权。上市公司及股东大会召集人不得对股东征集投票权设定最低持股比例限制。

投票权征集应当采取无偿的方式进行,并向被征集人充分披露具体投票意向等信息。不得以有偿或者变相有偿的方式征集股东投票权。

**第十七条**　董事、监事的选举,应当充分反映中小股东意见。股东大会在董事、监事选举中应当积极推行累积投票制。单一股东及其一致行动人拥有权益的股份比例在30%及以上的上市公司，应当采用累积投票制。采用累积投票制的上市公司应当在公司章程中规定实施细则。

## 第三章　董事与董事会

### 第一节　董事的选任

**第十八条**　上市公司应当在公司章程中规定规范、透明的董事提名、选任程序，保障董事选任公开、公平、公正。

**第十九条**　上市公司应当在股东大会召开前披露董事候选人的详细资料，便于股东对候选人有足够的了解。

董事候选人应当在股东大会通知公告前作出书面承诺，同意接受提名，承诺公开披露的候选人资料真实、准确、完整，并保证当选后切实履行董事职责。

**第二十条**　上市公司应当和董事签订合同，明确公司和董事之间的权利义务、董事的任期、董事违反法律法规和公司章程的责任以及公司因故提前解除合同的补偿等内容。

### 第二节　董事的义务

**第二十一条**　董事应当遵守法律法规及公司章程有关规定，忠实、勤勉、谨慎履职，并履行其作出的承诺。

**第二十二条**　董事应当保证有足够的时间和精力履行其应尽的职责。

董事应当出席董事会会议，对所议事项发表明确意见。董事本人确实不能出席的，可以书面委托其他董事按其意愿代为投票，委托人应当独立承担法律责任。独立董事不得委托非独立董事代为投票。

**第二十三条**　董事应当对董事会的决议承担责任。董事会的决议违反法律法规或者公司章程、股东大会决议，致使上市公司遭受严重损失的，参与决议的董事对公司负赔偿责任。但经证明在表决时曾表明异议并记载于会议记录的，该董事可以免除责任。

**第二十四条**　经股东大会批准，上市公司可以为董事购买责任保险。责任保险范围由合同约定，但董事因违反法律法规和公司章程规定而导致的责任除外。

### 第三节　董事会的构成和职责

**第二十五条**　董事会的人数及人员构成应当符合法律法规的要求，专业结构合理。董事会成员应当具备履行职责所必需的知识、技能和素质。鼓励董事会成员的多元化。

**第二十六条**　董事会对股东大会负责，执行股东大会的决议。

董事会应当依法履行职责，确保上市公司遵守法律法规和公司章程的规定，公平对待所有股东，并关注其他利益相关者的合法权益。

**第二十七条**　上市公司应当保障董事会依照法律法规和公司章程的规定行使职权，为董事正常履行职责提供必要的条件。

**第二十八条**　上市公司设董事会秘书，负责公司股东大会和董事会会议的筹备及文件保管、公司股东资料的管理、办理信息披露事务、投资者关系工作等事宜。

董事会秘书作为上市公司高级管理人员，为履行职责有权参加相关会议，查阅有关文件，了解公司的财务和经营等情况。董事会及其他高级管理人员应当支持董事会秘书的工作。任何机构及个人不得干预董事会秘书的正常履职行为。

## 第四节　董事会议事规则

**第二十九条**　上市公司应当制定董事会议事规则，报股东大会批准，并列入公司章程或者作为章程附件。

**第三十条**　董事会应当定期召开会议，并根据需要及时召开临时会议。董事会会议议题应当事先拟定。

**第三十一条**　董事会会议应当严格依照规定的程序进行。董事会应当按规定的时间事先通知所有董事，并提供足够的资料。两名及以上独立董事认为资料不完整或者论证不充分的，可以联名书面向董事会提出延期召开会议或者延期审议该事项，董事会应当予以采纳，上市公司应当及时披露相关情况。

**第三十二条**　董事会会议记录应当真实、准确、完整。出席会议的董事、董事会秘书和记录人应当在会议记录上签名。董事会会议记录应当妥善保存。

**第三十三条**　董事会授权董事长在董事会闭会期间行使董事会部分职权的，上市公司应当在公司章程中明确规定授权的原则和具体内容。上市公司重大事项应当由董事会集体决策，不得将法定由董事会行使的职权授予董事长、总经理等行使。

## 第五节　独立董事

**第三十四条**　上市公司应当依照有关规定建立独立董事制度。独立董事不得在上市公司兼任除董事会专门委员会委员外的其他职务。

**第三十五条**　独立董事的任职条件、选举更换程序等，应当符合有关规定。独立董事不得与其所受聘上市公司及其主要股东存在可能妨碍其进行独立客观判断的关系。

**第三十六条**　独立董事享有董事的一般职权，同时依照法律法规和公司章程针对相关事项享有特别职权。

独立董事应当独立履行职责，不受上市公司主要股东、实际控制人以及其他与上市公司存在利害关系的组织或者个人影响。上市公司应当保障独立董事依法履职。

**第三十七条**　独立董事应当依法履行董事义务，充分了解公司经营运作情况和董事会议题内容,维护上市公司和全体股东的利益,尤其关注中小股东的合法权益保护。独立董事应当按年度向股东大会报告工作。

上市公司股东间或者董事间发生冲突、对公司经营管理造成重大影响的,独立董事应当主动履行职责,维护上市公司整体利益。

### 第六节　董事会专门委员会

**第三十八条**　上市公司董事会应当设立审计委员会,并可以根据需要设立战略、提名、薪酬与考核等相关专门委员会。专门委员会对董事会负责,依照公司章程和董事会授权履行职责,专门委员会的提案应当提交董事会审议决定。

专门委员会成员全部由董事组成,其中审计委员会、提名委员会、薪酬与考核委员会中独立董事应当占多数并担任召集人,审计委员会的召集人应当为会计专业人士。

**第三十九条**　审计委员会的主要职责包括:

(一)监督及评估外部审计工作,提议聘请或者更换外部审计机构;

(二)监督及评估内部审计工作,负责内部审计与外部审计的协调;

(三)审核公司的财务信息及其披露;

(四)监督及评估公司的内部控制;

(五)负责法律法规、公司章程和董事会授权的其他事项。

**第四十条**　战略委员会的主要职责是对公司长期发展战略和重大投资决策进行研究并提出建议。

**第四十一条**　提名委员会的主要职责包括:

(一)研究董事、高级管理人员的选择标准和程序并提出建议;

(二)遴选合格的董事人选和高级管理人员人选;

(三)对董事人选和高级管理人员人选进行审核并提出建议。

**第四十二条**　薪酬与考核委员会的主要职责包括:

(一)研究董事与高级管理人员考核的标准,进行考核并提出建议;

(二)研究和审查董事、高级管理人员的薪酬政策与方案。

**第四十三条**　专门委员会可以聘请中介机构提供专业意见。专门委员会履行职责的有关费用由上市公司承担。

## 第四章　监事与监事会

**第四十四条**　监事选任程序、监事会议事规则制定、监事会会议参照本准则对董事、董事会的有关规定执行。职工监事依照法律法规选举产生。

**第四十五条**　监事会的人员和结构应当确保监事会能够独立有效地履行职责。监事应当具有相应的专业知识或者工作经验，具备有效履职能力。上市公司董事、高级管理人员不得兼任监事。

上市公司可以依照公司章程的规定设立外部监事。

**第四十六条** 监事有权了解公司经营情况。上市公司应当采取措施保障监事的知情权，为监事正常履行职责提供必要的协助，任何人不得干预、阻挠。监事履行职责所需的有关费用由公司承担。

**第四十七条** 监事会依法检查公司财务，监督董事、高级管理人员履职的合法合规性，行使公司章程规定的其他职权，维护上市公司及股东的合法权益。监事会可以独立聘请中介机构提供专业意见。

**第四十八条** 监事会可以要求董事、高级管理人员、内部及外部审计人员等列席监事会会议，回答所关注的问题。

**第四十九条** 监事会的监督记录以及进行财务检查的结果应当作为对董事、高级管理人员绩效评价的重要依据。

**第五十条** 监事会发现董事、高级管理人员违反法律法规或者公司章程的，应当履行监督职责，并向董事会通报或者向股东大会报告，也可以直接向中国证监会及其派出机构、证券交易所或者其他部门报告。

## 第五章 高级管理人员与公司激励约束机制

### 第一节 高级管理人员

**第五十一条** 高级管理人员的聘任，应当严格依照有关法律法规和公司章程的规定进行。上市公司控股股东、实际控制人及其关联方不得干预高级管理人员的正常选聘程序，不得越过股东大会、董事会直接任免高级管理人员。

鼓励上市公司采取公开、透明的方式，选聘高级管理人员。

**第五十二条** 上市公司应当和高级管理人员签订聘任合同，明确双方的权利义务关系。

高级管理人员的聘任和解聘应当履行法定程序，并及时披露。

**第五十三条** 上市公司应当在公司章程或者公司其他制度中明确高级管理人员的职责。高级管理人员应当遵守法律法规和公司章程，忠实、勤勉、谨慎地履行职责。

**第五十四条** 高级管理人员违反法律法规和公司章程规定，致使上市公司遭受损失的，公司董事会应当采取措施追究其法律责任。

### 第二节 绩效与履职评价

**第五十五条** 上市公司应当建立公正透明的董事、监事和高级管理人员绩效与履职评价标准和程序。

**第五十六条** 董事和高级管理人员的绩效评价由董事会或者其下设的薪酬与考核委员会负责组织,上市公司可以委托第三方开展绩效评价。

独立董事、监事的履职评价采取自我评价、相互评价等方式进行。

**第五十七条** 董事会、监事会应当向股东大会报告董事、监事履行职责的情况、绩效评价结果及其薪酬情况,并由上市公司予以披露。

### 第三节 薪酬与激励

**第五十八条** 上市公司应当建立薪酬与公司绩效、个人业绩相联系的机制,以吸引人才,保持高级管理人员和核心员工的稳定。

**第五十九条** 上市公司对高级管理人员的绩效评价应当作为确定高级管理人员薪酬以及其他激励的重要依据。

**第六十条** 董事、监事报酬事项由股东大会决定。在董事会或者薪酬与考核委员会对董事个人进行评价或者讨论其报酬时,该董事应当回避。

高级管理人员的薪酬分配方案应当经董事会批准,向股东大会说明,并予以充分披露。

**第六十一条** 上市公司章程或者相关合同中涉及提前解除董事、监事和高级管理人员任职的补偿内容应当符合公平原则,不得损害上市公司合法权益,不得进行利益输送。

**第六十二条** 上市公司可以依照相关法律法规和公司章程,实施股权激励和员工持股等激励机制。

上市公司的激励机制,应当有利于增强公司创新发展能力,促进上市公司可持续发展,不得损害上市公司及股东的合法权益。

## 第六章 控股股东及其关联方与上市公司

### 第一节 控股股东及其关联方行为规范

**第六十三条** 控股股东、实际控制人对上市公司及其他股东负有诚信义务。控股股东对其所控股的上市公司应当依法行使股东权利,履行股东义务。控股股东、实际控制人不得利用其控制权损害上市公司及其他股东的合法权益,不得利用对上市公司的控制地位谋取非法利益。

**第六十四条** 控股股东提名上市公司董事、监事候选人的,应当遵循法律法规和公司章程规定的条件和程序。控股股东不得对股东大会人事选举结果和董事会人事聘任决议设置批准程序。

**第六十五条** 上市公司的重大决策应当由股东大会和董事会依法作出。控股股东、实际控制人及其关联方不得违反法律法规和公司章程干预上市公司的正常决策程序,损害上市公司及其他股东的合法权益。

**第六十六条** 控股股东、实际控制人及上市公司有关各方作出的承诺应当明确、具体、可执行,不得承诺根据当时情况判断明显不可能实现的事项。承诺方应当在承诺中作出履行承诺声明、明确违反承诺的责任,并切实履行承诺。

**第六十七条**　上市公司控制权发生变更的,有关各方应当采取有效措施保持上市公司在过渡期间内稳定经营。出现重大问题的,上市公司应当向中国证监会及其派出机构、证券交易所报告。

## 第二节　上市公司的独立性

**第六十八条**　控股股东、实际控制人与上市公司应当实行人员、资产、财务分开,机构、业务独立,各自独立核算、独立承担责任和风险。

**第六十九条**　上市公司人员应当独立于控股股东。上市公司的高级管理人员在控股股东不得担任除董事、监事以外的其他行政职务。控股股东高级管理人员兼任上市公司董事、监事的,应当保证有足够的时间和精力承担上市公司的工作。

**第七十条**　控股股东投入上市公司的资产应当独立完整、权属清晰。

控股股东、实际控制人及其关联方不得占用、支配上市公司资产。

**第七十一条**　上市公司应当依照法律法规和公司章程建立健全财务、会计管理制度,坚持独立核算。

控股股东、实际控制人及其关联方应当尊重上市公司财务的独立性,不得干预上市公司的财务、会计活动。

**第七十二条**　上市公司的董事会、监事会及其他内部机构应当独立运作。控股股东、实际控制人及其内部机构与上市公司及其内部机构之间没有上下级关系。

控股股东、实际控制人及其关联方不得违反法律法规、公司章程和规定程序干涉上市公司的具体运作,不得影响其经营管理的独立性。

**第七十三条**　上市公司业务应当独立于控股股东、实际控制人。

控股股东、实际控制人及其控制的其他单位不应从事与上市公司相同或者相近的业务。控股股东、实际控制人应当采取有效措施避免同业竞争。

## 第三节　关联交易

**第七十四条**　上市公司关联交易应当依照有关规定严格履行决策程序和信息披露义务。

**第七十五条**　上市公司应当与关联方就关联交易签订书面协议。协议的签订应当遵循平等、自愿、等价、有偿的原则,协议内容应当明确、具体、可执行。

**第七十六条**　上市公司应当采取有效措施防止关联方以垄断采购或者销售渠道等方式干预公司的经营,损害公司利益。关联交易应当具有商业实质,价格应当公允,原则上不偏离市场独立第三方的价格或者收费标准等交易条件。

**第七十七条** 上市公司及其关联方不得利用关联交易输送利益或者调节利润，不得以任何方式隐瞒关联关系。

## 第七章 机构投资者及其他相关机构

**第七十八条** 鼓励社会保障基金、企业年金、保险资金、公募基金的管理机构和国家金融监督管理机构依法监管的其他投资主体等机构投资者，通过依法行使表决权、质询权、建议权等相关股东权利，合理参与公司治理。

**第七十九条** 机构投资者依照法律法规和公司章程，通过参与重大事项决策，推荐董事、监事人选，监督董事、监事履职情况等途径，在上市公司治理中发挥积极作用。

**第八十条** 鼓励机构投资者公开其参与上市公司治理的目标与原则、表决权行使的策略、股东权利行使的情况及效果。

**第八十一条** 证券公司、律师事务所、会计师事务所等中介机构在为上市公司提供保荐承销、财务顾问、法律、审计等专业服务时，应当积极关注上市公司治理状况，促进形成良好公司治理实践。

上市公司应当审慎选择为其提供服务的中介机构，注重了解中介机构诚实守信、勤勉尽责状况。

**第八十二条** 中小投资者保护机构应当在上市公司治理中发挥积极作用，通过持股行权等方式多渠道保护中小投资者合法权益。

## 第八章 利益相关者、环境保护与社会责任

**第八十三条** 上市公司应当尊重银行及其他债权人、员工、客户、供应商、社区等利益相关者的合法权利，与利益相关者进行有效的交流与合作，共同推动公司持续健康发展。

**第八十四条** 上市公司应当为维护利益相关者的权益提供必要的条件，当其合法权益受到侵害时，利益相关者应当有机会和途径依法获得救济。

**第八十五条** 上市公司应当加强员工权益保护，支持职工代表大会、工会组织依法行使职权。董事会、监事会和管理层应当建立与员工多元化的沟通交流渠道，听取员工对公司经营、财务状况以及涉及员工利益的重大事项的意见。

**第八十六条** 上市公司应当积极践行绿色发展理念，将生态环保要求融入发展战略和公司治理过程，主动参与生态文明建设，在污染防治、资源节约、生态保护等方面发挥示范引领作用。

**第八十七条** 上市公司在保持公司持续发展、提升经营业绩、保障股东利益的同时，应当在社区福利、救灾助困、公益事业等方面，积极履行社会责任。

鼓励上市公司结对帮扶贫困县或者贫困村，主动对接、积极支持贫困地区发展产业、培养人才、促进就业。

## 第九章 信息披露与透明度

**第八十八条** 上市公司应当建立并执行信息披露事务管理制度。上市公司及其他信息披露义务人应当严格依照法律法规、自律规则和公司章程的规定,真实、准确、完整、及时、公平地披露信息,不得有虚假记载、误导性陈述、重大遗漏或者其他不正当披露。信息披露事项涉及国家秘密、商业机密的,依照相关规定办理。

**第八十九条** 董事、监事、高级管理人员应当保证上市公司披露信息的真实、准确、完整、及时、公平。

上市公司应当制定规范董事、监事、高级管理人员对外发布信息的行为规范,明确未经董事会许可不得对外发布的情形。

**第九十条** 持股达到规定比例的股东、实际控制人以及收购人、交易对方等信息披露义务人应当依照相关规定进行信息披露,并配合上市公司的信息披露工作,及时告知上市公司控制权变更、权益变动、与其他单位和个人的关联关系及其变化等重大事项,答复上市公司的问询,保证所提供的信息真实、准确、完整。

**第九十一条** 鼓励上市公司除依照强制性规定披露信息外,自愿披露可能对股东和其他利益相关者决策产生影响的信息。

自愿性信息披露应当遵守公平原则,保持信息披露的持续性和一致性,不得进行选择性披露,不得利用自愿性信息披露从事市场操纵、内幕交易或者其他违法违规行为,不得违反公序良俗、损害社会公共利益。自愿披露具有一定预测性质信息的,应当明确预测的依据,并提示可能出现的不确定性和风险。

**第九十二条** 信息披露义务人披露的信息,应当简明清晰、便于理解。上市公司应当保证使用者能够通过经济、便捷的方式获得信息。

**第九十三条** 董事长对上市公司信息披露事务管理承担首要责任。

董事会秘书负责组织和协调公司信息披露事务,办理上市公司信息对外公布等相关事宜。

**第九十四条** 上市公司应当建立内部控制及风险管理制度,并设立专职部门或者指定内设部门负责对公司的重要营运行为、下属公司管控、财务信息披露和法律法规遵守执行情况进行检查和监督。

上市公司依照有关规定定期披露内部控制制度建设及实施情况,以及会计师事务所对上市公司内部控制有效性的审计意见。

**第九十五条** 上市公司应当依照法律法规和有关部门的要求,披露环境信息以及履行扶贫等社会责任相关情况。

**第九十六条** 上市公司应当依照有关规定披露公司治理相关信息,定期分析公司治理状况,制定改进公司治理的计划和措施并认真落实。

## 第十章　附　　则

**第九十七条**　中国证监会及其他部门依法对相关上市公司治理安排有特别规定的，应当遵守其规定。试点红筹企业在境内发行股票或者存托凭证并上市的，除适用境外注册地法律法规的事项外，公司治理参照本准则执行。

**第九十八条**　本准则自公布之日起施行。2002 年 1 月 7 日发布的《上市公司治理准则》（证监发〔2002〕1 号）同时废止。

# 上市公司重大资产重组管理办法

1．2008 年 3 月 24 日中国证券监督管理委员会第 224 次主席办公会议审议通过

2．根据 2011 年 8 月 1 日中国证券监督管理委员会《关于修改上市公司重大资产重组与配套融资相关规定的决定》修正

3．2014 年 7 月 7 日中国证券监督管理委员会第 52 次主席办公会议修订

4．根据 2016 年 9 月 8 日中国证券监督管理委员会《关于修改〈上市公司重大资产重组管理办法〉的决定》、2019 年 10 月 18 日中国证券监督管理委员会《关于修改〈上市公司重大资产重组管理办法〉的决定》、2020 年 3 月 20 日中国证券监督管理委员会《关于修改部分证券期货规章的决定》修正

5．2023 年 2 月 17 日中国证券监督管理委员会第 2 次委务会议修订

## 第一章　总　　则

**第一条**　为了规范上市公司重大资产重组行为，保护上市公司和投资者的合法权益，促进上市公司质量不断提高，维护证券市场秩序和社会公共利益，根据《中华人民共和国公司法》、《中华人民共和国证券法》（以下简称《证券法》）等法律、行政法规的规定，制定本办法。

**第二条**　本办法适用于上市公司及其控股或者控制的公司在日常经营活动之外购买、出售资产或者通过其他方式进行资产交易达到规定的标准，导致上市公司的主营业务、资产、收入发生重大变化的资产交易行为（以下简称重大资产重组）。

上市公司发行股份购买资产应当符合本办法的规定。

上市公司按照经中国证券监督管理委员会（以下简称中国证监会）注册的证券发行申请所披露的募集资金用途，使用募集资金购买资产、对外投资的行为，不适用本办法。

**第三条**　任何单位和个人不得利用重大资产重组损害上市公司及其股东的合法权益。

**第四条**　上市公司实施重大资产重组,有关各方必须及时、公平地披露或者提供信息,保证所披露或者提供信息的真实、准确、完整,不得有虚假记载、误导性陈述或者重大遗漏。

**第五条**　上市公司的董事、监事和高级管理人员在重大资产重组活动中,应当诚实守信、勤勉尽责,维护公司资产的安全,保护公司和全体股东的合法权益。

**第六条**　为重大资产重组提供服务的证券服务机构和人员,应当遵守法律、行政法规和中国证监会的有关规定,以及证券交易所的相关规则,遵循本行业公认的业务标准和道德规范,诚实守信,勤勉尽责,严格履行职责,对其所制作、出具文件的真实性、准确性和完整性承担责任。

前款规定的证券服务机构和人员,不得教唆、协助或者伙同委托人编制或者披露存在虚假记载、误导性陈述或者重大遗漏的报告、公告文件,不得从事不正当竞争,不得利用上市公司重大资产重组谋取不正当利益。

**第七条**　任何单位和个人对所知悉的重大资产重组信息在依法披露前负有保密义务。

禁止任何单位和个人利用重大资产重组信息从事内幕交易、操纵证券市场等违法活动。

**第八条**　中国证监会依法对上市公司重大资产重组行为进行监督管理。

证券交易所依法制定上市公司重大资产重组业务规则,并对上市公司重大资产重组行为、证券服务机构和人员履职行为等进行自律管理。

中国证监会基于证券交易所的审核意见,依法对上市公司发行股份购买资产涉及的证券发行申请履行注册程序,并对证券交易所的审核工作进行监督。

**第九条**　对上市公司发行股份购买资产涉及的证券发行申请予以注册,不表明中国证监会和证券交易所对该证券的投资价值或者投资者的收益作出实质性判断或者保证,也不表明中国证监会和证券交易所对申请文件的真实性、准确性、完整性作出保证。

**第十条**　鼓励依法设立的并购基金、股权投资基金、创业投资基金、产业投资基金等投资机构参与上市公司并购重组。

## 第二章　重大资产重组的原则和标准

**第十一条**　上市公司实施重大资产重组,应当就本次交易符合下列要求作出充分说明,并予以披露:

(一)符合国家产业政策和有关环境保护、土地管理、反垄断、外商投资、对外投资等法律和行政法规的规定;

(二)不会导致上市公司不符合股票上市条件;

(三)重大资产重组所涉及的资产定价公允,不存在损害上市公司和股东合法权益的情形;

(四)重大资产重组所涉及的资产权属清晰,资产过户或者转移不存在法律障碍,相关债权债务处理合法;

(五)有利于上市公司增强持续经营能力,不存在可能导致上市公司重组后主要资产为现金或者无具体经营业务的情形；

（六）有利于上市公司在业务、资产、财务、人员、机构等方面与实际控制人及其关联人保持独立，符合中国证监会关于上市公司独立性的相关规定；

（七）有利于上市公司形成或者保持健全有效的法人治理结构。

**第十二条** 上市公司及其控股或者控制的公司购买、出售资产，达到下列标准之一的，构成重大资产重组：

（一）购买、出售的资产总额占上市公司最近一个会计年度经审计的合并财务会计报告期末资产总额的比例达到百分之五十以上；

（二）购买、出售的资产在最近一个会计年度所产生的营业收入占上市公司同期经审计的合并财务会计报告营业收入的比例达到百分之五十以上，且超过五千万元人民币；

（三）购买、出售的资产净额占上市公司最近一个会计年度经审计的合并财务会计报告期末净资产额的比例达到百分之五十以上，且超过五千万元人民币。

购买、出售资产未达到前款规定标准，但中国证监会发现涉嫌违反国家产业政策、违反法律和行政法规、违反中国证监会的规定、可能损害上市公司或者投资者合法权益等重大问题的，可以根据审慎监管原则，责令上市公司暂停交易、按照本办法的规定补充披露相关信息、聘请符合《证券法》规定的独立财务顾问或者其他证券服务机构补充核查并披露专业意见。

**第十三条** 上市公司自控制权发生变更之日起三十六个月内，向收购人及其关联人购买资产，导致上市公司发生以下根本变化情形之一的，构成重大资产重组，应当按照本办法的规定履行相关义务和程序：

（一）购买的资产总额占上市公司控制权发生变更的前一个会计年度经审计的合并财务会计报告期末资产总额的比例达到百分之一百以上；

（二）购买的资产在最近一个会计年度所产生的营业收入占上市公司控制权发生变更的前一个会计年度经审计的合并财务会计报告营业收入的比例达到百分之一百以上；

（三）购买的资产净额占上市公司控制权发生变更的前一个会计年度经审计的合并财务会计报告期末净资产额的比例达到百分之一百以上；

（四）为购买资产发行的股份占上市公司首次向收购人及其关联人购买资产的董事会决议前一个交易日的股份的比例达到百分之一百以上；

（五）上市公司向收购人及其关联人购买资产虽未达到第（一）至第（四）项标准，但可能导致上市公司主营业务发生根本变化；

（六）中国证监会认定的可能导致上市公司发生根本变化的其他情形。

上市公司实施前款规定的重大资产重组，应当符合下列规定：

（一）符合本办法第十一条、第四十三条规定的要求；

（二）上市公司购买的资产对应的经营实体应当是股份有限公司或者有限责任公司，且符合

《首次公开发行股票注册管理办法》规定的其他发行条件、相关板块定位，以及证券交易所规定的具体条件；

（三）上市公司及其最近三年内的控股股东、实际控制人不存在因涉嫌犯罪正被司法机关立案侦查或涉嫌违法违规正被中国证监会立案调查的情形。但是，涉嫌犯罪或违法违规的行为已经终止满三年，交易方案能够消除该行为可能造成的不良后果，且不影响对相关行为人追究责任的除外；

（四）上市公司及其控股股东、实际控制人最近十二个月内未受到证券交易所公开谴责，不存在其他重大失信行为；

（五）本次重大资产重组不存在中国证监会认定的可能损害投资者合法权益，或者违背公开、公平、公正原则的其他情形。

上市公司实施第一款规定的重大资产重组，涉及发行股份的，适用《证券法》和中国证监会的相关规定，应当报经中国证监会注册。

第一款所称控制权，按照《上市公司收购管理办法》第八十四条的规定进行认定。上市公司股权分散，董事、高级管理人员可以支配公司重大的财务和经营决策的，视为具有上市公司控制权。

上市公司自控制权发生变更之日起，向收购人及其关联人购买的资产属于金融、创业投资等特定行业的，由中国证监会另行规定。

**第十四条**　计算本办法第十二条、第十三条规定的标准时，应当遵守下列规定：

（一）购买的资产为股权的，其资产总额以被投资企业的资产总额与该项投资所占股权比例的乘积和成交金额二者中的较高者为准，营业收入以被投资企业的营业收入与该项投资所占股权比例的乘积为准，资产净额以被投资企业的净资产额与该项投资所占股权比例的乘积和成交金额二者中的较高者为准；出售的资产为股权的，其资产总额、营业收入以及资产净额分别以被投资企业的资产总额、营业收入以及净资产额与该项投资所占股权比例的乘积为准。

购买股权导致上市公司取得被投资企业控股权的，其资产总额以被投资企业的资产总额和成交金额二者中的较高者为准，营业收入以被投资企业的营业收入为准，资产净额以被投资企业的净资产额和成交金额二者中的较高者为准；出售股权导致上市公司丧失被投资企业控股权的，其资产总额、营业收入以及资产净额分别以被投资企业的资产总额、营业收入以及净资产额为准。

（二）购买的资产为非股权资产的，其资产总额以该资产的账面值和成交金额二者中的较高者为准，资产净额以相关资产与负债的账面值差额和成交金额二者中的较高者为准；出售的资产为非股权资产的，其资产总额、资产净额分别以该资产的账面值、相关资产与负债账面值的差额为准；该非股权资产不涉及负债的，不适用本办法第十二条第一款第（三）项规定的资产净额标准。

（三）上市公司同时购买、出售资产的，应当分别计算购买、出售资产的相关比例，并以二者中比例较高者为准。

（四）上市公司在十二个月内连续对同一或者相关资产进行购买、出售的，以其累计数分别计算相应数额。已按照本办法的规定编制并披露重大资产重组报告书的资产交易行为，无须纳入累计计算的范围。中国证监会对本办法第十三条第一款规定的重大资产重组的累计期限和范围另有规定的，从其规定。

交易标的资产属于同一交易方所有或者控制，或者属于相同或者相近的业务范围，或者中国证监会认定的其他情形下，可以认定为同一或者相关资产。

**第十五条** 本办法第二条所称通过其他方式进行资产交易，包括：

（一）与他人新设企业、对已设立的企业增资或者减资；

（二）受托经营、租赁其他企业资产或者将经营性资产委托他人经营、租赁；

（三）接受附义务的资产赠与或者对外捐赠资产；

（四）中国证监会根据审慎监管原则认定的其他情形。

上述资产交易实质上构成购买、出售资产，且达到本办法第十二条、第十三条规定的标准的，应当按照本办法的规定履行相关义务和程序。

## 第三章 重大资产重组的程序

**第十六条** 上市公司与交易对方就重大资产重组事宜进行初步磋商时，应当立即采取必要且充分的保密措施，制定严格有效的保密制度，限定相关敏感信息的知悉范围。上市公司及交易对方聘请证券服务机构的，应当立即与所聘请的证券服务机构签署保密协议。

上市公司关于重大资产重组的董事会决议公告前，相关信息已在媒体上传播或者公司股票交易出现异常波动的，上市公司应当立即将有关计划、方案或者相关事项的现状以及相关进展情况和风险因素等予以公告，并按照有关信息披露规则办理其他相关事宜。

**第十七条** 上市公司应当聘请符合《证券法》规定的独立财务顾问、律师事务所以及会计师事务所等证券服务机构就重大资产重组出具意见。

独立财务顾问和律师事务所应当审慎核查重大资产重组是否构成关联交易，并依据核查确认的相关事实发表明确意见。重大资产重组涉及关联交易的，独立财务顾问应当就本次重组对上市公司非关联股东的影响发表明确意见。

资产交易定价以资产评估结果为依据的，上市公司应当聘请符合《证券法》规定的资产评估机构出具资产评估报告。

证券服务机构在其出具的意见中采用其他证券服务机构或者人员的专业意见的，仍然应当进行尽职调查，审慎核查其采用的专业意见的内容，并对利用其他证券服务机构或者人员的专业意见所形成的结论负责。在保持职业怀疑并进行审慎核查、开展必要调查和复核的基础上，排除职业怀疑的,可以合理信赖。

**第十八条** 上市公司及交易对方与证券服务机构签订聘用合同后,非因正当事由不得更换证券服务机构。确有正当事由需要更换证券服务机构的,应当披露更换的具体原因以及证券服务机构的陈述意见。

**第十九条** 上市公司应当在重大资产重组报告书的管理层讨论与分析部分,就本次交易对上市公司的持续经营能力、未来发展前景、当年每股收益等财务指标和非财务指标的影响进行详细分析;涉及购买资产的,还应当就上市公司对交易标的资产的整合管控安排进行详细分析。

**第二十条** 重大资产重组中相关资产以资产评估结果作为定价依据的,资产评估机构应当按照资产评估相关准则和规范开展执业活动;上市公司董事会应当对评估机构的独立性、评估假设前提的合理性、评估方法与评估目的的相关性以及评估定价的公允性发表明确意见。

相关资产不以资产评估结果作为定价依据的,上市公司应当在重大资产重组报告书中详细分析说明相关资产的估值方法、参数及其他影响估值结果的指标和因素。上市公司董事会应当对估值机构的独立性、估值假设前提的合理性、估值方法与估值目的的相关性发表明确意见,并结合相关资产的市场可比交易价格、同行业上市公司的市盈率或者市净率等通行指标,在重大资产重组报告书中详细分析本次交易定价的公允性。

前两款情形中,评估机构、估值机构原则上应当采取两种以上的方法进行评估或者估值;上市公司独立董事应当出席董事会会议,对评估机构或者估值机构的独立性、评估或者估值假设前提的合理性和交易定价的公允性发表独立意见,并单独予以披露。

**第二十一条** 上市公司进行重大资产重组,应当由董事会依法作出决议,并提交股东大会批准。

上市公司董事会应当就重大资产重组是否构成关联交易作出明确判断,并作为董事会决议事项予以披露。

上市公司独立董事应当在充分了解相关信息的基础上,就重大资产重组发表独立意见。重大资产重组构成关联交易的,独立董事可以另行聘请独立财务顾问就本次交易对上市公司非关联股东的影响发表意见。上市公司应当积极配合独立董事调阅相关材料,并通过安排实地调查、组织证券服务机构汇报等方式,为独立董事履行职责提供必要的支持和便利。

**第二十二条** 上市公司应当在董事会作出重大资产重组决议后的次一工作日至少披露下列文件:

(一)董事会决议及独立董事的意见;

(二)上市公司重大资产重组预案。

本次重组的重大资产重组报告书、独立财务顾问报告、法律意见书以及重组涉及的审计报告、资产评估报告或者估值报告至迟应当与召开股东大会的通知同时公告。上市公司自愿披露盈利预测报告的,该报告应当经符合《证券法》规定的会计师事务所审核,与重大资产重组报告书同时公告。

第一款第(二)项及第二款规定的信息披露文件的内容与格式另行规定。

上市公司应当在证券交易所的网站和一家符合中国证监会规定条件的媒体公告董事会决议、独立董事的意见、重大资产重组报告书及其摘要、相关证券服务机构的报告或者意见等信息披露文件。

**第二十三条** 上市公司股东大会就重大资产重组作出的决议,至少应当包括下列事项:

(一)本次重大资产重组的方式、交易标的和交易对方;

(二)交易价格或者价格区间;

(三)定价方式或者定价依据;

(四)相关资产自定价基准日至交割日期间损益的归属;

(五)相关资产办理权属转移的合同义务和违约责任;

(六)决议的有效期;

(七)对董事会办理本次重大资产重组事宜的具体授权;

(八)其他需要明确的事项。

**第二十四条** 上市公司股东大会就重大资产重组事项作出决议,必须经出席会议的股东所持表决权的三分之二以上通过。

上市公司重大资产重组事宜与本公司股东或者其关联人存在关联关系的,股东大会就重大资产重组事项进行表决时,关联股东应当回避表决。

交易对方已经与上市公司控股股东就受让上市公司股权或者向上市公司推荐董事达成协议或者合意,可能导致上市公司的实际控制权发生变化的,上市公司控股股东及其关联人应当回避表决。

上市公司就重大资产重组事宜召开股东大会,应当以现场会议形式召开,并应当提供网络投票和其他合法方式为股东参加股东大会提供便利。除上市公司的董事、监事、高级管理人员、单独或者合计持有上市公司百分之五以上股份的股东以外,其他股东的投票情况应当单独统计并予以披露。

**第二十五条** 上市公司应当在股东大会作出重大资产重组决议后的次一工作日公告该决议,以及律师事务所对本次会议的召集程序、召集人和出席人员的资格、表决程序以及表决结果等事项出具的法律意见书。

涉及发行股份购买资产的,上市公司应当根据中国证监会的规定委托独立财务顾问,在作出决议后三个工作日内向证券交易所提出申请。

**第二十六条** 上市公司全体董事、监事、高级管理人员应当公开承诺,保证重大资产重组的信息披露和申请文件不存在虚假记载、误导性陈述或者重大遗漏。

重大资产重组的交易对方应当公开承诺,将及时向上市公司提供本次重组相关信息,并保证所提供的信息真实、准确、完整,如因提供的信息存在虚假记载、误导性陈述或者重大遗漏,给上市公司或者投资者造成损失的,将依法承担赔偿责任。

前两款规定的单位和个人还应当公开承诺,如本次交易因涉嫌所提供或者披露的信息存在虚假记载、误导性陈述或者重大遗漏,被司法机关立案侦查或者被中国证监会立案调查的,在案件调查结论明确之前,将暂停转让其在该上市公司拥有权益的股份。

**第二十七条** 证券交易所设立并购重组委员会(以下简称并购重组委)依法审议上市公司发行股份购买资产申请,提出审议意见。

证券交易所应当在规定的时限内基于并购重组委的审议意见,形成本次交易是否符合重组条件和信息披露要求的审核意见。

证券交易所认为符合相关条件和要求的,将审核意见、上市公司注册申请文件及相关审核资料报中国证监会注册;认为不符合相关条件和要求的,作出终止审核决定。

**第二十八条** 中国证监会收到证券交易所报送的审核意见等相关文件后,依照法定条件和程序,在十五个工作日内对上市公司的注册申请作出予以注册或者不予注册的决定,按规定应当扣除的时间不计算在本款规定的时限内。

中国证监会基于证券交易所的审核意见依法履行注册程序,发现存在影响重组条件的新增事项,可以要求证券交易所问询并就新增事项形成审核意见。

中国证监会认为证券交易所对前款规定的新增事项审核意见依据明显不充分的,可以退回补充审核。证券交易所补充审核后,认为符合重组条件和信息披露要求的,重新向中国证监会报送审核意见等相关文件,注册期限按照第一款规定重新计算。

**第二十九条** 股东大会作出重大资产重组的决议后,上市公司拟对交易对象、交易标的、交易价格等作出变更,构成对原交易方案重大调整的,应当在董事会表决通过后重新提交股东大会审议,并及时公告相关文件。

证券交易所审核或者中国证监会注册期间,上市公司按照前款规定对原交易方案作出重大调整的,应当按照本办法的规定向证券交易所重新提出申请,同时公告相关文件。

证券交易所审核或者中国证监会注册期间,上市公司董事会决议撤回申请的,应当说明原因,向证券交易所提出申请,予以公告;上市公司董事会决议终止本次交易的,应当按照公司章程的规定提交股东大会审议,股东大会就重大资产重组事项作出决议时已具体授权董事会可以决议终止本次交易的除外。

**第三十条** 上市公司收到中国证监会就其申请作出的予以注册或者不予注册的决定后,应当在次一工作日予以公告。

中国证监会予以注册的,上市公司应当在公告注册决定的同时,按照相关信息披露准则的规定补充披露相关文件。

**第三十一条** 上市公司重大资产重组不涉及发行股份的,应当根据中国证监会的规定聘请独立财务顾问和其他证券服务机构，按照本办法和证券交易所的要求履行相关程序、披露相关信息。

证券交易所通过问询、现场检查、现场督导、要求独立财务顾问和其他证券服务机构补充核查并披露专业意见等方式进行自律管理，发现重组活动明显违反本办法规定的重组条件和信息披露要求，可能因定价显失公允、不正当利益输送等问题严重损害上市公司、投资者合法权益的，可以报请中国证监会根据本办法的规定采取相关措施。

**第三十二条** 上市公司重大资产重组完成相关批准程序后，应当及时实施重组方案，并于实施完毕之日起三个工作日内编制实施情况报告书，向证券交易所提交书面报告，并予以公告。

上市公司聘请的独立财务顾问和律师事务所应当对重大资产重组的实施过程、资产过户事宜和相关后续事项的合规性及风险进行核查，发表明确的结论性意见。独立财务顾问和律师事务所出具的意见应当与实施情况报告书同时报告、公告。

**第三十三条** 自完成相关批准程序之日起六十日内，本次重大资产重组未实施完毕的，上市公司应当于期满后次一工作日将实施进展情况报告，并予以公告；此后每三十日应当公告一次，直至实施完毕。属于本办法第四十四条规定的交易情形的，自收到中国证监会注册文件之日起超过十二个月未实施完毕的，注册文件失效。

**第三十四条** 上市公司在实施重大资产重组的过程中，发生法律、法规要求披露的重大事项的，应当及时作出公告；该事项导致本次交易发生实质性变动的，须重新提交股东大会审议，涉及发行股份购买资产的，还须按照本办法的规定向证券交易所重新提出申请。

**第三十五条** 采取收益现值法、假设开发法等基于未来收益预期的方法对拟购买资产进行评估或者估值并作为定价参考依据的，上市公司应当在重大资产重组实施完毕后三年内的年度报告中单独披露相关资产的实际盈利数与利润预测数的差异情况，并由会计师事务所对此出具专项审核意见；交易对方应当与上市公司就相关资产实际盈利数不足利润预测数的情况签订明确可行的补偿协议。

预计本次重大资产重组将摊薄上市公司当年每股收益的，上市公司应当提出填补每股收益的具体措施，并将相关议案提交董事会和股东大会进行表决。负责落实该等具体措施的相关责任主体应当公开承诺，保证切实履行其义务和责任。

上市公司向控股股东、实际控制人或者其控制的关联人之外的特定对象购买资产且未导致控制权发生变更的，不适用前两款规定，上市公司与交易对方可以根据市场化原则，自主协商是否采取业绩补偿和每股收益填补措施及相关具体安排。

**第三十六条** 上市公司重大资产重组发生下列情形的，独立财务顾问应当及时出具核查意见，并予以公告：

（一）上市公司完成相关批准程序前，对交易对象、交易标的、交易价格等作出变更，构成对原重组方案重大调整，或者因发生重大事项导致原重组方案发生实质性变动的；

（二）上市公司完成相关批准程序后，在实施重组过程中发生重大事项，导致原重组方案发生实质性变动的。

**第三十七条**　独立财务顾问应当按照中国证监会的相关规定，以及证券交易所的相关规则，对实施重大资产重组的上市公司履行持续督导职责。持续督导的期限自本次重大资产重组实施完毕之日起，应当不少于一个会计年度。实施本办法第十三条规定的重大资产重组，持续督导的期限自本次重大资产重组实施完毕之日起，应当不少于三个会计年度。持续督导期限届满后，仍存在尚未完结的督导事项的，独立财务顾问应当就相关事项继续履行持续督导职责。

**第三十八条**　独立财务顾问应当结合上市公司重大资产重组当年和实施完毕后的第一个会计年度的年报，自年报披露之日起十五日内，对重大资产重组实施的下列事项出具持续督导意见，并予以公告：

（一）交易资产的交付或者过户情况；

（二）交易各方当事人承诺的履行情况；

（三）已公告的盈利预测或者利润预测的实现情况；

（四）管理层讨论与分析部分提及的各项业务的发展现状，以及上市公司对所购买资产整合管控安排的执行情况；

（五）公司治理结构与运行情况；

（六）与已公布的重组方案存在差异的其他事项。

独立财务顾问还应当结合本办法第十三条规定的重大资产重组实施完毕后的第二、第三个会计年度的年报，自年报披露之日起十五日内，对前款第（二）至（六）项事项出具持续督导意见，并予以公告。

## 第四章　重大资产重组的信息管理

**第三十九条**　上市公司筹划、实施重大资产重组，相关信息披露义务人应当公平地向所有投资者披露可能对上市公司股票交易价格产生较大影响的相关信息（以下简称股价敏感信息），不得提前泄露。

**第四十条**　上市公司的股东、实际控制人以及参与重大资产重组筹划、论证、决策等环节的其他相关机构和人员，应当做好保密工作。对于依法应当披露的信息，应当及时通知上市公司，并配合上市公司及时、准确、完整地进行披露。相关信息发生泄露的，应当立即通知上市公司，并督促上市公司依法披露。

**第四十一条**　上市公司及其董事、监事、高级管理人员，重大资产重组的交易对方及其关联方，交易对方及其关联方的董事、监事、高级管理人员或者主要负责人，交易各方聘请的证券服务机构及其从业人员，参与重大资产重组筹划、论证、决策、审批等环节的相关机构和人员，以及因直系亲属关系、提供服务和业务往来等知悉或者可能知悉股价敏感信息的其他相关机构和人员，在重大资产重组的股价敏感信息依法披露前负有保密义务,禁止利用该信息进行内幕交易。

**第四十二条** 上市公司筹划重大资产重组事项,应当详细记载筹划过程中每一具体环节的进展情况,包括商议相关方案、形成相关意向、签署相关协议或者意向书的具体时间、地点、参与机构和人员、商议和决议内容等,制作书面的交易进程备忘录并予以妥当保存。参与每一具体环节的所有人员应当即时在备忘录上签名确认。

上市公司筹划发行股份购买资产,可以按照证券交易所的有关规定申请停牌。上市公司不申请停牌的,应当就本次交易做好保密工作,在发行股份购买资产预案、发行股份购买资产报告书披露前,不得披露所筹划交易的相关信息。信息已经泄露的,上市公司应当立即披露发行股份购买资产预案、发行股份购买资产报告书,或者申请停牌。

上市公司筹划不涉及发行股份的重大资产重组,应当分阶段披露相关情况,不得申请停牌。

上市公司股票交易价格因重大资产重组的市场传闻发生异常波动时,上市公司应当及时核实有无影响上市公司股票交易价格的重组事项并予以澄清,不得以相关事项存在不确定性为由不履行信息披露义务。

## 第五章 发行股份购买资产

**第四十三条** 上市公司发行股份购买资产,应当符合下列规定:

(一)充分说明并披露本次交易有利于提高上市公司资产质量、改善财务状况和增强持续经营能力,有利于上市公司减少关联交易、避免同业竞争、增强独立性;

(二)上市公司最近一年及一期财务会计报告被会计师事务所出具无保留意见审计报告;被出具保留意见、否定意见或者无法表示意见的审计报告的,须经会计师事务所专项核查确认,该保留意见、否定意见或者无法表示意见所涉及事项的重大影响已经消除或者将通过本次交易予以消除;

(三)上市公司及其现任董事、高级管理人员不存在因涉嫌犯罪正被司法机关立案侦查或涉嫌违法违规正被中国证监会立案调查的情形。但是,涉嫌犯罪或违法违规的行为已经终止满三年,交易方案有助于消除该行为可能造成的不良后果,且不影响对相关行为人追究责任的除外;

(四)充分说明并披露上市公司发行股份所购买的资产为权属清晰的经营性资产,并能在约定期限内办理完毕权属转移手续;

(五)中国证监会规定的其他条件。

上市公司为促进行业的整合、转型升级,在其控制权不发生变更的情况下,可以向控股股东、实际控制人或者其控制的关联人之外的特定对象发行股份购买资产。所购买资产与现有主营业务没有显著协同效应的,应当充分说明并披露本次交易后的经营发展战略和业务管理模式,以及业务转型升级可能面临的风险和应对措施。

特定对象以现金或者资产认购上市公司发行的股份后,上市公司用同一次发行所募集的资金向该特定对象购买资产的,视同上市公司发行股份购买资产。

**第四十四条** 上市公司发行股份购买资产的,可以同时募集部分配套资金,其定价方式按照相关规定办理。

上市公司发行股份购买资产应当遵守本办法关于重大资产重组的规定,编制发行股份购买资产预案、发行股份购买资产报告书,并向证券交易所提出申请。

**第四十五条** 上市公司发行股份的价格不得低于市场参考价的百分之八十。市场参考价为本次发行股份购买资产的董事会决议公告日前二十个交易日、六十个交易日或者一百二十个交易日的公司股票交易均价之一。本次发行股份购买资产的董事会决议应当说明市场参考价的选择依据。

前款所称交易均价的计算公式为:董事会决议公告日前若干个交易日公司股票交易均价=决议公告日前若干个交易日公司股票交易总额/决议公告日前若干个交易日公司股票交易总量。

本次发行股份购买资产的董事会决议可以明确,在中国证监会注册前,上市公司的股票价格相比最初确定的发行价格发生重大变化的,董事会可以按照已经设定的调整方案对发行价格进行一次调整。

前款规定的发行价格调整方案应当明确、具体、可操作,详细说明是否相应调整拟购买资产的定价、发行股份数量及其理由,在首次董事会决议公告时充分披露,并按照规定提交股东大会审议。股东大会作出决议后,董事会按照已经设定的方案调整发行价格的,上市公司无需按照本办法第二十九条的规定向证券交易所重新提出申请。

**第四十六条** 特定对象以资产认购而取得的上市公司股份,自股份发行结束之日起十二个月内不得转让;属于下列情形之一的,三十六个月内不得转让:

(一)特定对象为上市公司控股股东、实际控制人或者其控制的关联人;

(二)特定对象通过认购本次发行的股份取得上市公司的实际控制权;

(三)特定对象取得本次发行的股份时,对其用于认购股份的资产持续拥有权益的时间不足十二个月。

属于本办法第十三条第一款规定的交易情形的,上市公司原控股股东、原实际控制人及其控制的关联人,以及在交易过程中从该等主体直接或间接受让该上市公司股份的特定对象应当公开承诺,在本次交易完成后三十六个月内不转让其在该上市公司中拥有权益的股份;除收购人及其关联人以外的特定对象应当公开承诺,其以资产认购而取得的上市公司股份自股份发行结束之日起二十四个月内不得转让。

**第四十七条** 上市公司发行股份购买资产导致特定对象持有或者控制的股份达到法定比例的,应当按照《上市公司收购管理办法》的规定履行相关义务。

上市公司向控股股东、实际控制人或者其控制的关联人发行股份购买资产,或者发行股份购买资产将导致上市公司实际控制权发生变更的,认购股份的特定对象应当在发行股份购买资产报告书中公开承诺：本次交易完成后六个月内如上市公司股票连续二十个交易日的收盘价低于发行价，或者交易完成后六个月期末收盘价低于发行价的，其持有公司股票的锁定期自动延长至少六个月。

前款规定的特定对象还应当在发行股份购买资产报告书中公开承诺：如本次交易因涉嫌所提供或披露的信息存在虚假记载、误导性陈述或者重大遗漏，被司法机关立案侦查或者被中国证监会立案调查的，在案件调查结论明确以前，不转让其在该上市公司拥有权益的股份。

**第四十八条** 中国证监会对上市公司发行股份购买资产的申请作出予以注册的决定后，上市公司应当及时实施。向特定对象购买的相关资产过户至上市公司后，上市公司聘请的独立财务顾问和律师事务所应当对资产过户事宜和相关后续事项的合规性及风险进行核查，并发表明确意见。上市公司应当在相关资产过户完成后三个工作日内就过户情况作出公告，公告中应当包括独立财务顾问和律师事务所的结论性意见。

上市公司完成前款规定的公告、报告后，可以到证券交易所、证券登记结算机构为认购股份的特定对象申请办理证券登记手续。

**第四十九条** 换股吸收合并涉及上市公司的，上市公司的股份定价及发行按照本办法有关规定执行。

上市公司发行优先股用于购买资产或者与其他公司合并，中国证监会另有规定的，从其规定。

上市公司可以向特定对象发行可转换为股票的公司债券、定向权证、存托凭证等用于购买资产或者与其他公司合并。

## 第六章 监督管理和法律责任

**第五十条** 未依照本办法的规定履行相关义务或者程序，擅自实施重大资产重组的，由中国证监会责令改正，并可以采取监管谈话、出具警示函等监管措施；情节严重的，可以责令暂停或者终止重组活动，处以警告、罚款，并可以对有关责任人员采取证券市场禁入的措施。

擅自实施本办法第十三条第一款规定的重大资产重组，交易尚未完成的，中国证监会责令上市公司暂停重组活动、补充披露相关信息，涉及发行股份的，按照本办法规定报送注册申请文件；交易已经完成的，可以处以警告、罚款，并对有关责任人员采取证券市场禁入的措施；涉嫌犯罪的，依法移送司法机关追究刑事责任。

上市公司重大资产重组因定价显失公允、不正当利益输送等问题损害上市公司、投资者合法权益的，由中国证监会责令改正，并可以采取监管谈话、出具警示函等监管措施；情节严重的，可以责令暂停或者终止重组活动，处以警告、罚款，并可以对有关责任人员采取证券市场禁入的措施。

**第五十一条** 上市公司或者其他信息披露义务人未按照本办法规定报送重大资产重组有关

报告或者履行信息披露义务的，由中国证监会责令改正，依照《证券法》第一百九十七条予以处罚；情节严重的，可以责令暂停或者终止重组活动，并可以对有关责任人员采取证券市场禁入的措施；涉嫌犯罪的，依法移送司法机关追究刑事责任。

上市公司控股股东、实际控制人组织、指使从事前款违法违规行为，或者隐瞒相关事项导致发生前款情形的，依照《证券法》第一百九十七条予以处罚；情节严重的，可以责令暂停或者终止重组活动，并可以对有关责任人员采取证券市场禁入的措施；涉嫌犯罪的，依法移送司法机关追究刑事责任。

重大资产重组的交易对方未及时向上市公司或者其他信息披露义务人提供信息的，按照第一款规定执行。

**第五十二条** 上市公司或者其他信息披露义务人报送的报告或者披露的信息存在虚假记载、误导性陈述或者重大遗漏的，由中国证监会责令改正，依照《证券法》第一百九十七条予以处罚；情节严重的，可以责令暂停或者终止重组活动，并可以对有关责任人员采取证券市场禁入的措施；涉嫌犯罪的，依法移送司法机关追究刑事责任。

上市公司的控股股东、实际控制人组织、指使从事前款违法违规行为，或者隐瞒相关事项导致发生前款情形的，依照《证券法》第一百九十七条予以处罚；情节严重的，可以责令暂停或者终止重组活动，并可以对有关责任人员采取证券市场禁入的措施；涉嫌犯罪的，依法移送司法机关追究刑事责任。

重大资产重组的交易对方提供的信息有虚假记载、误导性陈述或者重大遗漏的，按照第一款规定执行。

**第五十三条** 上市公司发行股份购买资产，在其公告的有关文件中隐瞒重要事实或者编造重大虚假内容的，中国证监会依照《证券法》第一百八十一条予以处罚。

上市公司的控股股东、实际控制人组织、指使从事前款违法行为的，中国证监会依照《证券法》第一百八十一条予以处罚。

**第五十四条** 重大资产重组涉嫌本办法第五十条、第五十一条、第五十二条、第五十三条规定情形的，中国证监会可以责令上市公司作出公开说明、聘请独立财务顾问或者其他证券服务机构补充核查并披露专业意见，在公开说明、披露专业意见之前，上市公司应当暂停重组活动；上市公司涉嫌前述情形被司法机关立案侦查或者被中国证监会立案调查的，在案件调查结论明确之前应当暂停重组活动。

涉嫌本办法第五十一条、第五十二条、第五十三条规定情形，被司法机关立案侦查或者被中国证监会立案调查的，有关单位和个人应当严格遵守其所作的公开承诺，在案件调查结论明确之前，不得转让其在该上市公司拥有权益的股份。

**第五十五条** 上市公司董事、监事和高级管理人员未履行诚实守信、勤勉尽责义务，或者上市公司的股东、实际控制人及其有关负责人员未按照本办法的规定履行相关义务，导致重组方案损害上市公司利益的，由中国证监会责令改正，并可以采取监管谈话、出具警示函等监管措施；情节严重的，处以警告、罚款，并可以对有关责任人员采取证券市场禁入的措施；涉嫌犯罪的，依法移送司法机关追究刑事责任。

**第五十六条** 为重大资产重组出具独立财务顾问报告、审计报告、法律意见书、资产评估报告、估值报告及其他专业文件的证券服务机构及其从业人员未履行诚实守信、勤勉尽责义务，违反中国证监会的有关规定、行业规范、业务规则，或者未依法履行报告和公告义务、持续督导义务的，由中国证监会责令改正，并可以采取监管谈话、出具警示函、责令公开说明、责令定期报告等监管措施；情节严重的，依法追究法律责任，并可以对有关责任人员采取证券市场禁入的措施。

前款规定的证券服务机构及其从业人员所制作、出具的文件存在虚假记载、误导性陈述或者重大遗漏的，由中国证监会责令改正，依照《证券法》第二百一十三条予以处罚；情节严重的，可以采取证券市场禁入的措施；涉嫌犯罪的，依法移送司法机关追究刑事责任。

**第五十七条** 重大资产重组实施完毕后，凡因不属于上市公司管理层事前无法获知且事后无法控制的原因，上市公司所购买资产实现的利润未达到资产评估报告或者估值报告预测金额的百分之八十，或者实际运营情况与重大资产重组报告书中管理层讨论与分析部分存在较大差距，以及上市公司实现的利润未达到盈利预测报告预测金额的百分之八十的，上市公司的董事长、总经理以及对此承担相应责任的会计师事务所、独立财务顾问、资产评估机构、估值机构及其从业人员应当在上市公司披露年度报告的同时，在同一媒体上作出解释，并向投资者公开道歉；实现利润未达到预测金额百分之五十的，中国证监会可以对上市公司、相关机构及其责任人员采取监管谈话、出具警示函、责令定期报告等监管措施。

交易对方超期未履行或者违反业绩补偿协议、承诺的，由中国证监会责令改正，并可以采取监管谈话、出具警示函、责令公开说明等监管措施，将相关情况记入诚信档案；情节严重的，可以对有关责任人员采取证券市场禁入的措施。

**第五十八条** 任何知悉重大资产重组信息的人员在相关信息依法公开前，泄露该信息、买卖或者建议他人买卖相关上市公司证券、利用重大资产重组散布虚假信息、操纵证券市场或者进行欺诈活动的，中国证监会依照《证券法》第一百九十一条、第一百九十二条、第一百九十三条予以处罚；涉嫌犯罪的，依法移送司法机关追究刑事责任。

## 第七章 附　　则

**第五十九条** 中国证监会对证券交易所相关板块上市公司重大资产重组另有规定的，从其规定，关于注册时限的规定适用本办法。

**第六十条** 实施重大资产重组的上市公司为创新试点红筹企业，或者上市公司拟购买资产涉及创新试点红筹企业的，在计算本办法规定的重大资产重组认定标准等监管指标时，应当采用根据中国企业会计准则编制或者调整的财务数据。

上市公司中的创新试点红筹企业实施重大资产重组,可以按照境外注册地法律法规和公司章程履行内部决策程序,并及时披露重大资产重组报告书、独立财务顾问报告、法律意见书以及重组涉及的审计报告、资产评估报告或者估值报告。

**第六十一条**　本办法自公布之日起施行。

# 公司债券发行与交易管理办法

1. 2023年10月20日中国证券监督管理委员会令第222号公布
2. 自公布之日起施行

## 第一章　总　　则

**第一条**　为了规范公司债券(含企业债券)的发行、交易或转让行为,保护投资者的合法权益和社会公共利益,根据《证券法》《公司法》和其他相关法律法规,制定本办法。

**第二条**　在中华人民共和国境内,公开发行公司债券并在证券交易所、全国中小企业股份转让系统交易,非公开发行公司债券并在证券交易所、全国中小企业股份转让系统、证券公司柜台转让的,适用本办法。法律法规和中国证券监督管理委员会(以下简称中国证监会)另有规定的,从其规定。本办法所称公司债券,是指公司依照法定程序发行、约定在一定期限还本付息的有价证券。

**第三条**　公司债券可以公开发行,也可以非公开发行。

**第四条**　发行人及其他信息披露义务人应当及时、公平地履行披露义务,所披露或者报送的信息必须真实、准确、完整,简明清晰,通俗易懂,不得有虚假记载、误导性陈述或者重大遗漏。

**第五条**　发行人及其控股股东、实际控制人、董事、监事、高级管理人员应当诚实守信、勤勉尽责,维护债券持有人享有的法定权利和债券募集说明书约定的权利。

发行人及其控股股东、实际控制人、董事、监事、高级管理人员不得怠于履行偿债义务或者通过财产转移、关联交易等方式逃废债务,故意损害债券持有人权益。

**第六条**　为公司债券发行提供服务的承销机构、受托管理人,以及资信评级机构、会计师事务所、资产评估机构、律师事务所等专业机构和人员应当勤勉尽责,严格遵守执业规范和监管规则,按规定和约定履行义务。

发行人及其控股股东、实际控制人应当全面配合承销机构、受托管理人、证券服务机构的相关工作,及时提供资料,并确保内容真实、准确、完整。

**第七条**　发行人、承销机构及其相关工作人员在发行定价和配售过程中,不得有违反公平竞争、进行利益输送、直接或间接谋取不正当利益以及其他破坏市场秩序的行为。

**第八条** 中国证监会对公司债券发行的注册，证券交易所对公司债券发行出具的审核意见，或者中国证券业协会按照本办法对公司债券发行的报备，不表明其对发行人的经营风险、偿债风险、诉讼风险以及公司债券的投资风险或收益等作出判断或者保证。公司债券的投资风险，由投资者自行承担。

**第九条** 中国证监会依法对公司债券的发行及其交易或转让活动进行监督管理。证券自律组织依照相关规定对公司债券的发行、上市交易或挂牌转让、登记结算、承销、尽职调查、信用评级、受托管理及增信等进行自律管理。

证券自律组织应当制定相关业务规则，明确公司债券发行、承销、报备、上市交易或挂牌转让、信息披露、登记结算、投资者适当性管理、持有人会议及受托管理等具体规定，报中国证监会批准或备案。

## 第二章 发行和交易转让的一般规定

**第十条** 发行公司债券，发行人应当依照《公司法》或者公司章程相关规定对以下事项作出决议：

（一）发行债券的金额；

（二）发行方式；

（三）债券期限；

（四）募集资金的用途；

（五）其他按照法律法规及公司章程规定需要明确的事项。

发行公司债券，如果对增信机制、偿债保障措施作出安排的，也应当在决议事项中载明。

**第十一条** 发行公司债券，可以附认股权、可转换成相关股票等条款。上市公司、股票公开转让的非上市公众公司股东可以发行附可交换成上市公司或非上市公众公司股票条款的公司债券。商业银行等金融机构可以按照有关规定发行公司债券补充资本。上市公司发行附认股权、可转换成股票条款的公司债券，应当符合上市公司证券发行管理的相关规定。股票公开转让的非上市公众公司发行附认股权、可转换成股票条款的公司债券，由中国证监会另行规定。

**第十二条** 根据财产状况、金融资产状况、投资知识和经验、专业能力等因素，公司债券投资者可以分为普通投资者和专业投资者。专业投资者的标准按照中国证监会的相关规定执行。

证券自律组织可以在中国证监会相关规定的基础上，设定更为严格的投资者适当性要求。

发行人的董事、监事、高级管理人员及持股比例超过百分之五的股东，可视同专业投资者参与发行人相关公司债券的认购或交易、转让。

**第十三条** 公开发行公司债券筹集的资金，必须按照公司债券募集说明书所列资金用途使用；改变资金用途，必须经债券持有人会议作出决议。非公开发行公司债券，募集资金应当用于约定的用途;改变资金用途,应当履行募集说明书约定的程序。

鼓励公开发行公司债券的募集资金投向符合国家宏观调控政策和产业政策的项目建设。

公开发行公司债券筹集的资金,不得用于弥补亏损和非生产性支出。发行人应当指定专项账户,用于公司债券募集资金的接收、存储、划转。

## 第三章 公开发行及交易

### 第一节 注 册 规 定

**第十四条** 公开发行公司债券,应当符合下列条件:

(一)具备健全且运行良好的组织机构;

(二)最近三年平均可分配利润足以支付公司债券一年的利息;

(三)具有合理的资产负债结构和正常的现金流量;

(四)国务院规定的其他条件。

公开发行公司债券,由证券交易所负责受理、审核,并报中国证监会注册。

**第十五条** 存在下列情形之一的,不得再次公开发行公司债券:

(一)对已公开发行的公司债券或者其他债务有违约或者延迟支付本息的事实,仍处于继续状态;

(二)违反《证券法》规定,改变公开发行公司债券所募资金用途。

**第十六条** 资信状况符合以下标准的公开发行公司债券,专业投资者和普通投资者可以参与认购:

(一)发行人最近三年无债务违约或者延迟支付本息的事实;

(二)发行人最近三年平均可分配利润不少于债券一年利息的1.5倍;

(三)发行人最近一期末净资产规模不少于250亿元;

(四)发行人最近36个月内累计公开发行债券不少于3期,发行规模不少于100亿元;

(五)中国证监会根据投资者保护的需要规定的其他条件。

未达到前款规定标准的公开发行公司债券,仅限于专业投资者参与认购。

### 第二节 注 册 程 序

**第十七条** 发行人公开发行公司债券,应当按照中国证监会有关规定制作注册申请文件,由发行人向证券交易所申报。证券交易所收到注册申请文件后,在五个工作日内作出是否受理的决定。

**第十八条** 自注册申请文件受理之日起,发行人及其控股股东、实际控制人、董事、监事、高级管理人员,以及与本次债券公开发行并上市相关的主承销商、证券服务机构及相关责任人员,即承担相应法律责任。

**第十九条** 注册申请文件受理后，未经中国证监会或者证券交易所同意，不得改动。

发生重大事项的，发行人、主承销商、证券服务机构应当及时向证券交易所报告，并按要求更新注册申请文件和信息披露资料。

**第二十条** 证券交易所负责审核发行人公开发行公司债券并上市申请。

证券交易所主要通过向发行人提出审核问询、发行人回答问题方式开展审核工作，判断发行人是否符合发行条件、上市条件和信息披露要求。

**第二十一条** 证券交易所按照规定的条件和程序，提出审核意见。认为发行人符合发行条件和信息披露要求的，将审核意见、注册申请文件及相关审核资料报送中国证监会履行发行注册程序。认为发行人不符合发行条件或信息披露要求的，作出终止发行上市审核决定。

**第二十二条** 证券交易所应当建立健全审核机制，强化质量控制，提高审核工作透明度，公开审核工作相关事项，接受社会监督。

证券交易所在审核中发现申报文件涉嫌虚假记载、误导性陈述或者重大遗漏的，可以对发行人进行现场检查，对相关主承销商、证券服务机构执业质量开展延伸检查。

**第二十三条** 中国证监会收到证券交易所报送的审核意见、发行人注册申请文件及相关审核资料后，履行发行注册程序。中国证监会认为存在需要进一步说明或者落实事项的，可以问询或要求证券交易所进一步问询。

中国证监会认为证券交易所的审核意见依据不充分的，可以退回证券交易所补充审核。

**第二十四条** 证券交易所应当自受理注册申请文件之日起二个月内出具审核意见，中国证监会应当自证券交易所受理注册申请文件之日起三个月内作出同意注册或者不予注册的决定。发行人根据中国证监会、证券交易所要求补充、修改注册申请文件的时间不计算在内。

**第二十五条** 公开发行公司债券，可以申请一次注册，分期发行。中国证监会同意注册的决定自作出之日起两年内有效，发行人应当在注册决定有效期内发行公司债券，并自主选择发行时点。

公开发行公司债券的募集说明书自最后签署之日起六个月内有效。发行人应当及时更新债券募集说明书等公司债券发行文件，并在每期发行前报证券交易所备案。

**第二十六条** 中国证监会作出注册决定后，主承销商及证券服务机构应当持续履行尽职调查职责；发生重大事项的，发行人、主承销商、证券服务机构应当及时向证券交易所报告。

证券交易所应当对上述事项及时处理，发现发行人存在重大事项影响发行条件、上市条件的，应当出具明确意见并及时向中国证监会报告。

**第二十七条** 中国证监会作出注册决定后、发行人公司债券上市前，发现可能影响本次发行的重大事项的，中国证监会可以要求发行人暂缓或者暂停发行、上市；相关重大事项导致发行人不符合发行条件的，可以撤销注册。

中国证监会撤销注册后，公司债券尚未发行的，发行人应当停止发行；公司债券已经发行尚未上市的，发行人应当按照发行价并加算银行同期存款利息返还债券持有人。

**第二十八条**　中国证监会应当按规定公开公司债券发行注册行政许可事项相关的监管信息。

**第二十九条**　存在下列情形之一的，发行人、主承销商、证券服务机构应当及时书面报告证券交易所或者中国证监会，证券交易所或者中国证监会应当中止相应发行上市审核程序或者发行注册程序：

（一）发行人因涉嫌违法违规被行政机关调查，或者被司法机关侦查，尚未结案，对其公开发行公司债券行政许可影响重大；

（二）发行人的主承销商，以及律师事务所、会计师事务所、资信评级机构等证券服务机构被中国证监会依法采取限制业务活动、责令停业整顿、指定其他机构托管、接管等监管措施，或者被证券交易所实施一定期限内不接受其出具的相关文件的纪律处分，尚未解除；

（三）发行人的主承销商，以及律师事务所、会计师事务所、资信评级机构等证券服务机构签字人员被中国证监会依法采取限制从事证券服务业务等监管措施或者证券市场禁入的措施，或者被证券交易所实施一定期限内不接受其出具的相关文件的纪律处分，尚未解除；

（四）发行人或主承销商主动要求中止发行上市审核程序或者发行注册程序，理由正当且经证券交易所或者中国证监会批准；

（五）中国证监会或证券交易所规定的其他情形。

中国证监会、证券交易所根据发行人、主承销商申请，决定中止审核的，待相关情形消失后，发行人、主承销商可以向中国证监会、证券交易所申请恢复审核。中国证监会、证券交易所依据相关规定中止审核的，待相关情形消失后，中国证监会、证券交易所按规定恢复审核。

**第三十条**　存在下列情形之一的，证券交易所或者中国证监会应当终止相应发行上市审核程序或者发行注册程序，并向发行人说明理由：

（一）发行人主动要求撤回申请或主承销商申请撤回所出具的核查意见；

（二）发行人未在要求的期限内对注册申请文件作出解释说明或者补充、修改；

（三）注册申请文件存在虚假记载、误导性陈述或重大遗漏；

（四）发行人阻碍或者拒绝中国证监会、证券交易所依法对发行人实施检查、核查；

（五）发行人及其关联方以不正当手段严重干扰发行上市审核或者发行注册工作；

（六）发行人法人资格终止；

（七）发行人注册申请文件内容存在重大缺陷，严重影响投资者理解和发行上市审核或者发行注册工作；

（八）发行人中止发行上市审核程序超过证券交易所规定的时限或者中止发行注册程序超过六个月仍未恢复；

（九）证券交易所认为发行人不符合发行条件或信息披露要求；

（十）中国证监会或证券交易所规定的其他情形。

### 第三节　交　　易

**第三十一条**　公开发行的公司债券，应当在证券交易场所交易。

公开发行公司债券并在证券交易场所交易的，应当符合证券交易场所规定的上市、挂牌条件。

**第三十二条**　证券交易场所应当对公开发行公司债券的上市交易实施分类管理，实行差异化的交易机制，建立相应的投资者适当性管理制度，健全风险控制机制。证券交易场所应当根据债券资信状况的变化及时调整交易机制和投资者适当性安排。

**第三十三条**　公开发行公司债券申请上市交易的，应当在发行前根据证券交易场所的相关规则，明确交易机制和交易环节投资者适当性安排。发行环节和交易环节的投资者适当性要求应当保持一致。

## 第四章　非公开发行及转让

**第三十四条**　非公开发行的公司债券应当向专业投资者发行，不得采用广告、公开劝诱和变相公开方式，每次发行对象不得超过二百人。

**第三十五条**　承销机构应当按照中国证监会、证券自律组织规定的投资者适当性制度，了解和评估投资者对非公开发行公司债券的风险识别和承担能力，确认参与非公开发行公司债券认购的投资者为专业投资者，并充分揭示风险。

**第三十六条**　非公开发行公司债券，承销机构或依照本办法第三十九条规定自行销售的发行人应当在每次发行完成后五个工作日内向中国证券业协会报备。

中国证券业协会在材料齐备时应当及时予以报备。报备不代表中国证券业协会实行合规性审查，不构成市场准入，也不豁免相关主体的违规责任。

**第三十七条**　非公开发行公司债券，可以申请在证券交易场所、证券公司柜台转让。

非公开发行公司债券并在证券交易场所转让的，应当遵守证券交易场所制定的业务规则，并经证券交易场所同意。

非公开发行公司债券并在证券公司柜台转让的，应当符合中国证监会的相关规定。

**第三十八条**　非公开发行的公司债券仅限于专业投资者范围内转让。转让后，持有同次发行债券的投资者合计不得超过二百人。

## 第五章　发行与承销管理

**第三十九条**　发行公司债券应当依法由具有证券承销业务资格的证券公司承销。

取得证券承销业务资格的证券公司、中国证券金融股份有限公司非公开发行公司债券可以自行销售。

**第四十条**　承销机构承销公司债券，应当依据本办法以及中国证监会、中国证券业协会有关风险管理和内部控制等相关规定，制定严格的风险管理和内部控制制度，明确操作规程，保证人员配备，加强定价和配售等过程管理，有效控制业务风险。

承销机构应当建立健全内部问责机制，相关业务人员因违反公司债券相关规定被采取自律监管措施、自律处分、行政监管措施、市场禁入措施、行政处罚、刑事处罚等的，承销机构应当进行内部问责。

承销机构应当制定合理的薪酬考核体系，不得以业务包干等承包方式开展公司债券承销业务，或者以其他形式实施过度激励。

承销机构应当综合评估项目执行成本与风险责任，合理确定报价，不得以明显低于行业定价水平等不正当竞争方式招揽业务。

**第四十一条**　主承销商应当遵守业务规则和行业规范，诚实守信、勤勉尽责、保持合理怀疑，按照合理性、必要性和重要性原则，对公司债券发行文件的真实性、准确性和完整性进行审慎核查，并有合理谨慎的理由确信发行文件披露的信息不存在虚假记载、误导性陈述或者重大遗漏。

主承销商对公司债券发行文件中证券服务机构出具专业意见的重要内容存在合理怀疑的，应当履行审慎核查和必要的调查、复核工作，排除合理怀疑。证券服务机构应当配合主承销商的相关核查工作。

**第四十二条**　承销机构承销公司债券，应当依照《证券法》相关规定采用包销或者代销方式。

**第四十三条**　发行人和主承销商应当签订承销协议，在承销协议中界定双方的权利义务关系，约定明确的承销基数。采用包销方式的，应当明确包销责任。组成承销团的承销机构应当签订承销团协议，由主承销商负责组织承销工作。公司债券发行由两家以上承销机构联合主承销的，所有担任主承销商的承销机构应当共同承担主承销责任，履行相关义务。承销团由三家以上承销机构组成的，可以设副主承销商，协助主承销商组织承销活动。承销团成员应当按照承销团协议及承销协议的约定进行承销活动，不得进行虚假承销。

**第四十四条**　公司债券公开发行的价格或利率以询价或公开招标等市场化方式确定。发行人和主承销商应当协商确定公开发行的定价与配售方案并予公告，明确价格或利率确定原则、发行定价流程和配售规则等内容。

**第四十五条**　发行人及其控股股东、实际控制人、董事、监事、高级管理人员和承销机构不得操纵发行定价、暗箱操作；不得以代持、信托等方式谋取不正当利益或向其他相关利益主体输送利益；不得直接或通过其利益相关方向参与认购的投资者提供财务资助；不得有其他违反公平竞争、破坏市场秩序等行为。

发行人不得在发行环节直接或间接认购其发行的公司债券。发行人的董事、监事、高级管理人员、持股比例超过百分之五的股东及其他关联方认购或交易、转让其发行的公司债券的，应当披露相关情况。

**第四十六条** 公开发行公司债券的，发行人和主承销商应当聘请律师事务所对发行过程、配售行为、参与认购的投资者资质条件、资金划拨等事项进行见证，并出具专项法律意见书。公开发行的公司债券上市后十个工作日内，主承销商应当将专项法律意见、承销总结报告等文件一并报证券交易场所。

**第四十七条** 发行人和承销机构在推介过程中不得夸大宣传，或以虚假广告等不正当手段诱导、误导投资者，不得披露除债券募集说明书等信息以外的发行人其他信息。承销机构应当保留推介、定价、配售等承销过程中的相关资料，并按相关法律法规规定存档备查，包括推介宣传材料、路演现场录音等，如实、全面反映询价、定价和配售过程。相关推介、定价、配售等的备查资料应当按中国证券业协会的规定制作并妥善保管。

**第四十八条** 中国证券业协会应当制定非公开发行公司债券承销业务的风险控制管理规定，根据市场风险状况对承销业务范围进行限制并动态调整。

**第四十九条** 债券募集说明书及其他信息披露文件所引用的审计报告、法律意见书、评级报告及资产评估报告等，应当由符合《证券法》规定的证券服务机构出具。

证券服务机构应当严格遵守法律法规、中国证监会制定的监管规则、执业准则、职业道德守则、证券交易场所制定的业务规则及其他相关规定，建立并保持有效的质量控制体系、独立性管理和投资者保护机制，审慎履行职责，作出专业判断与认定，并对募集说明书或者其他信息披露文件中与其专业职责有关的内容及其出具的文件的真实性、准确性、完整性负责。

证券服务机构及其相关执业人员应当对与本专业相关的业务事项履行特别注意义务，对其他业务事项履行普通注意义务，并承担相应法律责任。

证券服务机构及其执业人员从事证券服务业务应当配合中国证监会的监督管理，在规定的期限内提供、报送或披露相关资料、信息，并保证其提供、报送或披露的资料、信息真实、准确、完整，不得有虚假记载、误导性陈述或者重大遗漏。

证券服务机构应当妥善保存客户委托文件、核查和验证资料、工作底稿以及与质量控制、内部管理、业务经营有关的信息和资料。

## 第六章 信息披露

**第五十条** 发行人及其他信息披露义务人应当按照中国证监会及证券自律组织的相关规定履行信息披露义务。

**第五十一条** 公司债券上市交易的发行人应当按照中国证监会、证券交易所的规定及时披露债券募集说明书，并在债券存续期内披露中期报告和经符合《证券法》规定的会计师事务所审计的年度报告。非公开发行公司债券的发行人信息披露的时点、内容，应当按照募集说明书的约定及证券交易场所的规定履行。

发行人及其控股股东、实际控制人、董事、监事、高级管理人员等作出公开承诺的，应当在募集说明书等文件中披露。

**第五十二条** 公司债券募集资金的用途应当在债券募集说明书中披露。发行人应当在定期报告中披露公开发行公司债券募集资金的使用情况、募投项目进展情况（如涉及）。非公开发行公司债券的，应当在债券募集说明书中约定募集资金使用情况的披露事宜。

**第五十三条** 发行人的董事、高级管理人员应当对公司债券发行文件和定期报告签署书面确认意见。

发行人的监事会应当对董事会编制的公司债券发行文件和定期报告进行审核并提出书面审核意见。监事应当签署书面确认意见。

发行人的董事、监事和高级管理人员应当保证发行人及时、公平地披露信息，所披露的信息真实、准确、完整。

董事、监事和高级管理人员无法保证公司债券发行文件和定期报告内容的真实性、准确性、完整性或者有异议的，应当在书面确认意见中发表意见并陈述理由，发行人应当披露。发行人不予披露的，董事、监事和高级管理人员可以直接申请披露。

**第五十四条** 发生可能对上市交易公司债券的交易价格产生较大影响的重大事件，投资者尚未得知时，发行人应当立即将有关该重大事件的情况向中国证监会、证券交易场所报送临时报告，并予公告，说明事件的起因、目前的状态和可能产生的法律后果。

前款所称重大事件包括：

（一）公司股权结构或者生产经营状况发生重大变化；

（二）公司债券信用评级发生变化；

（三）公司重大资产抵押、质押、出售、转让、报废；

（四）公司发生未能清偿到期债务的情况；

（五）公司新增借款或者对外提供担保超过上年末净资产的百分之二十；

（六）公司放弃债权或者财产超过上年末净资产的百分之十；

（七）公司发生超过上年末净资产百分之十的重大损失；

（八）公司分配股利，作出减资、合并、分立、解散及申请破产的决定，或者依法进入破产程序、被责令关闭；

（九）涉及公司的重大诉讼、仲裁；

（十）公司涉嫌犯罪被依法立案调查，公司的控股股东、实际控制人、董事、监事、高级管理人员涉嫌犯罪被依法采取强制措施；

（十一）募投项目情况发生重大变化，可能影响募集资金投入和使用计划，或者导致项目预期运营收益实现存在较大不确定性；

（十二）中国证监会规定的其他事项。

发行人的控股股东或者实际控制人对重大事件的发生、进展产生较大影响的，应当及时将其知悉的有关情况书面告知发行人，并配合发行人履行信息披露义务。

**第五十五条** 资信评级机构为公开发行公司债券进行信用评级的，应当符合以下规定或约定：

（一）将评级信息告知发行人，并及时向市场公布首次评级报告、定期和不定期跟踪评级报告；

（二）公司债券的期限为一年以上的，在债券有效存续期间，应当每年至少向市场公布一次定期跟踪评级报告；

（三）应充分关注可能影响评级对象信用等级的所有重大因素，及时向市场公布信用等级调整及其他与评级相关的信息变动情况，并向证券交易场所报告。

**第五十六条** 公开发行公司债券的发行人及其他信息披露义务人应当将披露的信息刊登在其证券交易场所的互联网网站和符合中国证监会规定条件的媒体，同时将其置备于公司住所、证券交易场所，供社会公众查阅。

## 第七章　债券持有人权益保护

**第五十七条** 公开发行公司债券的，发行人应当为债券持有人聘请债券受托管理人，并订立债券受托管理协议；非公开发行公司债券的，发行人应当在募集说明书中约定债券受托管理事项。在债券存续期限内，由债券受托管理人按照规定或协议的约定维护债券持有人的利益。

发行人应当在债券募集说明书中约定，投资者认购或持有本期公司债券视作同意债券受托管理协议、债券持有人会议规则及债券募集说明书中其他有关发行人、债券持有人权利义务的相关约定。

**第五十八条** 债券受托管理人由本次发行的承销机构或其他经中国证监会认可的机构担任。债券受托管理人应当为中国证券业协会会员。为本次发行提供担保的机构不得担任本次债券发行的受托管理人。债券受托管理人应当勤勉尽责，公正履行受托管理职责，不得损害债券持有人利益。对于债券受托管理人在履行受托管理职责时可能存在的利益冲突情形及相关风险防范、解决机制，发行人应当在债券募集说明书及债券存续期间的信息披露文件中予以充分披露，并同时在债券受托管理协议中载明。

**第五十九条** 公开发行公司债券的受托管理人应当按规定或约定履行下列职责：

（一）持续关注发行人和保证人的资信状况、担保物状况、增信措施及偿债保障措施的实施情况，出现可能影响债券持有人重大权益的事项时，召集债券持有人会议；

（二）在债券存续期内监督发行人募集资金的使用情况；

（三）对发行人的偿债能力和增信措施的有效性进行全面调查和持续关注，并至少每年向市场公告一次受托管理事务报告；

（四）在债券存续期内持续督导发行人履行信息披露义务；

（五）预计发行人不能偿还债务时，要求发行人追加担保，并可以依法申请法定机关采取财产保全措施；

（六）在债券存续期内勤勉处理债券持有人与发行人之间的谈判或者诉讼事务；

（七）发行人为债券设定担保的，债券受托管理人应在债券发行前或债券募集说明书约定的时间内取得担保的权利证明或其他有关文件，并在增信措施有效期内妥善保管；

（八）发行人不能按期兑付债券本息或出现募集说明书约定的其他违约事件的，可以接受全部或部分债券持有人的委托，以自己名义代表债券持有人提起、参加民事诉讼或者破产等法律程序，或者代表债券持有人申请处置抵质押物。

**第六十条**　非公开发行公司债券的，债券受托管理人应当按照债券受托管理协议的约定履行职责。

**第六十一条**　受托管理人为履行受托管理职责，有权代表债券持有人查询债券持有人名册及相关登记信息、专项账户中募集资金的存储与划转情况。证券登记结算机构应当予以配合。

**第六十二条**　发行公司债券，应当在债券募集说明书中约定债券持有人会议规则。

债券持有人会议规则应当公平、合理。债券持有人会议规则应当明确债券持有人通过债券持有人会议行使权利的范围，债券持有人会议的召集、通知、决策生效条件与决策程序、决策效力范围和其他重要事项。债券持有人会议按照本办法的规定及会议规则的程序要求所形成的决议对全体债券持有人有约束力，债券持有人会议规则另有约定的除外。

**第六十三条**　存在下列情形的，债券受托管理人应当按规定或约定召集债券持有人会议：

（一）拟变更债券募集说明书的约定；

（二）拟修改债券持有人会议规则；

（三）拟变更债券受托管理人或受托管理协议的主要内容；

（四）发行人不能按期支付本息；

（五）发行人减资、合并等可能导致偿债能力发生重大不利变化，需要决定或者授权采取相应措施；

（六）发行人分立、被托管、解散、申请破产或者依法进入破产程序；

（七）保证人、担保物或者其他偿债保障措施发生重大变化；

（八）发行人、单独或合计持有本期债券总额百分之十以上的债券持有人书面提议召开；

（九）发行人管理层不能正常履行职责，导致发行人债务清偿能力面临严重不确定性；

（十）发行人提出债务重组方案的；

（十一）发生其他对债券持有人权益有重大影响的事项。

在债券受托管理人应当召集而未召集债券持有人会议时，单独或合计持有本期债券总额百分之十以上的债券持有人有权自行召集债券持有人会议。

**第六十四条** 发行人可采取内外部增信机制、偿债保障措施，提高偿债能力，控制公司债券风险。内外部增信机制、偿债保障措施包括但不限于下列方式：

（一）第三方担保；

（二）商业保险；

（三）资产抵押、质押担保；

（四）限制发行人债务及对外担保规模；

（五）限制发行人对外投资规模；

（六）限制发行人向第三方出售或抵押主要资产；

（七）设置债券回售条款。

公司债券增信机构可以成为中国证券业协会会员。

**第六十五条** 发行人应当在债券募集说明书中约定构成债券违约的情形、违约责任及其承担方式以及公司债券发生违约后的诉讼、仲裁或其他争议解决机制。

## 第八章 监督管理和法律责任

**第六十六条** 中国证监会建立对证券交易场所公司债券业务监管工作的监督机制，持续关注证券交易场所发行审核、发行承销过程及其他公司债券业务监管情况，并开展定期或不定期检查。中国证监会在检查和抽查过程中发现问题的，证券交易场所应当整改。

证券交易场所应当建立定期报告制度，及时总结公司债券发行审核、发行承销过程及其他公司债券业务监管工作情况，并报告中国证监会。

**第六十七条** 证券交易场所公司债券发行上市审核工作违反本办法规定，有下列情形之一的，由中国证监会责令改正；情节严重的，追究直接责任人员相关责任：

（一）未按审核标准开展公司债券发行上市审核工作；

（二）未按程序开展公司债券发行上市审核工作；

（三）不配合中国证监会对发行上市审核工作、发行承销过程及其他公司债券业务监管工作的检查、抽查，或者不按中国证监会的整改要求进行整改。

**第六十八条** 中国证监会及其派出机构可以依法对发行人以及相关主承销商、受托管理人、证券服务机构等开展检查，检查对象及其工作人员应当配合，保证提供的有关文件和资料真实、准确、完整、及时，不得拒绝、阻碍和隐瞒。

**第六十九条** 违反法律法规及本办法等规定的，中国证监会可以对相关机构和人员采取责令改正、监管谈话、出具警示函、责令公开说明、责令定期报告等相关监管措施；依法应予行政处罚的，依照《证券法》《行政处罚法》等法律法规和中国证监会的有关规定进行处罚；涉嫌犯罪的，依法移送司法机关，追究其刑事责任。

**第七十条** 非公开发行公司债券，发行人及其他信息披露义务人披露的信息存在虚假记载、误导性陈述或者重大遗漏的，中国证监会可以对发行人、其他信息披露义务人及其直接负责的主管人员和其他直接责任人员采取本办法第六十九条规定的相关监管措施；情节严重的，依照《证券法》第一百九十七条予以处罚。

**第七十一条** 非公开发行公司债券，发行人违反本办法第十三条规定的，中国证监会可以对发行人及其直接负责的主管人员和其他直接责任人员采取本办法第六十九条规定的相关监管措施；情节严重的，处以警告、罚款。

**第七十二条** 除中国证监会另有规定外，承销或自行销售非公开发行公司债券未按规定进行报备的，中国证监会可以对承销机构及其直接负责的主管人员和其他直接责任人员采取本办法第六十九条规定的相关监管措施；情节严重的，处以警告、罚款。

**第七十三条** 承销机构在承销公司债券过程中，有下列行为之一的，中国证监会依照《证券法》第一百八十四条予以处罚。

（一）未勤勉尽责，违反本办法第四十一条规定的行为；

（二）以不正当竞争手段招揽承销业务；

（三）从事本办法第四十五条规定禁止的行为；

（四）从事本办法第四十七条规定禁止的行为；

（五）未按本办法及相关规定要求披露有关文件；

（六）未按照事先披露的原则和方式配售公司债券，或其他未依照披露文件实施的行为；

（七）未按照本办法及相关规定要求保留推介、定价、配售等承销过程中相关资料；

（八）其他违反承销业务规定的行为。

**第七十四条** 发行人及其控股股东、实际控制人、债券受托管理人等违反本办法规定，损害债券持有人权益的，中国证监会可以对发行人、发行人的控股股东和实际控制人、受托管理人及其直接负责的主管人员和其他直接责任人员采取本办法第六十九条规定的相关监管措施；情节严重的，处以警告、罚款。

**第七十五条** 发行人及其控股股东、实际控制人、董事、监事、高级管理人员违反本办法第五条第二款的规定，严重损害债券持有人权益的，中国证监会可以依法限制其市场融资等活动，并将其有关信息纳入证券期货市场诚信档案数据库。

## 第九章 附 则

**第七十六条** 发行公司债券并在证券交易场所交易或转让的，应当由中国证券登记结算有限责任公司依法集中统一办理登记结算业务。非公开发行公司债券并在证券公司柜台转让的，可以由中国证券登记结算有限责任公司或者其他依法从事证券登记、结算业务的机构办理。

**第七十七条** 发行公司债券，应当符合地方政府性债务管理的相关规定，不得新增政府债务。

**第七十八条** 证券公司和其他金融机构次级债券的发行、交易或转让,适用本办法。境外注册公司在中国证监会监管的证券交易场所的债券发行、交易或转让,参照适用本办法。

**第七十九条** 本办法所称证券自律组织包括证券交易所、全国中小企业股份转让系统、中国证券登记结算有限责任公司、中国证券业协会以及中国证监会认定的其他自律组织。

本办法所称证券交易场所包括证券交易所、全国中小企业股份转让系统。

**第八十条** 本办法自公布之日起施行。2021 年 2 月 26 日发布的《公司债券发行与交易管理办法》(证监会令第 180 号)同时废止。

# 最高人民法院关于适用《中华人民共和国公司法》若干问题的规定(一)

1. 2006 年 3 月 27 日最高人民法院审判委员会第 1382 次会议通过
2. 根据 2014 年 2 月 17 日最高人民法院审判委员会第 1607 次会议《关于修改关于适用〈中华人民共和国公司法〉若干问题的规定的决定》修正

为正确适用 2005 年 10 月 27 日十届全国人大常委会第十八次会议修订的《中华人民共和国公司法》,对人民法院在审理相关的民事纠纷案件中,具体适用公司法的有关问题规定如下:

**第一条** 公司法实施后,人民法院尚未审结的和新受理的民事案件,其民事行为或事件发生在公司法实施以前的,适用当时的法律法规和司法解释。

**第二条** 因公司法实施前有关民事行为或者事件发生纠纷起诉到人民法院的,如当时的法律法规和司法解释没有明确规定时,可参照适用公司法的有关规定。

**第三条** 原告以公司法第二十二条第二款、第七十四条第二款规定事由,向人民法院提起诉讼时,超过公司法规定期限的,人民法院不予受理。

**第四条** 公司法第一百五十一条规定的 180 日以上连续持股期间,应为股东向人民法院提起诉讼时,已期满的持股时间;规定的合计持有公司百分之一以上股份,是指两个以上股东持股份额的合计。

**第五条** 人民法院对公司法实施前已经终审的案件依法进行再审时,不适用公司法的规定。

**第六条** 本规定自公布之日起实施。

# 最高人民法院关于适用《中华人民共和国公司法》若干问题的规定(二)

1．2008年5月5日最高人民法院审判委员会第1447次会议通过
2．根据2014年2月17日最高人民法院审判委员会第1607次会议《关于修改关于适用〈中华人民共和国公司法〉若干问题的规定的决定》第一次修正
3．根据2020年12月23日最高人民法院审判委员会第1823次会议通过的《最高人民法院关于修改〈最高人民法院关于破产企业国有划拨土地使用权应否列入破产财产等问题的批复〉等二十九件商事类司法解释的决定》第二次修正

为正确适用《中华人民共和国公司法》,结合审判实践,就人民法院审理公司解散和清算案件适用法律问题作出如下规定。

**第一条**　单独或者合计持有公司全部股东表决权百分之十以上的股东,以下列事由之一提起解散公司诉讼,并符合公司法第一百八十二条规定的,人民法院应予受理:

(一)公司持续两年以上无法召开股东会或者股东大会,公司经营管理发生严重困难的;

(二)股东表决时无法达到法定或者公司章程规定的比例,持续两年以上不能做出有效的股东会或者股东大会决议,公司经营管理发生严重困难的;

(三)公司董事长期冲突,且无法通过股东会或者股东大会解决,公司经营管理发生严重困难的;

(四)经营管理发生其他严重困难,公司继续存续会使股东利益受到重大损失的情形。

股东以知情权、利润分配请求权等权益受到损害,或者公司亏损、财产不足以偿还全部债务,以及公司被吊销企业法人营业执照未进行清算等为由,提起解散公司诉讼的,人民法院不予受理。

**第二条**　股东提起解散公司诉讼,同时又申请人民法院对公司进行清算的,人民法院对其提出的清算申请不予受理。人民法院可以告知原告,在人民法院判决解散公司后,依据民法典第七十条、公司法第一百八十三条和本规定第七条的规定,自行组织清算或者另行申请人民法院对公司进行清算。

**第三条**　股东提起解散公司诉讼时,向人民法院申请财产保全或者证据保全的,在股东提供担保且不影响公司正常经营的情形下,人民法院可予以保全。

**第四条** 股东提起解散公司诉讼应当以公司为被告。

原告以其他股东为被告一并提起诉讼的,人民法院应当告知原告将其他股东变更为第三人;原告坚持不予变更的,人民法院应当驳回原告对其他股东的起诉。

原告提起解散公司诉讼应当告知其他股东,或者由人民法院通知其参加诉讼。其他股东或者有关利害关系人申请以共同原告或者第三人身份参加诉讼的,人民法院应予准许。

**第五条** 人民法院审理解散公司诉讼案件,应当注重调解。当事人协商同意由公司或者股东收购股份,或者以减资等方式使公司存续,且不违反法律、行政法规强制性规定的,人民法院应予支持。当事人不能协商一致使公司存续的,人民法院应当及时判决。

经人民法院调解公司收购原告股份的,公司应当自调解书生效之日起六个月内将股份转让或者注销。股份转让或者注销之前,原告不得以公司收购其股份为由对抗公司债权人。

**第六条** 人民法院关于解散公司诉讼作出的判决,对公司全体股东具有法律约束力。

人民法院判决驳回解散公司诉讼请求后,提起该诉讼的股东或者其他股东又以同一事实和理由提起解散公司诉讼的,人民法院不予受理。

**第七条** 公司应当依照民法典第七十条、公司法第一百八十三条的规定,在解散事由出现之日起十五日内成立清算组,开始自行清算。

有下列情形之一,债权人、公司股东、董事或其他利害关系人申请人民法院指定清算组进行清算的,人民法院应予受理:

(一)公司解散逾期不成立清算组进行清算的;

(二)虽然成立清算组但故意拖延清算的;

(三)违法清算可能严重损害债权人或者股东利益的。

**第八条** 人民法院受理公司清算案件,应当及时指定有关人员组成清算组。

清算组成员可以从下列人员或者机构中产生:

(一)公司股东、董事、监事、高级管理人员;

(二)依法设立的律师事务所、会计师事务所、破产清算事务所等社会中介机构;

(三)依法设立的律师事务所、会计师事务所、破产清算事务所等社会中介机构中具备相关专业知识并取得执业资格的人员。

**第九条** 人民法院指定的清算组成员有下列情形之一的,人民法院可以根据债权人、公司股东、董事或其他利害关系人的申请,或者依职权更换清算组成员:

(一)有违反法律或者行政法规的行为;

(二)丧失执业能力或者民事行为能力;

(三)有严重损害公司或者债权人利益的行为。

**第十条** 公司依法清算结束并办理注销登记前,有关公司的民事诉讼,应当以公司的名义进行。

公司成立清算组的，由清算组负责人代表公司参加诉讼；尚未成立清算组的，由原法定代表人代表公司参加诉讼。

**第十一条** 公司清算时，清算组应当按照公司法第一百八十五条的规定，将公司解散清算事宜书面通知全体已知债权人，并根据公司规模和营业地域范围在全国或者公司注册登记地省级有影响的报纸上进行公告。

清算组未按照前款规定履行通知和公告义务，导致债权人未及时申报债权而未获清偿，债权人主张清算组成员对因此造成的损失承担赔偿责任的，人民法院应依法予以支持。

**第十二条** 公司清算时，债权人对清算组核定的债权有异议的，可以要求清算组重新核定。清算组不予重新核定，或者债权人对重新核定的债权仍有异议，债权人以公司为被告向人民法院提起诉讼请求确认的，人民法院应予受理。

**第十三条** 债权人在规定的期限内未申报债权，在公司清算程序终结前补充申报的，清算组应予登记。

公司清算程序终结，是指清算报告经股东会、股东大会或者人民法院确认完毕。

**第十四条** 债权人补充申报的债权，可以在公司尚未分配财产中依法清偿。公司尚未分配财产不能全额清偿，债权人主张股东以其在剩余财产分配中已经取得的财产予以清偿的，人民法院应予支持；但债权人因重大过错未在规定期限内申报债权的除外。

债权人或者清算组，以公司尚未分配财产和股东在剩余财产分配中已经取得的财产，不能全额清偿补充申报的债权为由，向人民法院提出破产清算申请的，人民法院不予受理。

**第十五条** 公司自行清算的，清算方案应当报股东会或者股东大会决议确认；人民法院组织清算的，清算方案应当报人民法院确认。未经确认的清算方案，清算组不得执行。

执行未经确认的清算方案给公司或者债权人造成损失，公司、股东、董事、公司其他利害关系人或者债权人主张清算组成员承担赔偿责任的，人民法院应依法予以支持。

**第十六条** 人民法院组织清算的，清算组应当自成立之日起六个月内清算完毕。

因特殊情况无法在六个月内完成清算的，清算组应当向人民法院申请延长。

**第十七条** 人民法院指定的清算组在清理公司财产、编制资产负债表和财产清单时，发现公司财产不足清偿债务的，可以与债权人协商制作有关债务清偿方案。

债务清偿方案经全体债权人确认且不损害其他利害关系人利益的，人民法院可依清算组的申请裁定予以认可。清算组依据该清偿方案清偿债务后，应当向人民法院申请裁定终结清算程序。

债权人对债务清偿方案不予确认或者人民法院不予认可的，清算组应当依法向人民法院申请宣告破产。

**第十八条** 有限责任公司的股东、股份有限公司的董事和控股股东未在法定期限内成立清算组开始清算，导致公司财产贬值、流失、毁损或者灭失，债权人主张其在造成损失范围内对公司债务承担赔偿责任的，人民法院应依法予以支持。

有限责任公司的股东、股份有限公司的董事和控股股东因怠于履行义务，导致公司主要财产、账册、重要文件等灭失，无法进行清算，债权人主张其对公司债务承担连带清偿责任的，人民法院应依法予以支持。

上述情形系实际控制人原因造成，债权人主张实际控制人对公司债务承担相应民事责任的，人民法院应依法予以支持。

**第十九条** 有限责任公司的股东、股份有限公司的董事和控股股东，以及公司的实际控制人在公司解散后，恶意处置公司财产给债权人造成损失，或者未经依法清算，以虚假的清算报告骗取公司登记机关办理法人注销登记，债权人主张其对公司债务承担相应赔偿责任的，人民法院应依法予以支持。

**第二十条** 公司解散应当在依法清算完毕后，申请办理注销登记。公司未经清算即办理注销登记，导致公司无法进行清算，债权人主张有限责任公司的股东、股份有限公司的董事和控股股东，以及公司的实际控制人对公司债务承担清偿责任的，人民法院应依法予以支持。

公司未经依法清算即办理注销登记，股东或者第三人在公司登记机关办理注销登记时承诺对公司债务承担责任，债权人主张其对公司债务承担相应民事责任的，人民法院应依法予以支持。

**第二十一条** 按照本规定第十八条和第二十条第一款的规定应当承担责任的有限责任公司的股东、股份有限公司的董事和控股股东，以及公司的实际控制人为二人以上的，其中一人或者数人依法承担民事责任后，主张其他人员按照过错大小分担责任的，人民法院应依法予以支持。

**第二十二条** 公司解散时，股东尚未缴纳的出资均应作为清算财产。股东尚未缴纳的出资，包括到期应缴未缴的出资，以及依照公司法第二十六条和第八十条的规定分期缴纳尚未届满缴纳期限的出资。

公司财产不足以清偿债务时，债权人主张未缴出资股东，以及公司设立时的其他股东或者发起人在未缴出资范围内对公司债务承担连带清偿责任的，人民法院应依法予以支持。

**第二十三条** 清算组成员从事清算事务时，违反法律、行政法规或者公司章程给公司或者债权人造成损失，公司或者债权人主张其承担赔偿责任的，人民法院应依法予以支持。

有限责任公司的股东、股份有限公司连续一百八十日以上单独或者合计持有公司百分之一以上股份的股东，依据公司法第一百五十一条第三款的规定，以清算组成员有前款所述行为为由向人民法院提起诉讼的，人民法院应予受理。

公司已经清算完毕注销，上述股东参照公司法第一百五十一条第三款的规定，直接以清算组成员为被告、其他股东为第三人向人民法院提起诉讼的，人民法院应予受理。

**第二十四条** 解散公司诉讼案件和公司清算案件由公司住所地人民法院管辖。公司住所地是指公司主要办事机构所在地。公司办事机构所在地不明确的，由其注册地人民法院管辖。

基层人民法院管辖县、县级市或者区的公司登记机关核准登记公司的解散诉讼案件和公司清算案件；中级人民法院管辖地区、地级市以上的公司登记机关核准登记公司的解散诉讼案件和公司清算案件。

# 最高人民法院关于适用《中华人民共和国公司法》若干问题的规定(三)

1. 2010 年 12 月 6 日最高人民法院审判委员会第 1504 次会议通过
2. 根据 2014 年 2 月 17 日最高人民法院审判委员会第 1607 次会议《关于修改关于适用〈中华人民共和国公司法〉若干问题的规定的决定》第一次修正
3. 根据 2020 年 12 月 23 日最高人民法院审判委员会第 1823 次会议通过的《最高人民法院关于修改〈最高人民法院关于破产企业国有划拨土地使用权应否列入破产财产等问题的批复〉等二十九件商事类司法解释的决定》第二次修正

为正确适用《中华人民共和国公司法》，结合审判实践，就人民法院审理公司设立、出资、股权确认等纠纷案件适用法律问题作出如下规定。

**第一条** 为设立公司而签署公司章程、向公司认购出资或者股份并履行公司设立职责的人，应当认定为公司的发起人，包括有限责任公司设立时的股东。

**第二条** 发起人为设立公司以自己名义对外签订合同，合同相对人请求该发起人承担合同责任的，人民法院应予支持；公司成立后合同相对人请求公司承担合同责任的，人民法院应予支持。

**第三条** 发起人以设立中公司名义对外签订合同，公司成立后合同相对人请求公司承担合同责任的，人民法院应予支持。

公司成立后有证据证明发起人利用设立中公司的名义为自己的利益与相对人签订合同，公司以此为由主张不承担合同责任的，人民法院应予支持，但相对人为善意的除外。

**第四条** 公司因故未成立，债权人请求全体或者部分发起人对设立公司行为所产生的费用和债务承担连带清偿责任的，人民法院应予支持。

部分发起人依照前款规定承担责任后，请求其他发起人分担的，人民法院应当判令其他发起人按照约定的责任承担比例分担责任；没有约定责任承担比例的，按照约定的出资比例分担责任；没有约定出资比例的，按照均等份额分担责任。

因部分发起人的过错导致公司未成立，其他发起人主张其承担设立行为所产生的费用和债务的，人民法院应当根据过错情况，确定过错一方的责任范围。

**第五条** 发起人因履行公司设立职责造成他人损害，公司成立后受害人请求公司承担侵权赔偿责任的，人民法院应予支持；公司未成立，受害人请求全体发起人承担连带赔偿责任的，人民法院应予支持。

公司或者无过错的发起人承担赔偿责任后，可以向有过错的发起人追偿。

**第六条** 股份有限公司的认股人未按期缴纳所认股份的股款，经公司发起人催缴后在合理期间内仍未缴纳，公司发起人对该股份另行募集的，人民法院应当认定该募集行为有效。认股人延期缴纳股款给公司造成损失，公司请求该认股人承担赔偿责任的，人民法院应予支持。

**第七条** 出资人以不享有处分权的财产出资，当事人之间对于出资行为效力产生争议的，人民法院可以参照民法典第三百一十一条的规定予以认定。

以贪污、受贿、侵占、挪用等违法犯罪所得的货币出资后取得股权的，对违法犯罪行为予以追究、处罚时，应当采取拍卖或者变卖的方式处置其股权。

**第八条** 出资人以划拨土地使用权出资，或者以设定权利负担的土地使用权出资，公司、其他股东或者公司债权人主张认定出资人未履行出资义务的，人民法院应当责令当事人在指定的合理期间内办理土地变更手续或者解除权利负担；逾期未办理或者未解除的，人民法院应当认定出资人未依法全面履行出资义务。

**第九条** 出资人以非货币财产出资，未依法评估作价，公司、其他股东或者公司债权人请求认定出资人未履行出资义务的，人民法院应当委托具有合法资格的评估机构对该财产评估作价。评估确定的价额显著低于公司章程所定价额的，人民法院应当认定出资人未依法全面履行出资义务。

**第十条** 出资人以房屋、土地使用权或者需要办理权属登记的知识产权等财产出资，已经交付公司使用但未办理权属变更手续，公司、其他股东或者公司债权人主张认定出资人未履行出资义务的，人民法院应当责令当事人在指定的合理期间内办理权属变更手续；在前述期间内办理了权属变更手续的，人民法院应当认定其已经履行了出资义务；出资人主张自其实际交付财产给公司使用时享有相应股东权利的，人民法院应予支持。

出资人以前款规定的财产出资，已经办理权属变更手续但未交付给公司使用，公司或者其他股东主张其向公司交付、并在实际交付之前不享有相应股东权利的，人民法院应予支持。

**第十一条** 出资人以其他公司股权出资，符合下列条件的，人民法院应当认定出资人已履行出资义务：

（一）出资的股权由出资人合法持有并依法可以转让；

（二）出资的股权无权利瑕疵或者权利负担；

(三)出资人已履行关于股权转让的法定手续;

(四)出资的股权已依法进行了价值评估。

股权出资不符合前款第(一)、(二)、(三)项的规定,公司、其他股东或者公司债权人请求认定出资人未履行出资义务的,人民法院应当责令该出资人在指定的合理期间内采取补正措施,以符合上述条件;逾期未补正的,人民法院应当认定其未依法全面履行出资义务。

股权出资不符合本条第一款第(四)项的规定,公司、其他股东或者公司债权人请求认定出资人未履行出资义务的,人民法院应当按照本规定第九条的规定处理。

**第十二条**　公司成立后,公司、股东或者公司债权人以相关股东的行为符合下列情形之一且损害公司权益为由,请求认定该股东抽逃出资的,人民法院应予支持:

(一)制作虚假财务会计报表虚增利润进行分配;

(二)通过虚构债权债务关系将其出资转出;

(三)利用关联交易将出资转出;

(四)其他未经法定程序将出资抽回的行为。

**第十三条**　股东未履行或者未全面履行出资义务,公司或者其他股东请求其向公司依法全面履行出资义务的,人民法院应予支持。

公司债权人请求未履行或者未全面履行出资义务的股东在未出资本息范围内对公司债务不能清偿的部分承担补充赔偿责任的,人民法院应予支持;未履行或者未全面履行出资义务的股东已经承担上述责任,其他债权人提出相同请求的,人民法院不予支持。

股东在公司设立时未履行或者未全面履行出资义务,依照本条第一款或者第二款提起诉讼的原告,请求公司的发起人与被告股东承担连带责任的,人民法院应予支持;公司的发起人承担责任后,可以向被告股东追偿。

股东在公司增资时未履行或者未全面履行出资义务,依照本条第一款或者第二款提起诉讼的原告,请求未尽公司法第一百四十七条第一款规定的义务而使出资未缴足的董事、高级管理人员承担相应责任的,人民法院应予支持;董事、高级管理人员承担责任后,可以向被告股东追偿。

**第十四条**　股东抽逃出资,公司或者其他股东请求其向公司返还出资本息、协助抽逃出资的其他股东、董事、高级管理人员或者实际控制人对此承担连带责任的,人民法院应予支持。

公司债权人请求抽逃出资的股东在抽逃出资本息范围内对公司债务不能清偿的部分承担补充赔偿责任、协助抽逃出资的其他股东、董事、高级管理人员或者实际控制人对此承担连带责任的,人民法院应予支持;抽逃出资的股东已经承担上述责任,其他债权人提出相同请求的,人民法院不予支持。

**第十五条**　出资人以符合法定条件的非货币财产出资后,因市场变化或者其他客观因素导致出资财产贬值,公司、其他股东或者公司债权人请求该出资人承担补足出资责任的,人民法院不予支持。但是,当事人另有约定的除外。

**第十六条** 股东未履行或者未全面履行出资义务或者抽逃出资,公司根据公司章程或者股东会决议对其利润分配请求权、新股优先认购权、剩余财产分配请求权等股东权利作出相应的合理限制,该股东请求认定该限制无效的,人民法院不予支持。

**第十七条** 有限责任公司的股东未履行出资义务或者抽逃全部出资,经公司催告缴纳或者返还,其在合理期间内仍未缴纳或者返还出资,公司以股东会决议解除该股东的股东资格,该股东请求确认该解除行为无效的,人民法院不予支持。

在前款规定的情形下,人民法院在判决时应当释明,公司应当及时办理法定减资程序或者由其他股东或者第三人缴纳相应的出资。在办理法定减资程序或者其他股东或者第三人缴纳相应的出资之前,公司债权人依照本规定第十三条或者第十四条请求相关当事人承担相应责任的,人民法院应予支持。

**第十八条** 有限责任公司的股东未履行或者未全面履行出资义务即转让股权,受让人对此知道或者应当知道,公司请求该股东履行出资义务、受让人对此承担连带责任的,人民法院应予支持;公司债权人依照本规定第十三条第二款向该股东提起诉讼,同时请求前述受让人对此承担连带责任的,人民法院应予支持。

受让人根据前款规定承担责任后,向该未履行或者未全面履行出资义务的股东追偿的,人民法院应予支持。但是,当事人另有约定的除外。

**第十九条** 公司股东未履行或者未全面履行出资义务或者抽逃出资,公司或者其他股东请求其向公司全面履行出资义务或者返还出资,被告股东以诉讼时效为由进行抗辩的,人民法院不予支持。

公司债权人的债权未过诉讼时效期间,其依照本规定第十三条第二款、第十四条第二款的规定请求未履行或者未全面履行出资义务或者抽逃出资的股东承担赔偿责任,被告股东以出资义务或者返还出资义务超过诉讼时效期间为由进行抗辩的,人民法院不予支持。

**第二十条** 当事人之间对是否已履行出资义务发生争议,原告提供对股东履行出资义务产生合理怀疑证据的,被告股东应当就其已履行出资义务承担举证责任。

**第二十一条** 当事人向人民法院起诉请求确认其股东资格的,应当以公司为被告,与案件争议股权有利害关系的人作为第三人参加诉讼。

**第二十二条** 当事人之间对股权归属发生争议,一方请求人民法院确认其享有股权的,应当证明以下事实之一:

(一)已经依法向公司出资或者认缴出资,且不违反法律法规强制性规定;

(二)已经受让或者以其他形式继受公司股权,且不违反法律法规强制性规定。

**第二十三条** 当事人依法履行出资义务或者依法继受取得股权后,公司未根据公司法第三十一条、第三十二条的规定签发出资证明书、记载于股东名册并办理公司登记机关登记,当事人请求公司履行上述义务的,人民法院应予支持。

**第二十四条**　有限责任公司的实际出资人与名义出资人订立合同,约定由实际出资人出资并享有投资权益,以名义出资人为名义股东,实际出资人与名义股东对该合同效力发生争议的,如无法律规定的无效情形,人民法院应当认定该合同有效。

前款规定的实际出资人与名义股东因投资权益的归属发生争议,实际出资人以其实际履行了出资义务为由向名义股东主张权利的,人民法院应予支持。名义股东以公司股东名册记载、公司登记机关登记为由否认实际出资人权利的,人民法院不予支持。

实际出资人未经公司其他股东半数以上同意,请求公司变更股东、签发出资证明书、记载于股东名册、记载于公司章程并办理公司登记机关登记的,人民法院不予支持。

**第二十五条**　名义股东将登记于其名下的股权转让、质押或者以其他方式处分,实际出资人以其对于股权享有实际权利为由,请求认定处分股权行为无效的,人民法院可以参照民法典第三百一十一条的规定处理。

名义股东处分股权造成实际出资人损失,实际出资人请求名义股东承担赔偿责任的,人民法院应予支持。

**第二十六条**　公司债权人以登记于公司登记机关的股东未履行出资义务为由,请求其对公司债务不能清偿的部分在未出资本息范围内承担补充赔偿责任,股东以其仅为名义股东而非实际出资人为由进行抗辩的,人民法院不予支持。

名义股东根据前款规定承担赔偿责任后,向实际出资人追偿的,人民法院应予支持。

**第二十七条**　股权转让后尚未向公司登记机关办理变更登记,原股东将仍登记于其名下的股权转让、质押或者以其他方式处分,受让股东以其对于股权享有实际权利为由,请求认定处分股权行为无效的,人民法院可以参照民法典第三百一十一条的规定处理。

原股东处分股权造成受让股东损失,受让股东请求原股东承担赔偿责任、对于未及时办理变更登记有过错的董事、高级管理人员或者实际控制人承担相应责任的,人民法院应予支持;受让股东对于未及时办理变更登记也有过错的,可以适当减轻上述董事、高级管理人员或者实际控制人的责任。

**第二十八条**　冒用他人名义出资并将该他人作为股东在公司登记机关登记的,冒名登记行为人应当承担相应责任;公司、其他股东或者公司债权人以未履行出资义务为由,请求被冒名登记为股东的承担补足出资责任或者对公司债务不能清偿部分的赔偿责任的,人民法院不予支持。

# 最高人民法院关于适用《中华人民共和国公司法》若干问题的规定(四)

1．2016年12月5日最高人民法院审判委员会第1702次会议通过

2．根据2020年12月23日最高人民法院审判委员会第1823次会议通过的《最高人民法院关于修改〈最高人民法院关于破产企业国有划拨土地使用权应否列入破产财产等问题的批复〉等二十九件商事类司法解释的决定》修正

为正确适用《中华人民共和国公司法》,结合人民法院审判实践,现就公司决议效力、股东知情权、利润分配权、优先购买权和股东代表诉讼等案件适用法律问题作出如下规定。

**第一条** 公司股东、董事、监事等请求确认股东会或者股东大会、董事会决议无效或者不成立的,人民法院应当依法予以受理。

**第二条** 依据民法典第八十五条、公司法第二十二条第二款请求撤销股东会或者股东大会、董事会决议的原告,应当在起诉时具有公司股东资格。

**第三条** 原告请求确认股东会或者股东大会、董事会决议不成立、无效或者撤销决议的案件,应当列公司为被告。对决议涉及的其他利害关系人,可以依法列为第三人。

一审法庭辩论终结前,其他有原告资格的人以相同的诉讼请求申请参加前款规定诉讼的,可以列为共同原告。

**第四条** 股东请求撤销股东会或者股东大会、董事会决议,符合民法典第八十五条、公司法第二十二条第二款规定的,人民法院应当予以支持,但会议召集程序或者表决方式仅有轻微瑕疵,且对决议未产生实质影响的,人民法院不予支持。

**第五条** 股东会或者股东大会、董事会决议存在下列情形之一,当事人主张决议不成立的,人民法院应当予以支持:

(一)公司未召开会议的,但依据公司法第三十七条第二款或者公司章程规定可以不召开股东会或者股东大会而直接作出决定,并由全体股东在决定文件上签名、盖章的除外;

(二)会议未对决议事项进行表决的;

(三)出席会议的人数或者股东所持表决权不符合公司法或者公司章程规定的;

(四)会议的表决结果未达到公司法或者公司章程规定的通过比例的;

(五)导致决议不成立的其他情形。

**第六条**　股东会或者股东大会、董事会决议被人民法院判决确认无效或者撤销的，公司依据该决议与善意相对人形成的民事法律关系不受影响。

**第七条**　股东依据公司法第三十三条、第九十七条或者公司章程的规定，起诉请求查阅或者复制公司特定文件材料的，人民法院应当依法予以受理。

公司有证据证明前款规定的原告在起诉时不具有公司股东资格的，人民法院应当驳回起诉，但原告有初步证据证明在持股期间其合法权益受到损害，请求依法查阅或者复制其持股期间的公司特定文件材料的除外。

**第八条**　有限责任公司有证据证明股东存在下列情形之一的，人民法院应当认定股东有公司法第三十三条第二款规定的“不正当目的”：

（一）股东自营或者为他人经营与公司主营业务有实质性竞争关系业务的，但公司章程另有规定或者全体股东另有约定的除外；

（二）股东为了向他人通报有关信息查阅公司会计账簿，可能损害公司合法利益的；

（三）股东在向公司提出查阅请求之日前的三年内，曾通过查阅公司会计账簿，向他人通报有关信息损害公司合法利益的；

（四）股东有不正当目的的其他情形。

**第九条**　公司章程、股东之间的协议等实质性剥夺股东依据公司法第三十三条、第九十七条规定查阅或者复制公司文件材料的权利，公司以此为由拒绝股东查阅或者复制的，人民法院不予支持。

**第十条**　人民法院审理股东请求查阅或者复制公司特定文件材料的案件，对原告诉讼请求予以支持的，应当在判决中明确查阅或者复制公司特定文件材料的时间、地点和特定文件材料的名录。

股东依据人民法院生效判决查阅公司文件材料的，在该股东在场的情况下，可以由会计师、律师等依法或者依据执业行为规范负有保密义务的中介机构执业人员辅助进行。

**第十一条**　股东行使知情权后泄露公司商业秘密导致公司合法利益受到损害，公司请求该股东赔偿相关损失的，人民法院应当予以支持。

根据本规定第十条辅助股东查阅公司文件材料的会计师、律师等泄露公司商业秘密导致公司合法利益受到损害，公司请求其赔偿相关损失的，人民法院应当予以支持。

**第十二条**　公司董事、高级管理人员等未依法履行职责，导致公司未依法制作或者保存公司法第三十三条、第九十七条规定的公司文件材料，给股东造成损失，股东依法请求负有相应责任的公司董事、高级管理人员承担民事赔偿责任的，人民法院应当予以支持。

**第十三条**　股东请求公司分配利润案件，应当列公司为被告。

一审法庭辩论终结前，其他股东基于同一分配方案请求分配利润并申请参加诉讼的，应当列为共同原告。

**第十四条** 股东提交载明具体分配方案的股东会或者股东大会的有效决议，请求公司分配利润，公司拒绝分配利润且其关于无法执行决议的抗辩理由不成立的，人民法院应当判决公司按照决议载明的具体分配方案向股东分配利润。

**第十五条** 股东未提交载明具体分配方案的股东会或者股东大会决议，请求公司分配利润的，人民法院应当驳回其诉讼请求，但违反法律规定滥用股东权利导致公司不分配利润，给其他股东造成损失的除外。

**第十六条** 有限责任公司的自然人股东因继承发生变化时，其他股东主张依据公司法第七十一条第三款规定行使优先购买权的，人民法院不予支持，但公司章程另有规定或者全体股东另有约定的除外。

**第十七条** 有限责任公司的股东向股东以外的人转让股权，应就其股权转让事项以书面或者其他能够确认收悉的合理方式通知其他股东征求同意。其他股东半数以上不同意转让，不同意的股东不购买的，人民法院应当认定视为同意转让。

经股东同意转让的股权，其他股东主张转让股东应当向其以书面或者其他能够确认收悉的合理方式通知转让股权的同等条件的，人民法院应当予以支持。

经股东同意转让的股权，在同等条件下，转让股东以外的其他股东主张优先购买的，人民法院应当予以支持，但转让股东依据本规定第二十条放弃转让的除外。

**第十八条** 人民法院在判断是否符合公司法第七十一条第三款及本规定所称的“同等条件”时，应当考虑转让股权的数量、价格、支付方式及期限等因素。

**第十九条** 有限责任公司的股东主张优先购买转让股权的，应当在收到通知后，在公司章程规定的行使期间内提出购买请求。公司章程没有规定行使期间或者规定不明确的，以通知确定的期间为准，通知确定的期间短于三十日或者未明确行使期间的，行使期间为三十日。

**第二十条** 有限责任公司的转让股东，在其他股东主张优先购买后又不同意转让股权的，对其他股东优先购买的主张，人民法院不予支持，但公司章程另有规定或者全体股东另有约定的除外。其他股东主张转让股东赔偿其损失合理的，人民法院应当予以支持。

**第二十一条** 有限责任公司的股东向股东以外的人转让股权，未就其股权转让事项征求其他股东意见，或者以欺诈、恶意串通等手段，损害其他股东优先购买权，其他股东主张按照同等条件购买该转让股权的，人民法院应当予以支持，但其他股东自知道或者应当知道行使优先购买权的同等条件之日起三十日内没有主张，或者自股权变更登记之日起超过一年的除外。

前款规定的其他股东仅提出确认股权转让合同及股权变动效力等请求，未同时主张按照同等条件购买转让股权的，人民法院不予支持，但其他股东非因自身原因导致无法行使优先购买权，请求损害赔偿的除外。

股东以外的股权受让人，因股东行使优先购买权而不能实现合同目的的，可以依法请求转让股东承担相应民事责任。

**第二十二条** 通过拍卖向股东以外的人转让有限责任公司股权的，适用公司法第七十一条第二款、第三款或者第七十二条规定的“书面通知”“通知”“同等条件”时，根据相关法律、司法解释确定。

在依法设立的产权交易场所转让有限责任公司国有股权的，适用公司法第七十一条第二款、第三款或者第七十二条规定的“书面通知”“通知”“同等条件”时，可以参照产权交易场所的交易规则。

**第二十三条** 监事会或者不设监事会的有限责任公司的监事依据公司法第一百五十一条第一款规定对董事、高级管理人员提起诉讼的，应当列公司为原告，依法由监事会主席或者不设监事会的有限责任公司的监事代表公司进行诉讼。

董事会或者不设董事会的有限责任公司的执行董事依据公司法第一百五十一条第一款规定对监事提起诉讼的，或者依据公司法第一百五十一条第三款规定对他人提起诉讼的，应当列公司为原告，依法由董事长或者执行董事代表公司进行诉讼。

**第二十四条** 符合公司法第一百五十一条第一款规定条件的股东，依据公司法第一百五十一条第二款、第三款规定，直接对董事、监事、高级管理人员或者他人提起诉讼的，应当列公司为第三人参加诉讼。

一审法庭辩论终结前，符合公司法第一百五十一条第一款规定条件的其他股东，以相同的诉讼请求申请参加诉讼的，应当列为共同原告。

**第二十五条** 股东依据公司法第一百五十一条第二款、第三款规定直接提起诉讼的案件，胜诉利益归属于公司。股东请求被告直接向其承担民事责任的，人民法院不予支持。

**第二十六条** 股东依据公司法第一百五十一条第二款、第三款规定直接提起诉讼的案件，其诉讼请求部分或者全部得到人民法院支持的，公司应当承担股东因参加诉讼支付的合理费用。

**第二十七条** 本规定自 2017 年 9 月 1 日起施行。

本规定施行后尚未终审的案件，适用本规定；本规定施行前已经终审的案件，或者适用审判监督程序再审的案件，不适用本规定。

# 最高人民法院关于适用《中华人民共和国公司法》若干问题的规定（五）

1．2019 年 4 月 22 日最高人民法院审判委员会第 1766 次会议审议通过

2．根据 2020 年 12 月 23 日最高人民法院审判委员会第 1823 次会议通过的《最高人民法院关于修改〈最高人民法院关于破产企业国有划拨土地使用权应否列入破产财产等问题的批复〉等二十九件商事类司法解释的决定》修正

为正确适用《中华人民共和国公司法》，结合人民法院审判实践，就股东权益保护等纠纷案件适用法律问题作出如下规定。

**第一条** 关联交易损害公司利益，原告公司依据民法典第八十四条、公司法第二十一条规定请求控股股东、实际控制人、董事、监事、高级管理人员赔偿所造成的损失，被告仅以该交易已经履行了信息披露、经股东会或者股东大会同意等法律、行政法规或者公司章程规定的程序为由抗辩的，人民法院不予支持。

公司没有提起诉讼的，符合公司法第一百五十一条第一款规定条件的股东，可以依据公司法第一百五十一条第二款、第三款规定向人民法院提起诉讼。

**第二条** 关联交易合同存在无效、可撤销或者对公司不发生效力的情形，公司没有起诉合同相对方的，符合公司法第一百五十一条第一款规定条件的股东，可以依据公司法第一百五十一条第二款、第三款规定向人民法院提起诉讼。

**第三条** 董事任期届满前被股东会或者股东大会有效决议解除职务，其主张解除不发生法律效力的，人民法院不予支持。

董事职务被解除后，因补偿与公司发生纠纷提起诉讼的，人民法院应当依据法律、行政法规、公司章程的规定或者合同的约定，综合考虑解除的原因、剩余任期、董事薪酬等因素，确定是否补偿以及补偿的合理数额。

**第四条** 分配利润的股东会或者股东大会决议作出后，公司应当在决议载明的时间内完成利润分配。决议没有载明时间的，以公司章程规定的为准。决议、章程中均未规定时间或者时间超过一年的，公司应当自决议作出之日起一年内完成利润分配。

决议中载明的利润分配完成时间超过公司章程规定时间的，股东可以依据民法典第八十五条、公司法第二十二条第二款规定请求人民法院撤销决议中关于该时间的规定。

**第五条**　人民法院审理涉及有限责任公司股东重大分歧案件时,应当注重调解。当事人协商一致以下列方式解决分歧,且不违反法律、行政法规的强制性规定的,人民法院应予支持:

(一)公司回购部分股东股份;

(二)其他股东受让部分股东股份;

(三)他人受让部分股东股份;

(四)公司减资;

(五)公司分立;

(六)其他能够解决分歧,恢复公司正常经营,避免公司解散的方式。

**第六条**　本规定自2019年4月29日起施行。

本规定施行后尚未终审的案件,适用本规定;本规定施行前已经终审的案件,或者适用审判监督程序再审的案件,不适用本规定。

本院以前发布的司法解释与本规定不一致的,以本规定为准。

# 《中华人民共和国公司法》新旧条文对照表*

| 2018 年《公司法》 | 2023 年《公司法》 |
| --- | --- |
| 目　　录 | 目　　录 |
| 第一章　总　　则<br>第二章　有限责任公司的设立和组织机构<br>　第一节　设　　立<br>　第二节　组织机构<br>　**第三节　一人有限责任公司的特别规定**<br>　**第四节　国有独资公司的特别规定**<br>第三章　有限责任公司的股权转让<br>第四章　股份有限公司的设立和组织机构<br>　第一节　设　　立<br>　第二节　股东**大**会<br>　第三节　董事会、经理<br>　第四节　监 事 会<br>　第五节　上市公司组织机构的特别规定<br>第五章　股份有限公司的股份发行和转让<br>　第一节　股份发行<br>　第二节　股份转让<br>第六章　公司董事、监事、高级管理人员的资格和义务<br>第七章　公司债券<br>第八章　公司财务、会计<br>第九章　公司合并、分立、增资、减资<br>第十章　公司解散和清算<br>第十一章　外国公司的分支机构<br>第十二章　法律责任<br>第十三章　附　　则 | 第一章　总　　则<br>**第二章　公司登记**<br>第三章　有限责任公司的设立和组织机构<br>　第一节　设　　立<br>　第二节　组织机构<br>第四章　有限责任公司的股权转让<br>第五章　股份有限公司的设立和组织机构<br>　第一节　设　　立<br>　第二节　股 东 会<br>　第三节　董事会、经理<br>　第四节　监 事 会<br>　第五节　上市公司组织机构的特别规定<br>第六章　股份有限公司的股份发行和转让<br>　第一节　股份发行<br>　第二节　股份转让<br>**第七章　国家出资公司组织机构的特别规定**<br>第八章　公司董事、监事、高级管理人员的资格和义务<br>第九章　公司债券<br>第十章　公司财务、会计<br>第十一章　公司合并、分立、增资、减资<br>第十二章　公司解散和清算<br>第十三章　外国公司的分支机构<br>第十四章　法律责任<br>第十五章　附　　则 |

* 除 2018 年《公司法》被删除内容未予体现外，对于 2018 年《公司法》和 2023 年《公司法》的其他不同之处，均用**黑体**予以标注，请读者对照使用。

续表

| 2018 年《公司法》 | 2023 年《公司法》 |
| --- | --- |
| 第一章　总　　则 | 第一章　总　　则 |
| 第一条　为了规范公司的组织和行为，保护公司、股东和债权人的合法权益，维护社会经济秩序，促进社会主义市场经济的发展，制定本法。 | 第一条　为了规范公司的组织和行为，保护公司、股东、**职工**和债权人的合法权益，**完善中国特色现代企业制度，弘扬企业家精神**，维护社会经济秩序，促进社会主义市场经济的发展，**根据宪法**，制定本法。 |
| 第二条　本法所称公司是指依照本法在**中国**境内设立的有限责任公司和股份有限公司。 | 第二条　本法所称公司**，**是指依照本法在**中华人民共和国**境内设立的有限责任公司和股份有限公司。 |
| **第三条第一款**　公司是企业法人，有独立的法人财产，享有法人财产权。公司以其全部财产对公司的债务承担责任。<br>**第五条第二款**　公司的合法权益受法律保护，不受侵犯。 | **第三条**　公司是企业法人，有独立的法人财产，享有法人财产权。公司以其全部财产对公司的债务承担责任。<br>公司的合法权益受法律保护，不受侵犯。 |
| **第三条第二款**　有限责任公司的股东以其认缴的出资额为限对公司承担责任；股份有限公司的股东以其认购的股份为限对公司承担责任。<br>**第四条**　公司股东依法享有资产收益、参与重大决策和选择管理者等权利。 | **第四条**　有限责任公司的股东以其认缴的出资额为限对公司承担责任；股份有限公司的股东以其认购的股份为限对公司承担责任。<br>公司股东**对公司**依法享有资产收益、参与重大决策和选择管理者等权利。 |
| **第十一条**　设立公司**必须**依法制定公司章程。公司章程对公司、股东、董事、监事、高级管理人员具有约束力。 | **第五条**　设立公司**应当**依法制定公司章程。公司章程对公司、股东、董事、监事、高级管理人员具有约束力。 |
| 无 | **第六条　公司应当有自己的名称。公司名称应当符合国家有关规定。**<br>**公司的名称权受法律保护。** |
| **第八条**　依照本法设立的有限责任公司，**必须**在公司名称中标明有限责任公司或者有限公司字样。<br>依照本法设立的股份有限公司，**必须**在公司名称中标明股份有限公司或者股份公司字样。 | **第七条**　依照本法设立的有限责任公司，**应当**在公司名称中标明有限责任公司或者有限公司字样。<br>依照本法设立的股份有限公司，**应当**在公司名称中标明股份有限公司或者股份公司字样。 |
| **第十条**　公司以其主要办事机构所在地为住所。 | **第八条**　公司以其主要办事机构所在地为住所。 |

续表

| 2018年《公司法》 | 2023年《公司法》 |
| --- | --- |
| **第十二条** 公司的经营范围由公司章程规定**，并依法登记**。公司可以修改公司章程，**改变**经营范围**，但是应当办理变更登记**。<br>公司的经营范围中属于法律、行政法规规定须经批准的项目，应当依法经过批准。 | **第九条** 公司的经营范围由公司章程规定。公司可以修改公司章程，**变更**经营范围。<br>公司的经营范围中属于法律、行政法规规定须经批准的项目，应当依法经过批准。 |
| **第十三条** 公司法定代表人**依**照公司章程的规定，由**董事长、执行**董事或者经理担任**，并依法登记。公司法定代表人变更，应当办理变更登记。** | **第十条** 公司的法定代表人**按**照公司章程的规定，由**代表公司执行公司事务的**董事或者经理担任。<br>**担任法定代表人的董事或者经理辞任的，视为同时辞去法定代表人。**<br>**法定代表人辞任的，公司应当在法定代表人辞任之日起三十日内确定新的法定代表人。** |
| 无 | **第十一条 法定代表人以公司名义从事的民事活动，其法律后果由公司承受。**<br>**公司章程或者股东会对法定代表人职权的限制，不得对抗善意相对人。**<br>**法定代表人因执行职务造成他人损害的，由公司承担民事责任。公司承担民事责任后，依照法律或者公司章程的规定，可以向有过错的法定代表人追偿。** |
| **第九条** 有限责任公司变更为股份有限公司，应当符合本法规定的股份有限公司的条件。股份有限公司变更为有限责任公司，应当符合本法规定的有限责任公司的条件。<br>有限责任公司变更为股份有限公司的，或者股份有限公司变更为有限责任公司的，公司变更前的债权、债务由变更后的公司承继。 | **第十二条** 有限责任公司变更为股份有限公司，应当符合本法规定的股份有限公司的条件。股份有限公司变更为有限责任公司，应当符合本法规定的有限责任公司的条件。<br>有限责任公司变更为股份有限公司的，或者股份有限公司变更为有限责任公司的，公司变更前的债权、债务由变更后的公司承继。 |
| **第十四条** 公司可以设立分公司。**设立分公司，应当向公司登记机关申请登记，领取营业执照**。分公司不具有法人资格，其民事责任由公司承担。<br>公司可以设立子公司，子公司具有法人资格，依法独立承担民事责任。 | **第十三条** 公司可以设立子公司。子公司具有法人资格，依法独立承担民事责任。<br>公司可以设立分公司。分公司不具有法人资格，其民事责任由公司承担。 |

续表

| 2018 年《公司法》 | 2023 年《公司法》 |
|---|---|
| **第十五条** 公司可以向其他企业投资;**但是,除**法律**另有**规定**外,**不得成为对所投资企业的债务承担连带责任的出资人。 | **第十四条** 公司可以向其他企业投资。<br>法律规定**公司**不得成为对所投资企业的债务承担连带责任的出资人**的,从其规定**。 |
| **第十六条** 公司向其他企业投资或者为他人提供担保,**依**照公司章程的规定,由董事会或者股东会**、股东大会**决议;公司章程对投资或者担保的总额及单项投资或者担保的数额有限额规定的,不得超过规定的限额。<br>公司为公司股东或者实际控制人提供担保的,**必须**经股东会**或者股东大会**决议。<br>前款规定的股东或者受前款规定的实际控制人支配的股东,不得参加前款规定事项的表决。该项表决由出席会议的其他股东所持表决权的过半数通过。 | **第十五条** 公司向其他企业投资或者为他人提供担保,**按**照公司章程的规定,由董事会或者股东会决议;公司章程对投资或者担保的总额及单项投资或者担保的数额有限额规定的,不得超过规定的限额。<br>公司为公司股东或者实际控制人提供担保的,**应当**经股东会决议。<br>前款规定的股东或者受前款规定的实际控制人支配的股东,不得参加前款规定事项的表决。该项表决由出席会议的其他股东所持表决权的过半数通过。 |
| **第十七条** 公司**必须**保护职工的合法权益,依法与职工签订劳动合同,参加社会保险,加强劳动保护,实现安全生产。<br>公司应当采用多种形式,加强公司职工的职业教育和岗位培训,提高职工素质。 | **第十六条** 公司**应当**保护职工的合法权益,依法与职工签订劳动合同,参加社会保险,加强劳动保护,实现安全生产。<br>公司应当采用多种形式,加强公司职工的职业教育和岗位培训,提高职工素质。 |
| **第十八条** 公司职工依照《中华人民共和国工会法》组织工会,开展工会活动,维护职工合法权益。公司应当为本公司工会提供必要的活动条件。公司工会代表职工就职工的劳动报酬、工作时间、**福利、保险和**劳动安全卫生等事项依法与公司签订集体合同。<br>公司依照宪法和有关法律的规定,通过职工代表大会或者其他形式,实行民主管理。<br>公司研究决定改制以及经营方面的重大问题、制定重要的规章制度时,应当听取公司工会的意见,并通过职工代表大会或者其他形式听取职工的意见和建议。 | **第十七条** 公司职工依照《中华人民共和国工会法》组织工会,开展工会活动,维护职工合法权益。公司应当为本公司工会提供必要的活动条件。公司工会代表职工就职工的劳动报酬、工作时间、**休息休假**、劳动安全卫生**和保险福利**等事项依法与公司签订集体合同。<br>公司依照宪法和有关法律的规定,**建立健全以职工代表大会为基本形式的民主管理制度**,通过职工代表大会或者其他形式,实行民主管理。<br>公司研究决定改制**、解散、申请破产**以及经营方面的重大问题、制定重要的规章制度时,应当听取公司工会的意见,并通过职工代表大会或者其他形式听取职工的意见和建议。 |

续表

| 2018 年《公司法》 | 2023 年《公司法》 |
|---|---|
| **第十九条** 在公司中,根据中国共产党章程的规定,设立中国共产党的组织,开展党的活动。公司应当为党组织的活动提供必要条件。 | **第十八条** 在公司中,根据中国共产党章程的规定,设立中国共产党的组织,开展党的活动。公司应当为党组织的活动提供必要条件。 |
| **第五条第一款** 公司从事经营活动,**必须**遵守法律**、行政**法规,遵守社会公德、商业道德,诚实守信,接受政府和社会公众的监督,承担社会责任。 | **第十九条** 公司从事经营活动,**应当**遵守法律法规,遵守社会公德、商业道德,诚实守信,接受政府和社会公众的监督。<br>**第二十条** 公司从事经营活动,**应当充分考虑公司职工、消费者等利益相关者的利益以及生态环境保护等社会公共利益,**承担社会责任。<br>**国家鼓励公司参与社会公益活动,公布社会责任报告。** |
| **第二十条第一、二款** 公司股东应当遵守法律、行政法规和公司章程,依法行使股东权利,不得滥用股东权利损害公司或者其他股东的利益**;不得滥用公司法人独立地位和股东有限责任损害公司债权人的利益**。<br>公司股东滥用股东权利给公司或者其他股东造成损失的,应当**依法**承担赔偿责任。 | **第二十一条** 公司股东应当遵守法律、行政法规和公司章程,依法行使股东权利,不得滥用股东权利损害公司或者其他股东的利益。<br>公司股东滥用股东权利给公司或者其他股东造成损失的,应当承担赔偿责任。 |
| **第二十一条** 公司的控股股东、实际控制人、董事、监事、高级管理人员不得利用**其**关联关系损害公司利益。<br>违反前款规定,给公司造成损失的,应当承担赔偿责任。 | **第二十二条** 公司的控股股东、实际控制人、董事、监事、高级管理人员不得利用关联关系损害公司利益。<br>违反前款规定,给公司造成损失的,应当承担赔偿责任。 |
| **第二十条第三款** 公司股东滥用公司法人独立地位和股东有限责任,逃避债务,严重损害公司债权人利益的,应当对公司债务承担连带责任。<br>**第六十三条 一人有限责任公司的**股东不能证明公司财产独立于股东自己的财产的,应当对公司债务承担连带责任。 | **第二十三条** 公司股东滥用公司法人独立地位和股东有限责任,逃避债务,严重损害公司债权人利益的,应当对公司债务承担连带责任。<br>**股东利用其控制的两个以上公司实施前款规定行为的,各公司应当对任一公司的债务承担连带责任。**<br>**只有一个股东的公司,**股东不能证明公司财产独立于股东自己的财产的,应当对公司债务承担连带责任。 |

续表

| 2018 年《公司法》 | 2023 年《公司法》 |
| --- | --- |
| 无 | **第二十四条　公司股东会、董事会、监事会召开会议和表决可以采用电子通信方式，公司章程另有规定的除外。** |
| **第二十二条第一款**　公司股东会**或者股东大会**、董事会的决议内容违反法律、行政法规的无效。 | **第二十五条**　公司股东会、董事会的决议内容违反法律、行政法规的无效。 |
| **第二十二条第二款**　股东会**或者股东大会**、董事会的会议召集程序、表决方式违反法律、行政法规或者公司章程，或者决议内容违反公司章程的，股东**可以**自决议作出之日起六十日内，请求人民法院撤销。 | **第二十六条　公司**股东会、董事会的会议召集程序、表决方式违反法律、行政法规或者公司章程，或者决议内容违反公司章程的，股东自决议作出之日起六十日内，**可以**请求人民法院撤销。**但是，股东会、董事会的会议召集程序或者表决方式仅有轻微瑕疵，对决议未产生实质影响的除外。**<br>**未被通知参加股东会会议的股东自知道或者应当知道股东会决议作出之日起六十日内，可以请求人民法院撤销；自决议作出之日起一年内没有行使撤销权的，撤销权消灭。** |
| 无 | **第二十七条　有下列情形之一的，公司股东会、董事会的决议不成立：**<br>**（一）未召开股东会、董事会会议作出决议；**<br>**（二）股东会、董事会会议未对决议事项进行表决；**<br>**（三）出席会议的人数或者所持表决权数未达到本法或者公司章程规定的人数或者所持表决权数；**<br>**（四）同意决议事项的人数或者所持表决权数未达到本法或者公司章程规定的人数或者所持表决权数。** |

续表

| 2018 年《公司法》 | 2023 年《公司法》 |
| --- | --- |
| **第二十二条第四款** 公司**根据**股东会**或者股东大会**、董事会决议**已办理变更登记的**，人民法院宣告**该决议**无效**或者**撤销**该决议后**，公司应当向公司登记机关申请撤销**变更**登记。 | **第二十八条** 公司股东会、董事会决议**被**人民法院宣告无效、撤销**或者确认不成立的**，公司应当向公司登记机关申请撤销**根据该决议已办理的**登记。<br>**股东会、董事会决议被人民法院宣告无效、撤销或者确认不成立的，公司根据该决议与善意相对人形成的民事法律关系不受影响。** |
| | **第二章 公 司 登 记** |
| **第六条第一、二款** 设立公司，应当依法向公司登记机关申请设立登记。**符合本法规定的设立条件的，由公司登记机关分别登记为有限责任公司或者股份有限公司；不符合本法规定的设立条件的，不得登记为有限责任公司或者股份有限公司。**<br>法律、行政法规规定设立公司必须报经批准的，应当在公司登记前依法办理批准手续。 | **第二十九条** 设立公司，应当依法向公司登记机关申请设立登记。<br>法律、行政法规规定设立公司必须报经批准的，应当在公司登记前依法办理批准手续。 |
| **第二十九条** **股东认足公司章程规定的出资后，由全体股东指定的代表或者共同委托的代理人向公司登记机关报送公司**登记申请书、公司章程等文件，申请设立登记。 | **第三十条** 申请设立**公司，应当提交设立**登记申请书、公司章程等文件，**提交的相关材料应当真实、合法和有效。**<br>**申请材料不齐全或者不符合法定形式的，公司登记机关应当一次性告知需要补正的材料。** |
| **第六条第一款** 设立公司，**应当依法向公司登记机关申请设立登记。**符合本法规定的设立条件的，由公司登记机关分别登记为有限责任公司或者股份有限公司；不符合本法规定的设立条件的，不得登记为有限责任公司或者股份有限公司。 | **第三十一条** **申请**设立公司，符合本法规定的设立条件的，由公司登记机关分别登记为有限责任公司或者股份有限公司；不符合本法规定的设立条件的，不得登记为有限责任公司或者股份有限公司。 |

续表

| 2018 年《公司法》 | 2023 年《公司法》 |
|---|---|
| **第六条第三款　公众可以向**公司登记机关**申请查询**公司登记事项，**公司登记机关应当提供查询服务。** | **第三十二条　公司登记事项包括：**<br>**（一）名称；**<br>**（二）住所；**<br>**（三）注册资本；**<br>**（四）经营范围；**<br>**（五）法定代表人的姓名；**<br>**（六）有限责任公司股东、股份有限公司发起人的姓名或者名称。**<br>公司登记机关**应当将前款规定的**公司登记事项**通过国家企业信用信息公示系统向社会公示。** |
| **第七条第一、二款**　依法设立的公司，由公司登记机关发给公司营业执照。公司营业执照签发日期为公司成立日期。<br>公司营业执照应当载明公司的名称、住所、注册资本、经营范围、法定代表人姓名等事项。 | **第三十三条**　依法设立的公司，由公司登记机关发给公司营业执照。公司营业执照签发日期为公司成立日期。<br>公司营业执照应当载明公司的名称、住所、注册资本、经营范围、法定代表人姓名等事项。<br>**公司登记机关可以发给电子营业执照。电子营业执照与纸质营业执照具有同等法律效力。** |
| **第三十二条第三款**　公司**应当将股东的姓名或者名称向公司登记机关登记；**登记事项发生变更的，应当办理变更登记。未经登记或者变更登记**的**，不得对抗**第三人**。 | **第三十四条**　公司登记事项发生变更的，应当**依法**办理变更登记。<br>**公司登记事项**未经登记或者**未经**变更登记，不得对抗**善意相对**人。 |
| 无 | **第三十五条　公司申请变更登记，应当向公司登记机关提交公司法定代表人签署的变更登记申请书、依法作出的变更决议或者决定等文件。**<br>**公司变更登记事项涉及修改公司章程的，应当提交修改后的公司章程。**<br>**公司变更法定代表人的，变更登记申请书由变更后的法定代表人签署。** |
| **第七条第三款**　公司营业执照记载的事项发生变更的，公司**应当依法**办理变更登记，由公司登记机关换发营业执照。 | **第三十六条**　公司营业执照记载的事项发生变更的，公司办理变更登记**后**，由公司登记机关换发营业执照。 |

续表

| 2018年《公司法》 | 2023年《公司法》 |
| --- | --- |
| 无 | 第三十七条　公司因解散、被宣告破产或者其他法定事由需要终止的,应当依法向公司登记机关申请注销登记,由公司登记机关公告公司终止。 |
| 第十四条第一款　公司可以设立分公司。设立分公司,应当向公司登记机关申请登记,领取营业执照。分公司不具有法人资格,其民事责任由公司承担。 | 第三十八条　公司设立分公司,应当向公司登记机关申请登记,领取营业执照。 |
| 第一百九十八条　违反本法规定,虚报注册资本、提交虚假材料或者采取其他欺诈手段隐瞒重要事实取得公司登记的,由公司登记机关责令改正,对虚报注册资本的公司,处以虚报注册资本金额百分之五以上百分之十五以下的罚款;对提交虚假材料或者采取其他欺诈手段隐瞒重要事实的公司,处以五万元以上五十万元以下的罚款;情节严重的,撤销公司登记或者吊销营业执照。 | 第三十九条　虚报注册资本、提交虚假材料或者采取其他欺诈手段隐瞒重要事实取得公司设立登记的,公司登记机关应当依照法律、行政法规的规定予以撤销。 |
| 无 | 第四十条　公司应当按照规定通过国家企业信用信息公示系统公示下列事项:<br>(一)有限责任公司股东认缴和实缴的出资额、出资方式和出资日期,股份有限公司发起人认购的股份数;<br>(二)有限责任公司股东、股份有限公司发起人的股权、股份变更信息;<br>(三)行政许可取得、变更、注销等信息;<br>(四)法律、行政法规规定的其他信息。<br>公司应当确保前款公示信息真实、准确、完整。 |
| 无 | 第四十一条　公司登记机关应当优化公司登记办理流程,提高公司登记效率,加强信息化建设,推行网上办理等便捷方式,提升公司登记便利化水平。<br>国务院市场监督管理部门根据本法和有关法律、行政法规的规定,制定公司登记注册的具体办法。 |

续表

| 2018 年《公司法》 | 2023 年《公司法》 |
|---|---|
| 第二章　有限责任公司的设立和组织机构 | 第三章　有限责任公司的设立和组织机构 |
| 第一节　设　　立 | 第一节　设　　立 |
| **第二十四条**　有限责任公司由五十个以下股东出资设立。<br>**第五十七条第二款　本法所称一人有限责任公司，是指只有一个自然人**股东**或者一个法人股东的有限责任公司。** | **第四十二条**　有限责任公司由**一个以上**五十个以下股东出资设立。 |
| 无 | **第四十三条　有限责任公司设立时的股东可以签订设立协议，明确各自在公司设立过程中的权利和义务。** |
| 无 | **第四十四条　有限责任公司设立时的股东为设立公司从事的民事活动，其法律后果由公司承受。**<br>**公司未成立的，其法律后果由公司设立时的股东承受；设立时的股东为二人以上的，享有连带债权，承担连带债务。**<br>**设立时的股东为设立公司以自己的名义从事民事活动产生的民事责任，第三人有权选择请求公司或者公司设立时的股东承担。**<br>**设立时的股东因履行公司设立职责造成他人损害的，公司或者无过错的股东承担赔偿责任后，可以向有过错的股东追偿。** |
| **第二十三条**　设立有限责任公司，应当**具备下列条件：**<br>**（一）股东符合法定人数；**<br>**（二）有符合公司章程规定的全体股东认缴的出资额；**<br>**（三）**股东共同制定公司章程**；**<br>**（四）有公司名称，建立符合有限责任公司要求的组织机构；**<br>**（五）有公司住所。** | **第四十五条**　设立有限责任公司，应当**由**股东共同制定公司章程。 |

续表

| 2018 年《公司法》 | 2023 年《公司法》 |
|---|---|
| **第二十五条** 有限责任公司章程应当载明下列事项：<br>（一）公司名称和住所；<br>（二）公司经营范围；<br>（三）公司注册资本；<br>（四）股东的姓名或者名称；<br>（五）股东的出资方式、出资额和出资**时间**；<br>（六）公司的机构及其产生办法、职权、议事规则；<br>（七）公司法定代表人；<br>（八）股东会**会议**认为需要规定的其他事项。<br>股东应当在公司章程上签名、盖章。 | **第四十六条** 有限责任公司章程应当载明下列事项：<br>（一）公司名称和住所；<br>（二）公司经营范围；<br>（三）公司注册资本；<br>（四）股东的姓名或者名称；<br>（五）股东的出资额、出资方式和出资**日期**；<br>（六）公司的机构及其产生办法、职权、议事规则；<br>（七）公司法定代表人**的产生、变更办法**；<br>（八）股东会认为需要规定的其他事项。<br>股东应当在公司章程上签名**或者**盖章。 |
| **第二十六条** 有限责任公司的注册资本为在公司登记机关登记的全体股东认缴的出资额。<br>法律、行政法规以及国务院决定对有限责任公司注册资本实缴、注册资本最低限额另有规定的，从其规定。 | **第四十七条** 有限责任公司的注册资本为在公司登记机关登记的全体股东认缴的出资额。**全体股东认缴的出资额由股东按照公司章程的规定自公司成立之日起五年内缴足。**<br>法律、行政法规以及国务院决定对有限责任公司注册资本实缴、注册资本最低限额**、股东出资期限**另有规定的，从其规定。 |
| **第二十七条** 股东可以用货币出资，也可以用实物、知识产权、土地使用权等可以用货币估价并可以依法转让的非货币财产作价出资；但是，法律、行政法规规定不得作为出资的财产除外。<br>对作为出资的非货币财产应当评估作价，核实财产，不得高估或者低估作价。法律、行政法规对评估作价有规定的，从其规定。 | **第四十八条** 股东可以用货币出资，也可以用实物、知识产权、土地使用权、**股权、债权**等可以用货币估价并可以依法转让的非货币财产作价出资；但是，法律、行政法规规定不得作为出资的财产除外。<br>对作为出资的非货币财产应当评估作价，核实财产，不得高估或者低估作价。法律、行政法规对评估作价有规定的，从其规定。 |

续表

| 2018年《公司法》 | 2023年《公司法》 |
|---|---|
| **第二十八条** 股东应当按期足额缴纳公司章程中规定的各自所认缴的出资额。股东以货币出资的，应当将货币出资足额存入有限责任公司在银行开设的账户；以非货币财产出资的，应当依法办理其财产权的转移手续。<br>股东**不按照前款规定**缴纳出资的，除应当向公司足额缴纳外，还应当**向已按期足额缴纳出资的股东**承担**违约**责任。 | **第四十九条** 股东应当按期足额缴纳公司章程规定的各自所认缴的出资额。<br>股东以货币出资的，应当将货币出资足额存入有限责任公司在银行开设的账户；以非货币财产出资的，应当依法办理其财产权的转移手续。<br>股东**未按期足额**缴纳出资的，除应当向公司足额缴纳外，还应当**对给公司造成的损失**承担**赔偿**责任。 |
| **第三十条** 有限责任公司**成立后，发现作为设立公司**出资的非货币财产的实际价额显著低于**公司章程所定价**额的，**应当由交付该出资的股东补足其差额；公司**设立时的其他股东承担连带责任。 | **第五十条** 有限责任公司**设立时，股东未按照公司章程规定实际缴纳出资，或者实际**出资的非货币财产的实际价额显著低于**所认缴的出资额**的，设立时的其他股东**与该股东在出资不足的范围内**承担连带责任。 |
| 无 | **第五十一条 有限责任公司成立后，董事会应当对股东的出资情况进行核查，发现股东未按期足额缴纳公司章程规定的出资的，应当由公司向该股东发出书面催缴书，催缴出资。**<br>**未及时履行前款规定的义务，给公司造成损失的，负有责任的董事应当承担赔偿责任。** |
| 无 | **第五十二条 股东未按照公司章程规定的出资日期缴纳出资，公司依照前条第一款规定发出书面催缴书催缴出资的，可以载明缴纳出资的宽限期；宽限期自公司发出催缴书之日起，不得少于六十日。宽限期届满，股东仍未履行出资义务的，公司经董事会决议可以向该股东发出失权通知，通知应当以书面形式发出。自通知发出之日起，该股东丧失其未缴纳出资的股权。**<br>**依照前款规定丧失的股权应当依法转让，或者相应减少注册资本并注销该股权；六个月内未转让或者注销的，由公司其他股东按照其出资比例足额缴纳相应出资。**<br>**股东对失权有异议的，应当自接到失权通知之日起三十日内，向人民法院提起诉讼。** |

续表

| 2018年《公司法》 | 2023年《公司法》 |
|---|---|
| **第三十五条**　公司成立后，股东不得抽逃出资。 | **第五十三条**　公司成立后，股东不得抽逃出资。<br>**违反前款规定的，股东应当返还抽逃的出资；给公司造成损失的，负有责任的董事、监事、高级管理人员应当与该股东承担连带赔偿责任。** |
| 无 | **第五十四条　公司不能清偿到期债务的，公司或者已到期债权的债权人有权要求已认缴出资但未届出资期限的股东提前缴纳出资。** |
| **第三十一条**　有限责任公司成立后，应当向股东签发出资证明书。<br>**出资证明书应当载明**下列事项：<br>（一）公司名称；<br>（二）公司成立日期；<br>（三）公司注册资本；<br>（四）股东的姓名或者名称、**缴纳**的出资额和出资日期；<br>（五）出资证明书的编号和核发日期。<br>出资证明书由公司盖章。 | **第五十五条**　有限责任公司成立后，应当向股东签发出资证明书，**记载**下列事项：<br>（一）公司名称；<br>（二）公司成立日期；<br>（三）公司注册资本；<br>（四）股东的姓名或者名称、**认缴和实缴**的出资额、**出资方式**和出资日期；<br>（五）出资证明书的编号和核发日期。<br>出资证明书由**法定代表人签名，并由**公司盖章。 |
| **第三十二条第一、二款**　有限责任公司应当置备股东名册，记载下列事项：<br>（一）股东的姓名或者名称及住所；<br>（二）股东的出资额；<br>（三）出资证明书编号。<br>记载于股东名册的股东，可以依股东名册主张行使股东权利。 | **第五十六条**　有限责任公司应当置备股东名册，记载下列事项：<br>（一）股东的姓名或者名称及住所；<br>（二）股东**认缴和实缴**的出资额、**出资方式和出资日期**；<br>（三）出资证明书编号；<br>**（四）取得和丧失股东资格的日期。**<br>记载于股东名册的股东，可以依股东名册主张行使股东权利。 |
| **第三十三条**　股东有权查阅、复制公司章程、股东会会议记录、董事会会议决议、监事会会议决议和财务会计报告。 | **第五十七条**　股东有权查阅、复制公司章程、**股东名册**、股东会会议记录、董事会会议决议、监事会会议决议和财务会计报告。 |

续表

| 2018 年《公司法》 | 2023 年《公司法》 |
| --- | --- |
| 股东可以要求查阅公司会计账簿。股东要求查阅公司会计账簿的,应当向公司提出书面请求,说明目的。公司有合理根据认为股东查阅会计账簿有不正当目的,可能损害公司合法利益的,可以拒绝提供查阅,并应当自股东提出书面请求之日起十五日内书面答复股东并说明理由。公司拒绝提供查阅的,股东可以**请求**人民法院**要求公司提供查阅**。 | 股东可以要求查阅公司会计账簿、**会计凭证**。股东要求查阅公司会计账簿、**会计凭证**的,应当向公司提出书面请求,说明目的。公司有合理根据认为股东查阅会计账簿、**会计凭证**有不正当目的,可能损害公司合法利益的,可以拒绝提供查阅,并应当自股东提出书面请求之日起十五日内书面答复股东并说明理由。公司拒绝提供查阅的,股东可以**向**人民法院**提起诉讼**。<br>**股东查阅前款规定的材料,可以委托会计师事务所、律师事务所等中介机构进行。**<br>**股东及其委托的会计师事务所、律师事务所等中介机构查阅、复制有关材料,应当遵守有关保护国家秘密、商业秘密、个人隐私、个人信息等法律、行政法规的规定。**<br>**股东要求查阅、复制公司全资子公司相关材料的,适用前四款的规定。** |
| 第二节　组 织 机 构 | 第二节　组 织 机 构 |
| **第三十六条**　有限责任公司股东会由全体股东组成。股东会是公司的权力机构,依照本法行使职权。 | **第五十八条**　有限责任公司股东会由全体股东组成。股东会是公司的权力机构,依照本法行使职权。 |
| **第三十七条**　股东会行使下列职权:<br>**(一)决定公司的经营方针和投资计划;**<br>(二)选举和更换**非由职工代表担任的**董事、监事,决定有关董事、监事的报酬事项;<br>(三)审议批准董事会的报告;<br>(四)审议批准监事会**或者监事**的报告;<br>**(五)审议批准公司的年度财务预算方案、决算方案;**<br>(六)审议批准公司的利润分配方案和弥补亏损方案;<br>(七)对公司增加或者减少注册资本作出决议;<br>(八)对发行公司债券作出决议;<br>(九)对公司合并、分立、解散、清算或者变更公司形式作出决议; | **第五十九条**　股东会行使下列职权:<br>(一)选举和更换董事、监事,决定有关董事、监事的报酬事项;<br>(二)审议批准董事会的报告;<br>(三)审议批准监事会的报告;<br>(四)审议批准公司的利润分配方案和弥补亏损方案;<br>(五)对公司增加或者减少注册资本作出决议;<br>(六)对发行公司债券作出决议;<br>(七)对公司合并、分立、解散、清算或者变更公司形式作出决议;<br>(八)修改公司章程;<br>(九)公司章程规定的其他职权。 |

续表

| 2018 年《公司法》 | 2023 年《公司法》 |
| --- | --- |
| （十）修改公司章程；<br>（十一）公司章程规定的其他职权。<br>对**前款**所列事项股东以书面形式一致表示同意的，可以不召开股东会会议，直接作出决定，并由全体股东在决定文件上签名、盖章。 | **股东会可以授权董事会对发行公司债券作出决议。**<br>对**本条第一款**所列事项股东以书面形式一致表示同意的，可以不召开股东会会议，直接作出决定，并由全体股东在决定文件上签名**或者**盖章。 |
| **第六十一条　一人**有限责任公司不设股东会。股东作出**本法第三十七条**第一款所列决定时，应当采用书面形式，并由股东签名后置备于公司。 | **第六十条　只有一个股东的**有限责任公司不设股东会。股东作出**前条**第一款所列**事项的**决定时，应当采用书面形式，并由股东签名**或者盖章**后置备于公司。 |
| **第三十八条**　首次股东会会议由出资最多的股东召集和主持，依照本法规定行使职权。 | **第六十一条**　首次股东会会议由出资最多的股东召集和主持，依照本法规定行使职权。 |
| **第三十九条**　股东会会议分为定期会议和临时会议。<br>定期会议应当**依**照公司章程的规定按时召开。代表十分之一以上表决权的股东，三分之一以上的董事，监事会**或者不设监事会的公司的监事**提议召开临时会议的，应当召开临时会议。 | **第六十二条**　股东会会议分为定期会议和临时会议。<br>定期会议应当**按**照公司章程的规定按时召开。代表十分之一以上表决权的股东、三分之一以上的董事**或者**监事会提议召开临时会议的，应当召开临时会议。 |
| **第四十条　有限责任公司设立董事会的，**股东会会议由董事会召集，董事长主持；董事长不能履行职务或者不履行职务的，由副董事长主持；副董事长不能履行职务或者不履行职务的，由半数**以上**董事共同推举一名董事主持。<br>**有限责任公司不设董事会的，股东会会议由执行董事召集和主持。**<br>董事会**或者执行董事**不能履行或者不履行召集股东会会议职责的，由监事会**或者不设监事会的公司的监事**召集和主持；监事会**或者监事**不召集和主持的，代表十分之一以上表决权的股东可以自行召集和主持。 | **第六十三条**　股东会会议由董事会召集，董事长主持；董事长不能履行职务或者不履行职务的，由副董事长主持；副董事长不能履行职务或者不履行职务的，由**过半数的**董事共同推举一名董事主持。<br>董事会不能履行或者不履行召集股东会会议职责的，由监事会召集和主持；监事会不召集和主持的，代表十分之一以上表决权的股东可以自行召集和主持。 |

续表

| 2018 年《公司法》 | 2023 年《公司法》 |
|---|---|
| **第四十一条** 召开股东会会议，应当于会议召开十五日前通知全体股东；但是，公司章程另有规定或者全体股东另有约定的除外。<br>股东会应当对所议事项的决定作成会议记录，出席会议的股东应当在会议记录上签名。 | **第六十四条** 召开股东会会议，应当于会议召开十五日前通知全体股东；但是，公司章程另有规定或者全体股东另有约定的除外。<br>股东会应当对所议事项的决定作成会议记录，出席会议的股东应当在会议记录上签名**或者盖章**。 |
| **第四十二条** 股东会会议由股东按照出资比例行使表决权；但是，公司章程另有规定的除外。 | **第六十五条** 股东会会议由股东按照出资比例行使表决权；但是，公司章程另有规定的除外。 |
| **第四十三条** 股东会的议事方式和表决程序，除本法有规定的外，由公司章程规定。<br>股东会**会议**作出修改公司章程、增加或者减少注册资本的决议，以及公司合并、分立、解散或者变更公司形式的决议，**必须**经代表三分之二以上表决权的股东通过。 | **第六十六条** 股东会的议事方式和表决程序，除本法有规定的外，由公司章程规定。<br>**股东会作出决议，应当经代表过半数表决权的股东通过。**<br>股东会作出修改公司章程、增加或者减少注册资本的决议，以及公司合并、分立、解散或者变更公司形式的决议，**应当**经代表三分之二以上表决权的股东通过。 |
| **第四十六条** 董事会**对股东会负责**，行使下列职权：<br>（一）召集股东会会议，并向股东会报告工作；<br>（二）执行股东会的决议；<br>（三）决定公司的经营计划和投资方案；<br>**（四）制订公司的年度财务预算方案、决算方案；**<br>**（五）**制订公司的利润分配方案和弥补亏损方案；<br>**（六）**制订公司增加或者减少注册资本以及发行公司债券的方案；<br>**（七）**制订公司合并、分立、解散或者变更公司形式的方案；<br>**（八）**决定公司内部管理机构的设置；<br>**（九）**决定聘任或者解聘公司经理及其报酬事项，并根据经理的提名决定聘任或者解聘公司副经理、财务负责人及其报酬事项； | **第六十七条** **有限责任公司设董事会，本法第七十五条另有规定的除外。**<br>董事会行使下列职权：<br>（一）召集股东会会议，并向股东会报告工作；<br>（二）执行股东会的决议；<br>（三）决定公司的经营计划和投资方案；<br>**（四）**制订公司的利润分配方案和弥补亏损方案；<br>**（五）**制订公司增加或者减少注册资本以及发行公司债券的方案；<br>**（六）**制订公司合并、分立、解散或者变更公司形式的方案；<br>**（七）**决定公司内部管理机构的设置；<br>**（八）**决定聘任或者解聘公司经理及其报酬事项，并根据经理的提名决定聘任或者解聘公司副经理、财务负责人及其报酬事项；<br>**（九）**制定公司的基本管理制度； |

续表

| 2018 年《公司法》 | 2023 年《公司法》 |
|---|---|
| （十）制定公司的基本管理制度；<br>（十一）公司章程规定的其他职权。 | （十）公司章程规定**或者股东会授予**的其他职权。<br>**公司章程对董事会职权的限制不得对抗善意相对人。** |
| **第四十四条** 有限责任公司设董事会，其成员为三人至十三人；**但是，本法第五十条另有规定的除外。**<br>**两个以上的国有企业或者两个以上的其他国有投资主体投资设立的**有限责任公司，其董事会成员中应当有公司职工代表；**其他有限责任公司董事会成员中可以有公司职工代表。**董事会中的职工代表由公司职工通过职工代表大会、职工大会或者其他形式民主选举产生。<br>董事会设董事长一人，可以设副董事长。董事长、副董事长的产生办法由公司章程规定。 | **第六十八条** 有限责任公司董事会成员为三人以上，**其成员中可以有公司职工代表。职工人数三百人以上的**有限责任公司，**除依法设监事会并有公司职工代表的外，**其董事会成员中应当有公司职工代表。董事会中的职工代表由公司职工通过职工代表大会、职工大会或者其他形式民主选举产生。<br>董事会设董事长一人，可以设副董事长。董事长、副董事长的产生办法由公司章程规定。 |
| 无 | **第六十九条 有限责任公司可以按照公司章程的规定在董事会中设置由董事组成的审计委员会，行使本法规定的监事会的职权，不设监事会或者监事。公司董事会成员中的职工代表可以成为审计委员会成员。** |
| **第四十五条** 董事任期由公司章程规定，但每届任期不得超过三年。董事任期届满，连选可以连任。<br>董事任期届满未及时改选，或者董事在任期内辞**职**导致董事会成员低于法定人数的，在改选出的董事就任前，原董事仍应当依照法律、行政法规和公司章程的规定，履行董事职务。 | **第七十条** 董事任期由公司章程规定，但每届任期不得超过三年。董事任期届满，连选可以连任。<br>董事任期届满未及时改选，或者董事在任期内辞**任**导致董事会成员低于法定人数的，在改选出的董事就任前，原董事仍应当依照法律、行政法规和公司章程的规定，履行董事职务。<br>**董事辞任的，应当以书面形式通知公司，公司收到通知之日辞任生效，但存在前款规定情形的，董事应当继续履行职务。** |
| 无 | **第七十一条 股东会可以决议解任董事，决议作出之日解任生效。**<br>**无正当理由，在任期届满前解任董事的，该董事可以要求公司予以赔偿。** |

续表

| 2018年《公司法》 | 2023年《公司法》 |
| --- | --- |
| **第四十七条** 董事会会议由董事长召集和主持；董事长不能履行职务或者不履行职务的，由副董事长召集和主持；副董事长不能履行职务或者不履行职务的，由半数**以上**董事共同推举一名董事召集和主持。 | **第七十二条** 董事会会议由董事长召集和主持；董事长不能履行职务或者不履行职务的，由副董事长召集和主持；副董事长不能履行职务或者不履行职务的，由**过**半数**的**董事共同推举一名董事召集和主持。 |
| **第四十八条** 董事会的议事方式和表决程序，除本法有规定的外，由公司章程规定。<br>董事会应当对所议事项的决定作成会议记录，出席会议的董事应当在会议记录上签名。<br>董事会决议的表决，**实行**一人一票。 | **第七十三条** 董事会的议事方式和表决程序，除本法有规定的外，由公司章程规定。<br>**董事会会议应当有过半数的董事出席方可举行。董事会作出决议，应当经全体董事的过半数通过。**<br>董事会决议的表决，**应当**一人一票。<br>董事会应当对所议事项的决定作成会议记录，出席会议的董事应当在会议记录上签名。 |
| **第四十九条** 有限责任公司可以设经理，由董事会决定聘任或者解聘。经理对董事会负责，行使**下列**职权：<br>**（一）主持公司的生产经营管理工作，组织实施董事会决议；**<br>**（二）组织实施公司年度经营计划和投资方案；**<br>**（三）拟订公司内部管理机构设置方案；**<br>**（四）拟订公司的基本管理制度；**<br>**（五）制定公司的具体规章；**<br>**（六）提请聘任或者解聘公司副经理、财务负责人；**<br>**（七）决定聘任或者解聘除应由董事会决定聘任或者解聘以外的负责管理人员；**<br>**（八）董事会授予的其他职权。**<br>**公司章程对经理职权另有规定的，从其规定。**<br>经理列席董事会会议。 | **第七十四条** 有限责任公司可以设经理，由董事会决定聘任或者解聘。<br>经理对董事会负责，**根据公司章程的规定或者董事会的授权**行使职权。经理列席董事会会议。 |

续表

| 2018 年《公司法》 | 2023 年《公司法》 |
| --- | --- |
| **第五十条** **股东人数较少**或者**规模较小**的有限责任公司，可以**设一名执行董事，不设董事会**。执行董事可以兼任公司经理。<br>**执行董事的职权由公司章程规定。** | **第七十五条** **规模较小**或者**股东人数较少**的有限责任公司，可以**不设董事会，设一名董事，行使本法规定的董事会的职权**。**该董事**可以兼任公司经理。 |
| **第五十一条** 有限责任公司设监事会，**其**成员**不得少于**三人。**股东人数较少或者规模较小的有限责任公司，可以设一至二名监事，不设监事会。**<br>监事会应当包括股东代表和适当比例的公司职工代表，其中职工代表的比例不得低于三分之一，具体比例由公司章程规定。监事会中的职工代表由公司职工通过职工代表大会、职工大会或者其他形式民主选举产生。<br>监事会设主席一人，由全体监事过半数选举产生。监事会主席召集和主持监事会会议；监事会主席不能履行职务或者不履行职务的，由半数**以上**监事共同推举一名监事召集和主持监事会会议。<br>董事、高级管理人员不得兼任监事。 | **第七十六条** 有限责任公司设监事会，**本法第六十九条、第八十三条另有规定的除外。**<br>**监事会**成员**为**三人**以上**。监事会**成员**应当包括股东代表和适当比例的公司职工代表，其中职工代表的比例不得低于三分之一，具体比例由公司章程规定。监事会中的职工代表由公司职工通过职工代表大会、职工大会或者其他形式民主选举产生。<br>监事会设主席一人，由全体监事过半数选举产生。监事会主席召集和主持监事会会议；监事会主席不能履行职务或者不履行职务的，由**过半数的**监事共同推举一名监事召集和主持监事会会议。<br>董事、高级管理人员不得兼任监事。 |
| **第五十二条** 监事的任期每届为三年。监事任期届满，连选可以连任。<br>监事任期届满未及时改选，或者监事在任期内辞**职**导致监事会成员低于法定人数的，在改选出的监事就任前，原监事仍应当依照法律、行政法规和公司章程的规定，履行监事职务。 | **第七十七条** 监事的任期每届为三年。监事任期届满，连选可以连任。<br>监事任期届满未及时改选，或者监事在任期内辞**任**导致监事会成员低于法定人数的，在改选出的监事就任前，原监事仍应当依照法律、行政法规和公司章程的规定，履行监事职务。 |
| **第五十三条** 监事会、**不设监事会的公司的监事**行使下列职权：<br>（一）检查公司财务；<br>（二）对董事、高级管理人员执行**公司**职务的行为进行监督，对违反法律、行政法规、公司章程或者股东会决议的董事、高级管理人员提出**罢免**的建议；<br>（三）当董事、高级管理人员的行为损害公司的利益时，要求董事、高级管理人员予以纠正； | **第七十八条** 监事会行使下列职权：<br>（一）检查公司财务；<br>（二）对董事、高级管理人员执行职务的行为进行监督，对违反法律、行政法规、公司章程或者股东会决议的董事、高级管理人员提出**解任**的建议；<br>（三）当董事、高级管理人员的行为损害公司的利益时，要求董事、高级管理人员予以纠正； |

续表

| 2018 年《公司法》 | 2023 年《公司法》 |
|---|---|
| (四)提议召开临时股东会会议,在董事会不履行本法规定的召集和主持股东会会议职责时召集和主持股东会会议;<br>(五)向股东会会议提出提案;<br>(六)依照本法第**一百五十一**条的规定,对董事、高级管理人员提起诉讼;<br>(七)公司章程规定的其他职权。 | (四)提议召开临时股东会会议,在董事会不履行本法规定的召集和主持股东会会议职责时召集和主持股东会会议;<br>(五)向股东会会议提出提案;<br>(六)依照本法第**一百八十九**条的规定,对董事、高级管理人员提起诉讼;<br>(七)公司章程规定的其他职权。 |
| **第五十四条** 监事可以列席董事会会议,并对董事会决议事项提出质询或者建议。<br>监事会**、不设监事会的公司的监事**发现公司经营情况异常,可以进行调查;必要时,可以聘请会计师事务所等协助其工作,费用由公司承担。 | **第七十九条** 监事可以列席董事会会议,并对董事会决议事项提出质询或者建议。<br>监事会发现公司经营情况异常,可以进行调查;必要时,可以聘请会计师事务所等协助其工作,费用由公司承担。 |
| **第一百五十条第二款** 董事、高级管理人员应当如实向监事会**或者不设监事会的有限责任公司的监事**提供有关情况和资料,不得妨碍监事会或者监事行使职权。 | **第八十条 监事会可以要求董事、高级管理人员提交执行职务的报告。**<br>董事、高级管理人员应当如实向监事会提供有关情况和资料,不得妨碍监事会或者监事行使职权。 |
| **第五十五条** 监事会每年度至少召开一次会议,监事可以提议召开临时监事会会议。<br>监事会的议事方式和表决程序,除本法有规定的外,由公司章程规定。<br>监事会决议应当经**半数以上**监事通过。<br>监事会应当对所议事项的决定作成会议记录,出席会议的监事应当在会议记录上签名。 | **第八十一条** 监事会每年度至少召开一次会议,监事可以提议召开临时监事会会议。<br>监事会的议事方式和表决程序,除本法有规定的外,由公司章程规定。<br>监事会决议应当经**全体**监事**的过半数**通过。<br>**监事会决议的表决,应当一人一票。**<br>监事会应当对所议事项的决定作成会议记录,出席会议的监事应当在会议记录上签名。 |
| **第五十六条** 监事会**、不设监事会的公司的监事**行使职权所必需的费用,由公司承担。 | **第八十二条** 监事会行使职权所必需的费用,由公司承担。 |
| **第五十一条第一款** 有限责任公司设监事会,其成员不得少于三人。股东人数较少或者规模较小的有限责任公司,可以设一至二名监事,不设监事会。 | **第八十三条 规模较小或者股东人数较少**的有限责任公司,可以不设监事会,**设一名监事,行使本法规定的监事会的职权;经全体股东一致同意,也可以不设监事。** |

续表

| 2018 年《公司法》 | 2023 年《公司法》 |
|---|---|
| 第三章　有限责任公司的股权转让 | 第四章　有限责任公司的股权转让 |
| **第七十一条**　有限责任公司的股东之间可以相互转让其全部或者部分股权。<br>股东向股东以外的人转让股权,应当**经其他股东过半数同意。股东应就其股权转让**事项书面通知其他股东**征求同意**,其他股东自接到书面通知之日起**满**三十日未答复的,视为**同意转让。其他股东半数以上不同意转让的,不同意的股东应当购买该转让的股权;不购买的,视为同意转让。**<br>**经股东同意转让的股权,**在同等条件下,其他股东有优先购买权。两个以上股东**主张**行使优先购买权的,协商确定各自的购买比例;协商不成的,按照转让时各自的出资比例行使优先购买权。<br>公司章程对股权转让另有规定的,从其规定。 | **第八十四条**　有限责任公司的股东之间可以相互转让其全部或者部分股权。<br>股东向股东以外的人转让股权的,应当**将股权转让的数量、价格、支付方式和期限等**事项书面通知其他股东,**其他股东**在同等条件下有优先购买权。股东自接到书面通知之日起三十日**内**未答复的,视为**放弃优先购买权**。两个以上股东行使优先购买权的,协商确定各自的购买比例;协商不成的,按照转让时各自的出资比例行使优先购买权。<br>公司章程对股权转让另有规定的,从其规定。 |
| **第七十二条**　人民法院依照法律规定的强制执行程序转让股东的股权时,应当通知公司及全体股东,其他股东在同等条件下有优先购买权。其他股东自人民法院通知之日起满二十日不行使优先购买权的,视为放弃优先购买权。 | **第八十五条**　人民法院依照法律规定的强制执行程序转让股东的股权时,应当通知公司及全体股东,其他股东在同等条件下有优先购买权。其他股东自人民法院通知之日起满二十日不行使优先购买权的,视为放弃优先购买权。 |
| 无 | 第八十六条　**股东转让股权的,应当书面通知公司,请求变更股东名册;需要办理变更登记的,并请求公司向公司登记机关办理变更登记。公司拒绝或者在合理期限内不予答复的,转让人、受让人可以依法向人民法院提起诉讼。**<br>**股权转让的,受让人自记载于股东名册时起可以向公司主张行使股东权利。** |

续表

| 2018 年《公司法》 | 2023 年《公司法》 |
|---|---|
| **第七十三条**　依照本法**第七十一条、第七十二条**转让股权后，公司应当注销原股东的出资证明书，向新股东签发出资证明书，并相应修改公司章程和股东名册中有关股东及其出资额的记载。对公司章程的该项修改不需再由股东会表决。 | **第八十七条**　依照本法转让股权后，公司应当**及时**注销原股东的出资证明书，向新股东签发出资证明书，并相应修改公司章程和股东名册中有关股东及其出资额的记载。对公司章程的该项修改不需再由股东会表决。 |
| 无 | **第八十八条　股东转让已认缴出资但未届出资期限的股权的，由受让人承担缴纳该出资的义务；受让人未按期足额缴纳出资的，转让人对受让人未按期缴纳的出资承担补充责任。**<br>**未按照公司章程规定的出资日期缴纳出资或者作为出资的非货币财产的实际价额显著低于所认缴的出资额的股东转让股权的，转让人与受让人在出资不足的范围内承担连带责任；受让人不知道且不应当知道存在上述情形的，由转让人承担责任。** |
| **第七十四条**　有下列情形之一的，对股东会该项决议投反对票的股东可以请求公司按照合理的价格收购其股权：<br>（一）公司连续五年不向股东分配利润，而公司该五年连续盈利，并且符合本法规定的分配利润条件的；<br>（二）公司合并、分立、转让主要财产的；<br>（三）公司章程规定的营业期限届满或者章程规定的其他解散事由出现，股东会**会议**通过决议修改章程使公司存续的。<br>自股东会**会议**决议**通过**之日起六十日内，股东与公司不能达成股权收购协议的，股东可以自股东会**会议**决议**通过**之日起九十日内向人民法院提起诉讼。 | **第八十九条**　有下列情形之一的，对股东会该项决议投反对票的股东可以请求公司按照合理的价格收购其股权：<br>（一）公司连续五年不向股东分配利润，而公司该五年连续盈利，并且符合本法规定的分配利润条件；<br>（二）公司合并、分立、转让主要财产；<br>（三）公司章程规定的营业期限届满或者章程规定的其他解散事由出现，股东会通过决议修改章程使公司存续。<br>自股东会决议**作出**之日起六十日内，股东与公司不能达成股权收购协议的，股东可以自股东会决议**作出**之日起九十日内向人民法院提起诉讼。<br>**公司的控股股东滥用股东权利，严重损害公司或者其他股东利益的，其他股东有权请求公司按照合理的价格收购其股权。**<br>**公司因本条第一款、第三款规定的情形收购的本公司股权，应当在六个月内依法转让或者注销。** |

续表

| 2018 年《公司法》 | 2023 年《公司法》 |
|---|---|
| **第七十五条** 自然人股东死亡后，其合法继承人可以继承股东资格；但是，公司章程另有规定的除外。 | **第九十条** 自然人股东死亡后，其合法继承人可以继承股东资格；但是，公司章程另有规定的除外。 |
| 第四章 股份有限公司的设立和组织机构 | 第五章 股份有限公司的设立和组织机构 |
| 第一节 设 立 | 第一节 设 立 |
| **第七十七条** 股份有限公司的设立，可以采取发起设立或者募集设立的方式。<br>发起设立，是指由发起人认购公司应发行的全部股份而设立公司。<br>募集设立，是指由发起人认购公司应发行股份的一部分，其余股份向社会公开募集或者向特定对象募集而设立公司。 | **第九十一条** 设立股份有限公司，可以采取发起设立或者募集设立的方式。<br>发起设立，是指由发起人认购**设立**公司**时**应发行的全部股份而设立公司。<br>募集设立，是指由发起人认购**设立**公司**时**应发行股份的一部分，其余股份向特定对象募集或者向社会公开募集而设立公司。 |
| **第七十八条** 设立股份有限公司，应当有**二**人以上二百人以下为发起人，其中**须**有半数以上的发起人在**中国**境内有住所。 | **第九十二条** 设立股份有限公司，应当有**一**人以上二百人以下为发起人，其中**应当**有半数以上的发起人在**中华人民共和国**境内有住所。 |
| **第七十九条** 股份有限公司发起人承担公司筹办事务。<br>发起人应当签订发起人协议，明确各自在公司设立过程中的权利和义务。 | **第九十三条** 股份有限公司发起人承担公司筹办事务。<br>发起人应当签订发起人协议，明确各自在公司设立过程中的权利和义务。 |
| **第七十六条** 设立股份有限公司，应当**具备下列条件：**<br>**（一）发起人符合法定人数；**<br>**（二）有符合公司章程规定的全体发起人认购的股本总额或者募集的实收股本总额；**<br>**（三）股份发行、筹办事项符合法律规定；**<br>（四）发起人制订公司章程**，采用募集方式设立的经创立大会通过；**<br>**（五）有公司名称，建立符合股份有限公司要求的组织机构；**<br>**（六）有公司住所。** | **第九十四条** 设立股份有限公司，应当由发起人**共同**制订公司章程。 |

续表

| 2018 年《公司法》 | 2023 年《公司法》 |
| --- | --- |
| **第八十一条** 股份有限公司章程应当载明下列事项：<br>（一）公司名称和住所；<br>（二）公司经营范围；<br>（三）公司设立方式；<br>（四）公司股份**总**数、每股金额**和**注册资本；<br>（五）发起人的姓名或者名称、认购的股份数、出资方式**和出资时间**；<br>（六）董事会的组成、职权和议事规则；<br>（七）公司法定代表人；<br>（八）监事会的组成、职权和议事规则；<br>（九）公司利润分配办法；<br>（十）公司的解散事由与清算办法；<br>（十一）公司的通知和公告办法；<br>（十二）股东**大会会议**认为需要规定的其他事项。 | **第九十五条** 股份有限公司章程应当载明下列事项：<br>（一）公司名称和住所；<br>（二）公司经营范围；<br>（三）公司设立方式；<br>（四）公司注册资本**、已发行的**股份数**和设立时发行的股份数，面额股的**每股金额；<br>**（五）发行类别股的，每一类别股的股份数及其权利和义务；**<br>（六）发起人的姓名或者名称、认购的股份数、出资方式；<br>（七）董事会的组成、职权和议事规则；<br>（八）公司法定代表人**的产生、变更办法；**<br>（九）监事会的组成、职权和议事规则；<br>（十）公司利润分配办法；<br>（十一）公司的解散事由与清算办法；<br>（十二）公司的通知和公告办法；<br>（十三）股东会认为需要规定的其他事项。 |
| **第八十条** 股份有限公司**采取发起设立方式设立的，**注册资本为在公司登记机关登记的**全体发起人认购**的股本总额。在发起人认购的股份缴足前，不得向他人募集股份。<br>**股份有限公司采取募集方式设立的，注册资本为在公司登记机关登记的实收股本总额。**<br>法律、行政法规以及国务院决定对股份有限公司**注册资本实缴、**注册资本最低限额另有规定的，从其规定。 | **第九十六条** 股份有限公司的注册资本为在公司登记机关登记的**已发行股份**的股本总额。在发起人认购的股份缴足前，不得向他人募集股份。<br>法律、行政法规以及国务院决定对股份有限公司注册资本最低限额另有规定的，从其规定。 |
| **第八十四条** 以募集设立方式设立股份有限公司的，发起人认购的股份不得少于公司股份总数的百分之三十五；但是，法律、行政法规另有规定的，从其规定。 | **第九十七条 以发起设立方式设立股份有限公司的，发起人应当认足公司章程规定的公司设立时应发行的股份。**<br>以募集设立方式设立股份有限公司的，发起人认购的股份不得少于公司**章程规定的公司设立时应发行**股份总数的百分之三十五；但是，法律、行政法规另有规定的，从其规定。 |

续表

| 2018 年《公司法》 | 2023 年《公司法》 |
|---|---|
| **第八十三条第一款** 以发起设立方式设立股份有限公司的,发起人应当书面认足公司章程规定其认购的股份,并按照公司章程规定缴纳出资。以非货币财产出资的,应当依法办理其财产权的转移手续。<br>**第八十二条** 发起人的出资方式,适用本法第二十七条的规定。 | **第九十八条** 发起人应当在公司成立前按照其认购的股份全额缴纳股款。<br>发起人的出资,适用本法第四十八条、第四十九条第二款关于有限责任公司股东出资的规定。 |
| **第九十三条** 股份有限公司成立后,发起人未按照公司章程的规定缴足出资的,应当补缴;其他发起人承担连带责任。<br>股份有限公司成立后,发现作为设立公司出资的非货币财产的实际价额显著低于公司章程所定价额的,应当由交付该出资的发起人补足其差额;其他发起人承担连带责任。 | **第九十九条** 发起人不按照其认购的股份缴纳股款,或者作为出资的非货币财产的实际价额显著低于所认购的股份的,其他发起人与该发起人在出资不足的范围内承担连带责任。 |
| **第八十五条** 发起人向社会公开募集股份,必须公告招股说明书,并制作认股书。认股书应当载明本法第八十六条所列事项,由认股人填写认购股数、金额、住所,并签名、盖章。认股人按照所认购股数缴纳股款。 | **第一百条** 发起人向社会公开募集股份,应当公告招股说明书,并制作认股书。认股书应当载明本法第一百五十四条第二款、第三款所列事项,由认股人填写认购的股份数、金额、住所,并签名或者盖章。认股人应当按照所认购股份足额缴纳股款。 |
| **第八十九条第一款** 发行股份的股款缴足后,必须经依法设立的验资机构验资并出具证明。发起人应当自股款缴足之日起三十日内主持召开公司创立大会。创立大会由发起人、认股人组成。 | **第一百零一条** 向社会公开募集股份的股款缴足后,应当经依法设立的验资机构验资并出具证明。 |
| **第一百三十条** 公司发行记名股票的,应当置备股东名册,记载下列事项:<br>(一)股东的姓名或者名称及住所;<br>(二)各股东所持股份数;<br>(三)各股东所持股票的编号;<br>(四)各股东取得股份的日期。<br>发行无记名股票的,公司应当记载其股票数量、编号及发行日期。 | **第一百零二条** 股份有限公司应当制作股东名册并置备于公司。股东名册应当记载下列事项:<br>(一)股东的姓名或者名称及住所;<br>(二)各股东所认购的股份种类及股份数;<br>(三)发行纸面形式的股票的,股票的编号;<br>(四)各股东取得股份的日期。 |

续表

| 2018年《公司法》 | 2023年《公司法》 |
| --- | --- |
| **第八十九条第一款** 发行股份的股款缴足后，**必须经依法设立的验资机构验资并出具证明**。发起人应当自股款缴足之日起三十日内**主持**召开公司**创立**大会。**创立大会由发起人、认股人组成。**<br>**第九十条第一款** 发起人应当在**创立**大会召开十五日前将会议日期通知各认股人或者予以公告。**创立**大会应有**代表股份总数**过半数的**发起人**、认股人出席，方可举行。 | **第一百零三条** 募集设立股份有限公司的发起人应当自**公司设立时应发行股份的**股款缴足之日起三十日内召开公司**成立**大会。发起人应当在**成立**大会召开十五日前将会议日期通知各认股人或者予以公告。**成立**大会应当有**持有表决权**过半数的认股人出席，方可举行。<br>**以发起设立方式设立股份有限公司成立大会的召开和表决程序由公司章程或者发起人协议规定。** |
| **第九十条第二、三款** **创立**大会行使下列职权：<br>（一）审议发起人关于公司筹办情况的报告；<br>（二）通过公司章程；<br>（三）选举董事**会成员**；<br>（四）**选举**监事**会成员**；<br>**（五）**对公司的设立费用进行审核；<br>**（六）**对发起人**用于抵作股款的财产**的作价进行审核；<br>**（七）**发生不可抗力或者经营条件发生重大变化直接影响公司设立的，可以作出不设立公司的决议。<br>**创立**大会对前款所列事项作出决议，**必须**经出席会议的认股人所持表决权过半数通过。 | **第一百零四条** 公司**成立**大会行使下列职权：<br>（一）审议发起人关于公司筹办情况的报告；<br>（二）通过公司章程；<br>（三）选举董事、监事；<br>**（四）**对公司的设立费用进行审核；<br>**（五）**对发起人**非货币财产出资**的作价进行审核；<br>**（六）**发生不可抗力或者经营条件发生重大变化直接影响公司设立的，可以作出不设立公司的决议。<br>**成立**大会对前款所列事项作出决议，**应当**经出席会议的认股人所持表决权过半数通过。 |
| **第八十九条第二款** 发行的股份**超过招股说明书规定的截止期限尚**未募足**的**，或者发行股份的股款缴足后，发起人在三十日内未召开**创立**大会的，认股人可以按照所缴股款并加算银行同期存款利息，要求发起人返还。<br>**第九十一条** 发起人、认股人缴纳股款或者交付**抵作股款的**出资后，除未按期募足股份、发起人未按期召开**创立**大会或者**创立**大会决议不设立公司的情形外，不得抽回其股本。 | **第一百零五条** **公司设立时应**发行的股份未募足，或者发行股份的股款缴足后，发起人在三十日内未召开**成立**大会的，认股人可以按照所缴股款并加算银行同期存款利息，要求发起人返还。<br>发起人、认股人缴纳股款或者交付**非货币财产**出资后，除未按期募足股份、发起人未按期召开**成立**大会或者**成立**大会决议不设立公司的情形外，不得抽回其股本。 |

续表

| 2018 年《公司法》 | 2023 年《公司法》 |
|---|---|
| **第九十二条第一款** 董事会应于**创立**大会结束后三十日内，向公司登记机关**报送下列文件**，申请设立登记：<br>**（一）公司登记申请书；**<br>**（二）创立大会的会议记录；**<br>**（三）公司章程；**<br>**（四）验资证明；**<br>**（五）法定代表人、董事、监事的任职文件及其身份证明；**<br>**（六）发起人的法人资格证明或者自然人身份证明；**<br>**（七）公司住所证明。** | **第一百零六条** 董事会应**当授权代表**，于公司**成立**大会结束后三十日内向公司登记机关申请设立登记。 |
| 无 | **第一百零七条 本法第四十四条、第四十九条第三款、第五十一条、第五十二条、第五十三条的规定，适用于股份有限公司。** |
| **第九十五条** 有限责任公司变更为股份有限公司时，折合的实收股本总额不得高于公司净资产额。有限责任公司变更为股份有限公司，为增加资本公开发行股份时，应当依法办理。 | **第一百零八条** 有限责任公司变更为股份有限公司时，折合的实收股本总额不得高于公司净资产额。有限责任公司变更为股份有限公司，为增加**注册**资本公开发行股份时，应当依法办理。 |
| **第九十六条** 股份有限公司应当将公司章程、股东名册、**公司债券存根**、股东**大**会会议记录、董事会会议记录、监事会会议记录、财务会计报告置备于本公司。 | **第一百零九条** 股份有限公司应当将公司章程、股东名册、股东会会议记录、董事会会议记录、监事会会议记录、财务会计报告、**债券持有人名册**置备于本公司。 |
| **第九十七条** 股东有权查阅公司章程、股东名册、**公司债券存根**、股东**大**会会议记录、董事会会议决议、监事会会议决议、财务会计报告，对公司的经营提出建议或者质询。 | **第一百一十条** 股东有权查阅、**复制**公司章程、股东名册、股东会会议记录、董事会会议决议、监事会会议决议、财务会计报告，对公司的经营提出建议或者质询。<br>**连续一百八十日以上单独或者合计持有公司百分之三以上股份的股东要求查阅公司的会计账簿、会计凭证的，适用本法第五十七条第二款、第三款、第四款的规定。公司章程对持股比例有较低规定的，从其规定。**<br>**股东要求查阅、复制公司全资子公司相关材料的，适用前两款的规定。** |

续表

| 2018年《公司法》 | 2023年《公司法》 |
|---|---|
| | **上市公司股东查阅、复制相关材料的，应当遵守《中华人民共和国证券法》等法律、行政法规的规定。** |
| 第二节　股东**大**会 | 第二节　股东会 |
| **第九十八条**　股份有限公司股东**大**会由全体股东组成。股东**大**会是公司的权力机构，依照本法行使职权。 | **第一百一十一条**　股份有限公司股东会由全体股东组成。股东会是公司的权力机构，依照本法行使职权。 |
| **第九十九条**　本法第**三十七**条第一款关于有限责任公司股东会职权的规定，适用于股份有限公司股东**大**会。 | **第一百一十二条**　本法第**五十九**条第一款、**第二款**关于有限责任公司股东会职权的规定，适用于股份有限公司股东会。<br>**本法第六十条关于只有一个股东的有限责任公司不设股东会的规定，适用于只有一个股东的股份有限公司。** |
| **第一百条**　股东**大**会应当每年召开一次年会。有下列情形之一的，应当在两个月内召开临时股东**大**会：<br>（一）董事人数不足本法规定人数或者公司章程所定人数的三分之二时；<br>（二）公司未弥补的亏损达**实收**股本总额三分之一时；<br>（三）单独或者合计持有公司百分之十以上股份的股东请求时；<br>（四）董事会认为必要时；<br>（五）监事会提议召开时；<br>（六）公司章程规定的其他情形。 | **第一百一十三条**　股东会应当每年召开一次年会。有下列情形之一的，应当在两个月内召开临时股东会**会议**：<br>（一）董事人数不足本法规定人数或者公司章程所定人数的三分之二时；<br>（二）公司未弥补的亏损达股本总额三分之一时；<br>（三）单独或者合计持有公司百分之十以上股份的股东请求时；<br>（四）董事会认为必要时；<br>（五）监事会提议召开时；<br>（六）公司章程规定的其他情形。 |
| **第一百零一条**　股东**大**会会议由董事会召集，董事长主持；董事长不能履行职务或者不履行职务的，由副董事长主持；副董事长不能履行职务或者不履行职务的，由半数**以上**董事共同推举一名董事主持。<br>董事会不能履行或者不履行召集股东**大**会会议职责的，监事会应当及时召集和主持；监事会不召集和主持的，连续九十日以上单独或者合计持有公司百分之十以上股份的股东可以自行召集和主持。 | **第一百一十四条**　股东会会议由董事会召集，董事长主持；董事长不能履行职务或者不履行职务的，由副董事长主持；副董事长不能履行职务或者不履行职务的，由**过**半数**的**董事共同推举一名董事主持。<br>董事会不能履行或者不履行召集股东会会议职责的，监事会应当及时召集和主持；监事会不召集和主持的，连续九十日以上单独或者合计持有公司百分之十以上股份的股东可以自行召集和主持。 |

续表

| 2018年《公司法》 | 2023年《公司法》 |
| --- | --- |
| | **单独或者合计持有公司百分之十以上股份的股东请求召开临时股东会会议的，董事会、监事会应当在收到请求之日起十日内作出是否召开临时股东会会议的决定，并书面答复股东。** |
| **第一百零二条** 召开股东**大**会会议，应当将会议召开的时间、地点和审议的事项于会议召开二十日前通知各股东；临时股东**大**会应当于会议召开十五日前通知各股东；**发行无记名股票的，应当于会议召开三十日前公告会议召开的时间、地点和审议事项。**<br>单独或者合计持有公司**百分之三**以上股份的股东，可以在股东**大**会召开十日前提出临时提案并书面提交董事会；董事会应当在收到提案后二日内通知其他股东，并将该临时提案提交股东**大**会审议。**临时提案的内容应当属于股东大会职权范围，并有明确议题和具体决议事项。**<br>股东**大**会不得对**前两款**通知中未列明的事项作出决议。<br>**无记名股票持有人出席股东大会会议的，应当于会议召开五日前至股东大会闭会时将股票交存于公司。** | **第一百一十五条** 召开股东会会议，应当将会议召开的时间、地点和审议的事项于会议召开二十日前通知各股东；临时股东会**会议**应当于会议召开十五日前通知各股东。<br>单独或者合计持有公司**百分之一**以上股份的股东，可以在股东会**会议**召开十日前提出临时提案并书面提交董事会。**临时提案应当有明确议题和具体决议事项。**董事会应当在收到提案后二日内通知其他股东，并将该临时提案提交股东会审议；**但临时提案违反法律、行政法规或者公司章程的规定，或者不属于股东会职权范围的除外。公司不得提高提出临时提案股东的持股比例。**<br>**公开发行股份的公司，应当以公告方式作出前两款规定的通知。**<br>股东会不得对通知中未列明的事项作出决议。 |
| **第一百零三条** 股东出席股东大会会议，所持每一股份有一表决权。**但是，**公司持有的本公司股份没有表决权。<br>股东**大**会作出决议，**必须**经出席会议的股东所持表决权过半数通过。**但是，**股东**大**会作出修改公司章程、增加或者减少注册资本的决议，以及公司合并、分立、解散或者变更公司形式的决议，**必须**经出席会议的股东所持表决权的三分之二以上通过。 | **第一百一十六条** 股东出席股东会会议，所持每一股份有一表决权，**类别股股东除外。**公司持有的本公司股份没有表决权。<br>股东会作出决议，**应当**经出席会议的股东所持表决权过半数通过。<br>股东会作出修改公司章程、增加或者减少注册资本的决议，以及公司合并、分立、解散或者变更公司形式的决议，**应当**经出席会议的股东所持表决权的三分之二以上通过。 |

续表

| 2018 年《公司法》 | 2023 年《公司法》 |
| --- | --- |
| **第一百零五条**　股东**大**会选举董事、监事,可以**依**照公司章程的规定或者股东**大**会的决议,实行累积投票制。<br>本法所称累积投票制,是指股东**大**会选举董事或者监事时,每一股份拥有与应选董事或者监事人数相同的表决权,股东拥有的表决权可以集中使用。 | **第一百一十七条**　股东会选举董事、监事,可以**按**照公司章程的规定或者股东会的决议,实行累积投票制。<br>本法所称累积投票制,是指股东会选举董事或者监事时,每一股份拥有与应选董事或者监事人数相同的表决权,股东拥有的表决权可以集中使用。 |
| **第一百零六条**　股东**可以**委托代理人出席股东**大**会会议,代理人应当向公司提交股东授权委托书,并在授权范围内行使表决权。 | **第一百一十八条**　股东委托代理人出席股东会会议**的,应当明确代理人代理的事项、权限和期限;**代理人应当向公司提交股东授权委托书,并在授权范围内行使表决权。 |
| **第一百零七条**　股东**大**会应当对所议事项的决定作成会议记录,主持人、出席会议的董事应当在会议记录上签名。会议记录应当与出席股东的签名册及代理出席的委托书一并保存。 | **第一百一十九条**　股东会应当对所议事项的决定作成会议记录,主持人、出席会议的董事应当在会议记录上签名。会议记录应当与出席股东的签名册及代理出席的委托书一并保存。 |
| 第三节　董事会、经理 | 第三节　董事会、经理 |
| **第一百零八条**　股份有限公司设董事会,**其成员为五人至十九人。**<br>**董事会成员中可以有公司职工代表。董事会中的职工代表由公司职工通过职工代表大会、职工大会或者其他形式民主选举产生。**<br>本法**第四十五条关于有限责任公司董事任期**的规定,适用于股份有限公司**董事**。<br>**本法第四十六条关于有限责任公司董事会职权的规定,适用于股份有限公司董事会。** | **第一百二十条**　股份有限公司设董事会,**本法第一百二十八条另有规定的除外。**<br>本法**第六十七条、第六十八条第一款、第七十条、第七十一条**的规定,适用于股份有限公司。 |
| 无 | **第一百二十一条　股份有限公司可以按照公司章程的规定在董事会中设置由董事组成的审计委员会,行使本法规定的监事会的职权,不设监事会或者监事。**<br>**审计委员会成员为三名以上,过半数成员不得在公司担任除董事以外的其他职务,且不得与公司存在任何可能影响其独立客观判** |

续表

| 2018 年《公司法》 | 2023 年《公司法》 |
|---|---|
| | **断的关系。公司董事会成员中的职工代表可以成为审计委员会成员。**<br>**审计委员会作出决议,应当经审计委员会成员的过半数通过。**<br>**审计委员会决议的表决,应当一人一票。**<br>**审计委员会的议事方式和表决程序,除本法有规定的外,由公司章程规定。**<br>**公司可以按照公司章程的规定在董事会中设置其他委员会。** |
| **第一百零九条** 董事会设董事长一人,可以设副董事长。董事长和副董事长由董事会以全体董事的过半数选举产生。<br>董事长召集和主持董事会会议,检查董事会决议的实施情况。副董事长协助董事长工作,董事长不能履行职务或者不履行职务的,由副董事长履行职务;副董事长不能履行职务或者不履行职务的,由半数**以上**董事共同推举一名董事履行职务。 | **第一百二十二条** 董事会设董事长一人,可以设副董事长。董事长和副董事长由董事会以全体董事的过半数选举产生。<br>董事长召集和主持董事会会议,检查董事会决议的实施情况。副董事长协助董事长工作,董事长不能履行职务或者不履行职务的,由副董事长履行职务;副董事长不能履行职务或者不履行职务的,由**过半数的**董事共同推举一名董事履行职务。 |
| **第一百一十条** 董事会每年度至少召开两次会议,每次会议应当于会议召开十日前通知全体董事和监事。<br>代表十分之一以上表决权的股东、三分之一以上董事或者监事会,可以提议召开**董事会临时**会议。董事长应当自接到提议后十日内,召集和主持董事会会议。<br>董事会召开临时会议,可以另定召集董事会的通知方式和通知时限。 | **第一百二十三条** 董事会每年度至少召开两次会议,每次会议应当于会议召开十日前通知全体董事和监事。<br>代表十分之一以上表决权的股东、三分之一以上董事或者监事会,可以提议召开**临时董事会**会议。董事长应当自接到提议后十日内,召集和主持董事会会议。<br>董事会召开临时会议,可以另定召集董事会的通知方式和通知时限。 |
| **第一百一十一条** 董事会会议应有过半数的董事出席方可举行。董事会作出决议,**必须**经全体董事的过半数通过。<br>董事会决议的表决,**实行**一人一票。<br>**第一百一十二条第二款** 董事会应当对**会议**所议事项的决定作成会议记录,出席会议的董事应当在会议记录上签名。 | **第一百二十四条** 董事会会议应**当**有过半数的董事出席方可举行。董事会作出决议,**应当**经全体董事的过半数通过。<br>董事会决议的表决,**应当**一人一票。<br>董事会应当对所议事项的决定作成会议记录,出席会议的董事应当在会议记录上签名。 |

续表

| 2018 年《公司法》 | 2023 年《公司法》 |
|---|---|
| **第一百一十二条第一、三款** 董事会会议,应由董事本人出席;董事因故不能出席,可以书面委托其他董事代为出席,委托书**中**应载明授权范围。<br>董事应当对董事会的决议承担责任。董事会的决议违反法律、行政法规或者公司章程、股东**大**会决议,**致使**公司**遭受**严重损失的,参与决议的董事对公司负赔偿责任。但经证明在表决时曾表明异议并记载于会议记录的,该董事可以免除责任。 | **第一百二十五条** 董事会会议,应**当**由董事本人出席;董事因故不能出席,可以书面委托其他董事代为出席,委托书应**当**载明授权范围。<br>董事应当对董事会的决议承担责任。董事会的决议违反法律、行政法规或者公司章程、股东会决议,**给**公司**造成**严重损失的,参与决议的董事对公司负赔偿责任;经证明在表决时曾表明异议并记载于会议记录的,该董事可以免除责任。 |
| **第一百一十三条** 股份有限公司设经理,由董事会决定聘任或者解聘。<br>**本法第四十九条关于有限责任公司经理职权的规定,适用于股份有限公司经理。** | **第一百二十六条** 股份有限公司设经理,由董事会决定聘任或者解聘。<br>**经理对董事会负责,根据公司章程的规定或者董事会的授权行使职权。经理列席董事会会议。** |
| **第一百一十四条** 公司董事会可以决定由董事会成员兼任经理。 | **第一百二十七条** 公司董事会可以决定由董事会成员兼任经理。 |
| 无 | **第一百二十八条 规模较小或者股东人数较少的股份有限公司,可以不设董事会,设一名董事,行使本法规定的董事会的职权。该董事可以兼任公司经理。** |
| **第一百一十六条** 公司应当定期向股东披露董事、监事、高级管理人员从公司获得报酬的情况。 | **第一百二十九条** 公司应当定期向股东披露董事、监事、高级管理人员从公司获得报酬的情况。 |
| 第四节 监 事 会 | 第四节 监 事 会 |
| **第一百一十七条** 股份有限公司设监事会,**其**成员**不得少于**三人。<br>监事会应当包括股东代表和适当比例的公司职工代表,其中职工代表的比例不得低于三分之一,具体比例由公司章程规定。监事会中的职工代表由公司职工通过职工代表大会、职工大会或者其他形式民主选举产生。 | **第一百三十条** 股份有限公司设监事会,**本法第一百二十一条第一款、第一百三十三条另有规定的除外。**<br>**监事会**成员**为**三人**以上**。监事会**成员**应当包括股东代表和适当比例的公司职工代表,其中职工代表的比例不得低于三分之一,具体比例由公司章程规定。监事会中的职工代表由公司职工通过职工代表大会、职工大会或者其他形式民主选举产生。 |

续表

| 2018 年《公司法》 | 2023 年《公司法》 |
|---|---|
| 监事会设主席一人,可以设副主席。监事会主席和副主席由全体监事过半数选举产生。监事会主席召集和主持监事会会议;监事会主席不能履行职务或者不履行职务的,由监事会副主席召集和主持监事会会议;监事会副主席不能履行职务或者不履行职务的,由半数**以上**监事共同推举一名监事召集和主持监事会会议。<br>董事、高级管理人员不得兼任监事。<br>本法**第五十二条**关于有限责任公司监事任期的规定,适用于股份有限公司监事。 | 监事会设主席一人,可以设副主席。监事会主席和副主席由全体监事过半数选举产生。监事会主席召集和主持监事会会议;监事会主席不能履行职务或者不履行职务的,由监事会副主席召集和主持监事会会议;监事会副主席不能履行职务或者不履行职务的,由**过半数的**监事共同推举一名监事召集和主持监事会会议。<br>董事、高级管理人员不得兼任监事。<br>本法**第七十七条**关于有限责任公司监事任期的规定,适用于股份有限公司监事。 |
| **第一百一十八条** 本法**第五十三条、第五十四条关于有限责任公司监事会职权**的规定,适用于股份有限公司监事会。<br>监事会行使职权所必需的费用,由公司承担。 | **第一百三十一条** 本法**第七十八条至第八十条**的规定,适用于股份有限公司监事会。<br>监事会行使职权所必需的费用,由公司承担。 |
| **第一百一十九条** 监事会每六个月至少召开一次会议。监事可以提议召开临时监事会会议。<br>监事会的议事方式和表决程序,除本法有规定的外,由公司章程规定。<br>监事会决议应当经半数**以上监事**通过。<br>监事会应当对所议事项的决定作成会议记录,出席会议的监事应当在会议记录上签名。 | **第一百三十二条** 监事会每六个月至少召开一次会议。监事可以提议召开临时监事会会议。<br>监事会的议事方式和表决程序,除本法有规定的外,由公司章程规定。<br>监事会决议应当经**全体监事的过**半数通过。<br>**监事会决议的表决,应当一人一票。**<br>监事会应当对所议事项的决定作成会议记录,出席会议的监事应当在会议记录上签名。 |
| 无 | **第一百三十三条 规模较小或者股东人数较少的股份有限公司,可以不设监事会,设一名监事,行使本法规定的监事会的职权。** |
| 第五节 上市公司组织机构的特别规定 | 第五节 上市公司组织机构的特别规定 |
| **第一百二十条** 本法所称上市公司,是指其股票在证券交易所上市交易的股份有限公司。 | **第一百三十四条** 本法所称上市公司,是指其股票在证券交易所上市交易的股份有限公司。 |

续表

| 2018 年《公司法》 | 2023 年《公司法》 |
| --- | --- |
| **第一百二十一条** 上市公司在一年内购买、出售重大资产或者担保金额超过公司资产总额百分之三十的，应当由股东**大**会作出决议，并经出席会议的股东所持表决权的三分之二以上通过。 | **第一百三十五条** 上市公司在一年内购买、出售重大资产或者**向他人提供**担保**的**金额超过公司资产总额百分之三十的，应当由股东会作出决议，并经出席会议的股东所持表决权的三分之二以上通过。 |
| **第一百二十二条** 上市公司设独立董事，具体办法由国务院规定。 | **第一百三十六条** 上市公司设独立董事，具体**管理**办法由国务院**证券监督管理机构**规定。<br>**上市公司的公司章程除载明本法第九十五条规定的事项外，还应当依照法律、行政法规的规定载明董事会专门委员会的组成、职权以及董事、监事、高级管理人员薪酬考核机制等事项。** |
| 无 | **第一百三十七条 上市公司在董事会中设置审计委员会的，董事会对下列事项作出决议前应当经审计委员会全体成员过半数通过：**<br>**（一）聘用、解聘承办公司审计业务的会计师事务所；**<br>**（二）聘任、解聘财务负责人；**<br>**（三）披露财务会计报告；**<br>**（四）国务院证券监督管理机构规定的其他事项。** |
| **第一百二十三条** 上市公司设董事会秘书，负责公司股东**大**会和董事会会议的筹备、文件保管以及公司股东资料的管理，办理信息披露事务等事宜。 | **第一百三十八条** 上市公司设董事会秘书，负责公司股东会和董事会会议的筹备、文件保管以及公司股东资料的管理，办理信息披露事务等事宜。 |
| **第一百二十四条** 上市公司董事与董事会会议决议事项所涉及的企业有关联关系的，不得对该项决议行使表决权，也不得代理其他董事行使表决权。该董事会会议由过半数的无关联关系董事出席即可举行，董事会会议所作决议须经无关联关系董事过半数通过。出席董事会的无关联关系董事人数不足三人的，应将该事项提交上市公司股东大会审议。 | **第一百三十九条** 上市公司董事与董事会会议决议事项所涉及的企业**或者个人**有关联关系的，**该董事应当及时向董事会书面报告。有关联关系的董事**不得对该项决议行使表决权，也不得代理其他董事行使表决权。该董事会会议由过半数的无关联关系董事出席即可举行，董事会会议所作决议须经无关联关系董事过半数通过。出席董事会**会议**的无关联关系董事人数不足三人的，应当将该事项提交上市公司股东会审议。 |

续表

| 2018 年《公司法》 | 2023 年《公司法》 |
|---|---|
| 无 | **第一百四十条　上市公司应当依法披露股东、实际控制人的信息，相关信息应当真实、准确、完整。**<br>**禁止违反法律、行政法规的规定代持上市公司股票。** |
| 无 | **第一百四十一条　上市公司控股子公司不得取得该上市公司的股份。**<br>**上市公司控股子公司因公司合并、质权行使等原因持有上市公司股份的，不得行使所持股份对应的表决权，并应当及时处分相关上市公司股份。** |
| 第五章　股份有限公司的股份发行和转让 | 第六章　股份有限公司的股份发行和转让 |
| 第一节　股 份 发 行 | 第一节　股 份 发 行 |
| **第一百二十五条第一款　股份有限**公司的资本划分为股份，每一股的金额相等。 | **第一百四十二条**　公司的资本划分为股份。**公司的全部股份，根据公司章程的规定择一采用面额股或者无面额股。采用面额股的**，每一股的金额相等。<br>**公司可以根据公司章程的规定将已发行的面额股全部转换为无面额股或者将无面额股全部转换为面额股。**<br>**采用无面额股的，应当将发行股份所得股款的二分之一以上计入注册资本。** |
| **第一百二十六条**　股份的发行，实行公平、公正的原则，同**种类**的每一股份应当具有同等权利。<br>同次发行的同**种类**股票，每股的发行条件和价格应当相同；**任何单位或者个人**所认购的股份，每股应当支付相同价额。 | **第一百四十三条**　股份的发行，实行公平、公正的原则，同**类别**的每一股份应当具有同等权利。<br>同次发行的同**类别**股份，每股的发行条件和价格应当相同；**认购人**所认购的股份，每股应当支付相同价额。 |
| **第一百三十一条**　国务院**可以对公司发行本法规定以外的其他种类的股份，另行作**出规定。 | **第一百四十四条　公司可以按照公司章程的规定发行下列与普通股权利不同的类别股：**<br>**（一）优先或者劣后分配利润或者剩余财产的股份；**<br>**（二）每一股的表决权数多于或者少于普通股的股份；** |

续表

| 2018 年《公司法》 | 2023 年《公司法》 |
| --- | --- |
|  | （三）转让须经公司同意等转让受限的股份；<br>（四）国务院规定的其他类别股。<br>公开发行股份的公司不得发行前款第二项、第三项规定的类别股；公开发行前已发行的除外。<br>公司发行本条第一款第二项规定的类别股的，对于监事或者审计委员会成员的选举和更换，类别股与普通股每一股的表决权数相同。 |
| 无 | 第一百四十五条　发行类别股的公司，应当在公司章程中载明以下事项：<br>（一）类别股分配利润或者剩余财产的顺序；<br>（二）类别股的表决权数；<br>（三）类别股的转让限制；<br>（四）保护中小股东权益的措施；<br>（五）股东会认为需要规定的其他事项。 |
| 无 | 第一百四十六条　发行类别股的公司，有本法第一百一十六条第三款规定的事项等可能影响类别股股东权利的，除应当依照第一百一十六条第三款的规定经股东会决议外，还应当经出席类别股股东会议的股东所持表决权的三分之二以上通过。<br>公司章程可以对需经类别股股东会议决议的其他事项作出规定。 |
| 第一百二十五条第二款　公司的股份采取股票的形式。股票是公司签发的证明股东所持股份的凭证。<br>第一百二十九条　公司发行的股票，可以为记名股票，也可以为无记名股票。<br>公司向发起人、法人发行的股票，应当为记名股票，并应当记载该发起人、法人的名称或者姓名，不得另立户名或者以代表人姓名记名。 | 第一百四十七条　公司的股份采取股票的形式。股票是公司签发的证明股东所持股份的凭证。<br>公司发行的股票，应当为记名股票。 |

续表

| 2018 年《公司法》 | 2023 年《公司法》 |
|---|---|
| **第一百二十七条** 股票发行价格可以按票面金额,也可以超过票面金额,但不得低于票面金额。 | **第一百四十八条** **面额股**股票**的**发行价格可以按票面金额,也可以超过票面金额,但不得低于票面金额。 |
| **第一百二十八条** 股票采用纸面形式或者国务院证券监督管理机构规定的其他形式。<br>股票应当载明下列主要事项:<br>(一)公司名称;<br>(二)公司成立日期;<br>(三)股票种类、票面金额及代表的股份数;<br>**(四)股票的编号。**<br>股票由法定代表人签名,公司盖章。<br>发起人**的**股票,应当标明发起人股票字样。 | **第一百四十九条** 股票采用纸面形式或者国务院证券监督管理机构规定的其他形式。<br>股票**采用纸面形式的**,应当载明下列主要事项:<br>(一)公司名称;<br>(二)公司成立日期**或者股票发行的时间**;<br>(三)股票种类、票面金额及代表的股份数,**发行无面额股的,股票代表的股份数**。<br>股票**采用纸面形式的,还应当载明**股票的编号,由法定代表人签名,公司盖章。<br>发起人股票**采用纸面形式的**,应当标明发起人股票字样。 |
| **第一百三十二条** 股份有限公司成立后,即向股东正式交付股票。公司成立前不得向股东交付股票。 | **第一百五十条** 股份有限公司成立后,即向股东正式交付股票。公司成立前不得向股东交付股票。 |
| **第一百三十三条** 公司发行新股,股东大会应当对下列事项作出决议:<br>(一)新股种类及数额;<br>(二)新股发行价格;<br>(三)新股发行的起止日期;<br>(四)向原有股东发行新股的种类及数额。<br>**第一百三十五条** 公司发行新股,可以根据公司经营情况和财务状况,确定其作价方案。 | **第一百五十一条** 公司发行新股,股东会应当对下列事项作出决议:<br>(一)新股种类及数额;<br>(二)新股发行价格;<br>(三)新股发行的起止日期;<br>(四)向原有股东发行新股的种类及数额;<br>**(五)发行无面额股的,新股发行所得股款计入注册资本的金额**。<br>公司发行新股,可以根据公司经营情况和财务状况,确定其作价方案。 |
| 无 | **第一百五十二条** **公司章程或者股东会可以授权董事会在三年内决定发行不超过已发行股份百分之五十的股份。但以非货币财产作价出资的应当经股东会决议。** |

续表

| 2018 年《公司法》 | 2023 年《公司法》 |
| --- | --- |
|  | 董事会依照前款规定决定发行股份导致公司注册资本、已发行股份数发生变化的，对公司章程该项记载事项的修改不需再由股东会表决。 |
| 无 | 第一百五十三条　公司章程或者股东会授权董事会决定发行新股的，董事会决议应当经全体董事三分之二以上通过。 |
| 第八十五条　发起人向社会公开募集股份，必须公告招股说明书，并制作认股书。认股书应当载明本法第八十六条所列事项，由认股人填写认购股数、金额、住所，并签名、盖章。认股人按照所认购股数缴纳股款。<br>第一百三十四条第一款　公司经国务院证券监督管理机构核准公开发行新股时，必须公告新股招股说明书和财务会计报告，并制作认股书。<br>第八十六条　招股说明书应当附有发起人制订的公司章程，并载明下列事项：<br>（一）发起人认购的股份数；<br>（二）每股的票面金额和发行价格；<br>（三）无记名股票的发行总数；<br>（四）募集资金的用途；<br>（五）认股人的权利、义务；<br>（六）本次募股的起止期限及逾期未募足时认股人可以撤回所认股份的说明。 | 第一百五十四条　公司向社会公开募集股份，应当经国务院证券监督管理机构注册，公告招股说明书。<br>招股说明书应当附有公司章程，并载明下列事项：<br>（一）发行的股份总数；<br>（二）面额股的票面金额和发行价格或者无面额股的发行价格；<br>（三）募集资金的用途；<br>（四）认股人的权利和义务；<br>（五）股份种类及其权利和义务；<br>（六）本次募股的起止日期及逾期未募足时认股人可以撤回所认股份的说明。<br>公司设立时发行股份的，还应当载明发起人认购的股份数。 |
| 第八十七条　发起人向社会公开募集股份，应当由依法设立的证券公司承销，签订承销协议。 | 第一百五十五条　公司向社会公开募集股份，应当由依法设立的证券公司承销，签订承销协议。 |
| 第八十八条　发起人向社会公开募集股份，应当同银行签订代收股款协议。<br>代收股款的银行应当按照协议代收和保存股款，向缴纳股款的认股人出具收款单据，并负有向有关部门出具收款证明的义务。<br>第一百三十六条　公司发行新股募足股款后，必须向公司登记机关办理变更登记，并公告。 | 第一百五十六条　公司向社会公开募集股份，应当同银行签订代收股款协议。<br>代收股款的银行应当按照协议代收和保存股款，向缴纳股款的认股人出具收款单据，并负有向有关部门出具收款证明的义务。<br>公司发行股份募足股款后，应予公告。 |

续表

| 2018 年《公司法》 | 2023 年《公司法》 |
| --- | --- |
| 第二节　股 份 转 让 | 第二节　股 份 转 让 |
| **第一百三十七条**　股东持有的股份可以**依法**转让。 | **第一百五十七条　股份有限公司的**股东持有的股份可以**向其他股东转让，也可以向股东以外的人转让；公司章程对股份转让有限制的，其转让按照公司章程的规定进行。** |
| **第一百三十八条**　股东转让其股份，应当在依法设立的证券交易场所进行或者按照国务院规定的其他方式进行。 | **第一百五十八条**　股东转让其股份，应当在依法设立的证券交易场所进行或者按照国务院规定的其他方式进行。 |
| **第一百三十九条　记名**股票，由股东以背书方式或者法律、行政法规规定的其他方式**转让**；转让后由公司将受让人的姓名或者名称及住所记载于股东名册。<br>股东**大**会召开前二十日内或者公司决定分配股利的基准日前五日内，不得**进行前款规定的**股东名册**的变更登记。但是，**法律对上市公司股东名册变更**登记**另有规定的，从其规定。 | **第一百五十九条**　股票**的转让**，由股东以背书方式或者法律、行政法规规定的其他方式**进行**；转让后由公司将受让人的姓名或者名称及住所记载于股东名册。<br>股东会**会议**召开前二十日内或者公司决定分配股利的基准日前五日内，不得**变更**股东名册。法律**、行政法规或者国务院证券监督管理机构**对上市公司股东名册变更另有规定的，从其规定。 |
| **第一百四十一条　发起人持有的本公司股份，自公司成立之日起一年内不得转让。**公司公开发行股份前已发行的股份，自公司股票在证券交易所上市交易之日起一年内不得转让。<br>公司董事、监事、高级管理人员应当向公司申报所持有的本公司的股份及其变动情况，在任职期间每年转让的股份不得超过其所持有本公司股份总数的百分之二十五；所持本公司股份自公司股票上市交易之日起一年内不得转让。上述人员离职后半年内，不得转让其所持有的本公司股份。公司章程可以对公司董事、监事、高级管理人员转让其所持有的本公司股份作出其他限制性规定。 | **第一百六十条**　公司公开发行股份前已发行的股份，自公司股票在证券交易所上市交易之日起一年内不得转让。**法律、行政法规或者国务院证券监督管理机构对上市公司的股东、实际控制人转让其所持有的本公司股份另有规定的，从其规定。**<br>公司董事、监事、高级管理人员应当向公司申报所持有的本公司的股份及其变动情况，在**就任时确定的**任职期间每年转让的股份不得超过其所持有本公司股份总数的百分之二十五；所持本公司股份自公司股票上市交易之日起一年内不得转让。上述人员离职后半年内，不得转让其所持有的本公司股份。公司章程可以对公司董事、监事、高级管理人员转让其所持有的本公司股份作出其他限制性规定。<br>**股份在法律、行政法规规定的限制转让期限内出质的，质权人不得在限制转让期限内行使质权。** |

续表

| 2018 年《公司法》 | 2023 年《公司法》 |
|---|---|
| **第七十四条** 有下列情形之一的，对股东会该项决议投反对票的股东可以请求公司按照合理的价格收购其股权：<br>（一）公司连续五年不向股东分配利润，而公司该五年连续盈利，并且符合本法规定的分配利润条件的；<br>（二）公司**合并、分立**、转让主要财产**的**；<br>（三）公司章程规定的营业期限届满或者章程规定的其他解散事由出现，股东会会议通过决议修改章程使公司存续的。<br>自股东会会议决议通过之日起六十日内，股东与公司不能达成**股权**收购协议的，股东可以自股东会会议决议通过之日起九十日内向人民法院提起诉讼。 | **第一百六十一条** 有下列情形之一的，对股东会该项决议投反对票的股东可以请求公司按照合理的价格收购其**股份，公开发行股份的公司除外**：<br>（一）公司连续五年不向股东分配利润，而公司该五年连续盈利，并且符合本法规定的分配利润条件；<br>（二）公司转让主要财产；<br>（三）公司章程规定的营业期限届满或者章程规定的其他解散事由出现，股东会通过决议修改章程使公司存续。<br>自股东会决议作出之日起六十日内，股东与公司不能达成**股份**收购协议的，股东可以自股东会决议作出之日起九十日内向人民法院提起诉讼。<br>**公司因本条第一款规定的情形收购的本公司股份，应当在六个月内依法转让或者注销。** |
| **第一百四十二条** 公司不得收购本公司股份。但是，有下列情形之一的除外：<br>（一）减少公司注册资本；<br>（二）与持有本公司股份的其他公司合并；<br>（三）将股份用于员工持股计划或者股权激励；<br>（四）股东因对股东大会作出的公司合并、分立决议持异议，要求公司收购其股份；<br>（五）将股份用于转换**上市**公司发行的可转换为股票的公司债券；<br>（六）上市公司为维护公司价值及股东权益所必需。<br>公司因前款第**（一）**项、第**（二）**项规定的情形收购本公司股份的，应当经股东**大**会决议；公司因前款第**（三）**项、第**（五）**项、第**（六）**项规定的情形收购本公司股份的，可以**依照**公司章程**的规定**或者股东**大**会的授权，经三分之二以上董事出席的董事会会议决议。 | **第一百六十二条** 公司不得收购本公司股份。但是，有下列情形之一的除外：<br>（一）减少公司注册资本；<br>（二）与持有本公司股份的其他公司合并；<br>（三）将股份用于员工持股计划或者股权激励；<br>（四）股东因对股东会作出的公司合并、分立决议持异议，要求公司收购其股份；<br>（五）将股份用于转换公司发行的可转换为股票的公司债券；<br>（六）上市公司为维护公司价值及股东权益所必需。<br>公司因前款第**一**项、第**二**项规定的情形收购本公司股份的，应当经股东会决议；公司因前款第**三**项、第**五**项、第**六**项规定的情形收购本公司股份的，可以**按照**公司章程或者股东会的授权，经三分之二以上董事出席的董事会会议决议。 |

续表

| 2018 年《公司法》 | 2023 年《公司法》 |
| --- | --- |
| 公司依照本条第一款规定收购本公司股份后,属于第(一)项情形的,应当自收购之日起十日内注销;属于第(二)项、第(四)项情形的,应当在六个月内转让或者注销;属于第(三)项、第(五)项、第(六)项情形的,公司合计持有的本公司股份数不得超过本公司已发行股份**总额**的百分之十,并应当在三年内转让或者注销。<br>上市公司收购本公司股份的,应当依照《中华人民共和国证券法》的规定履行信息披露义务。上市公司因本条第一款第(三)项、第(五)项、第(六)项规定的情形收购本公司股份的,应当通过公开的集中交易方式进行。<br>公司不得接受本公司的**股票**作为质**押**权的标的。 | 公司依照本条第一款规定收购本公司股份后,属于第一项情形的,应当自收购之日起十日内注销;属于第二项、第四项情形的,应当在六个月内转让或者注销;属于第三项、第五项、第六项情形的,公司合计持有的本公司股份数不得超过本公司已发行股份**总数**的百分之十,并应当在三年内转让或者注销。<br>上市公司收购本公司股份的,应当依照《中华人民共和国证券法》的规定履行信息披露义务。上市公司因本条第一款第三项、第五项、第六项规定的情形收购本公司股份的,应当通过公开的集中交易方式进行。<br>公司不得接受本公司的**股份**作为质权的标的。 |
| 无 | **第一百六十三条　公司不得为他人取得本公司或者其母公司的股份提供赠与、借款、担保以及其他财务资助,公司实施员工持股计划的除外。**<br>**为公司利益,经股东会决议,或者董事会按照公司章程或者股东会的授权作出决议,公司可以为他人取得本公司或者其母公司的股份提供财务资助,但财务资助的累计总额不得超过已发行股本总额的百分之十。董事会作出决议应当经全体董事的三分之二以上通过。**<br>**违反前两款规定,给公司造成损失的,负有责任的董事、监事、高级管理人员应当承担赔偿责任。** |
| **第一百四十三条**　**记名**股票被盗、遗失或者灭失,股东可以依照《中华人民共和国民事诉讼法》规定的公示催告程序,请求人民法院宣告该股票失效。人民法院宣告该股票失效后,股东可以向公司申请补发股票。 | **第一百六十四条**　股票被盗、遗失或者灭失,股东可以依照《中华人民共和国民事诉讼法》规定的公示催告程序,请求人民法院宣告该股票失效。人民法院宣告该股票失效后,股东可以向公司申请补发股票。 |
| **第一百四十四条**　上市公司的股票,依照有关法律、行政法规及证券交易所交易规则上市交易。 | **第一百六十五条**　上市公司的股票,依照有关法律、行政法规及证券交易所交易规则上市交易。 |

续表

| 2018 年《公司法》 | 2023 年《公司法》 |
|---|---|
| **第一百四十五条**　上市公司**必须**依照法律、行政法规的规定，**公开其财务状况、经营情况及重大诉讼，在每会计年度内半年公布一次财务会计报告**。 | **第一百六十六条**　上市公司**应当**依照法律、行政法规的规定**披露相关信息**。 |
| **第七十五条**　自然人股东死亡后，其合法继承人可以继承股东资格；但是，公司章程另有规定的除外。 | **第一百六十七条**　自然人股东死亡后，其合法继承人可以继承股东资格；但是，**股份转让受限的股份有限**公司**的**章程另有规定的除外。 |
| | **第七章　国家出资公司组织机构的特别规定** |
| **第六十四条**　**国有独资**公司的**设立和**组织机构，适用本**节**规定；本**节**没有规定的，适用本**章第一节、第二节的**规定。<br>本法所称**国有独资**公司，是指国家**单独出资、由国务院或者地方人民政府授权本级人民政府国有资产监督管理机构履行出资人职责**的有限责任公司。 | **第一百六十八条**　**国家出资**公司的组织机构，适用本**章**规定；本**章**没有规定的，适用本**法其他**规定。<br>本法所称**国家出资**公司，是指国家**出资的国有独资公司、国有资本控股公司，包括国家**出资的有限责任公司、**股份有限公司**。 |
| 无 | **第一百六十九条**　**国家出资公司，由国务院或者地方人民政府分别代表国家依法履行出资人职责，享有出资人权益。国务院或者地方人民政府可以授权国有资产监督管理机构或者其他部门、机构代表本级人民政府对国家出资公司履行出资人职责。**<br>**代表本级人民政府履行出资人职责的机构、部门，以下统称为履行出资人职责的机构。** |
| 无 | **第一百七十条**　**国家出资公司中中国共产党的组织，按照中国共产党章程的规定发挥领导作用，研究讨论公司重大经营管理事项，支持公司的组织机构依法行使职权。** |
| **第六十五条**　国有独资公司章程由**国有资产监督管理**机构制定**，或者由董事会制订报国有资产监督管理机构批准**。 | **第一百七十一条**　国有独资公司章程由**履行出资人职责的**机构制定。 |

续表

| 2018年《公司法》 | 2023年《公司法》 |
|---|---|
| **第六十六条** 国有独资公司不设股东会，由**国有资产监督管理**机构行使股东会职权。**国有资产监督管理**机构可以授权公司董事会行使股东会的部分职权，**决定公司的重大事项**，但公司的合并、分立、解散、增加或者减少注册资本**和发行公司债券**，**必须**由**国有资产监督管理**机构决定；**其中，重要的国有独资公司合并、分立、解散、申请破产的，应当由国有资产监督管理机构审核后，报本级人民政府批准。**<br>**前款所称重要的国有独资公司，按照国务院的规定确定。** | **第一百七十二条** 国有独资公司不设股东会，由**履行出资人职责的**机构行使股东会职权。**履行出资人职责的**机构可以授权公司董事会行使股东会的部分职权，但**公司章程的制定和修改**，公司的合并、分立、解散、**申请破产**，增加或者减少注册资本，**分配利润**，**应当**由**履行出资人职责的**机构决定。 |
| **第六十七条** 国有独资公司**设**董事会，依照本法**第四十六条、第六十六条的**规定行使职权。**董事每届任期不得超过三年。**董事会成员中应当有公司职工代表。<br>董事会成员由**国有资产监督管理**机构委派；但是，董事会成员中的职工代表由公司职工代表大会选举产生。<br>董事会设董事长一人，可以设副董事长。董事长、副董事长由**国有资产监督管理**机构从董事会成员中指定。 | **第一百七十三条** 国有独资公司**的**董事会依照本法规定行使职权。<br>**国有独资公司的**董事会成员中，**应当过半数为外部董事，并**应当有公司职工代表。<br>董事会成员由**履行出资人职责的**机构委派；但是，董事会成员中的职工代表由公司职工代表大会选举产生。<br>董事会设董事长一人，可以设副董事长。董事长、副董事长由**履行出资人职责的**机构从董事会成员中指定。 |
| **第六十八条** 国有独资公司**设**经理，由董事会聘任或者解聘。**经理依照本法第四十九条规定行使职权。**<br>经**国有资产监督管理**机构同意，董事会成员可以兼任经理。 | **第一百七十四条** 国有独资公司**的**经理由董事会聘任或者解聘。<br>经**履行出资人职责的**机构同意，董事会成员可以兼任经理。 |
| **第六十九条** 国有独资公司的**董事长、副董事长**、董事、高级管理人员，未经**国有资产监督管理**机构同意，不得在其他有限责任公司、股份有限公司或者其他经济组织兼职。 | **第一百七十五条** 国有独资公司的董事、高级管理人员，未经**履行出资人职责的**机构同意，不得在其他有限责任公司、股份有限公司或者其他经济组织兼职。 |
| 无 | **第一百七十六条 国有独资公司在董事会中设置由董事组成的审计委员会行使本法规定的监事会职权的，不设监事会或者监事。** |

续表

| 2018 年《公司法》 | 2023 年《公司法》 |
|---|---|
| 无 | **第一百七十七条　国家出资公司应当依法建立健全内部监督管理和风险控制制度，加强内部合规管理。** |
| 第六章　公司董事、监事、高级管理人员的资格和义务 | 第八章　公司董事、监事、高级管理人员的资格和义务 |
| **第一百四十六条**　有下列情形之一的，不得担任公司的董事、监事、高级管理人员：<br>（一）无民事行为能力或者限制民事行为能力；<br>（二）因贪污、贿赂、侵占财产、挪用财产或者破坏社会主义市场经济秩序，被判处刑罚，**执行期满未逾五年**，或者因犯罪被剥夺政治权利，执行期满未逾五年；<br>（三）担任破产清算的公司、企业的董事或者厂长、经理，对该公司、企业的破产负有个人责任的，自该公司、企业破产清算完结之日起未逾三年；<br>（四）担任因违法被吊销营业执照、责令关闭的公司、企业的法定代表人，并负有个人责任的，自该公司、企业被吊销营业执照之日起未逾三年；<br>（五）个人所负数额较大的债务到期未清偿。<br>**公司**违反前款规定选举、委派董事、监事或者聘任高级管理人员的，该选举、委派或者聘任无效。<br>董事、监事、高级管理人员在任职期间出现本条第一款所列情形的，公司应当解除其职务。 | **第一百七十八条**　有下列情形之一的，不得担任公司的董事、监事、高级管理人员：<br>（一）无民事行为能力或者限制民事行为能力；<br>（二）因贪污、贿赂、侵占财产、挪用财产或者破坏社会主义市场经济秩序，被判处刑罚，或者因犯罪被剥夺政治权利，执行期满未逾五年，**被宣告缓刑的，自缓刑考验期满之日起未逾二年**；<br>（三）担任破产清算的公司、企业的董事或者厂长、经理，对该公司、企业的破产负有个人责任的，自该公司、企业破产清算完结之日起未逾三年；<br>（四）担任因违法被吊销营业执照、责令关闭的公司、企业的法定代表人，并负有个人责任的，自该公司、企业被吊销营业执照**、责令关闭**之日起未逾三年；<br>（五）个人**因**所负数额较大债务到期未清偿**被人民法院列为失信被执行人**。<br>违反前款规定选举、委派董事、监事或者聘任高级管理人员的，该选举、委派或者聘任无效。<br>董事、监事、高级管理人员在任职期间出现本条第一款所列情形的，公司应当解除其职务。 |
| **第一百四十七条第一款**　董事、监事、高级管理人员应当遵守法律、行政法规和公司章程，对公司负有忠实义务**和勤勉义务**。 | **第一百七十九条**　董事、监事、高级管理人员应当遵守法律、行政法规和公司章程。<br>**第一百八十条**　董事、监事、高级管理人员对公司负有忠实义务，**应当采取措施避免自身利益与公司利益冲突，不得利用职权牟取不正当利益**。 |

续表

| 2018 年《公司法》 | 2023 年《公司法》 |
| --- | --- |
| | 董事、监事、高级管理人员对公司负有勤勉义务，执行职务应当为公司的最大利益尽到管理者通常应有的合理注意。<br>公司的控股股东、实际控制人不担任公司董事但实际执行公司事务的，适用前两款规定。 |
| 第一百四十七条第二款　董事、监事、高级管理人员不得利用职权收受贿赂或者其他非法收入，不得侵占公司的财产。<br>第一百四十八条第一款　董事、高级管理人员不得有下列行为：<br>（一）挪用公司资金；<br>（二）将公司资金以其个人名义或者以其他个人名义开立账户存储；<br>（三）违反公司章程的规定，未经股东会、股东大会或者董事会同意，将公司资金借贷给他人或者以公司财产为他人提供担保；<br>（四）违反公司章程的规定或者未经股东会、股东大会同意，与本公司订立合同或者进行交易；<br>（五）未经股东会或者股东大会同意，利用职务便利为自己或者他人谋取属于公司的商业机会，自营或者为他人经营与所任职公司同类的业务；<br>（六）接受他人与公司交易的佣金归为己有；<br>（七）擅自披露公司秘密；<br>（八）违反对公司忠实义务的其他行为。 | 第一百八十一条　董事、监事、高级管理人员不得有下列行为：<br>（一）侵占公司财产、挪用公司资金；<br>（二）将公司资金以其个人名义或者以其他个人名义开立账户存储；<br>（三）利用职权贿赂或者收受其他非法收入；<br>（四）接受他人与公司交易的佣金归为己有；<br>（五）擅自披露公司秘密；<br>（六）违反对公司忠实义务的其他行为。 |
| 第一百四十八条第一款第四项　董事、高级管理人员不得有下列行为：<br>（四）违反公司章程的规定或者未经股东会、股东大会同意，与本公司订立合同或者进行交易； | 第一百八十二条　董事、监事、高级管理人员，直接或者间接与本公司订立合同或者进行交易，应当就与订立合同或者进行交易有关的事项向董事会或者股东会报告，并按照公司章程的规定经董事会或者股东会决议通过。 |

续表

| 2018 年《公司法》 | 2023 年《公司法》 |
| --- | --- |
| | 董事、监事、高级管理人员的近亲属，董事、监事、高级管理人员或者其近亲属直接或者间接控制的企业，以及与董事、监事、高级管理人员有其他关联关系的关联人，与公司订立合同或者进行交易，适用前款规定。 |
| **第一百四十八条第一款第五项** 董事、高级管理人员不得**有下列行为**：<br>**（五）未经股东会或者股东大会同意，**利用职务便利为自己或者他人谋取属于公司的商业机会，自营或者为他人经营与**所**任职公司同类的业务； | **第一百八十三条** 董事、**监事**、高级管理人员，不得利用职务便利为自己或者他人谋取属于公司的商业机会。**但是，有下列情形之一的除外：**<br>**（一）向董事会或者股东会报告，并按照公司章程的规定经董事会或者股东会决议通过；**<br>**（二）根据法律、行政法规或者公司章程的规定，公司不能利用该商业机会。**<br>**第一百八十四条** 董事、**监事**、高级管理人员**未向董事会或者股东会报告，并按照公司章程的规定经董事会或者股东会决议通过，不得**自营或者为他人经营与**其**任职公司同类的业务。 |
| 无 | **第一百八十五条 董事会对本法第一百八十二条至第一百八十四条规定的事项决议时，关联董事不得参与表决，其表决权不计入表决权总数。出席董事会会议的无关联关系董事人数不足三人的，应当将该事项提交股东会审议。** |
| **第一百四十八条第二款** 董事、高级管理人员违反**前款**规定所得的收入应当归公司所有。 | **第一百八十六条** 董事、**监事**、高级管理人员违反**本法第一百八十一条至第一百八十四条**规定所得的收入应当归公司所有。 |
| **第一百五十条第一款** 股东会**或者股东大会**要求董事、监事、高级管理人员列席会议的，董事、监事、高级管理人员应当列席并接受股东的质询。 | **第一百八十七条** 股东会要求董事、监事、高级管理人员列席会议的，董事、监事、高级管理人员应当列席并接受股东的质询。 |

续表

| 2018 年《公司法》 | 2023 年《公司法》 |
| --- | --- |
| **第一百四十九条** 董事、监事、高级管理人员执行**公司**职务**时**违反法律、行政法规或者公司章程的规定，给公司造成损失的，应当承担赔偿责任。 | **第一百八十八条** 董事、监事、高级管理人员执行职务违反法律、行政法规或者公司章程的规定，给公司造成损失的，应当承担赔偿责任。 |
| **第一百五十一条** 董事、高级管理人员有**本法第一百四十九条**规定的情形的，有限责任公司的股东、股份有限公司连续一百八十日以上单独或者合计持有公司百分之一以上股份的股东，可以书面请求监事会**或者不设监事会的有限责任公司的监事**向人民法院提起诉讼；监事有本法**第一百四十九条**规定的情形的，前述股东可以书面请求董事会**或者不设董事会的有限责任公司的执行董事**向人民法院提起诉讼。<br>监事会**、不设监事会的有限责任公司的监事**，或者董事会**、执行董事**收到前款规定的股东书面请求后拒绝提起诉讼，或者自收到请求之日起三十日内未提起诉讼，或者情况紧急、不立即提起诉讼将会使公司利益受到难以弥补的损害的，前款规定的股东有权为了公司的利益以自己的名义直接向人民法院提起诉讼。<br>他人侵犯公司合法权益，给公司造成损失的，本条第一款规定的股东可以依照前两款的规定向人民法院提起诉讼。 | **第一百八十九条** 董事、高级管理人员有**前条**规定的情形的，有限责任公司的股东、股份有限公司连续一百八十日以上单独或者合计持有公司百分之一以上股份的股东，可以书面请求监事会向人民法院提起诉讼；监事有**前条**规定的情形的，前述股东可以书面请求董事会向人民法院提起诉讼。<br>监事会或者董事会收到前款规定的股东书面请求后拒绝提起诉讼，或者自收到请求之日起三十日内未提起诉讼，或者情况紧急、不立即提起诉讼将会使公司利益受到难以弥补的损害的，前款规定的股东有权为公司利益以自己的名义直接向人民法院提起诉讼。<br>他人侵犯公司合法权益，给公司造成损失的，本条第一款规定的股东可以依照前两款的规定向人民法院提起诉讼。<br>**公司全资子公司的董事、监事、高级管理人员有前条规定情形，或者他人侵犯公司全资子公司合法权益造成损失的，有限责任公司的股东、股份有限公司连续一百八十日以上单独或者合计持有公司百分之一以上股份的股东，可以依照前三款规定书面请求全资子公司的监事会、董事会向人民法院提起诉讼或者以自己的名义直接向人民法院提起诉讼。** |
| **第一百五十二条** 董事、高级管理人员违反法律、行政法规或者公司章程的规定，损害股东利益的，股东可以向人民法院提起诉讼。 | **第一百九十条** 董事、高级管理人员违反法律、行政法规或者公司章程的规定，损害股东利益的，股东可以向人民法院提起诉讼。 |
| 无 | **第一百九十一条 董事、高级管理人员执行职务，给他人造成损害的，公司应当承担赔偿责任；董事、高级管理人员存在故意或者重大过失的，也应当承担赔偿责任。** |

续表

| 2018 年《公司法》 | 2023 年《公司法》 |
|---|---|
| 无 | **第一百九十二条　公司的控股股东、实际控制人指示董事、高级管理人员从事损害公司或者股东利益的行为的，与该董事、高级管理人员承担连带责任。** |
| 无 | **第一百九十三条　公司可以在董事任职期间为董事因执行公司职务承担的赔偿责任投保责任保险。**<br>**公司为董事投保责任保险或者续保后，董事会应当向股东会报告责任保险的投保金额、承保范围及保险费率等内容。** |
| 第七章　公 司 债 券 | 第**九**章　公 司 债 券 |
| **第一百五十三条**　本法所称公司债券，是指公司**依照法定程序**发行、约定**在一定期限**还本付息的有价证券。<br>**公司发行**公司债券应当符合《中华人民共和国证券法》规定**的发行条件**。 | **第一百九十四条**　本法所称公司债券，是指公司发行**的**约定**按期**还本付息的有价证券。<br>**公司债券可以公开发行，也可以非公开发行。**<br>公司债券**的发行和交易**应当符合《中华人民共和国证券法》**等法律、行政法规的**规定。 |
| **第一百五十四条**　发行公司债券**的申请**经国务院**授权的部门核准后，应当**公告公司债券募集办法。<br>公司债券募集办法中应当载明下列主要事项：<br>（一）公司名称；<br>（二）债券募集资金的用途；<br>（三）债券总额和债券的票面金额；<br>（四）债券利率的确定方式；<br>（五）还本付息的期限和方式；<br>（六）债券担保情况；<br>（七）债券的发行价格、发行的起止日期；<br>（八）公司净资产额；<br>（九）已发行的尚未到期的公司债券总额；<br>（十）公司债券的承销机构。 | **第一百九十五条　公开**发行公司债券，应当经国务院**证券监督管理机构注册**，公告公司债券募集办法。<br>公司债券募集办法应当载明下列主要事项：<br>（一）公司名称；<br>（二）债券募集资金的用途；<br>（三）债券总额和债券的票面金额；<br>（四）债券利率的确定方式；<br>（五）还本付息的期限和方式；<br>（六）债券担保情况；<br>（七）债券的发行价格、发行的起止日期；<br>（八）公司净资产额；<br>（九）已发行的尚未到期的公司债券总额；<br>（十）公司债券的承销机构。 |
| **第一百五十五条**　公司以**实物券方式**发行公司债券的，**必须**在债券上载明公司名称、债券票面金额、利率、偿还期限等事项，并由法定代表人签名，公司盖章。 | **第一百九十六条**　公司以**纸面形式**发行公司债券的，**应当**在债券上载明公司名称、债券票面金额、利率、偿还期限等事项，并由法定代表人签名，公司盖章。 |

续表

| 2018 年《公司法》 | 2023 年《公司法》 |
| --- | --- |
| **第一百五十六条** 公司债券，**可以**为记名债券，**也可以为无记名债券**。 | **第一百九十七条** 公司债券**应当**为记名债券。 |
| **第一百五十七条** 公司发行公司债券应当置备公司债券**存根簿**。<br>发行**记名**公司债券的，应当在公司债券**存根簿**上载明下列事项：<br>（一）债券持有人的姓名或者名称及住所；<br>（二）债券持有人取得债券的日期及债券的编号；<br>（三）债券总额，债券的票面金额、利率、还本付息的期限和方式；<br>（四）债券的发行日期。<br>**发行无记名公司债券的，应当在公司债券存根簿上载明债券总额、利率、偿还期限和方式、发行日期及债券的编号。** | **第一百九十八条** 公司发行公司债券应当置备公司债券**持有人名册**。<br>发行公司债券的，应当在公司债券**持有人名册**上载明下列事项：<br>（一）债券持有人的姓名或者名称及住所；<br>（二）债券持有人取得债券的日期及债券的编号；<br>（三）债券总额，债券的票面金额、利率、还本付息的期限和方式；<br>（四）债券的发行日期。 |
| **第一百五十八条** **记名**公司债券的登记结算机构应当建立债券登记、存管、付息、兑付等相关制度。 | **第一百九十九条** 公司债券的登记结算机构应当建立债券登记、存管、付息、兑付等相关制度。 |
| **第一百五十九条** 公司债券可以转让，转让价格由转让人与受让人约定。<br>公司债券**在证券交易所上市交易的，按照证券交易所的交易规则**转让。 | **第二百条** 公司债券可以转让，转让价格由转让人与受让人约定。<br>公司债券**的**转让**应当符合法律、行政法规的规定**。 |
| **第一百六十条** **记名**公司债券，由债券持有人以背书方式或者法律、行政法规规定的其他方式转让；转让后由公司将受让人的姓名或者名称及住所记载于公司债券**存根簿**。<br>**无记名公司债券的转让，由债券持有人将该债券交付给受让人后即发生转让的效力。** | **第二百零一条** 公司债券由债券持有人以背书方式或者法律、行政法规规定的其他方式转让；转让后由公司将受让人的姓名或者名称及住所记载于公司债券**持有人名册**。 |

续表

| 2018 年《公司法》 | 2023 年《公司法》 |
|---|---|
| **第一百六十一条　上市**公司经股东大会决议可以发行可转换为股票的公司债券，并**在公司债券募集办法中**规定具体的转换办法。上市公司发行可转换为股票的公司债券，应当**报**国务院证券监督管理机构**核准**。<br>发行可转换为股票的公司债券，应当在债券上标明可转换公司债券字样，并在公司债券**存根簿**上载明可转换公司债券的数额。 | **第二百零二条　股份有限**公司经股东会决议，**或者经公司章程、股东会授权由董事会决议**，可以发行可转换为股票的公司债券，并规定具体的转换办法。上市公司发行可转换为股票的公司债券，应当**经**国务院证券监督管理机构**注册**。<br>发行可转换为股票的公司债券，应当在债券上标明可转换公司债券字样，并在公司债券**持有人名册**上载明可转换公司债券的数额。 |
| **第一百六十二条**　发行可转换为股票的公司债券的，公司应当按照其转换办法向债券持有人换发股票，但债券持有人对转换股票或者不转换股票有选择权。 | **第二百零三条**　发行可转换为股票的公司债券的，公司应当按照其转换办法向债券持有人换发股票，但债券持有人对转换股票或者不转换股票有选择权。**法律、行政法规另有规定的除外。** |
| 无 | **第二百零四条　公开发行公司债券的，应当为同期债券持有人设立债券持有人会议，并在债券募集办法中对债券持有人会议的召集程序、会议规则和其他重要事项作出规定。债券持有人会议可以对与债券持有人有利害关系的事项作出决议。**<br>**除公司债券募集办法另有约定外，债券持有人会议决议对同期全体债券持有人发生效力。** |
| 无 | **第二百零五条　公开发行公司债券的，发行人应当为债券持有人聘请债券受托管理人，由其为债券持有人办理受领清偿、债权保全、与债券相关的诉讼以及参与债务人破产程序等事项。** |
| 无 | **第二百零六条　债券受托管理人应当勤勉尽责，公正履行受托管理职责，不得损害债券持有人利益。**<br>**受托管理人与债券持有人存在利益冲突可能损害债券持有人利益的，债券持有人会议可以决议变更债券受托管理人。**<br>**债券受托管理人违反法律、行政法规或者债券持有人会议决议，损害债券持有人利益的，应当承担赔偿责任。** |

续表

| 2018 年《公司法》 | 2023 年《公司法》 |
| --- | --- |
| 第八章　公司财务、会计 | 第十章　公司财务、会计 |
| **第一百六十三条**　公司应当依照法律、行政法规和国务院财政部门的规定建立本公司的财务、会计制度。 | **第二百零七条**　公司应当依照法律、行政法规和国务院财政部门的规定建立本公司的财务、会计制度。 |
| **第一百六十四条**　公司应当在每一会计年度终了时编制财务会计报告，并依法经会计师事务所审计。<br>财务会计报告应当依照法律、行政法规和国务院财政部门的规定制作。 | **第二百零八条**　公司应当在每一会计年度终了时编制财务会计报告，并依法经会计师事务所审计。<br>财务会计报告应当依照法律、行政法规和国务院财政部门的规定制作。 |
| **第一百六十五条**　有限责任公司应当**依照**公司章程规定的期限将财务会计报告送交各股东。<br>股份有限公司的财务会计报告应当在召开股东大会年会的二十日前置备于本公司，供股东查阅；公开发行**股票**的股份有限公司**必须**公告其财务会计报告。 | **第二百零九条**　有限责任公司应当**按照**公司章程规定的期限将财务会计报告送交各股东。<br>股份有限公司的财务会计报告应当在召开股东会年会的二十日前置备于本公司，供股东查阅；公开发行**股份**的股份有限公司**应当**公告其财务会计报告。 |
| **第一百六十六条**　公司分配当年税后利润时，应当提取利润的百分之十列入公司法定公积金。公司法定公积金累计额为公司注册资本的百分之五十以上的，可以不再提取。<br>公司的法定公积金不足以弥补以前年度亏损的，在依照前款规定提取法定公积金之前，应当先用当年利润弥补亏损。<br>公司从税后利润中提取法定公积金后，经股东会**或者股东大会**决议，还可以从税后利润中提取任意公积金。<br>公司弥补亏损和提取公积金后所余税后利润，有限责任公司**依照本法第三十四条的规定**分配；股份有限公司按照股东持有的股份比例分配，**但股份有限**公司章程**规定不按持股比例分配**的除外。 | **第二百一十条**　公司分配当年税后利润时，应当提取利润的百分之十列入公司法定公积金。公司法定公积金累计额为公司注册资本的百分之五十以上的，可以不再提取。<br>公司的法定公积金不足以弥补以前年度亏损的，在依照前款规定提取法定公积金之前，应当先用当年利润弥补亏损。<br>公司从税后利润中提取法定公积金后，经股东会决议，还可以从税后利润中提取任意公积金。<br>公司弥补亏损和提取公积金后所余税后利润，有限责任公司**按照股东实缴的出资比例**分配**利润，全体股东约定不按照出资比例分配利润的除外**；股份有限公司按照股东**所**持有的股份比例分配**利润**，公司章程**另有规定**的除外。 |

续表

| 2018 年《公司法》 | 2023 年《公司法》 |
|---|---|
| **股东会、股东大会或者董事会违反前款规定，在公司弥补亏损和提取法定公积金之前向股东分配利润的，股东必须将违反规定分配的利润退还公司。**<br>公司持有的本公司股份不得分配利润。 | 公司持有的本公司股份不得分配利润。 |
| **第一百六十六条第五款　股东会、股东大会或者董事会**违反**前款**规定，**在公司弥补亏损和提取法定公积金之前**向股东分配利润的，股东必须将违反规定分配的利润退还公司。 | **第二百一十一条　公司**违反**本法**规定向股东分配利润的，股东**应当**将违反规定分配的利润退还公司；**给公司造成损失的，股东及负有责任的董事、监事、高级管理人员应当承担赔偿责任**。 |
| 无 | **第二百一十二条　股东会作出分配利润的决议的，董事会应当在股东会决议作出之日起六个月内进行分配。** |
| **第一百六十七条　股份有限**公司以超过股票票面金额的发行价格发行股份所得的溢价款以及国务院财政部门规定列入资本公积金的其他**收入**，应当列为公司资本公积金。 | **第二百一十三条**　公司以超过股票票面金额的发行价格发行股份所得的溢价款、**发行无面额股所得股款未计入注册资本的金额**以及国务院财政部门规定列入资本公积金的其他**项目**，应当列为公司资本公积金。 |
| **第一百六十八条**　公司的公积金用于弥补公司的亏损、扩大公司生产经营或者转为增加公司资本。**但是，资本公积金不得用于弥补公司的亏损。**<br>法定公积金转为资本时，所留存的该项公积金不得少于转增前公司注册资本的百分之二十五。 | **第二百一十四条**　公司的公积金用于弥补公司的亏损、扩大公司生产经营或者转为增加公司**注册**资本。<br>**公积金弥补公司亏损，应当先使用任意公积金和法定公积金；仍不能弥补的，可以按照规定使用资本公积金。**<br>法定公积金转为**增加注册**资本时，所留存的该项公积金不得少于转增前公司注册资本的百分之二十五。 |
| **第一百六十九条**　公司聘用、解聘承办公司审计业务的会计师事务所，**依照**公司章程的规定，由股东会、**股东大会或者**董事会决定。<br>公司股东会、**股东大会或者**董事会就解聘会计师事务所进行表决时，应当允许会计师事务所陈述意见。 | **第二百一十五条**　公司聘用、解聘承办公司审计业务的会计师事务所，**按照**公司章程的规定，由股东会、董事会**或者监事会**决定。<br>公司股东会、董事会**或者监事会**就解聘会计师事务所进行表决时，应当允许会计师事务所陈述意见。 |

续表

| 2018 年《公司法》 | 2023 年《公司法》 |
| --- | --- |
| **第一百七十条** 公司应当向聘用的会计师事务所提供真实、完整的会计凭证、会计账簿、财务会计报告及其他会计资料,不得拒绝、隐匿、谎报。 | **第二百一十六条** 公司应当向聘用的会计师事务所提供真实、完整的会计凭证、会计账簿、财务会计报告及其他会计资料,不得拒绝、隐匿、谎报。 |
| **第一百七十一条** 公司除法定的会计账簿外,不得另立会计账簿。<br>对公司**资产**,不得以任何个人名义开立账户存储。 | **第二百一十七条** 公司除法定的会计账簿外,不得另立会计账簿。<br>对公司**资金**,不得以任何个人名义开立账户存储。 |
| 第**九**章 公司合并、分立、增资、减资 | 第**十一**章 公司合并、分立、增资、减资 |
| **第一百七十二条** 公司合并可以采取吸收合并或者新设合并。<br>一个公司吸收其他公司为吸收合并,被吸收的公司解散。两个以上公司合并设立一个新的公司为新设合并,合并各方解散。 | **第二百一十八条** 公司合并可以采取吸收合并或者新设合并。<br>一个公司吸收其他公司为吸收合并,被吸收的公司解散。两个以上公司合并设立一个新的公司为新设合并,合并各方解散。 |
| 无 | **第二百一十九条 公司与其持股百分之九十以上的公司合并,被合并的公司不需经股东会决议,但应当通知其他股东,其他股东有权请求公司按照合理的价格收购其股权或者股份。**<br>**公司合并支付的价款不超过本公司净资产百分之十的,可以不经股东会决议;但是,公司章程另有规定的除外。**<br>**公司依照前两款规定合并不经股东会决议的,应当经董事会决议。** |
| **第一百七十三条** 公司合并,应当由合并各方签订合并协议,并编制资产负债表及财产清单。公司应当自作出合并决议之日起十日内通知债权人,并于三十日内在报纸上公告。债权人自接到通知**书**之日起三十日内,未接到通知**书**的自公告之日起四十五日内,可以要求公司清偿债务或者提供相应的担保。 | **第二百二十条** 公司合并,应当由合并各方签订合并协议,并编制资产负债表及财产清单。公司应当自作出合并决议之日起十日内通知债权人,并于三十日内在报纸上**或者国家企业信用信息公示系统**公告。债权人自接到通知之日起三十日内,未接到通知的自公告之日起四十五日内,可以要求公司清偿债务或者提供相应的担保。 |

续表

| 2018 年《公司法》 | 2023 年《公司法》 |
| --- | --- |
| **第一百七十四条** 公司合并时，合并各方的债权、债务，应当由合并后存续的公司或者新设的公司承继。 | **第二百二十一条** 公司合并时，合并各方的债权、债务，应当由合并后存续的公司或者新设的公司承继。 |
| **第一百七十五条** 公司分立，其财产作相应的分割。<br>公司分立，应当编制资产负债表及财产清单。公司应当自作出分立决议之日起十日内通知债权人，并于三十日内在报纸上公告。 | **第二百二十二条** 公司分立，其财产作相应的分割。<br>公司分立，应当编制资产负债表及财产清单。公司应当自作出分立决议之日起十日内通知债权人，并于三十日内在报纸上**或者国家企业信用信息公示系统**公告。 |
| **第一百七十六条** 公司分立前的债务由分立后的公司承担连带责任。但是，公司在分立前与债权人就债务清偿达成的书面协议另有约定的除外。 | **第二百二十三条** 公司分立前的债务由分立后的公司承担连带责任。但是，公司在分立前与债权人就债务清偿达成的书面协议另有约定的除外。 |
| **第一百七十七条** 公司**需要**减少注册资本**时，必须**编制资产负债表及财产清单。<br>公司应当自作出减少注册资本决议之日起十日内通知债权人，并于三十日内在报纸上公告。债权人自接到通知**书**之日起三十日内，未接到通知**书**的自公告之日起四十五日内，有权要求公司清偿债务或者提供相应的担保。 | **第二百二十四条** 公司减少注册资本，**应当**编制资产负债表及财产清单。<br>公司应当自**股东会**作出减少注册资本决议之日起十日内通知债权人，并于三十日内在报纸上**或者国家企业信用信息公示系统**公告。债权人自接到通知之日起三十日内，未接到通知的自公告之日起四十五日内，有权要求公司清偿债务或者提供相应的担保。<br>**公司减少注册资本，应当按照股东出资或者持有股份的比例相应减少出资额或者股份，法律另有规定、有限责任公司全体股东另有约定或者股份有限公司章程另有规定的除外。** |
| 无 | **第二百二十五条 公司依照本法第二百一十四条第二款的规定弥补亏损后，仍有亏损的，可以减少注册资本弥补亏损。减少注册资本弥补亏损的，公司不得向股东分配，也不得免除股东缴纳出资或者股款的义务。**<br>**依照前款规定减少注册资本的，不适用前条第二款的规定，但应当自股东会作出减少注册资本决议之日起三十日内在报纸上或者国家企业信用信息公示系统公告。** |

续表

| 2018 年《公司法》 | 2023 年《公司法》 |
| --- | --- |
|  | **公司依照前两款的规定减少注册资本后，在法定公积金和任意公积金累计额达到公司注册资本百分之五十前，不得分配利润。** |
| 无 | **第二百二十六条　违反本法规定减少注册资本的，股东应当退还其收到的资金，减免股东出资的应当恢复原状；给公司造成损失的，股东及负有责任的董事、监事、高级管理人员应当承担赔偿责任。** |
| **第三十四条**　**股东按照实缴的出资比例分取红利；**公司**新增**资本时，股东有权优先按照实缴的出资比例认缴出资。但是，全体股东约定**不按照出资比例分取红利或者**不按照出资比例优先认缴出资的除外。 | **第二百二十七条**　**有限责任**公司**增加注册**资本时，股东**在同等条件下**有权优先按照实缴的出资比例认缴出资。但是，全体股东约定不按照出资比例优先认缴出资的除外。<br>**股份有限公司为增加注册资本发行新股时，股东不享有优先认购权，公司章程另有规定或者股东会决议决定股东享有优先认购权的除外。** |
| **第一百七十八条**　有限责任公司增加注册资本时，股东认缴新增资本的出资，依照本法设立有限责任公司缴纳出资的有关规定执行。<br>股份有限公司为增加注册资本发行新股时，股东认购新股，依照本法设立股份有限公司缴纳股款的有关规定执行。 | **第二百二十八条**　有限责任公司增加注册资本时，股东认缴新增资本的出资，依照本法设立有限责任公司缴纳出资的有关规定执行。<br>股份有限公司为增加注册资本发行新股时，股东认购新股，依照本法设立股份有限公司缴纳股款的有关规定执行。 |
| 第十章　公司解散和清算 | 第十二章　公司解散和清算 |
| **第一百八十条**　公司因下列原因解散：<br>（一）公司章程规定的营业期限届满或者公司章程规定的其他解散事由出现；<br>（二）股东会**或者股东大会**决议解散；<br>（三）因公司合并或者分立需要解散；<br>（四）依法被吊销营业执照、责令关闭或者被撤销；<br>（五）人民法院依照本法第**一百八十二**条的规定予以解散。 | **第二百二十九条**　公司因下列原因解散：<br>（一）公司章程规定的营业期限届满或者公司章程规定的其他解散事由出现；<br>（二）股东会决议解散；<br>（三）因公司合并或者分立需要解散；<br>（四）依法被吊销营业执照、责令关闭或者被撤销；<br>（五）人民法院依照本法第**二百三十一**条的规定予以解散。 |

续表

| 2018 年《公司法》 | 2023 年《公司法》 |
|---|---|
| | **公司出现前款规定的解散事由，应当在十日内将解散事由通过国家企业信用信息公示系统予以公示。** |
| **第一百八十一条** 公司有**本法第一百八十条**第(一)项情形的，可以通过修改公司章程而存续。<br>依照前款规定修改公司章程，有限责任公司须经持有三分之二以上表决权的股东通过，股份有限公司须经出席股东大会会议的股东所持表决权的三分之二以上通过。 | **第二百三十条** 公司有**前条第一款第一项、第二**项情形，**且尚未向股东分配财产**的，可以通过修改公司章程**或者经股东会决议**而存续。<br>依照前款规定修改公司章程**或者经股东会决议**，有限责任公司须经持有三分之二以上表决权的股东通过，股份有限公司须经出席股东会会议的股东所持表决权的三分之二以上通过。 |
| **第一百八十二条** 公司经营管理发生严重困难，继续存续会使股东利益受到重大损失，通过其他途径不能解决的，持有公司**全部股东**表决权百分之十以上的股东，可以请求人民法院解散公司。 | **第二百三十一条** 公司经营管理发生严重困难，继续存续会使股东利益受到重大损失，通过其他途径不能解决的，持有公司百分之十以上表决权的股东，可以请求人民法院解散公司。 |
| **第一百八十三条** 公司因本法第**一百八十条第(一)**项、第(二)项、第(**四**)项、第(**五**)项规定而解散的，应当在解散事由出现之日起十五日内**成立**清算组，**开始**清算。**有限责任公司的清算组由股东组成，股份有限公司的清算组由董事或者股东大会确定的人员组成。**逾期不成立清算组进行清算的，**债权人**可以申请人民法院指定有关人员组成清算组进行清算。人民法院应当受理该申请，并及时组织清算组进行清算。 | **第二百三十二条** 公司因本法第**二百二十九条第一款第一**项、第**二**项、第**四**项、第**五**项规定而解散的，**应当清算。董事为公司清算义务人**，应当在解散事由出现之日起十五日内**组成清算组进行**清算。<br>清算组由董事组成，**但是公司章程另有规定或者股东会决议另选他人的除外。**<br>**清算义务人未及时履行清算义务，给公司或者债权人造成损失的，应当承担赔偿责任。**<br>**第二百三十三条** **公司依照前条第一款的规定应当清算**，逾期不成立清算组进行清算**或者成立清算组后不清算**的，**利害关系人**可以申请人民法院指定有关人员组成清算组进行清算。人民法院应当受理该申请，并及时组织清算组进行清算。<br>**公司因本法第二百二十九条第一款第四项的规定而解散的，作出吊销营业执照、责令关闭或者撤销决定的部门或者公司登记机关，可以申请人民法院指定有关人员组成清算组进行清算。** |

续表

| 2018 年《公司法》 | 2023 年《公司法》 |
| --- | --- |
| **第一百八十四条** 清算组在清算期间行使下列职权：<br>（一）清理公司财产，分别编制资产负债表和财产清单；<br>（二）通知、公告债权人；<br>（三）处理与清算有关的公司未了结的业务；<br>（四）清缴所欠税款以及清算过程中产生的税款；<br>（五）清理债权、债务；<br>（六）**处理**公司清偿债务后的剩余财产；<br>（七）代表公司参与民事诉讼活动。 | **第二百三十四条** 清算组在清算期间行使下列职权：<br>（一）清理公司财产，分别编制资产负债表和财产清单；<br>（二）通知、公告债权人；<br>（三）处理与清算有关的公司未了结的业务；<br>（四）清缴所欠税款以及清算过程中产生的税款；<br>（五）清理债权、债务；<br>（六）**分配**公司清偿债务后的剩余财产；<br>（七）代表公司参与民事诉讼活动。 |
| **第一百八十五条** 清算组应当自成立之日起十日内通知债权人，并于六十日内在报纸上公告。债权人应当自接到通知**书**之日起三十日内，未接到通知**书**的自公告之日起四十五日内，向清算组申报其债权。<br>债权人申报债权，应当说明债权的有关事项，并提供证明材料。清算组应当对债权进行登记。<br>在申报债权期间，清算组不得对债权人进行清偿。 | **第二百三十五条** 清算组应当自成立之日起十日内通知债权人，并于六十日内在报纸上**或者国家企业信用信息公示系统**公告。债权人应当自接到通知之日起三十日内，未接到通知的自公告之日起四十五日内，向清算组申报其债权。<br>债权人申报债权，应当说明债权的有关事项，并提供证明材料。清算组应当对债权进行登记。<br>在申报债权期间，清算组不得对债权人进行清偿。 |
| **第一百八十六条** 清算组在清理公司财产、编制资产负债表和财产清单后，应当**制定**清算方案，并报股东会、**股东大会**或者人民法院确认。<br>公司财产在分别支付清算费用、职工的工资、社会保险费用和法定补偿金，缴纳所欠税款，清偿公司债务后的剩余财产，有限责任公司按照股东的出资比例分配，股份有限公司按照股东持有的股份比例分配。<br>清算期间，公司存续，但不得开展与清算无关的经营活动。公司财产在未依照前款规定清偿前，不得分配给股东。 | **第二百三十六条** 清算组在清理公司财产、编制资产负债表和财产清单后，应当**制订**清算方案，并报股东会或者人民法院确认。<br>公司财产在分别支付清算费用、职工的工资、社会保险费用和法定补偿金，缴纳所欠税款，清偿公司债务后的剩余财产，有限责任公司按照股东的出资比例分配，股份有限公司按照股东持有的股份比例分配。<br>清算期间，公司存续，但不得开展与清算无关的经营活动。公司财产在未依照前款规定清偿前，不得分配给股东。 |

续表

| 2018 年《公司法》 | 2023 年《公司法》 |
|---|---|
| **第一百八十七条** 清算组在清理公司财产、编制资产负债表和财产清单后，发现公司财产不足清偿债务的，应当依法向人民法院申请**宣告**破产。<br>**公司经**人民法院**裁定宣告**破产后，清算组应当将清算事务移交给人民法院。 | **第二百三十七条** 清算组在清理公司财产、编制资产负债表和财产清单后，发现公司财产不足清偿债务的，应当依法向人民法院申请破产**清算**。<br>人民法院**受理**破产**申请**后，清算组应当将清算事务移交给人民法院**指定的破产管理人**。 |
| **第一百八十九条** 清算组成员**应当忠于职守，依法**履行清算义务。<br>**清算组成员不得利用职权收受贿赂或者其他非法收入，不得侵占公司财产。**<br>清算组成员因故意或者重大过失给公司或者债权人造成损失的，应当承担赔偿责任。 | **第二百三十八条** 清算组成员履行清算**职责，负有忠实义务和勤勉**义务。<br>清算组成员**怠于履行清算职责**，给公司造成损失的，应当承担赔偿责任；因故意或者重大过失给债权人造成损失的，应当承担赔偿责任。 |
| **第一百八十八条** 公司清算结束后，清算组应当制作清算报告，报股东会、**股东大会**或者人民法院确认，并报送公司登记机关，申请注销公司登记，**公告公司终止**。 | **第二百三十九条** 公司清算结束后，清算组应当制作清算报告，报股东会或者人民法院确认，并报送公司登记机关，申请注销公司登记。 |
| 无 | **第二百四十条 公司在存续期间未产生债务，或者已清偿全部债务的，经全体股东承诺，可以按照规定通过简易程序注销公司登记。**<br>**通过简易程序注销公司登记，应当通过国家企业信用信息公示系统予以公告，公告期限不少于二十日。公告期限届满后，未有异议的，公司可以在二十日内向公司登记机关申请注销公司登记。**<br>**公司通过简易程序注销公司登记，股东对本条第一款规定的内容承诺不实的，应当对注销登记前的债务承担连带责任。** |
| 无 | **第二百四十一条 公司被吊销营业执照、责令关闭或者被撤销，满三年未向公司登记机关申请注销公司登记的，公司登记机关可以通过国家企业信用信息公示系统予以公告，公告期限不少于六十日。公告期限届满后，未有异议的，公司登记机关可以注销公司登记。**<br>**依照前款规定注销公司登记的，原公司股东、清算义务人的责任不受影响。** |

续表

| 2018 年《公司法》 | 2023 年《公司法》 |
|---|---|
| **第一百九十条** 公司被依法宣告破产的,依照有关企业破产的法律实施破产清算。 | **第二百四十二条** 公司被依法宣告破产的,依照有关企业破产的法律实施破产清算。 |
| 第十一章 外国公司的分支机构 | 第十三章 外国公司的分支机构 |
| **第一百九十一条** 本法所称外国公司是指依照外国法律在**中国**境外设立的公司。 | **第二百四十三条** 本法所称外国公司,是指依照外国法律在**中华人民共和国**境外设立的公司。 |
| **第一百九十二条** 外国公司在**中国**境内设立分支机构,**必须**向中国主管机关提出申请,并提交其公司章程、所属国的公司登记证书等有关文件,经批准后,向公司登记机关依法办理登记,领取营业执照。<br>外国公司分支机构的审批办法由国务院另行规定。 | **第二百四十四条** 外国公司在**中华人民共和国**境内设立分支机构,**应当**向中国主管机关提出申请,并提交其公司章程、所属国的公司登记证书等有关文件,经批准后,向公司登记机关依法办理登记,领取营业执照。<br>外国公司分支机构的审批办法由国务院另行规定。 |
| **第一百九十三条** 外国公司在**中国**境内设立分支机构,**必须**在**中国**境内指定负责该分支机构的代表人或者代理人,并向该分支机构拨付与其所从事的经营活动相适应的资金。<br>对外国公司分支机构的经营资金需要规定最低限额的,由国务院另行规定。 | **第二百四十五条** 外国公司在**中华人民共和国**境内设立分支机构,**应当**在**中华人民共和国**境内指定负责该分支机构的代表人或者代理人,并向该分支机构拨付与其所从事的经营活动相适应的资金。<br>对外国公司分支机构的经营资金需要规定最低限额的,由国务院另行规定。 |
| **第一百九十四条** 外国公司的分支机构应当在其名称中标明该外国公司的国籍及责任形式。<br>外国公司的分支机构应当在本机构中置备该外国公司章程。 | **第二百四十六条** 外国公司的分支机构应当在其名称中标明该外国公司的国籍及责任形式。<br>外国公司的分支机构应当在本机构中置备该外国公司章程。 |
| **第一百九十五条** 外国公司在**中国**境内设立的分支机构不具有中国法人资格。<br>外国公司对其分支机构在**中国**境内进行经营活动承担民事责任。 | **第二百四十七条** 外国公司在**中华人民共和国**境内设立的分支机构不具有中国法人资格。<br>外国公司对其分支机构在**中华人民共和国**境内进行经营活动承担民事责任。 |
| **第一百九十六条** 经批准设立的外国公司分支机构,在**中国**境内从事业务活动,**必须**遵守中国的法律,不得损害中国的社会公共利益,其合法权益受中国法律保护。 | **第二百四十八条** 经批准设立的外国公司分支机构,在**中华人民共和国**境内从事业务活动,**应当**遵守中国的法律,不得损害中国的社会公共利益,其合法权益受中国法律保护。 |

续表

| 2018 年《公司法》 | 2023 年《公司法》 |
| --- | --- |
| **第一百九十七条**　外国公司撤销其在**中国**境内的分支机构时，**必须**依法清偿债务，依照本法有关公司清算程序的规定进行清算。未清偿债务之前，不得将其分支机构的财产移至**中国**境外。 | **第二百四十九条**　外国公司撤销其在**中华人民共和国**境内的分支机构时，**应当**依法清偿债务，依照本法有关公司清算程序的规定进行清算。未清偿债务之前，不得将其分支机构的财产**转**移至**中华人民共和国**境外。 |
| 第十二章　法 律 责 任 | 第十四章　法 律 责 任 |
| **第一百九十八条**　违反本法规定，虚报注册资本、提交虚假材料或者采取其他欺诈手段隐瞒重要事实取得公司登记的，由公司登记机关责令改正，对虚报注册资本的公司，处以虚报注册资本金额百分之五以上百分之十五以下的罚款；对提交虚假材料或者采取其他欺诈手段隐瞒重要事实的公司，处以五万元以上**五十**万元以下的罚款；情节严重的，**撤销公司登记或者**吊销营业执照。 | **第二百五十条**　违反本法规定，虚报注册资本、提交虚假材料或者采取其他欺诈手段隐瞒重要事实取得公司登记的，由公司登记机关责令改正，对虚报注册资本的公司，处以虚报注册资本金额百分之五以上百分之十五以下的罚款；对提交虚假材料或者采取其他欺诈手段隐瞒重要事实的公司，处以五万元以上**二百**万元以下的罚款；情节严重的，吊销营业执照；**对直接负责的主管人员和其他直接责任人员处以三万元以上三十万元以下的罚款。** |
| 无 | **第二百五十一条　公司未依照本法第四十条规定公示有关信息或者不如实公示有关信息的，由公司登记机关责令改正，可以处以一万元以上五万元以下的罚款。情节严重的，处以五万元以上二十万元以下的罚款；对直接负责的主管人员和其他直接责任人员处以一万元以上十万元以下的罚款。** |
| **第一百九十九条**　公司的发起人、股东虚假出资，未交付或者未按期交付作为出资的货币或者非货币财产的，由公司登记机关责令改正，处以虚假出资金额百分之五以上百分之十五以下的罚款。 | **第二百五十二条**　公司的发起人、股东虚假出资，未交付或者未按期交付作为出资的货币或者非货币财产的，由公司登记机关责令改正，**可以处以五万元以上二十万元以下的罚款；情节严重的，**处以虚假出资**或者未出资**金额百分之五以上百分之十五以下的罚款；**对直接负责的主管人员和其他直接责任人员处以一万元以上十万元以下的罚款。** |
| **第二百条**　公司的发起人、股东在公司成立后，抽逃其出资的，由公司登记机关责令改正，处以所抽逃出资金额百分之五以上百分之十五以下的罚款。 | **第二百五十三条**　公司的发起人、股东在公司成立后，抽逃其出资的，由公司登记机关责令改正，处以所抽逃出资金额百分之五以上百分之十五以下的罚款；**对直接负责的主管人** |

续表

| 2018 年《公司法》 | 2023 年《公司法》 |
| --- | --- |
| | 员和其他直接责任人员处以三万元以上三十万元以下的罚款。 |
| **第二百零一条** **公司违反本法规定,**在法定的会计账簿以外另立会计账簿的,由县级以上人民政府财政部门**责令改正,处以五万元以上五十万元以下的罚款。**<br>**第二百零二条** **公司在依法向有关主管部门**提供的财务会计报告**等材料上作**虚假记载或者隐瞒重要事实的,**由有关主管部门对直接负责的主管人员和其他直接责任人员处以三万元以上三十万元以下的罚款。** | **第二百五十四条** **有下列行为之一的,**由县级以上人民政府财政部门**依照《中华人民共和国会计法》等法律、行政法规的规定处罚:**<br>(一)在法定的会计账簿以外另立会计账簿;<br>(二)提供**存在**虚假记载或者隐瞒重要事实的财务会计报告。 |
| **第二百零四条第一款** 公司在合并、分立、减少注册资本或者进行清算时,不依照本法规定通知或者公告债权人的,由公司登记机关责令改正,对公司处以一万元以上十万元以下的罚款。 | **第二百五十五条** 公司在合并、分立、减少注册资本或者进行清算时,不依照本法规定通知或者公告债权人的,由公司登记机关责令改正,对公司处以一万元以上十万元以下的罚款。 |
| **第二百零四条第二款** 公司在进行清算时,隐匿财产,对资产负债表或者财产清单作虚假记载或者在未清偿债务前分配公司财产的,由公司登记机关责令改正,对公司处以隐匿财产或者未清偿债务前分配公司财产金额百分之五以上百分之十以下的罚款;对直接负责的主管人员和其他直接责任人员处以一万元以上十万元以下的罚款。 | **第二百五十六条** 公司在进行清算时,隐匿财产,对资产负债表或者财产清单作虚假记载**,**或者在未清偿债务前分配公司财产的,由公司登记机关责令改正,对公司处以隐匿财产或者未清偿债务前分配公司财产金额百分之五以上百分之十以下的罚款;对直接负责的主管人员和其他直接责任人员处以一万元以上十万元以下的罚款。 |
| **第二百零七条** 承担资产评估、验资或者验证的机构提供虚假材料**的,由公司登记机关没收违法所得,处以违法所得一倍以上五倍以下的罚款,并可以由有关主管部门依法责令该机构停业、吊销直接责任人员的资格证书,吊销营业执照。**<br>承担资产评估、验资或者验证的机构因**过失**提供有重大遗漏的报告的**,由公司登记机关责令改正,情节较重的,处以所得收入一倍以上五倍以下的罚款,并可以由有关主管部门依法责令该机构停业、吊销直接责任人员的资格证书,吊销营业执照。** | **第二百五十七条** 承担资产评估、验资或者验证的机构提供虚假材料**或者**提供有重大遗漏的报告的,由**有关部门依照《中华人民共和国资产评估法》、《中华人民共和国注册会计师法》等法律、行政法规的规定处罚。**<br>承担资产评估、验资或者验证的机构因其出具的评估结果、验资或者验证证明不实,给公司债权人造成损失的,除能够证明自己没有过错的外,在其评估或者证明不实的金额范围内承担赔偿责任。 |

续表

| 2018年《公司法》 | 2023年《公司法》 |
|---|---|
| 承担资产评估、验资或者验证的机构因其出具的评估结果、验资或者验证证明不实,给公司债权人造成损失的,除能够证明自己没有过错的外,在其评估或者证明不实的金额范围内承担赔偿责任。 | |
| **第二百零八条** 公司登记机关**对不符合本法规定条件的登记申请予以登记,或者对符合本法规定条件的登记申请不予登记的,**对**直接负责**的**主管**人员和**其他**直接责任人员,依法给予**行政**处分。 | **第二百五十八条** 公司登记机关**违反法律、行政法规规定未履行职责或者履行职责不当的,**对**负有责任**的**领导**人员和直接责任人员依法给予**政务**处分。 |
| **第二百一十条** 未依法登记为有限责任公司或者股份有限公司,而冒用有限责任公司或者股份有限公司名义的,或者未依法登记为有限责任公司或者股份有限公司的分公司,而冒用有限责任公司或者股份有限公司的分公司名义的,由公司登记机关责令改正或者予以取缔,可以并处十万元以下的罚款。 | **第二百五十九条** 未依法登记为有限责任公司或者股份有限公司,而冒用有限责任公司或者股份有限公司名义的,或者未依法登记为有限责任公司或者股份有限公司的分公司,而冒用有限责任公司或者股份有限公司的分公司名义的,由公司登记机关责令改正或者予以取缔,可以并处十万元以下的罚款。 |
| **第二百一十一条** 公司成立后无正当理由超过六个月未开业的,或者开业后自行停业连续六个月以上的,可以**由公司登记机关**吊销营业执照。<br>公司登记事项发生变更时,未依照本法规定办理有关变更登记的,由公司登记机关责令限期登记;逾期不登记的,处以一万元以上十万元以下的罚款。 | **第二百六十条** 公司成立后无正当理由超过六个月未开业的,或者开业后自行停业连续六个月以上的,**公司登记机关**可以吊销营业执照**,但公司依法办理歇业的除外**。<br>公司登记事项发生变更时,未依照本法规定办理有关变更登记的,由公司登记机关责令限期登记;逾期不登记的,处以一万元以上十万元以下的罚款。 |
| **第二百一十二条** 外国公司违反本法规定,擅自在**中国**境内设立分支机构的,由公司登记机关责令改正或者关闭,可以并处五万元以上二十万元以下的罚款。 | **第二百六十一条** 外国公司违反本法规定,擅自在**中华人民共和国**境内设立分支机构的,由公司登记机关责令改正或者关闭,可以并处五万元以上二十万元以下的罚款。 |
| **第二百一十三条** 利用公司名义从事危害国家安全、社会公共利益的严重违法行为的,吊销营业执照。 | **第二百六十二条** 利用公司名义从事危害国家安全、社会公共利益的严重违法行为的,吊销营业执照。 |
| **第二百一十四条** 公司违反本法规定,应当承担民事赔偿责任和缴纳罚款、罚金的,其财产不足以支付时,先承担民事赔偿责任。 | **第二百六十三条** 公司违反本法规定,应当承担民事赔偿责任和缴纳罚款、罚金的,其财产不足以支付时,先承担民事赔偿责任。 |

续表

| 2018 年《公司法》 | 2023 年《公司法》 |
|---|---|
| **第二百一十五条** 违反本法规定,构成犯罪的,依法追究刑事责任。 | **第二百六十四条** 违反本法规定,构成犯罪的,依法追究刑事责任。 |
| 第十三章 附 则 | 第十五章 附 则 |
| **第二百一十六条** 本法下列用语的含义:<br>(一)高级管理人员,是指公司的经理、副经理、财务负责人,上市公司董事会秘书和公司章程规定的其他人员。<br>(二)控股股东,是指其出资额占有限责任公司资本总额百分之五十**以上**或者其持有的股份占股份有限公司股本总额百分之五十**以上**的股东;出资额或者持有股份的比例虽然**不足**百分之五十,但依其出资额或者持有的股份所享有的表决权已足以对股东会、**股东大会**的决议产生重大影响的股东。<br>(三)实际控制人,是指**虽不是公司的股东,但**通过投资关系、协议或者其他安排,能够实际支配公司行为的人。<br>(四)关联关系,是指公司控股股东、实际控制人、董事、监事、高级管理人员与其直接或者间接控制的企业之间的关系,以及可能导致公司利益转移的其他关系。但是,国家控股的企业之间不仅因为同受国家控股而具有关联关系。 | **第二百六十五条** 本法下列用语的含义:<br>(一)高级管理人员,是指公司的经理、副经理、财务负责人,上市公司董事会秘书和公司章程规定的其他人员。<br>(二)控股股东,是指其出资额占有限责任公司资本总额**超过**百分之五十或者其持有的股份占股份有限公司股本总额**超过**百分之五十的股东;出资额或者持有股份的比例虽然**低于**百分之五十,但依其出资额或者持有的股份所享有的表决权已足以对股东会的决议产生重大影响的股东。<br>(三)实际控制人,是指通过投资关系、协议或者其他安排,能够实际支配公司行为的人。<br>(四)关联关系,是指公司控股股东、实际控制人、董事、监事、高级管理人员与其直接或者间接控制的企业之间的关系,以及可能导致公司利益转移的其他关系。但是,国家控股的企业之间不仅因为同受国家控股而具有关联关系。 |
| **第二百一十八条** 本法自 2006 年 1 月 1 日起施行。 | **第二百六十六条** 本法自 **2024** 年 **7** 月 **1** 日起施行。<br>**本法施行前已登记设立的公司,出资期限超过本法规定的期限的,除法律、行政法规或者国务院另有规定外,应当逐步调整至本法规定的期限以内;对于出资期限、出资额明显异常的,公司登记机关可以依法要求其及时调整。具体实施办法由国务院规定。** |